DIREITO ADMINISTRATIVO

DIREITO ADMINISTRATIVO

SÔNIA YURIKO KANASHIRO TANAKA
(COORDENADORA)

•

ANTÔNIO CECÍLIO MOREIRA PIRES
CÍCERO GERMANO DA COSTA
FRANCISCO PEDRO JUCÁ
FULVIA HELENA GIOIA PAOLI
JOÃO MANUEL DOS SANTOS REIGOTA
JOSÉ FRANCISCO SIQUEIRA NETO
NEYDE FALCO PIRES CORREA
SÔNIA YURIKO KANASHIRO TANAKA

MALHEIROS
EDITORES

DIREITO ADMINISTRATIVO

ISBN: 978-85-7420-877-0

Direitos reservados desta edição por
MALHEIROS EDITORES LTDA.
Rua Paes de Araújo, 29, conjunto 171
CEP 04531-940 — São Paulo — SP
Tel.: (11) 3078-7205
Fax: (11) 3168-5495
URL: www.malheiroseditores.com.br
e-mail: malheiroseditores@terra.com.br

Composição
Acqua Estúdio Gráfico Ltda.

Capa
Criação: Vânia Lúcia Amato
Arte: PC Editorial Ltda.

Impresso no Brasil
Printed in Brazil
05.2008

SUMÁRIO

Capítulo 8 – ***LICITAÇÃO***

ANTÔNIO CECÍLIO MOREIRA PIRES

Capítulo 13 – ***RESPONSABILIDADE CIVIL DO ESTADO***

SÔNIA YURIKO KANASHIRO TANAKA

Capítulo 14 – ***CONTROLE DA ADMINISTRAÇÃO PÚBLICA***

NEYDE FALCO PIRES CORREA

Todos os colaboradores são doutores ou mestres em Direito e Professores da Faculdade de Direito da Universidade Presbiteriana Mackenzie, em São Paulo, com vasta experiência na área do Direito Público.

PREFÁCIO

Trata-se de um trabalho coletivo que reúne a experiência sólida e destacada dos professores da Faculdade de Direito da Universidade Presbiteriana Mackenzie.

Pelo seu eminente propósito didático, oferece um panorama do direito administrativo a todos aqueles que se interessam por esse ramo do Direito.

Essa visão geral, que poderia parecer simples, demanda atualização constante por parte de seus pesquisadores, uma vez que alguns institutos do direito administrativo ainda têm contornos muito frágeis em nosso ordenamento jurídico – o que tende a provocar o deslocamento de conceitos até então já constituídos.

Numa brevíssima retrospectiva histórica, a origem do direito administrativo remonta à época da Revolução Francesa de 1789, em razão de as primeiras linhas normatizadoras advirem das decisões do Conselho de Estado francês.

No Brasil a primeira obra de direito administrativo data de 1857, de autoria de Vicente Pereira do Rego, intitulada *Elementos de Direito Administrativo Brasileiro Comparado com o Direito Administrativo Francês segundo o Método de P. Pradier-Foderé*.

Não obstante a referida obra ter sido editada em meados do século XIX, somente com a atual Constituição de 1988 é que o conteúdo do direito administrativo foi significativamente intensificado; e após a Emenda Constitucional 19/1998, com o intuito de viabilizar a Reforma Administrativa do Estado, novos e complexos institutos jurídicos foram introduzidos em nosso Direito pátrio.

Nesse sentido, é certo dizer que o direito administrativo está em constante "evolução", exigindo, assim, dos estudiosos desse ramo do direito público, permanentes atualização e pesquisa.

A elaboração da presente obra situa-se nesse contexto, visando a agregar conhecimentos no auxílio à formação acadêmica do direito administrativo brasileiro, através de linguagem acessível, respeitada a técnica jurídica.

No tocante aos autores – mencionados em ordem alfabética: ANTÔNIO CECÍLIO MOREIRA PIRES, CÍCERO GERMANO DA COSTA, FRANCISCO PEDRO JUCÁ, FULVIA HELENA GIOIA PAOLI, JOÃO MANUEL DOS SANTOS REIGOTA, JOSÉ FRANCISCO SIQUEIRA NETO, NEYDE FALCO PIRES CORREA, SÔNIA YURIKO KANASHIRO TANAKA –, são mestres e/ou doutores, com vasta experiência docente e com prática em áreas pertinentes ao âmbito jurídico.

SÔNIA YURIKO KANASHIRO TANAKA
Coordenadora

APRESENTAÇÃO

O exercício do cargo de Diretor da Faculdade de Direito da Universidade Presbiteriana Mackenzie tem proporcionado experiências enriquecedoras e gratificantes. Todos os dias, os pequenos-grandes desafios cotidianos, o acompanhar dos acontecimentos diários, o construir a cada dia, o enfrentar das situações desafiadoras, o construir soluções e, sobretudo, acompanhar a evolução do processo e a consolidação de um projeto que ultrapassa a barreira de meio século. Tudo contribui e forma a realização de um projeto acadêmico.

Apresentar esta obra coletiva de professores da Casa é uma experiência singular e desvanecedora.

A idéia de que a nossa Faculdade de Direito da Universidade Presbiteriana Mackenzie dispõe de massa crítica acadêmica consistente, idônea e produtiva não é recente. Nós todos que fazemos o dia-a-dia da Faculdade podemos observar, cada vez com mais clareza, que se vem formando ao longo do tempo o que poderíamos entender como sendo a "Escola Mackenzista de Direito", fruto dos trabalhos constantes e discretos dos nossos professores, que mantêm produção científica regular e permanente, ainda que mais ou menos inorgânica.

Neste processo estamos assistindo à produção científica, à produção de conhecimento em si, ganhar corpo, consistência e adquirir características próprias, fisionomia peculiar. Significando a contribuição da comunicada acadêmica mackenzista à cultura jurídica.

Não são poucos os artigos, conferências, palestras, ensaios e pareceres trazidos à luz ao longo destes anos. Temos entre nós autores que se vão firmando ao longo do tempo, desde Fábio Fannuchi, com seu *Curso de Direito Tributário*, que nasceu clássico, passando por

Cláudio Lembo, Mônica Hermmann Caggiano, Luciano Amaro, Sérgio Pinto Martins.

Ainda ao final do ano de 2006 um grupo de professores, liderado por Patrícia Tuma Martins, resolveu homenagear o saudoso professor Dr. Silas Gonçalves, nosso Professor Titular de Introdução à Ciência Jurídica e Teoria Geral do Direito, e para tanto reuniu uma coleção de textos de grande qualidade, de professores nossos.

Tudo isto nos autoriza a acalentar um sonho: o de consolidar a "Escola Jurídica Mackenzista" – que temos a consciência de que está sendo construído aos poucos, passo a passo, na silenciosa e ponderada reflexão acadêmica de nossos docentes.

Em abono a esta convicção, vemos, agora, as primícias desta Escola, tão sonhada por todos nós, materializada em manual de graduação elaborado por professores da Casa e destinado principalmente aos acadêmicos da nossa já vetusta Faculdade.

A iniciativa veio dos professores integrantes do Núcleo Temático de Direito Público (Constitucional, Administrativo, Financeiro, Tributário e Econômico), e na forma de um curso estruturado, seqüenciado, de abordagem multi e transdisciplinar, cuja leitura atesta com absoluta segurança que os primeiros passos da "Escola" que ora estão sendo dados são seguros, firmes e de efetiva contribuição.

O resultado tem qualidade acadêmica – pelo rigor científico – e didática – pela abordagem acessível. Envaidece-nos, seguramente.

Temos a destacar que o começo pelo direito administrativo é, a um só tempo, interessante e enriquecedor.

Ao longo do tempo o estudo do direito administrativo vem despertando interesse acadêmico, porém desde sempre marcado por severa concretude e pragmaticidade – conseqüência da sua utilização na organização e funcionamento da Administração Pública, reconhecido pela doutrina pioneira, entre nós, de Ruy Cirne Lima e Themístocles Brandão Cavalcante, passando por Caio Tácito –, por ser o "direito da Administração Pública".

Nos períodos autoritários – e não foram poucos, nem raros, entre nós –, e mesmo em outros países de cultura latina, o direito administrativo ganhou relevo especial, consubstanciando quase que todo o direito público de então, porque o conjunto factual e circunstancial destes tempos, obstando à discussão e reflexão sobre a temática política, obscurecia a matéria constitucional.

Destes tempos temos herança ainda viva, da associação entre o interesse público e o interesse do Estado como ente, e do interesse dele se confundindo com os interesses de governo, remarcando o traço autoritário próprio das circunstâncias.

Ao longo do processo de redemocratização e conseqüente reconstitucionalização, o direito administrativo, no conteúdo de seus conceitos, vai aos poucos retornando ao seu leito original, aproximando-se das concepções atuais.

Em nossos dias o direito administrativo vem experimentando outro período de expansão, contínua e substancial, como decorrência do que se pode considerar como sendo o "redesenho" do Estado e o correspondente redesenho do seu "papel" – tudo isto enriquecido pelas mutações do atual Direito, pelo estágio atual da Arte.

Neste particular consideramos o corpo do trabalho, no conjunto e na individualidade dos textos, como absolutamente atual, porque enfrenta os desafios da renovação e da reconstrução sem abdicar do embasamento clássico, sem renegar ou romper com o processo da evolução histórica.

A articulação entre as diversas etapas do processo, o legado doutrinário e as contribuições da contemporaneidade foram cuidadosamente observados pela plêiade de professores que emprestam os brilhos dos seus talentos para formar esta obra.

É importante observar – como já o fazia Josserand no século passado – que vivemos o tempo da publicização do direito privado ou da socialização do Direito, no sentido de que as fronteiras entre o privado e o público se diluem, a rigidez dos conceitos distintivos se flexibiliza, os conceitos e institutos se interpenetram.

Desde a época das codificações o papel dos códigos civis foi a proteção do indivíduo, da esfera privada, a tutela da autonomia da vontade e da liberdade do exercício dela pelo negócio jurídico, antepondo barreira limitadora à intervenção do Estado, do poder político organizado. Hoje – observa bem a doutrina jurídica italiana mais contemporânea, e o acentua Caio Mário da Silva Pereira, ao explanar a introdução das clássicas *Instituições de Direito Civil* –, tal papel vem sendo gradativamente absorvido pelas Constituições de nossos dias, com o quê o direito público tradicional ganha novas feições, novos traços, novas características, seja pela publicização dos direitos antes privados – como é o caso da proteção ao consumidor, que Touraine identifica como categoria da Pós-Modernidade que vivemos –, seja pelo avanço da intervenção estatal nas relações antes privadas e, ainda, pela substituição das relações típicas e essenciais de subordinação entre o público e o privado pelo crescente universo da instituição de relações de coordenação entre ambos.

Neste contexto, o direito administrativo passa por mutações importantes e de fundo – como o observa Diogo de Figueiredo Moreira Neto –, impondo, assim, a reconstrução e reelaboração de seus conceitos, sua sistematização e sua hermenêutica.

Noções básicas fundantes, como *interesse público*, *bem comum*, *serviço público*, *necessidades coletivas* e *demandas sociais*, afloram e se apresentam desafiadoras nestes tempos de globalização e interdependência das economias, dos Estados, dos governos e dos homens.

Hoje, seguramente, o direito administrativo não mais é o direito da Administração Pública, como conjunto sistêmico de regramento da organização e funcionamento do Estado, seus agentes e aqueles que mantenham relações jurídicas com ele. O conteúdo e o significado do conceito de "Administração Pública", a fixação de novos paradigmas das relações entre o Estado e a sociedade, entre governantes e governados, o aprofundamento da democracia, seus instrumentos e mecanismos, se avultam, se desdobram.

A intervenção do Estado na economia impõe a fixação de marcos regulatórios para atividades econômicas e, doutra banda, altera a significação do exercício do poder de polícia em nossos dias, conduzindo à reconstrução inteira de conceitos, percepções e significados.

Não mais temos a separação rígida e formal entre Estado e sociedade, entre governantes e governados. A sociedade pós-moderna e complexamente pós-industrial, com o fragmentarismo a que refere Darvey, não mais se compadece com os modelos tradicionais. A sociedade da informação identificada por Giddens torna impossível a separação de antes. O surgimento de categorias novas, emergentes – como as identifica Touraine: o *consumidor*, o *mercado*, as *corporações* –, transpõe os limites do Estado Nacional e, estruturando intrincada e complexa rede de relações, reposiciona o Estado e remodela a ação e a intervenção dele.

O instrumental jurídico necessário a este universo novo que não apenas se prenuncia, mas avança, está no direito administrativo, não mais aquele clássico caudatário do Estado que tudo pode e tudo supera, mas do Estado tomado pela democracia, pela participação da sociedade em diversas instâncias decisórias e de influência – e, portanto capaz de ser o veículo da mudança, mantendo a estabilidade indispensável da manutenção da ordem, sem fossilizá-la.

Vivemos, pois, um novo tempo do direito administrativo. Tempo de renovação acelerada, de mutações profundas, sobretudo de ressignificação de categorias, processo no qual estamos todos em aprendizado e, ainda, em que a superação e a obsolescência do construído são velozes e aturdem.

Vem bem nesta hora o início da reflexão acadêmica dos professores do Mackenzie sobre o desafiante, instigante e complexo direito administrativo dos nossos dias.

A estrutura mesma do sumário do conteúdo dos temas abordados revela o tratamento atual a eles dispensado. A forma pela qual as diversas abordagens se desenvolvem revela a preocupação de enfrentar os novos temas, as novas nuanças, e superar os obstáculos.

Nesta coletânea orgânica temos contribuições preciosas, como a do professor Francisco Pedro Jucá, que, no capítulo de abertura, tece considerações sobre o direito administrativo, trazendo à colação alguns conceitos básicos e a tentativa de visão sistemática, que serve de síntese e, mesmo, de matriz ao desenvolvimento do trabalho como um todo.

O professor José Francisco Siqueira Neto tratando da Administração Pública e dos poderes administrativos, permeando a percepção juslaboralista interdisciplinarmente com a concepção clássica estatutária.

A professora Sônia Yuriko Kanashiro Tanaka, acadêmica de escola, cuidadosamente enfrenta, com proficiência, a Administração indireta no Brasil e a responsabilidade civil do Estado.

O professor João Manuel dos Santos Reigota, incorporando importante experiência de advocacia pública e magistério jurídico de décadas, enfrenta com propriedade o tema “atos administrativos”.

A professora Fulvia Helena Gioia Paoli trata do processo administrativo e da intervenção na propriedade privada e atuação no domínio econômico, dando contribuição significativa à reflexão sobre os temas – hoje, com inegável relevo e atuação entre nós.

O professor Antônio Cecílio Moreira Pires, com a experiência haurida de anos de docência na especialidade, trata, com rigor científico e didática brilhante, da licitação, dos contratos administrativos e do serviço público.

A professora Neyde Falco Pires Correa enfrenta os temas dos bens públicos e do controle da Administração, colocando nos estudos sua vasta experiência na advocacia pública e na docência especializada.

O professor Cícero Germano da Costa, tratando dos servidores públicos, realiza abordagem cuidada, atenciosa. Aponta aspectos importantes e enfrenta as inovações com simplicidade.

É uma oportunidade rara, para o Diretor de uma Faculdade, ver o início da formação de uma Escola Jurídica, assistir, testemunhar os passos iniciais, dados com tanta segurança. Mais que uma promessa, um benfazejo anúncio de que a contribuição desta Escola, que ora inicia, marcará indelevelmente seu espaço no mundo jurídico nacional.

É gratificante constatar que, ao lado de formar gerações de profissionais do Direito sempre bem-sucedidos, se começa a produzir conhecimento, oferecer material à crítica, à reflexão, a participar ativa e substancialmente do debate, buscando, assim, a finalidade maior de uma unidade universitária.

Muitas foram as dificuldades e percalços enfrentados. Por certo, muitos, porém, serão os benefícios deste esforço que acompanhamos, e o serão em favor não apenas dos estreitos limites do mundo acadêmico, mas da sociedade em geral.

Resta-me – profundamente honrado – registrar os cumprimentos aos autores pelo reconhecido mérito de seus trabalhos mas, sobretudo, agradecer o empenho, o comprometimento, o engajamento de todos num *projeto* – e ouso assim chamá-lo – que é de todos e, por fim, servirá a todos.

NUNCIO THEOPHILO NETO

Capítulo 1

DIREITO ADMINISTRATIVO

FRANCISCO PEDRO JUCÁ

1.1 Introdução

O estudo de qualquer tema ou assunto impõe se estabeleçam desde logo as referências teóricas – que esclarecem o enfoque a ser dado no tratamento da matéria – e as referências metodológicas – portanto, como se vai desenvolver a abordagem dada a esta matéria.

Buscando este objetivo, retomamos alguns elementos entre nós estudados nas disciplinas introdutórias do curso jurídico, recorrendo à bibliografia o quanto possível nacional e acessível, para estabelecer o fio condutor à exposição. Fique claro que o compromisso com a simplicidade e a didática não implica a renúncia de fornecer referências, indicações e embasamento teórico e conceitual doutrinário.

Em relação ao primeiro ponto – referencial teórico –, precisamos fixar, tomando como ponto de partida, a concepção de "Direito", e o fazemos mencionando que *é o discurso normativo de controle social, que alcança os indivíduos e grupos de uma sociedade, traçando a organização e funcionamento das estruturas de poder e exercício dele, fixando o conjunto de condutas socialmente eleitas como indispensáveis à convivência naquele grupo, coercitivamente impostas através da violência legítima monopolizada pela estrutura do poder, orientado por um conjunto de representações culturais do valor* justiça, *consoante a etapa do processo histórico em que se encontra aquela sociedade.*

Desta formulação podemos identificar a finalidade do controle de condutas e, conseqüentemente, da convivência entre os indivíduos, com o estabelecimento de um conjunto de condutas-modelos obrigatórias. O controle não apenas busca viabilizar a convivência possível, como também o faz orientado por valores, especialmente o valor *justiça.*

Vemos, portanto, que há a presença de conteúdo ético informando as condutas eleitas estabelecidas.

Vemos, ainda, que a expressão por excelência é um discurso normativo – portanto, na forma de normas.

Essas normas, além de disciplinar a convivência, têm natureza também instrumental, servem para organizar as estruturas do poder político, assim como seu funcionamento, submetidos, desta maneira, o organismo do poder e o exercício dele também ao discurso normativo, igualmente orientado pelas referências éticas estabelecidas.

1.2 Direito e noção de "sistema"

É possível fixar, assim, que o Direito deve ser considerado um fenômeno normativo único, inexistindo, portanto, os chamados "ramos" ou qualificações individuadoras dele.

Se é um fenômeno normativo único, também é verdade que tem natureza plástica, exatamente pela sua característica totalizante do conjunto social relevante. Tal natureza plástica significa a capacidade gerada pela necessidade de amoldamento às peculiaridades decorrentes da variação da organização material da sociedade.

Ao amoldar-se, ajustar-se às necessidades das variações da organização social, adquire determinadas características homogeneizadoras decorrentes da afinidade que surge deste ajustamento, constituindo, assim, como que subsistemas.

A estes segmentos dotados de especificidade se atribui, metodologicamente, a qualidade de "ramos", conferindo certo grau de autonomia, que, todavia, não existe na natureza mesmo.

Tenhamos, pois, como fixado, que o Direito *é fenômeno normativo único*.

Tal conclusão nos leva a explicitar o segundo ponto, que diz respeito à *natureza sistêmica*. Isto significa que este conjunto formador do discurso normativo – seja organizativo, seja regulatório – se constitui em sistema: as normas são ordenadas, coordenadas e articuladas entre si, decompondo-se hierarquicamente, estabelecendo entre si liames, em que as normas se complementam, completam e aperfeiçoam.

Neste sentido Artur Machado Paupério [2002:39]: "(...) a ordem jurídica é um verdadeiro sistema, capaz de atender a todas as exigências da vida social. Como sistema, representa um todo orgânico de princípios e normas, nos quais encontra a sociedade, sempre, solução para dirimir quaisquer conflitos da convivência social. Diz-se, por isso, que a ordem jurídica é o sistema de legalidade do Estado ou a situação de ordem e segurança trazida pelo Direito aceito pela sociedade e pelas leis vigentes. Como sistema, é, assim, o conjunto, coordenado em um todo lógico, das normas do direito positivo, quer explícitas, quer implícitas".

Propomos, então, a visão sistêmica como decorrência natural da unicidade fenomênica. Daí, a compreensão, que se deve fazer precisa, ter como referência, sempre, o conjunto, o sistema, porquanto desde tal referência se pode contextualizar as normas, integrando-as com a realidade, e, assim, formular primeiro a problematização, depois elaborar a resposta, através da hermenêutica, fazendo, desse modo, a interpretação, aplicação e conseqüente concretização da ordem na *praxis* da vida social, seja particularizadamente, seja na forma de diretrizes mais genéricas.

É preciso também não perder de vista que tal compreensão do Direito incorpora no sistema não apenas as normas positivadas em concreto, como também os princípios, explícitos e implícitos ou conseqüentes, os quais tornam viáveis as necessárias colmatações que garantem a hermética plenitude da ordem.

Temos que, obrigatoriamente, a visão de sistema nos leva à constatação do que se poderia chamar de *Teoria Geral do Direito*, relembrando o ensino de Alessandro Groppali no clássico *Avivamento allo Studio del Diritto*, que a explica como "princípios gerais que valem para todos os ramos do Direito, e que estão na base de qualquer sistema jurídico", demonstrando que esta compreensão possibilita a necessária visão panorâmica, de conjunto, do Direito em geral, na complexidade orgânica de suas múltiplas manifestações [Groppali 1978].

Consideramos, assim, necessária, primeiro, a visão sistêmica do Direito como fenômeno normativo único, constituído de princípios, normas e articulações, explícitas e implícitas, construído para oferecer respostas válidas e úteis aos problemas inerentes à vida social, norteado por valores éticos plantados na noção fundante da dignidade humana.

Nesta linha, é pertinente relembrar José Flóscolo da Nóbrega [1981:77], que, contextualizando os conceitos que nos parecem úteis à compreensão que se propõe de *sistema* , didaticamente explicita:

"A sociedade não é um aglomerado informe de pessoas, vivendo ao léu, na ignorância umas das outras. É um todo orgânico de inter-relações e ajustamentos, uma unidade de interação, uma ordem de vida.

"A ordem significa a conveniente adaptação das coisas à sua finalidade. Num todo organizado, cada parte ocupa o lugar que lhe corresponde e desempenha a função que lhe compete. A ordem social é de extrema complexidade e se desdobra em planos diversos e se realiza com sujeição a princípios diretores variados. A ordem jurídica é a organização da sociedade pelo Direito; se rege pelo princípio da justiça e abrange todas as atividades relacionadas com a segurança social.

"Ao contrário das demais formas da ordem social (religiosa, moral, econômica etc.), a ordem jurídica não se restringe a determinado setor ou esfera de atividade, mas envolve todas as relações coletivas, sobre todo o campo da vida social. Nenhuma de suas manifestações escapa ao ordenamento jurídico; o Direito é coextensivo com a sociedade e chega até onde esta vai."

Fixada esta concepção de *sistema*, arremate-se referindo Hugo Brito Machado [2004:164], pontuando que:

"O Direito é um sistema de prescrições jurídicas, interligadas e harmônicas. É um sistema porque é integrado de partes que se completam e que dependem umas das outras, como se pode constatar na experiência jurídica.

"Resta demonstrar que a consideração do Direito como um sistema de normas tem várias conseqüências práticas, das quais vamos apontar a seguir as três mais importantes. Como todo sistema há que ser coerente, isento de incongruências, a primeira e talvez mais importante conseqüência prática da idéia de sistema consiste em que as incongruências ou antinomias devem ser eliminadas. A segunda conseqüência importante da idéia de sistema consiste na sua utilização como elemento indispensável na busca do significado das prescrições jurídicas. Finalmente, a terceira conseqüência importante da idéia de sistema consiste em que as lacunas cuja presença consubstancie uma incongruência devem ser de pronto eliminadas pelo intérprete."

Na visão sistêmica – que propomos insistentemente – deve ser percebido, desde logo, que as diversas especificidades do Direito, que se convencionou chamar de "ramos", primeiro não têm "fronteiras" e delimitações rígidas, até mesmo claramente perceptíveis, sendo cada vez mais freqüentes as interpenetrações recíprocas. Depois, inexiste independência entre os ramos, antes se completam e complementam, mesmo consideradas as suas decomposições internas em subsistemas de especificação maior.

É, pois, diante deste "todo", homogêneo, que vamos progressivamente buscando identificar os elementos caracterizadores do objeto da nossa reflexão e estudo específicos, que é o direito administrativo.

1.3 Direito público e direito privado

A despeito do caráter e da natureza sistêmica do fenômeno jurídico – e, portanto, do Direito –, necessário é constatar um dado fornecido pela tradição dos estudos jurídicos, que se acolhe apenas com finalidade didático-metodológica, que são os denominados *ramos do Direito*.

Com efeito, sendo o Direito fenômeno único, como antes demonstrado, inexistem propriamente divisões internas, mas subsistemas. Assim, com esta ressalva e referência, incumbe se observe a tentativa de fixar uma localização para o objeto do nosso estudo no sistema do Direito em geral.

Vem desde o Direito Romano – multimilenar, portanto – o estabelecimento de uma grande divisão: direito público e direito privado. Ainda que com a ponderação oportuna de Hugo de Brito Machado [2004:54] no sentido de que "a questão da autonomia dos ramos do Direito é um problema falso, porque na verdade o Direito é uno".

A um só tempo sutilmente reforçando a unicidade e demonstrando a impossibilidade da pretendida divisão esquemática, José Flóscolo da Nóbrega [1981:90] observa que "a distinção é fácil (pelo critério dos interesses) nos tipos extremos e nos mais diferenciados; há porém, zonas de transição onde as diferenças se apagam na uniformidade de tipos de natureza mista. Alguns autores propõem-se a resolver a dificuldade admitindo uma terceira classe de direito, intermediária, entre o direito público e o direito privado".[1]

Não é sem razão, portanto, que Artur Machado Paupério [2002:93] observa, após examinar o tema: "Em síntese, a tendência primacial do Direito moderno é para, cada vez mais, atenuar e talvez suprimir qualquer rígida separação, ainda porventura existente, entre direito público e direito privado, própria da era do individualismo jurídico, felizmente já hoje de todo superada".

Com efeito, entendemos e vimos demonstrando que inexiste propriamente divisão no Direito. Todavia, metodológica e didaticamente – já o mencionamos –, tem utilidade o estabelecimento de certa classificação, o que justificamos para os fins deste estudo para considerar um sistema com dois subsistemas básicos – o público e o privado –, para, em momento seguinte, dentro deste subsistema público, fixarmos o objeto do subsistema particular do direito administrativo, identificando, então, as bases dos subsistemas decorrentes que vêm a constituir os

1. V. a proposição de Cesarino Jr. entre nós, fundador do Instituto de Direito do Trabalho na Faculdade de Direito da USP, que propõe, para situar o direito do trabalho, a existência de um *tertium genus*. Interessante também é a formulação de Jean Megret (1979), jurista francês, que, estudando o conteúdo do direito rural – entre nós, "agrário" –, estabelece a existência de três círculos concêntricos, destacando-se o núcleo central, com os institutos típicos e caracterizadores, um intermediário, com institutos comuns a outros ramos que adquirem aplicação especial, geralmente, no caso francês vinculados ao direito administrativo e ao direito civil, e outro periférico, contendo institutos de outros ramos incidentalmente utilizados por conexão com o direito rural ou agrário.

diversos capítulos do direito administrativo. O que ganha especial relevo na atualidade, especialmente diante das alterações do papel desempenhado pelo Estado em nossos dias em relação à economia e à prestação de serviços públicos de conteúdo e significação econômica.

Apenas com este objetivo é que nos atemos à divisão pretendida entre direito público e direito privado.

André Franco Montoro, fundado em Ulpiano noticia que: "No estudo do Direito, dois são os aspectos: o público e o privado. O direito público diz respeito às coisas do Estado; o privado, à utilidade das particulares". Concluindo, em seguida: "Em princípio, podemos dizer que o direito público regula as relações ou situações jurídicas em que o Estado é parte, como a competência dos Poderes Legislativo, Executivo e Judiciário, a elaboração do orçamento, a fixação dos impostos, o processo de punição dos criminosos pelo Estado etc. E o direito privado regula as relações jurídicas entre particulares, como a compra e venda, a locação, o empréstimo e os contratos em geral, o casamento, a herança etc." [Montoro 2005:467-469].

Maria Helena Diniz observa: "(...) hodiernamente, se tem buscado o elemento diferenciador no sujeito ou titular da relação jurídica, associando-se o fator objetivo ao subjetivo. O direito público seria aquele que regula as relações em que o Estado é parte, ou seja, rege a organização e atividade do Estado considerado em si mesmo (direito constitucional), em relação com outro Estado (Direito Internacional) e em suas relações com o s particulares, quando procede em razão de seu poder soberano e atua na tutela do bem coletivo (direitos administrativo e tributário). O direito privado é o que disciplina as relações entre os particulares, nas quais predomina, de modo imediato, o interesse seguro de ordem privada, como compra e venda, doação, usufruto, casamento, testamento, empréstimo etc.".

A esta altura já podemos identificar um ponto importante. O que se convenciona chamar de "direito público" se remarca pela presença forte da soberania estatal, exercida tanto na face externa, ou dimensão internacional, como na face interna, produzindo seus efeitos para o âmbito interno da sociedade, nas relações entre o Poder Público nas suas diversas dimensões com os particulares – portanto, o cidadão e a cidadania.

É nessa linha de raciocínio que resgatamos o posicionamento de Maurice Duverger [1957] quando sugere que a base da distinção que se estuda repousa na diferenciação fundamental entre governantes e governados, em razão do quê o direito público vem a ser as regras pertinentes ao estatuto dos governantes.

Releva aduzir a formulação de Carlos Ari Sundfeld [2007:25], que agrega as referências formadoras do direito público, apontando ser constituído por normas jurídicas que tratam "a) das relações do Estado com os indivíduos; b) da organização do próprio Estado, através da divisão de competências entre os vários agentes e órgãos; c) das relações entre Estados".

Destacamos nós que o direito público, como o entendemos, diz respeito à organização e funcionamento do poder político e suas estruturas e das relações entre ele e os particulares. Constitui em estatuto da organização e funcionamento do poder político. Daí nossa proposição de visão sistêmica que alcance todo este universo – admitida, evidentemente, a concretização de subsistemas com especificações e características próprias e peculiares, onde se vai inserir o direito administrativo.

O clássico e festejado Oswaldo Aranha Bandeira de Mello [2007:39], no monumental *Princípios Gerais de Direito Administrativo*, a respeito, pontua:

"As normas jurídicas que organizam o Estado-poder e regulam sua ação – seja em relação com outros Estados, seja em relação com a própria entidade, através dos seus órgãos, ou com outras pessoas, que recebem o encargo de fazer as suas vezes, ou mesmo com terceiros, particulares, no Estado-sociedade, a fim de realizar o *objetivo* deste – são de valor social diferente das normas jurídicas prescritas para regerem as relações dos particulares, entre si, ou das comunidades por eles formadas.

"Isto se explica porque ordenam institutos jurídicos para o Estado-poder alcançar o bem comum dos indivíduos coletivamente considerados, como elementos do Estado-sociedade, como participantes de um todo político."

1.4 Sistema de direito público e funções do Estado

Com o enfoque que estamos dando, fixemo-nos, ainda que sucintamente, no que se convencionou ser o *subsistema de direito público*.

Este subsistema contém o conjunto das normas e princípios conformadores, estruturantes e disciplinadores da organização, funcionamento, atividades e relações do Estado, e deste com os indivíduos e conjuntos sociais internos, bem assim dos organismos diversos componentes do Estado entre si.

Tal percepção significa dizer que formam este sistema aqueles ramos ou especificações do universo jurídico que diretamente vinculam o Estado. Desta forma temos, basicamente, compondo-o, o direito constitucional, o direito administrativo, o direito financeiro e o direito tributário.

Observe-se que estes quatro segmentos contemplam a organização e o funcionamento do Estado e as relações deste com a sociedade e os indivíduos. Seguindo o raciocínio desenvolvido neste trabalho, temos que se completam, complementam e aperfeiçoam, daí por que devem ser considerados, sempre, no seu conjunto, na visão sistêmica, como se propôs.

Max Gounelle [1989:6-17] observa que "a unidade do direito público repousa na concepção conjunta (sistemática) atribuída às regras (normas) relevantes do direito público com a finalidade comum de limitação do poder e garantir firmemente as liberdades", destacando que, "em França, após longos anos de especialização acendrada, se retorna à visão unitária, resultante da interpretação formulada pelo Conselho de Estado francês".

Léon Duguit [2000:253-254] assinala que a questão central e razão de ser do direito público é a existência de regra fundamental de limitação do poder estatal, obstando ao arbítrio do organismo estatal e dos órgãos e agentes deste Estado como organização do poder político.[2]

Assim estabelecido, como Gounelle, temos como eixo central do direito público, como o vemos, a organização política do Estado, as normas fundamentais da organização sociopolítica da sociedade, a organização e funcionamento do aparato estatal e o controle dos mecanismos da vida financeira dele. Daí identificarmos, como assinalamos antes, os

2. No mesmo sentido Constantino Mortati [1991:57-64], referindo o quadro dos ramos do direito público como largo campo de ação onde atuam as normas relativas ao funcionamento e à organização do Estado e seus agentes, tanto no campo interno quanto no campo externo.

ramos do direito constitucional, administrativo, financeiro e tributário, correspondendo aos campos e dimensões antes mencionados.

Os Estados – e fiquemos na formulação genérica aceita – tem como finalidade e razão de ser o bem-estar da sociedade e do indivíduo. Assistimos, afortunadamente, em nossos dias, à ascensão do primado dos direitos fundamentais em diversas instâncias, dimensões e estágios, desde aqueles relativos à vida e à liberdade até os pertinentes ao meio ambiente, à condição digna de vida. Desta forma, mais que nunca, o Estado ganha o caráter e a natureza instrumental de bem-estar. Existe, pois, como instrumento de busca e construção do bem-estar da sociedade.

Sem dúvida que se nota a formulação hegeliana neste viés. Todavia, é fato que a separação antes forte entre governantes e governados vem sofrendo modificação, sendo construída a visão de conjunto, com a repartição das responsabilidades e ônus entre o aparelho político e a sociedade. Desta forma, não mais existem problemas do Estado e problemas da sociedade: diversamente, todos os problemas são de todos, em distribuição, efeitos e responsabilidades distintos, porém incindivelmente conjuntos.

Tal constatação reflete-se necessariamente na concepção de direito público e na sua formulação.

Não é demais aduzir, a esta altura, algumas referências – que entendemos indispensáveis – relativas ao Estado de Direito.

O Estado contemporâneo que se pretende como prática geral na organização da Humanidade é o *Estado de Direito*, aquele que se organiza e funciona submetido ao Direito, de cuja moldura não pode desbordar – fixado como limite de licitude, portanto.

Neste quadro do Estado de Direito, cujas funções em gênero se dirigem a suas finalidades colimando o bem-estar da sociedade e dos indivíduos, podemos identificar duas funções básicas: a de governo e a de gestão.

A primeira, relativa ao governo, diz respeito à direção política geral, à formulação superior dos problemas relativos às finalidades estatais e interesses da sociedade direcionados ao referido bem-estar. Para o desempenho desta atividade fundamental, no Estado de Direito temos a separação funcional, que a doutrina clássica denomina – resgatando Montesquieu – de "separação de Poderes".

Nesta dimensão temos as funções que operacionalizam os Poderes do Estado, através dos quais se manifesta a soberania, e que são objeto do direito constitucional: Legislativo, Executivo e Judiciário. Na visão que se elabora, a função de governo – alta direção política, processo decisório, formulação de decisões estruturantes – é exercida pelos chamados três Poderes, dentro da repartição competencial constitucionalmente estabelecida.[3]

Tais funções de Estado, atribuídas aos denominados Poderes, constituem o governo, e se exercem exteriormente conforme a modelagem constitucional da organização governativa nos diversos modelos políticos existentes e suas variações. Vê-se no exercício delas o poder de império, emanação direta da soberania.

A esses Poderes cabem a identificação e problematização das aspirações, desejos e anseios fundamentais e superiores da sociedade, suas variações e evolução, e o estabelecimento das decisões básicas destinadas à persecução destes objetivos, bem como o estabelecimento e manutenção de uma ordem jurídica válida e eficaz, próxima daquilo que Loewenstein [1986] identifica como "poder de determinação", que estabelece o que deve ser feito e como deve ser feito. Daí a primazia política do Poder Legislativo sobre os demais.

Cabe, também, a concretização de ações, atividades, esforços e recursos necessários e disponíveis, voltados às decisões e formulações elaboradas, com margem de espaço decisório – o que corresponde ao Poder Executivo.

3. Manoel Gonçalves Ferreira Filho [2005:133-134], acerca do tema, sintetiza: "A 'separação dos Poderes', como se indicou acima, pressupõe a tripartição das funções do Estado, ou seja, a distinção das funções *legislativa*, *administrativa* (ou executiva) e *jurisdicional*".

Esta classificação, que é devida a Montesquieu, encontra, porém, antecedentes nas obras de Aristóteles e de Locke. O primeiro, na *Política*, reparte as funções do Estado em *deliberante* (consistente na tomada de decisões) e *judiciária* (consistente em fazer justiça), sem cuidar de sua separação, sem sugerir, ainda que de longe, a atribuição de cada uma delas a órgão independente e especializado. Locke também reconhece três funções distintas: a *legislativa* (consistente em decidir como a força pública há de ser empregada), a *executiva* (consistente em aplicar essa força no plano interno), e a *função federativa* (para assegurar as alianças – *foedus*, em Latim, significa aliança). Indo além do estagirita, o inglês chega, mesmo, a recomendar uma separação entre função legislativa, de um lado, e as funções executiva e federativa, de outro, as quais devem estar sempre reunidas nas mesmas mãos, por portarem o uso da força.

Vale mencionar, ainda, o controle das atividades desenvolvidas pela sociedade, governantes e governados, quer quanto à execução das decisões, quer quanto à submissão aos mandamentos da moldura estabelecida pela ordem jurídica – daí resultando os controles, político, pertinente à primeira, e formal, relativo à segunda.

Governo consiste, portanto, nestas funções – que parte da doutrina denomina de *funções de Estado.*

Ao lado destas funções de Estado, portanto, dos poderes governativos, temos as atividades de gestão, que vem a ser a administração das atividades, das ações concretas relativas às políticas públicas, ao cotidiano do governo, dos seus agentes.

Tais funções correspondem à parte do direito público que se denomina de *direito administrativo*, e tal se justifica porque todas as atividades, a organização e o funcionamento do Estado e seu aparato estão submetidos ao império do Direito.

1.5 Conceito de "direito administrativo"

Estabelecidos os pressupostos – chamemos – dentro da contextualização de sistematicidade, podemos buscar a conceituação do *direito administrativo*, tendo em vista ser este direcionado à disciplina jurídica das atividades de gestão do Estado.

O aparato estatal, considerada sua organização complexa dos nossos dias, com vinculações extremamente numerosas e de todos os matizes, ganha amplitude enorme. Daí podermos identificar entre as atividades de gestão do Estado, como reflexo concretizador de governo, duas grandes instâncias ou campos de atuação.

A *gestão interna*, entendida como o processo de decisão e execução no âmbito interno da estrutura estatal, a gestão e administração dos seus serviços e atividades-meio, o governo de seus servidores de todas as categorias, as atividades de apoio dos serviços públicos e da execução das políticas públicas.

A *gestão externa*, alcançando as relações da Administração com os administrados, embora entendamos tal expressão com certo laivo de autoritarismo indesejável, porque incompatível com a noção atual de cidadania, voltada aos serviços públicos em si e à prestação deles, aos contratos com a Administração, à gestão deste contratos e serviços, ao exercício do poder de polícia inerente ao Estado.

Vamos nos debruçar exatamente sobre este campo do Direito, disciplina jurídica deste universo, o universo da gestão desenvolvida pelo Estado, de suas estruturas próprias, de seus serviços internos, dos serviços que presta à cidadania e das políticas públicas que desenvolve no cumprimento dos objetivos estabelecidos pelo governo, como atividade diretiva superior, voltada, noutras palavras, à concretização objetiva das deliberações governamentais de Estado.

Vejamos, aqui, como apoio ao raciocínio em curso, que as atividades de gestão constituem parte hierarquicamente subordinada das atividades de governo, dizendo respeito, portanto, às atividades do Estado concretamente consideradas, como já referimos antes, atinentes ao cotidiano, à relação e contato diretos.

Antes de adentrarmos o estudo propriamente do conceito, por fidelidade metodológica, devemos antecedê-lo com uma formulação geral.

No caso do nosso estudo, pelas especificidades próprias, a Teoria Geral do Direito Administrativo, como observa Adolf Merkel [2004: 102]: "O conceito de Direito não é próprio de uma ciência jurídica particular, como é a Teoria do Direito Administrativo, porque corresponde à Teoria Geral do Direito. Na condição de disciplina especial, a Teoria do Direito Administrativo deve utilizar o conceito de Direito da Teoria Geral do Direito".

Então, tomando o que podemos considerar pressuposto, uma conceituação geral de Direito, para, a partir dela, mais adiante, buscar a formulação de um conceito de *direito administrativo*, percebendo bem claramente a inserção de um subsistema particular, inserido em outro, maior, o sistema geral.

Com efeito, nesta visão que ora se formula, temos que o subsistema que constitui o direito administrativo contém, a seu turno, outros subsistemas menores, estabelecida a correspondência: a um direito geral corresponde parte específica, que é o direito administrativo, e ao subsistema a este geral correspondendo subsistemas menores pertinentes ao que podemos considerar direitos administrativos particulares, vinculados aos campos específicos e próprios dos segmentos da disciplina jurídica relativa à administração – o que ganha relevo especial na medida em que a expansão do campo e o aumento do relevo deste campo do Direito são crescentes na atualidade.

A composição e a decomposição sistêmica devem constituir a base e fundamento do pensar jurídico em nosso ver, pois, como pontua Ebhard Schimidt-Assmann [2003]: "A parte geral do direito administrativo, sua teoria geral, constitui mais que uma disciplina acadêmica capaz de estabelecer relações e de dar certa unidade a determinados elementos ou partes isoladamente considerados, tais como categorias (conceito) e formas (normas), o procedimento, a organização e a responsabilidade administrativas. É uma idéia ordenadora cujo objeto consiste em assegurar que cada instituição ou figura tenha (e se situe) um contexto cada vez mais amplo, e garantir a evolução dogmática e a capacidade de adaptação de cada uma destas categorias com o resto do sistema (no seu todo)".

É com este enfoque que vamos buscar o conceito de direito administrativo. Primacialmente, destaquemos, a esta altura, retomando a separação dos Poderes antes referida, que esta separação ou repartição funcional, que forma o governo, tem sua correspondência nas atividades de gestão, significando dizer que os chamados Poderes exercem primordialmente atividades de Estado e, portanto de governo, formado pelo conjunto deles em todos os seus desdobramentos estruturais.

Assim sendo, o Poder Executivo desenvolve atividades primordialmente de gestão, mas também legisla quando exerce, na forma constitucional, o poder regulamentar, que se desdobra até As instruções de serviços das autoridades administrativas mais executivas e operacionais.

Também o Poder Legislativo primordialmente pratica atos de Estado, de governo, portanto, ao editar leis e atos normativos conforme os mandamentos constitucionais. Todavia, também exerce atividades pertinentes aos outros Poderes – quando anomalamente julga, por exemplo, o presidente da República pelos crimes de responsabilidade – e exerce atos de gestão, administra, quando põe em funcionamento seus serviços internos, de apoio, suas estruturas-meio.

O Poder Judiciário não escapa desta formulação. Exerce anomalamente funções legislativas quando normatiza seus serviços e atividades na órbita de sua competência, e pratica atos de gestão, se auto-administra, quando faz a gestão dos seus serviços e servidores, compra bens e serviços necessários ao seu funcionamento.

Temos, portanto, nesta formulação, que todos os segmentos de governo também detêm atividades de gestão, administrativas – com o quê podemos dizer que em determinados momentos e circunstâncias das suas atividades atuam como gestores, administradores, e, assim, submetidos às normas, princípios, regras, limitações e condicionamentos deste direito administrativo.

Comecemos pela doutrina nacional, trazendo à colação os conceitos formulados pelos nossos juristas contemporâneos.

José Cretella Jr. [2001:30] entende por *direito administrativo* "o ramo do direito público interno que regula a atividade e as relações jurídicas das pessoas públicas e a instituição de meios e órgãos relativos à ação dessas pessoas".

Diogo de Figueiredo Moreira Neto [2006:47] propõe o que chama de "conceito ampliativo": "Direito administrativo é o ramo do direito público que estuda os princípios, preceitos e institutos que regem as atividades jurídicas do Estado e de seus delegados, as relações de subordinação e coordenação delas derivadas e os instrumentos garantidores da limitação e do controle de sua legalidade, legitimidade e moralidade, ao atuarem concreta, direta e imediatamente na prossecução dos interesses públicos, excluídas as atividades de criação da norma legal e da sua aplicação judiciária contenciosa".

Odete Medauar [2006:32] ensina que: "Em essência, o direito administrativo é o conjunto de normas e princípios que regem a atuação da Administração Pública. Inclui-se entre os ramos do direito público, por tratar primordialmente da organização, meios de ação, formas e relações jurídicas da Administração Pública, um dos campos da atividade estatal".

Maria Sylvia Zanella Di Pietro [2006:62] leciona: "Partindo para um conceito descritivo que abrange a Administração Pública em sentido objetivo e subjetivo, definimos o direito administrativo como o ramo do direito público que tem por objeto os órgãos, agentes e pessoas jurídicas administrativas que integram a Administração Pública, a atividade jurídica não-contenciosa que exerce e os bens de que se utiliza para a consecução de seus fins, de natureza pública".

Celso Antônio Bandeira de Mello [2007:29] leciona: "O direito administrativo é o ramo do direito público que disciplina a *função ad-*

ministrativa, e *os órgãos que a desempenham*".[4] Vê-se que o entendimento do jurista revela traço forte da sistematicidade que apontamos no desenvolver deste trabalho.

Paulo Magalhães da Costa Coelho [2004:14] pondera que "o direito administrativo pode ser conceituado como o conjunto de princípios e normas que disciplinam e regem as atividades administrativas, as relações entre os entes públicos entre si e com os agentes públicos e, ainda, com os administrados, objetivando a consecução das tarefas atribuídas ao Estado pela Constituição Federal, notadamente a implementação de seus valores e do bem-estar social".

Edmir Netto de Araújo [2006:81] conceitua: "Direito administrativo é a disciplina integrante do direito público que estuda os princípios e normas jurídicas que regem as atividades jurídicas (exceto a judiciária e a legislativa formais) do Estado, com suas pessoas jurídicas públicas e entidades, especialmente prestadoras de serviços públicos, e respectivos órgãos e agentes, bem como dos bens e meios utilizados para a realização de suas finalidades públicas".

Ruy Cirne Lima [2007:35], sucinto, menciona que "rege o direito administrativo, na ordem interna a Administração Pública".

Marçal Justen Filho [2006:1], em visão bem atual, define: "O direito administrativo é o conjunto das normas jurídicas de direito público que disciplinam as atividades administrativas necessárias à realização dos direitos fundamentais e a organização e funcionamento das estruturas estatais e não-estatais encarregadas de seu desempenho".

Não será excesso, cremos – nem pretensão a erudição estéril –, alguma referência à doutrina estrangeira, até para alargar a visão inicial e dar apoio para a evolução da elaboração conceitual.

4. Convém pontuar que Celso Antônio observa, em seguida, que o direito administrativo coincide com o conjunto de normas (princípios e regras) que têm o sobredito objeto; ter-se-ia de concluir, logicamente, que a "ciência do direito administrativo" consideraria como pertinente à sua esfera temática a integralidade de tudo que estivesse compreendido na função administrativa. Sem embargo, não é isto que ocorre. Certas parcelas do campo recoberto pela função administrativa – isto é, certos capítulos do direito administrativo – são excluídas de sua órbita de estudos e tratadas em apartado, como ramos do Direito (caso do direito tributário, do direito financeiro e do direito previdenciário), conquanto constituam unidades temáticas sujeitas ao regime jurídico administrativo, como quaisquer outras.

Marcello Caetano [2005:42], ressalvando a variação entre os regimes jurídicos da Administração nas diversas ordens, pondera que "o direito administrativo é constituído pelas normas jurídicas reguladoras da organização da Administração Pública e do seu processo próprio de agir nas relações com os particulares".

Fernando Garrido Falla, Alberto Palomar Olmeda e Herminio Losada González [2005:128] observam: "Definimos o direito administrativo como aquela parte do direito público que regula a organização e o funcionamento do Poder Executivo e suas relações com os administrados, assim como a função administrativa dos diversos poderes e órgãos constitucionais do Estado".

Adolf Merkel [2004:102]: "O direito administrativo constitui uma seção, qualificada por seu conteúdo, da ordem jurídica total, aquela sessão que se refere à administração, que regula a administração. Se introduzirmos nesta acepção brevíssima no conceito de direito administrativo o conceito de 'administração', como significado da função de determinados órgãos, o direito administrativo se apresenta como aquela parte da ordem jurídica que deve ser aplicada pelos órgão administrativos, isto é, órgãos executivos com direito a dar instruções de obediência obrigatória. Se transpusermos esta disposição do orgânico pra o funcional, se poderá definir o direito administrativo como conjunto de normas jurídicas que regulam a atividade executiva condicionada pelas instruções ou – aceitando que toda a atividade executiva é composta de funções jurídicas – o conjunto de normas jurídicas que regulam estas funções jurídicas determinadas por meios de instruções".

Augustín Gordillo [2003:V-19] observa que o direito administrativo é "o ramo do direito púbico que estuda o exercício da função administrativa e a proteção judicial contra ela".

Podemos elaborar que o direito administrativo é o subsistema integrante do direito público que organiza, disciplina e instrumenta a atividade de gestão desenvolvida pelo Estado, seus agentes, processos de ação, e as relações do Poder Público com os particulares, no exercício do poder de polícia e na prestação dos serviços públicos. Portanto, no contexto do Estado de Direito este subsistema aglutina as normas que organizam a estrutura estatal de prestação dos serviços públicos, de execução de políticas públicas, de exercício de poder de polícia e, também, das relações do Estado com seus agentes, servidores e colaboradores externos, como sendo particulares envolvidos na prestação das atividades atribuídas para a consecução dos objetivos e interesses gerais e do bem comum.

Nesta ótica contemporânea, já antes referida, mencione-se que o direito administrativo também é instrumento de limitação, controle e condicionamento do exercício do poder, sendo, assim, proteção e garantia da cidadania contra o Estado e seus servidores.

A abrangência do seu raio de ação será tão larga quanto o determinarem os interesses e necessidades de intervenção, participação e cooperação do Estado em atividades de interesse geral direto ou indireto.

Lembrando, com Gordillo [2003:V-19], a função administrativa deve ser entendida como toda atividade realizada pelos órgãos administrativos, e também, legislativos e judiciários, com exclusão dos atos materialmente legislativos e judiciários, além das funções de poder jurídico e econômico exercidas por particulares em conseqüência de concessão, permissão ou delegação estatal.

Em razão disto, o direito administrativo tende a progressivamente se desdobrar em outros subsistemas normativos específicos, voltados a campos determinados – como, por exemplo, o urbanismo, o meio ambiente, o controle da prestação de serviços públicos por delegados estatais por diversos meios legais, voltados aos instrumentos de ação e articulação do aparato público, como os contratos, acordos, protocolos e negócios jurídicos entre a Administração Pública, os particulares, consumidores e prestadores ou fornecedores de serviços. Pois, como acentua Alexandre de Moraes [2006:69], "além de cuidar da regulamentação dos serviços públicos, o direito administrativo tem como função a execução desses serviços, bem como a regulamentação das relações existentes entre a Administração Pública e seus administrados".

1.6 Limites e conexões do direito administrativo

Na verdade, não existe a relação sempre aludida de disciplinas ou matérias principais e auxiliares. Este centrismo é até mesmo incompatível com a visão que se propõe, e que é sistêmica (um todo composto por partes). Preferimos identificar e estabelecer as relações e conexões entre o direito administrativo e outros "ramos" do Direito.

Vislumbramos duas ordens de relações ou conexões: intra-sistêmicas e extra-sistêmicas.

As intra-sistêmicas dizem respeito às conexões e relações existentes "dentro" do subsistema do direito público; portanto, entre as diversas especificações peculiares às relações, estruturas e atores vinculados, direta e indiretamente, ao Estado.

Tal como definimos antes, para fins deste estudo podemos estabelecer a composição do subsistema do direito público como sendo o conjunto de normas e princípios pertinentes à organização, funcionamento e relações internas e externas do Estado, seus agentes, delegados e representantes. Desta forma, temos aqueles ramos antes referidos: constitucional, administrativo, financeiro e tributário. Vejamo-los, portanto.

O direito constitucional é o direito da organização do Estado, mas também das garantias dos direitos fundamentais dos cidadãos, da conformação geral da ordem social estabelecida pelos fatores reais do poder de uma sociedade, norteada pelo conjunto de representações éticas vigentes na etapa do processo histórico respectivo, cujo documento constitucional instrumenta.

Podemos identificar diversos tipos normativos na composição constitucional.

As normas de organização política, que podemos – com a doutrina mais antiga e clássica – denominar de direito constitucional político, que diz respeito às normas de organização, acesso, exercício e transmissão do poder político na sociedade. É pertinente à organização das estruturas estatais, à definição das funções de Estado, à repartição das competências, vertical e horizontal, à estrutura mesmo do Estado.

Normas de garantia, que dizem respeito às garantias e mecanismos de proteção à estrutura do Estado, ao regime político e governamental; e, cada vez mais importante, normas de garantia com os mecanismos respectivos dos direitos fundamentais.

Normas de conformação da ordem social, relativas ao estatuto jurídico básico da ordem social, minorias, regiões, e às relações do Estado com a economia, com os fundamentos dos estatutos básicos dos fatores de produção: capital e trabalho.

Normas de proteção social, relativas aos princípios básicos e instituições fundamentais do bem-estar preconizado e estabelecido pelo pacto político.

No conjunto normativo pertinente à organização das estruturas do Estado podemos verificar a existência de normas constitucionais relativas aos pontos básicos, fundamentais, estruturantes das atividades de gestão, relativas a suas autoridades, mecanismos e institutos. Desempenham a função de fornecer as bases constitucionais do direito administrativo, inclusive ao estabelecerem as bases do regime administrativo vigente no Estado e na ordem jurídica.

Aí tem sede o ponto fundamental da conexão entre o direito constitucional e o direito administrativo, devendo também ser registrado que os princípios fundamentais e especiais, explícitos e implícitos no sistema constitucional, se desbordam para embasar a elaboração dos princípios fundantes do direito administrativo, constituindo aquilo que com acuidade vislumbrou Alexandre de Moraes [2006:2]:

"Poder-se-ia afirmar ainda que a atual Constituição da República codificou as principais normas do direito administrativo, que, como lembra Jean Rivero, é essencialmente não-codificado, prevendo normas de gerência, contratação, publicidade, entre outras, além do Estatuto do Servidor Público e de mecanismos de controle da Administração.

"A codificação constitucional das normas administrativas possibilitou a consagração de uma Teoria Geral do Direito Constitucional Administrativo, voltada para a observância dos princípios constitucionais básicos e tendo por finalidade limitar o poder estatal, prevendo instrumentos de controle e meios de responsabilização dos agentes públicos, para a garantia da transparência e probidade na Administração e voltadas para o combate à corrupção."

É interessante, entretanto, perceber a existência de limites entre ambos, que são os critérios qualificativos da autonomia do direito administrativo.

O direito administrativo diz respeito às atividades de gestão, como já o assinalamos; tem caráter de subordinação em relação ao direito constitucional, complementando-o, ainda que autonomicamente, no que respeita à dimensão operacional e concretizadora da ação estatal, incluindo aí o processo de atuação, seus instrumentos e agentes.

Com o direito financeiro as relações ou conexões também existem, já que este consiste na disciplina jurídica da atividade financeira do Estado, que vem a ser a atividade desenvolvida para a geração de receitas, em sua gestão e nos gastos para desenvolvimento de suas funções – acentua Régis Fernandes de Oliveira [2006:77-78], arrematando:

"Dentre os diversos aspectos do fenômeno financeiro, há aquele que é encampado pela norma, isto é, o fenômeno passa a estar incorporado a um mundo diverso, que é o do Direito.

"Daí definir Geraldo Ataliba o direito financeiro como 'ciência exegética, que habilita – mediante critérios puramente jurídicos – os juristas a compreenderem e bem aplicarem as normas jurídicas, substancialmente financeiras, postas em vigor'.

"Com exatidão, José Souto Maior Borges afirmou que 'a ciência das finanças estuda os princípios e leis reguladoras do exercício da atividade financeira do Estado, sistematizando os fatos financeiros'. Na seqüência ensina que o 'direito financeiro, regulação jurídica das atividades financeiras do Estado, estuda as normas financeiras, coordenando-as na reciprocidade das relações em que estão agrupados os institutos financeiros'.

"Sendo assim, vê-se que ao Direito pertence uma fatia, uma feição, um aspecto, do fenômeno financeiro: o estudo das necessidades públicas, tais como definidas em lei, a forma de despesa, igualmente nela estabelecida, e o atingimento das finalidades encampadas no ordenamento normativo."

E conclui: "O direito financeiro é o estudo dos princípios e normas que regem a atividade financeira do Estado".

Ora bem, o Estado, para exercer suas atividades, realizar e promover as políticas públicas, manter as estruturas políticas e institucionais, continuar ininterruptamente em funcionamento, demanda recursos financeiros. Portanto, vai buscá-los na sociedade, no setor produtivo da sociedade, e obtém tais recursos. Cabe a ele, portanto, gerir estes recursos, e, ao geri-los, submeter-se a controle jurídico. Temos como pano de fundo e contexto o Estado de Direito, submetido integralmente à ordem jurídica, orgânica e funcionalmente, a gestão destes recursos, quanto a forma, limites e maneiras de desembolso, conservação e aplicação – controle, em suma. Necessariamente está submetida a normas jurídicas, ao Direito. Isto é, o Estado obtém e gere os recursos financeiros também em conformidade com a ordem jurídica.

A obtenção destes recursos financeiros pelo Estado junto ao setor produtivo da sociedade – com fundamento no dever jurídico de todos, na medida das suas possibilidades, participarem do financiamento do Estado, que atua, ao menos em princípio, em benefício de todos – igualmente está submetida a normas jurídicas, dando origem ao direito tributário, que regula a obtenção destes recursos financeiros.

Paulo de Barros Carvalho [2003:15] pontua: "Estamos em que o direito tributário é o ramo didaticamente autônomo do Direito, integrado pelo conjunto das proposições jurídico-normativas que correspondam, direta ou indiretamente, à instituição, arrecadação e fiscalização de tributos. Compete à ciência do direito tributário descrever esse objeto, expedindo proposições declarativas que nos permitam conhecer as articulações lógicas e o conteúdo orgânico desse núcleo normativo, dentro de uma concepção unitária do sistema jurídico vigente".

Luciano Amaro [2006:12] faz interessante observação – considerado o fenômeno do desdobramento, a que aludimos antes – sobre a sucessiva decomposição em subsistemas, pela emancipação de núcleos normativos específicos que acabam por consolidar suas especificidades, qualificando-se, assim, a partir delas:

"O direito financeiro, como sistema normatizador de toda a atividade financeira do Estado, abarca, por compreensão, as prestações pecuniárias exigidas pelo Estado, abrangidos no conceito de tributo. Com efeito, o direito financeiro tem por objeto a disciplina do orçamento público, das receitas públicas (entre as quais se incluem as receitas tributárias), da despesa pública e da dívida pública.

"Dado o extraordinário desenvolvimento do direito atinente aos tributos, ganhou foros de 'autonomia' o conjunto de princípios e regras que disciplinam essa parcela da atividade financeira do Estado, de modo que é possível falar-se de direito tributário como ramo 'autônomo' da ciência jurídica, segregado do direito financeiro."

E arremata o autor citado: "Preferimos, por amor à brevidade, dizer que o direito tributário é a disciplina jurídica dos tributos. Com isso se abrange todo o conjunto de princípios e normas reguladoras da criação, fiscalização e arrecadação de prestações de natureza tributária".

Vemos, pois, que o direito tributário repousa no dever jurídico de todos os cidadãos, na medida de suas possibilidades, de participarem no sustento do Estado e dos benefícios que este venha a proporcionar na sua ação.

Ora, a atividade estatal de obtenção de recursos significa também exercício do poder soberano de imposição: o Estado impõe ao particular sua supremacia, e colhe as contribuições pecuniárias compulsoriamente. Como todas as demais atividades estatais, deve se submeter ao Direito, ao império da ordem jurídica, e está fundada, em nosso ver, na imposição tributária, materializando este dever, o que impõe compreensão mais atenta e abrangente, para adequada compreensão, como assinala Ives Gandra da Silva Martins [2001:1]: "A imposição tributária, como decorrência das necessidades do Estado em gerar recursos para a sua manutenção e a dos governos que o administram, é fenômeno que surge no campo da economia, sendo reavaliado na área de finanças públicas e normatizado pela ciência do Direito. Impossível se faz o estudo da imposição tributária, em sua plenitude, se aquele que tiver que estudá-la não dominar os princípios fundamentais que regem a economia (fato), as finanças públicas (valor) e o Direito (norma), uma vez que pretendes conhecer bem uma das ciências, desconhecendo as demais, é correr risco de um exame distorcido, insuficiente e de resultado, o mais das vezes, incorreto".

Vemos com a descrição algo sumária, que o subsistema de direito público, desdobrado, a partir do direito constitucional, mantém-se pela conexão entre seus integrantes.

Porém, há de ser mencionado que também o direito administrativo mantém conexões com o subsistema do direito privado, civil, comercial e trabalhista. Principalmente porque o desenvolvimento do direito constitucional ampliou enormemente as bases constitucionais explícitas de todos os ramos ou subsistemas do Direito, conduzindo o Estado à intervenção cada vez maior e mais intensa nas relações privadas, dando nascimento à regulação protetiva do consumo, da concorrência, da atividade empresária, do crédito e, mesmo, das relações parentais, como a proteção à família, à criança, ao idoso, ao portador de necessidades especais, ora restringindo direitos, ora impondo prestações positivas, porém sempre e invariavelmente exercendo de variadas formas o poder de polícia, inerente ao Estado.

1.7 Fontes do direito administrativo

Antes de enfrentarmos o tema "fontes", cumpre fixar conceitualmente no que consistem, o que são e suas finalidades. Naturalmente que dentro da concepção geral do trabalho, estabelecendo como que linhas gerais.

A denominação tradicional "fontes do Direito" refere-se à origem e produção das normas componentes do sistema, escalonadas conforme a precedência entre elas em cada sistema. Neste enfoque, aponta-se, basicamente, como fontes a *lei*, os *costumes*, a *jurisprudência*, a *doutrina* e os *princípios gerais e especiais*.

Temos nós que o assunto precisa ser repaginado.

Na verdade, o que se denomina de "fontes do Direito" na doutrina tradicional, na formulação consagrada pelo uso, deve ser entendido como maneiras ou formas pelas quais o Direito se manifesta.

Fixamos ao norte do texto que o Direito é um discurso normativo, o que pode sugerir, à primeira vista, que todo o Direito se contém em normas. Sim e não. Com efeito, a Teoria Geral do Direito pode oferecer alentada classificação de normas: preceptivas, negativas, vedatórias, permissivas, autorizatórias, de organização. Desdobradas estas em outras tantas.

Podemos fixar que a fonte originária, a fonte primária, do Direito é a sociedade, usando como matéria-prima a cultura, os valores e estruturas existentes e vigentes em determinada etapa da sua existência – o que nos remete à construção tradicional de fonte material. A propósito, Artur Machado Paupério [2002:119], na pluricitada *Introdução*, observa: "O Direito manifestou-se remota e primitivamente pelo costume. Os usos e tradições das épocas mais recuadas da civilização preparam o advento do Direito escrito posterior. Nos primórdios da civilização todo o Direito está expresso no costume, transmitindo-se de geração em geração por via oral".

No mesmo sentido pontua Fernando Pinto [1982:45] quando alude a que "a vida social de antanho resultava única e necessariamente dos costumes, e estes, nada obstante o advento do Direito escrito, ainda se acham presentes nas legislações mais adiantadas, subjazendo-lhes, no sentido de suprir os vazios, as ausências do Direito codificado, e mais, condicionando o surgir de novas leis".

Alessandro Groppali observa que: "Admitimos com Bobbio (*La Consuetudine)* que a expressão 'fonte do Direito', que é tomada num sentido metafórico, se presta ao equívoco, mas uma vez que a expressão 'fatos normativos', isto é, fatos que criam uma norma, com que se pretende substituí-la, não é menos ambígua, preferimos conservar o velho termo consagrado pelo uso e continuar a dividir as fontes do Direito em *fontes de cognição e fontes de produção*".[5]

"Podemos mencionar, acerca das fontes, que preferimos referir como formas de expressão ou manifestação, que na contemporaneidade temos clara existência de três categorias de fontes de produção normativa: as estatais, emanadas do Estado no exercício da atividade legiferante em observância das determinações constitucionais, as não-estatais, derivadas da autonomia da vontade, do contrato e do negócio jurídico, e as fontes supranacionais advindas do Direito Internacional, materializadas nos tratados, acordos, convenções e estatutos internacionais" [Gusmão 2006:104-105].

Entre as diversas fontes se estabelecem hierarquias, com a prevalência de umas sobre as outras, e relações de coordenação, estas cada vez mais expressivas e importantes.

Interessa para os fins deste estudo deixar estabelecido que tomamos por fontes do Direito aquelas manifestações que resultam em normas positivadas, expressa ou implicitamente, e dotadas de vigência e eficácia – o que é concorde com o ensino de Miguel Reale [2006:140-

5. E prossegue o jurista:

"As fontes de cognição representam os meios pelos quais se pode conhecer as várias espécies de normas e são constituídas pelos códigos, pelas leis especiais e pelas coletâneas oficiais de uso feitas pelo órgãos encarregados disso (Disp. Prel., art. 9º), mas enquanto as leis se presumem conhecidas pelo juiz (*iura novit curia*) e vinculam a sua vontade, aos usos corresponde apenas uma presunção de existência *iuris tantum*, podendo sempre a parte contrária fazer prova de que o uso invocado não existe.

"As fontes de produção do Direito dividem-se em fontes materiais e fontes formais, distinção que não é muito diferente da que se faz entre 'fatos normativos' e 'atos normativos', e que é proposta por aqueles que não gostam de empregar o termo 'fonte'. Damos o nome de fontes materiais àquele complexo de exigências de natureza econômica, política, moral etc., que correspondem ao conteúdo dos preceitos jurídicos; entendemos por fontes formais aqueles processos através dos quais se formam e adquirem eficácia as normas jurídicas. As fontes formais do Direito são fundamentalmente duas, porque dois são também os meios de formação e de manifestação da vontade coletiva numa organização social: um procedimento natural e espontâneo donde resulta que certos atos, pela sua constante e uniforme repetição e pela convicção da sua obrigatoriedade, se transformam em expressão da vontade geral; um procedimento mediato e reflexo através do qual órgãos especiais, estabelecidos pela Constituição, dão a forma e a força de comando àquilo que, num Estado, representa a conta de dominante e soberana. O primeiro destes processos de formação da vontade coletiva é constituído pelo costume, e o segundo pela lei" [Groppali 1978].

141], quando diz: "Por 'fonte do Direito' designamos os processos ou meios em virtude dos quais as regras jurídicas se positivam com legítima força obrigatória, isto é, com vigência e eficácia no contexto de uma estrutura normativa. O Direito resulta de um complexo de fatores, que a Filosofia e a Sociologia estudam, mas se manifesta, como ordenação vigente e capaz, através de certa formas, diríamos mesmo de certas fôrmas, ou estruturas normativas, que são o processo legislativo, os usos e costumes jurídicos, a atividade jurisdicional e o ato negocial".

Prossegue o Mestre, concluindo: "À luz do conceito, quatro são as fontes do Direito, porque quatro são as formas de poder: o processo legislativo, expressão do Poder Legislativo; a jurisdição, que corresponde ao Poder Judiciário; os usos e costumes jurídicos, que exprimem o poder social, ou seja, o poder decisório anônimo do povo; e, finalmente, a fonte negocial, expressão do poder negocial ou da autonomia da vontade".

Na visão que formamos, temos como formas de expressão do Direito quatro categorias básicas:

Lei – entendida como norma escrita produzida pelo Estado no exercício do poder político de que é detentor, submetido às formas constitucionais. Aqui estão incluídas as espécies do gênero *norma escrita*, onde se vislumbram: Constituição, leis complementares e ordinárias, decretos, regulamentos; mas, também contratos, acordos, estatutos da órbita privada, porque todos sustentados em sua validade pela ordem estatal. Incluem, ainda, as normas internacionais e supranacionais ou comunitárias, que decorrem de autonomias estatais em acordo.

Costumes – as práticas sociais rotineiras, comumente aceitas e com convicção de obrigatoriedade, que entendemos como base material de toda a construção do controle social.

Jurisprudência – tecnicamente definida como as decisões reiteradas dos tribunais na aplicação e concretização da ordem jurídica, tida como fonte referencial importante na fixação da hermenêutica preponderante e regente da ordem.

Doutrina – parte significativa da doutrina não a inclui como fonte formal do Direito, porque não dotada de força vinculante. Estamos entre aqueles que refutam tal posição. A opinião dos doutos, que denominamos de *fonte científica*, opera de maneira indireta, pois, como observa Hugo de Brito Machado [2004:79], "*[a doutrina]* ao descrever as normas que integram o sistema jurídico, empresta efetividade à idéia de sistema, harmonizando as diversas normas, explicando as relações entre elas, formulando os conceitos de lógica jurídica e assegurando a plenitude do ordenamento jurídico, com o preenchimento das lacunas existentes no sistema normativo". Arrematando: "Ocorre que a lição do jurista, ao ser invocada para influir na decisão do tribunal, já está funcionando como ingrediente formador do Direito. O fato de ser uma lição, e não outra, a que prevalece não quer dizer que não foi a doutrina que influiu no julgado. Assim, no sentido de algo que participa da produção do Direito, é inegável que a doutrina é um fonte formal deste".

Queremos ponderar, a esta altura, que, na visão que temos, as quatro formas de expressão – ou fontes – do Direito atuam, funcionam e existem em caráter sistêmico e interativo, em realimentação recíproca constante, o que contribui para a dinâmica do Direito, sua atualização e, mesmo, sua eficácia social; por óbvio, sujeitas aos limites de possibilidades e contingências inerentes à realidade social. Não é sem razão que Angel Latorre [2002:68] observa: "Um sistema de fontes não é fruto do acaso ou do capricho, mas sim conseqüência de múltiplos fatores políticos, sociológicos e ideológicos, e através dele transparece um conjunto de idéias e de fatos dominantes na sociedade em que se aplica".

Esboçadas estas linhas gerais, em arremedo do que se poderia denominar de *Teoria Geral das Fontes*, podemos, agora, infletir para o que poderíamos chamar de *fontes do direito administrativo* – todavia, sem olvidar o esclarecimento precioso de Celso Bastos [2002:31] ao observar que: "O Direito não tem uma origem única, é dizer, é fruto de diversas fontes. Dá-se o nome de fontes a pólos emanadores do Direito. A fonte do Direito, em sentido literal, significa o ponto de onde emana o Direito. De outra forma, as fontes do Direito correspondem aos modos pelos quais ele pode manifestar-se, como, por exemplo, a Constituição e as leis. Contudo, estas estão longe de serem as únicas fontes do Direito. O direito administrativo emerge de várias fontes (...)".

Façamos, então, uma distinção meramente didática, para o estudo do tema "fontes do direito administrativo", entre em fontes expressamente normativas, ou diretas, e fontes não-normativas, ou indiretas.

Estabeleçamos como *fontes diretas* aquelas de que resultam direta e imediatamente normas positivas, dotadas de força obrigatória. Nelas temos a figura genérica da lei, nos termos em que antes nos referimos (norma escrita). Como *não-normativas ou indiretas* temos os costumes, a jurisprudência, a doutrina e os princípios, porque deles não resultam necessariamente normas positivadas, embora, entendamos que há graus variados e sutis de eficácia.

1.7.1 A Constituição

Primeiro porque a Constituição contém a base e fundamentos da ordem jurídica como um todo, contém o perfil da concepção de direito e justiça vigente na etapa do processo histórico respectivo e, ainda, porque dá legitimidade jurídica a todas as normas do sistema.

Não baste, entre nós temos que a Constituição Federal consagra seu Capítulo VII à Administração Pública, constitucionalizando fortemente o direito administrativo entre nós, sintetizando no art. 37 o perfil e o fundamento:

"Art. 37. A Administração Pública direta e indireta de qualquer dos Poderes da União, dos Estados, do Distrito Federal e dos Municípios obedecerá aos princípios de legalidade, impessoalidade, moralidade, publicidade e eficiência e, também, ao seguinte: I – os cargos, empregos e funções públicas são acessíveis aos brasileiros que preencham os requisitos estabelecidos em lei, assim como aos estrangeiros, na forma da lei; II – a investidura em cargo ou emprego público depende de aprovação prévia em concurso público de provas ou de provas e títulos, de acordo com a natureza e a complexidade do cargo ou emprego, na forma prevista em lei, ressalvadas as nomeações para cargo em comissão declarado em lei de livre nomeação e exoneração; III – o prazo de validade do concurso público será de até 2 (dois) anos, prorrogável uma vez, por igual período; IV – durante o prazo improrrogável previsto no edital de convocação, aquele aprovado em concurso público de provas ou de provas e títulos será convocado com prioridade sobre novos concursados para assumir cargo ou emprego, na carreira; V – as funções de confiança, exercidas exclusivamente por servidores ocupantes de cargo efetivo, e os cargos em comissão, a serem preenchidos por servidores de carreira nos casos, condições e percentuais mínimos previstos em lei, destinam-se apenas às atribuições de direção, chefia e assessoramento; VI – é garantido ao servidor público civil o direito à livre associação sindical; VII – o direito de greve será exercido nos termos e nos limites definidos em lei específica; VIII – a lei reservará percentual dos cargos e empregos públicos para as pessoas portadoras de deficiência e definirá os critérios de sua admissão; IX – a lei estabelecerá os casos de contratação por tempo determinado para atender a necessidade temporária de excepcional interesse público; X – a remuneração dos servidores públicos e o subsídio de que trata o § 4º do art. 39 somente poderão ser fixados ou alterados por lei específica, observada a iniciativa privativa em cada caso, assegurada revisão geral anual, sempre na mesma data e sem distinção de índices; XI – a remuneração e o subsídio dos ocupantes de cargos, funções e empregos públicos da Administração direta, autárquica e fundacional, dos membros de qualquer dos Poderes da União, dos Estados, do Distrito Federal e dos Municípios, dos detentores de mandato eletivo e dos demais agentes políticos e os proventos, pensões ou outra espécie remuneratória, percebidos cumulativamente ou não, incluídas as vantagens pessoais ou de qualquer outra natureza, não poderão exceder o subsídio mensal, em espécie, dos ministros do Supremo Tribunal Federal, aplicando-se como limite, nos Municípios, o subsídio do prefeito, e nos Estados e no Distrito Federal, o subsídio mensal do governador no âmbito do Poder Executivo, o subsídio dos deputados estaduais e distritais no âmbito do Poder Legislativo e o subsídio dos desembargadores do Tribunal de Justiça, limitado a 90,25% (noventa inteiros e vinte e cinco centésimos por cento) do subsídio mensal, em espécie, dos ministros do Supremo Tribunal Federal, no âmbito do Poder Judiciário, aplicável este limite aos membros do Ministério Público, aos procuradores e aos defensores públicos; XII – os vencimentos dos cargos do Poder Legislativo e do Poder Judiciário não poderão ser superiores aos pagos pelo Poder Executivo; XIII – é vedada a vinculação ou equiparação de quaisquer espécies remuneratórias para o efeito de remuneração de pessoal do serviço público; XIV – os acréscimos pecuniários percebidos por servidor público não serão computados nem acumulados para fins de concessão de acréscimos ulteriores; XV – o subsídio e os vencimentos dos ocupantes de cargos e empregos públicos são irredutíveis, ressalvado o disposto nos incisos XI e XIV deste artigo e nos arts. 39, § 4º, 150, II, 153, III, e

153, § 2º, I; XVI – é vedada a acumulação remunerada de cargos públicos, exceto, quando houver compatibilidade de horários, observado em qualquer caso o disposto no inciso XI: a) a de 2 (dois) cargos de professor; b) a de 1 (um) cargo de professor com outro técnico ou científico; c) a de 2 (dois) cargos ou empregos privativos de profissionais de saúde, com profissões regulamentadas; XVII – a proibição de acumular estende-se a empregos e funções e abrange autarquias, fundações, empresas públicas, sociedades de economia mista, suas subsidiárias, e sociedades controladas, direta ou indiretamente, pelo Poder Público; XVIII – a Administração Fazendária e seus servidores fiscais terão, dentro de suas áreas de competência e jurisdição, precedência sobre os demais setores administrativos, na forma da lei; XIX – somente por lei específica poderá ser criada autarquia e autorizada a instituição de empresa pública, de sociedade de economia mista e de fundação, cabendo à lei complementar, neste último caso, definir as áreas de sua atuação; XX – depende de autorização legislativa, em cada caso, a criação de subsidiárias das entidades mencionadas no inciso anterior, assim como a participação de qualquer delas em empresa privada; XXI – ressalvados os casos especificados na legislação, as obras, serviços, compras e alienações serão contratados mediante processo de licitação pública que assegure igualdade de condições a todos os concorrentes, com cláusulas que estabeleçam obrigações de pagamento, mantidas as condições efetivas da proposta, nos termos da lei, o qual somente permitirá as exigências de qualificação técnica e econômica indispensáveis à garantia do cumprimento das obrigações; XXII – as Administrações Tributárias da União, dos Estados, do Distrito Federal e dos Municípios, atividades essenciais ao funcionamento do Estado, exercidas por servidores de carreiras específicas, terão recursos prioritários para a realização de suas atividades e atuarão de forma integrada, inclusive com o compartilhamento de cadastros e de informações fiscais, na forma da lei ou convênio.

"§ 1º. A publicidade dos atos, programas, obras, serviços e campanhas dos órgãos públicos deverá ter caráter educativo, informativo ou de orientação social, dela não podendo constar nomes, símbolos ou imagens que caracterizem promoção pessoal de autoridades ou servidores públicos.

"§ 2º. A não-observância do disposto nos incisos II e III implicará a nulidade do ato e a punição da autoridade responsável, nos termos da lei.

"§ 3º. A lei disciplinará as formas de participação do usuário na Administração Pública direta e indireta, regulando especialmente: I – as reclamações relativas à prestação dos serviços públicos em geral, asseguradas a manutenção de serviços de atendimento ao usuário e a avaliação periódica, externa e interna, da qualidade dos serviços; II – o acesso dos usuários a registros administrativos e a informações sobre atos de governo, observado o disposto no art. 5º, X e XXXIII; III – a disciplina da representação contra o exercício negligente ou abusivo de cargo, emprego ou função na Administração Pública.

"§ 4º. Os atos de improbidade administrativa importarão a suspensão dos direitos políticos, a perda da função pública, a indisponibilidade dos bens e o ressarcimento ao erário, na forma e gradação previstas em lei, sem prejuízo da ação penal cabível.

"§ 5º. A lei estabelecerá os prazos de prescrição para ilícitos praticados por qualquer agente, servidor ou não, que causem prejuízos ao erário, ressalvadas as respectivas ações de ressarcimento.

"§ 6º. As pessoas jurídicas de direito público e as de direito privado prestadoras de serviços públicos responderão pelos danos que seus agentes, nessa qualidade, causarem a terceiros, assegurado o direito de regresso contra o responsável nos casos de dolo ou culpa.

"§ 7º. A lei disporá sobre os requisitos e as restrições ao ocupante de cargo ou emprego da Administração direta e indireta que possibilite o acesso a informações privilegiadas.

"§ 8º. A autonomia gerencial, orçamentária e financeira dos órgãos e entidades da Administração direta e indireta poderá ser ampliada mediante contrato, a ser firmado entre seus administradores e o Poder Público, que tenha por objeto a fixação de metas de desempenho para o órgão ou entidade, cabendo à lei dispor sobre: I – o prazo de duração do contrato; II – os controles e critérios de avaliação de desempenho, direitos, obrigações e responsabilidade dos dirigentes; III – a remuneração do pessoal.

"§ 9º. O disposto no inciso XI aplica-se às empresas públicas e às sociedades de economia mista, e suas subsidiárias, que receberem recursos da União, dos Estados, do Distrito Federal ou dos Municípios para pagamento de despesas de pessoal ou de custeio em geral.

"§ 10. É vedada a percepção simultânea de proventos de aposentadoria decorrentes do art. 40 ou dos arts. 42 e 142 com a remuneração de cargo, emprego ou função pública, ressalvados os cargos acumuláveis na forma desta Constituição, os cargos eletivos e os cargos em comissão declarados em lei de livre nomeação e exoneração.

"§ 11. Não serão computadas, para efeito dos limites remuneratórios de que trata o inciso XI do *caput* deste artigo, as parcelas de caráter indenizatório previstas em lei.

"§ 12. Para os fins do disposto no inciso XI do *caput* deste artigo, fica facultado aos Estados e ao Distrito Federal fixar, em seu âmbito, mediante emenda às respectivas Constituições e Lei Orgânica, como limite único, o subsídio mensal dos desembargadores do respectivo Tribunal de Justiça, limitado a 90,25% (noventa inteiros e vinte e cinco centésimos por cento) do subsídio mensal dos ministros do Supremo Tribunal Federal, não se aplicando o disposto neste parágrafo aos subsídios dos deputados estaduais e distritais e dos Vereadores."

De acordo com Celso Bastos [2002:23]: "(...), o direito constitucional fixa os princípios a que se submete o direito administrativo. É, portanto, uma fonte importantíssima deste último, indispensável para o seu conhecimento e cumprimento".

1.7.2 A lei

Além da Constituição no seu próprio texto, temos como fonte a *lei*, que compreende toda a tipologia normativa do sistema, insculpida no art. 59 da CF:

"Art. 59. O processo legislativo compreende a elaboração de: I – emendas à Constituição; II – leis complementares; III – leis ordinárias; IV – leis delegadas; V – medidas provisórias; VI – decretos legislativos; VII – resoluções.

"Parágrafo único. Lei complementar disporá sobre a elaboração, redação, alteração e consolidação das leis."

Aqui, é pertinente destacar o que Celso Bastos [2002:24] chama de "inexistência da reserva administrativa", e que significa: "Não existe campo no direito administrativo alheio às leis, em decorrência do princípio da legalidade. Portanto, não há uma reserva administrativa, ou seja, um campo de atuação administrativa desvinculado de qualquer previsão legal. É necessário que a lei balize a função administrativa, consistente na sua execução, ao transformá-la em determinações mais concretas".

Neste universo, é de se citar, até pela importância prática, a figura do *regulamento*, norma jurídica destinada a fazer cumprir a lei, instrumentando o funcionamento da Administração, o que é remetido às atribuições do Poder Executivo – no caso brasileiro, presidencialismo, ao presidente da República –, mercê do art. 84, IV, da CF, o qual há de prevalecer e predominar sobre as demais espécies normativas hierarquicamente inferiores, como o são as instruções normativas, resoluções, portarias, deliberações e regimentos.

A propósito do tema, Celso Bastos [2002:27] pontua:

"Quem administra pode fazê-lo mediante atos concretos, como também pode prefixar os diversos comportamentos que vai adotar nos casos com que se defrontará. Daí surge a competência normativa dos órgãos executivos. A mais importante delas é a regulamentar. Esta é privativa do chefe do Executivo (art. 84, IV, da CF), em razão do regulamento hierarquicamente manter a supremacia sobre as instruções normativas, resoluções, portarias, deliberações, regimentos etc., enfim, sobre os atos oriundos do próprio poder normativo da Administração, mas editados por autoridades diversas do chefe do Executivo. Assim, há uma hierarquia inegável, com a predominância do regulamento.

"O regulamento há de ater-se ao cumprimento da lei. Vale dizer que ele se exterioriza por meio do *decreto*. Ele pode introduzir aspectos não cogitados por aquela, desde que, logicamente, subordinados e instrumentalizados com vistas ao atingimento do fim último da lei. Ao regulamento não é dado estabelecer obrigações iniciais, ou seja, não pode ser fonte direta da criação de um tributo, ou mesmo de uma multa ou sanção, uma vez que estaria subvertendo a sua função meramente executória e assumindo o lugar da própria lei, como fonte de todas as obrigações normativas do nosso Direito."

Também neste universo incluímos os *tratados* – observada a classificação mais atenta deles em tratado-lei e tratado-contrato –, sendo eles instrumentos através dos quais Estados soberanos assumem obrigações recíprocas, em muitas hipóteses, e hoje cada vez mais freqüentes, diante da feição e importância que tomam as relações internacionais em nossos dias, porque produzem efeitos concretos também entre os particulares e nas relações entre estes o seus Estados Nacionais – o que é relevantíssimo nestes tempos globalizados. Não é sem razão que Celso Bastos [2002:33] observa, a respeito: "Pode-se dizer que os tratados veiculam grande quantidade de fatos que são de extrema importância para o direito administrativo, sobretudo na modalidade de convênios, quando põem em vigor toda a disciplinação de uma determinada atividade, como, por exemplo, os transportes, as comunicações, que hoje são objeto de uma internacionalização muito grande e, conseqüentemente, originam o que se poderia chamar de direito administrativo internacional. Este último é resultante das praxes adotadas de comum acordo, com força de direito, aprovadas por convenções e disciplinando de maneira igual o mesmo serviço com ramificações em diversos países".

1.7.3 Costumes

Prática reiterada de condutas com convicção de obrigatoriedade, que Daniel Coelho de Souza [1994:149] explica:

"Os autores definem o costume como norma constante não-escrita, obrigatória, só diversa da lei no aspecto formal. A lei é escrita; o costume, não. Também a lei é intencionalmente elaborada, o costume forma-se espontaneamente. Vistos na sua objetividade, sem exame dos elementos de sua motivação, lei e costume são iguais.. O que identifica o costume é a convicção coletiva de sua validade. Dir-se-ia que, quando um costume se integra à normatividade de um grupo, impondo-se obrigatoriamente, é acatado sem que os interessados saibam que se trata de um costume, como também, muitas vezes, seguimos uma lei sem saber realmente se há regra escrita. Essa inconsciência da condição costumeira da regra, nos Estados em que o direito positivo é preponderantemente legislado, é a mais positiva característica do costume jurídico.

"Doutrinariamente, distinguem-se os elementos do costume em interno e externo. Divisão, aliás, artificial, porque são inseparáveis. O interno é o que se chama, desde o Direito Romano, *opinio necessitatis*, exatamente a consciência da necessidade do costume, seu elemento subjetivo, a consciência de que ele existe, como regra válida seguida invariavelmente. O externo é o uso, a conduta humana que, pelo fato de acompanhar um certo padrão, evidencia a sua necessidade e lhe serve de prova."

A Administração Pública, no seu funcionamento, adota práticas, e acolhemos apenas aquelas não-discrepantes da lei; portanto, aquelas que a Teoria Geral do Direito denomina de *secundum leges*, para o exercício das suas atividades: procedimentos, condutas e práticas costumeiramente aceitas e observadas em caráter obrigatório. Daí por que o pluricitado Celso Bastos [2002:35] observa: "No direito administrativo são bastante importantes, porque a Administração é resultante de práticas rotineiras e burocráticas, muitas vezes não calcadas propriamente em lei, mas, simplesmente, no hábito de agir de determinada forma". E, mais adiante, arremata: "De fato, é tão grande a variedade de comportamentos juridicamente disciplináveis no mundo moderno, que, por mais completo que seja o corpo de leis escritas de determinado país, sempre haverá espaço para suplementá-lo com costumes que vão além da lei, complementando-a".

1.7.4 Jurisprudência

Ação do Poder Judiciário no seu mister de efetivação da ordem jurídica, implica a aplicação da norma abstrata e genérica da lei ao caso concreto da realidade, e, com isso, produz as chamadas *normas do caso concreto*, cujos efeitos, objetivos e subjetivos, se dão *a fortiori* entre as partes e sobre aquilo que foi discutido. Todavia, tal permite observar como vem sendo feita a aplicação da lei, qual a hermenêutica que se vem construindo ao longo do processo histórico e social, como está sendo operado determinado instituto, como são delimitados seus efeitos e influências predominantes. Com efeito, daí temos o que se pode denominar de *previsibilidade jurídica*. Além disso, podem ser inferidos os horizontes e referências, os paradigmas para a concretização do regime administrativo.

O direito administrativo não é propriamente um direito codificado. Mesmo nos países – como Portugal – que têm código administrativo, este contém apenas as linhas gerais e pontos fundamentais do sistema. Ademais, é preciso considerar que com a crescente abrangência, com o alargamento gigantesco, do âmbito da regulação administrativa, mormente no campo da economia, seria impraticável a codificação nos termos do século XIX, dos tempos da polêmica entre Thibaut e Savigny, que, mesmo versando sobre o direito civil, pode, sem prejuízo, desbordar para o direito público, se considerarmos que a parte principal do papel que o direito civil desempenhou até meados do século XX vem, desde então, sendo desempenhado pelas Constituições.

Hoje, o direito administrativo não se amolda ao que vislumbrou Thibaut quando mencionava: "A toda legislação se deve exigir dois requisitos: que seja perfeita formal e materialmente, que formule seus preceitos de maneira clara, inequívoca e exaustiva, e que ordene as instituições civis de maneira sábia e conveniente, em completa conformidade com as necessidades da cidadania". Observando, ainda: "Opino que todo o direito civil, incluídos também o direito privado, penal e processual, necessita de rápida transformação e que os alemães não podem ser felizes em suas relações civis mais do que quando todos os governos alemães tratem de pôr em vigor, unindo suas forças, um código promulgado para toda a Alemanha". O que contra-argumenta Savigny – e, registre-se, muito em afinidade com a situação atual do direito administrativo –, aduzindo, em advertência: "O direito positivo nasce das leis, e estas são disposições expressas do poder estatal supremo. A ciência do Direito tem por objeto o conteúdo das leis. Seu conteúdo é contingente e cambiante, sendo possível que o Direito de amanhã seja diverso do de hoje, daí a postulação pelo código, e somente quando este cheio de lacunas se apresentar se pode ir ao direito consuetudinário". E aponta que como elemento mediador há um direito natural e racional, uma legislação ideal válida para todos os tempos e para todos os casos, nada mais sendo necessário do que descobri-la para completar o direito positivo [Thibaut/Savigny 1970]. Diante da dificuldade de codificação, consideradas a amplitude e abrangência e, também, a mutabilidade assombrosa do direito administrativo em alguns dos seus campos mais sensíveis, temos que concordar com Alexandre de Moraes [2006:1], fundado em Rivero: "Sendo *[o direito administrativo]* fortemente jurisprudencial, passou a sofrer a influência dos métodos de hermenêutica constitucional, mais abertos e politizados. Como ensina Rivero, 'o direito administrativo é largamente jurisprudencial. É um traço fundamental. Obrigado a resolver litígios para os quais a lei não lhe fornecia qualquer princípio de solução, o juiz teve de construir, muitas vezes completamente, a regra que iria aplicar'".

Ora bem, as decisões judiciais, especialmente aquelas decorrentes do controle jurisdicional da Administração, desempenham o papel fundamental de fonte efetiva do direito administrativo.

1.7.5 Doutrina

A *doutrina* é o que podemos chamar de fonte "científica", resulta do labor e da reflexão dos doutos, da pesquisa científica sobre os institutos, as normas; e, sobretudo, considerados os dados metajurídicos, as questões da efetividade social. Acaba por ser fonte mediata, na medida em que é o elemento de alimentação e evolução da jurisprudência e da legislação no sentido genérico. O já citado Daniel Coelho de Souza [1994:157] observa que "a doutrina, finalmente, é na sua maior parte elaboração teórica sobre outras fontes, tal como a jurisprudência, embora constitua indiscutível fonte formadora em face das instituições nascentes". O que vai ao encontro da observação de Celso Bastos [2002:35]: "A doutrina é resultante dos estudos levados a efeito pelos especialistas do Direito, que analisam o sistema normativo segundo princípios de sistematização e organização, sendo que nessa atividade vão resolvendo aparentes contradições e formulando definições e classificações, num inequívoco papel construtor do Direito. Hoje são muitas as soluções jurídicas que não encontram fundamento expresso na letra da lei e que são resultantes do esforço realizado pelos doutrinadores no correr dos séculos. A doutrina tem em mira elaborar, aprimorar, a ciência do Direito, mais isso não impede que exerça influência sobre os próprios julgadores, que aproveitam as conclusões dos especialistas, fazendo-as suas ao elaborarem decisões".

Como já referimos antes, o Direito é coisa viva, mutável com a dinâmica do processo social, e no compasso deste. Daí por que o sistema de fontes deve ser considerado como um todo e em funcionamento interativo, de alimentação recíproca. É neste enfoque que destacamos a importância das fontes mediatas – jurisprudência e doutrina –, como o fizemos até aqui.

Ambas estão em conexão permanente com a situação da vida real e concreta, debruçam-se sobre a realidade pulsante, sobre o problema posto pelas vicissitudes do cotidiano, buscam a solução própria, extraem do sistema normativo os elementos necessários à construção destas soluções necessárias. Implicam a incorporação da *praxis*, da experiência vivida em retroalimentação à normatividade. Significam o permanente elaborar, construir.

Ora bem, o direito administrativo não-codificado e, como sugerimos, infenso à codificação integral, constituído de conjunto de diplomas legais específicos, de consolidações ou de legislação sistemática parcial, especializada e tópica, demanda, por isto mesmo, das fontes mediatas, como a jurisprudência e a doutrina, até mesmo para a preservação do caráter de unidade do sistema, a sua inserção na ordem jurídica em geral.

É fato que a força vinculante de suas construções é relativa, todavia não as podemos considerar como secundárias, inclusive porque a tendência é no sentido de que se amplie esta vinculação, especialmente da fonte jurisprudencial.

1.7.6 Princípios gerais do Direito

Na formulação clássica entre nós, pela influência exercida na formação dos juristas brasileiros, ensina Hugo de Brito Machado [2004:304]: "Princípios gerais de Direito são enunciações normativas de valor genérico, que condicionam e orientam a compreensão do ordenamento jurídico, quer para a sua aplicação e integração, quer para a elaboração de novas normas. Cobram, desse modo, o campo da pesquisa pura do Direito quanto o de atualização prática. Alguns deles se revestem de tamanha importância que o legislador lhes confere força de lei, com a estrutura de modelos jurídicos, inclusive no plano constitucional, consoante dispõe a nossa Constituição sobre os princípios da isonomia (igualdade de todos perante a lei), de irretroatividade da lei para a proteção dos direito adquiridos etc.".

Os princípios gerais, que são aquelas concepções-base que articulam todo o edifício jurídico, servem de núcleo para a construção normativa, orientando o desdobramento do abstrato para o concreto. Servem de paradigma e, contendo o fundamento e sustentação de todo o sistema, orientam o desdobramento concretizador dele em cada uma das suas partes.

Ora bem, temos em nosso sistema um conjunto de princípios constitucionais definidos como fundamentais, e que estão insculpidos nos arts. 1º a 4º da CF:

"Art. 1º. A República Federativa do Brasil, formada pela união indissolúvel dos Estados e Municípios e do Distrito Federal, constitui-se em Estado Democrático de Direito e tem como fundamentos: I

– a soberania; II – a cidadania; III – a dignidade da pessoa humana; IV – os valores sociais do trabalho e da livre iniciativa; V – o pluralismo político.

"Parágrafo único. Todo o poder emana do povo, que o exerce por meio de representantes eleitos ou diretamente, nos termos desta Constituição."

"Art. 4º. A República Federativa do Brasil rege-se nas suas relações internacionais pelos seguintes princípios: I – independência nacional; II – prevalência dos direitos humanos; III – autodeterminação dos povos; IV – não-intervenção; V – igualdade entre os Estados; VI – defesa da paz; VII – solução pacífica dos conflitos; VIII – repúdio ao terrorismo e ao racismo; IX – cooperação entre os povos para o progresso da Humanidade; X – concessão de asilo político.

"Parágrafo único. A República Federativa do Brasil buscará a integração econômica, política, social e cultural dos povos da América Latina, visando à formação de uma comunidade latino-americana de nações."

Estes princípios orientam na totalidade o sistema que compõe a nossa ordem jurídica. Deles se desdobram outros, especificamente direcionados aos subsistemas componentes do direito positivo. Estes princípios gerais assentam as bases fundantes da ordem jurídica, constituem o eixo em torno do qual o sistema se monta e se desenvolve. Com isso, ao irmos até os princípios constitucionais da Administração Pública, que estão no art. 37 da CF, não podemos perder a visão sistêmica, e, assim, devemos entendê-los como desdobramentos e busca de concretização destes primeiros.

Não é sem razão que Celso Bastos [2002:40] pontua que: "Princípio é, por definição, mandamento nuclear de um sistema, verdadeiro alicerce dele, ou, melhor dizendo, disposição fundamental que se irradia sobre diferentes normas compondo-lhes o espírito e servindo de critério para sua exata compreensão e inteligência, exatamente por definir a lógica e a racionalidade do sistema normativo, no que lhe confere a tônica e lhe dá sentido harmônico. Característica importante dos princípios é fundamentarem um sem-número de situações, ao contrário do que acontece com a regra, que só disciplina aquilo por ela contemplado".

1.8 Princípios do direito administrativo

Vamos abordar os tema "princípios do direito administrativo", primeiro os princípios Constitucionais, aqueles contidos no art. 37 da CF, depois os princípios básicos difundidos pela doutrina predominante, e que constituem o sistema principiológico entre nós.

1.8.1 Princípios constitucionais

1.8.1.1 *Princípio da legalidade*

Partindo-se da premissa do Estado de Direito, integralmente submetido ao Direito e, mais que isto, imerso nele, porque organizado e funcionando conforme o Direito, entendido como conjunto sistêmico de princípios e normas, por óbvio a Administração, como peça integrante do aparado estatal, igualmente o deve estar.

Temos que a legalidade para a Administração, seus agentes e procedimentos é estrita. Vale dizer, aqui, que a legalidade deve ser entendida como bloco de juridicidade; portanto, estamos diante da conformidade jurídica. Assim, a atuação da Administração se dá conforme a ordem jurídica. Nesta legalidade estrita – significando que à Administração e ao administrador cabe proceder conforme a ordem jurídica – há uma sutileza a apontar: não se aplica, aqui, a máxima de que *tudo o que não está juridicamente proibido está juridicamente permitido.* Diversamente, compete à Administração e seu agentes e integrantes fazer o determinado, conforme o determinado e nos limites do determinado pela ordem jurídica; nem mais, nem menos.

Convém, aqui, referir que temos restrição severa à autonomia da vontade no que respeita à Administração. A margem de discricionariedade que lhe corresponde é mínima, apenas o absolutamente indispensável à dinâmica do processo da administração, como observou Sônia Tanaka: "A legalidade atualmente aplicada à Administração Pública está ligada ao ordenamento jurídico de uma lei formal propriamente dita".

É nestes parâmetros de bloco de juridicidade que se opera e se dá o controle jurisdicional da Administração, que integra o sistema de freios e contrapesos da organização político-constitucional do Estado de Direito. É aferindo esta conformidade que o poder jurisdicional, na forma prescrita pela Constituição, exerce o que Loewenstein, como antes referimos, chamou de *função de controle de legalidade ou juridicidade*, que vem a ser o exame da conformidade do ato praticado com a moldura jurídica estabelecida. A correspondência neste processo é a da responsabilidade do administrador, que responde pelos desvios e desconformidade que praticar ou a que der causa.

Temos aqui, de certa forma, o reflexo do contido no inciso II do art. 5º da CF, que assegura que "ninguém será obrigado a fazer ou deixar de fazer alguma coisa senão em virtude de lei". No nosso enfoque, o administrador está obrigado a fazer como o determina a lei, entendida como o sistema de ordenamento jurídico na sua totalidade.

Aqui está a base do controle de legalidade, que devemos, todavia, entender como o de juridicidade.

1.8.1.2 *Princípio da impessoalidade*

A Administração, como estrutura do Estado, é impessoal, o que significa a redução do fator subjetividade ao máximo possível. Suas ações, enfoques, processo decisório, tudo, está além de indivíduos considerados como tais. Podemos, de outra forma, entender como sendo a abstração do personalismo concreto. Nada na Administração se dirige a um indivíduo determinado e identificado, mas aos indivíduos em gênero. É importante mencionar a importância deste princípio no que diz respeito ao campo da discricionariedade pertinente ao administrador, no campo decisório e de escolha que lhe é próprio, como observa Celso Bastos [2002:56]: "O campo por excelência em que medra o atentado à impessoalidade é o da discricionariedade. Aqui, ao moldar seu comportamento, cabe a prática da escolha de um ato que melhor atenda à finalidade legal. Nesta ocasião é que o administrador pode ser tentado a substituir o interesse coletivo por considerações de ordem pessoal (favorecimento ou perseguição). A introdução destes elementos estranhos à preocupação legal macula, sem dúvida, o ato do vício de tornar-se arbitrário. O primado da lei cede diante da conveniência do administrador".

O poder discricionário, o âmbito do campo de escolha, precisa reportar-se, por óbvio, aos limites de possibilidade, aos critérios objetivos e preestabelecidos, mesmo sem descurar do conjuntural, porém afastado ao máximo o fator subjetivo.

Não há espaço na Administração Pública para as considerações de ordem pessoal em atividade alguma, e isto com o fito de evitar ou inibir tanto o favorecimento quanto a perseguição pessoal. Vislumbre-se aqui a eqüidistância da Administração em relação aos indivíduos em concreto. Sua visão obrigatoriamente há de ser macro, focada na espécie, e não no gênero.

1.8.1.3 *Princípio da moralidade*

A administração e o administrador estão submetidos às normas éticas vigentes na sociedade, submetidos aos limites de licitude, de juridicidade, mas também às normas de conduta profissional e operacional específicas, com conotação própria. Fábio Bellote Gomes [2006:10] sintetiza: "No âmbito da Administração Publica, entretanto, o conceito de moralidade assume caráter mais técnico. Trata-se, aqui, da chamada moralidade administrativa, que é o conjunto de princípios ou padrões morais que norteiam a conduta dos agentes públicos no exercício das suas funções e a prática dos atos administrativos".

Devemos entender este princípio como fundante da probidade administrativa, porquanto a Administração há de ser não apenas formalmente lícita, mas substancialmente lícita – o que significa dizer o exercício da discricionariedade com moderação, eficiência e sabedoria. Significa o zelo e a atenção nas escolhas e na execução em concreto destas escolhas.

1.8.1.4 *Princípio da publicidade*

Alguns o denominam de *princípio da transparência*, significando, originariamente, a obrigatoriedade da publicação de todos os atos, contratos e decisões tomados pela Administração e pelos administradores, nos meios de difusão oficiais. Hoje, ou mesmo em leitura mais compatível com a realidade política e o estágio evolutivo da democracia, temos na publicidade ou transparência a ampla divulgação e a publicidade dos atos, como forma sobretudo de tornar possíveis o acompanhamento e a fiscalização pela sociedade, pelos indivíduos – enfim, pela cidadania exercida –, da vida e do processo da Administração e, assim, materializar instrumento de controle e fiscalização não apenas da legalidade ou juridicidade, mas, sobretudo, do conteúdo daquilo que é praticado e realizado pela Administração. É a prestação de contas permanente, a submissão do exercício administrativo ao crivo da cidadania.

A "satisfação" dada à sociedade consiste em instrumento de fiscalização, controle e crítica. Indiretamente se tem, inclusive, meio de controle político informal como mecanismo de controle de democracia direta. O que dá oportunidade para a manifestação da cidadania, até para acionar os instrumentos institucionais de controle formal.

Finalmente, considere-se que também este princípio funciona vitalizando a legitimação política da ação administrativa, pelo acompanhamento, aceitação ou rejeição da sociedade. Afinal, a democracia implica na sua essência a responsabilidade política dos detentores do poder e dos que o exercem pela sociedade como um todo, porquanto, ao fim e ao cabo, a finalidade e o escopo maiores de todo o sistema é servir, existir para a sociedade.

1.8.1.5 *Princípio da eficiência*

A Administração e o administrador hão de atuar com observância à legalidade, impessoalidade, publicidade, mas também com eficiência. Portanto, administrar bem, com competência técnica, com capacidade de produzir resultados úteis e desejados, é dever jurídico. Encontram-se na doutrina algumas referência a este princípio, aproximando-o da administração privada, de natureza empresarial. Nós, diversamente, o vemos medularmente inserido no universo da gestão pública, dentro da concepção do Estado como responsável, direto e indireto, pelo bem comum, que vem a ser sua finalidade e, mesmo, razão de ser.

A Administração e o administrador, nas suas atividades, hão de observar técnicas, procedimentos, recursos, modelos e parâmetros de qualidade operacional que possibilitem alcançar realmente os objetivos públicos propostos, prestando serviços de qualidade, que atendam às necessidades coletivas públicas, ao interesse geral da sociedade.

Vislumbramos aqui o que podemos chamar de obrigatoriedade da profissionalização da burocracia estatal. A concepção do servidor público como profissional especializado, capaz de produção, produtividade e eficiência dentro de padrões compatíveis com a demanda da sociedade em seu atual estágio.

Gerir com eficiência – mais que isto, com eficácia –, produzindo resultados reais e concretos no atendimento das demandas. Isto implica também a qualidade do processo decisório e da decisão mesmo, durante o processo de gestão, donde temos a busca pelo constante aperfeiçoamento, evolução e melhora dele.

Administração competente e de qualidade, como hoje se discute na Europa, onde se busca a qualidade de serviços e a eficiência de gestão em padrões de exigência típicos do mundo corporativo, norteado pela satisfação da sociedade e do cidadão.

É de se arrematar, aqui, que, entre nós, não mais se trata de uma postulação, de uma aspiração, mas, bem ao contrário, de um mandamento jurídico de índole constitucional.

1.8.1.6 *Princípio da razoabilidade*

A atuação da Administração e do administrador em todas as suas dimensões há de ser razoável, presidida pela razão, pelo equilíbrio, bom senso. A propósito, Alexandre de Moraes [2006:95] observa: "O princípio do devido processo legal possui, em seu aspecto material, estreita ligação com a noção de razoabilidade, pois tem por finalidade a proteção dos direitos fundamentais contra condutas administrativas e legislativas do Poder Público pautadas pelo conteúdo arbitrário, irrazoável, desproporcional".

Mais adiante, o citado autor [Moraes 2006:97] pontua que "a proporcionalidade deve ser utilizada como parâmetro para se evitar os tratamentos excessivos (*ubermassig*), inadequados (*unangemessen*), buscando-se sempre no caso concreto o tratamento necessariamente exigível (*erforderlich, unerlabilich, undeding notwendig*), como corolário do princípio da igualdade, pois, como salienta Manoel Gonçalves Ferreira Filho, 'do princípio da igualdade constrói-se a apreciação da razoabilidade da norma. De fato, se a igualdade consiste no tratamento igual para os iguais, desigual para os desiguais, a lei desarrazoada desigualiza, arbitrariamente, os indivíduos. Desta forma, uma medida somente será adequada se, para alcançar sua finalidade desejada, causar o menor prejuízo possível e se houver proporcionalidade entre as vantagens que dela derivam e suas desvantagens'".

Voltamos à idéia inicial do equilíbrio e bom senso. No exercício do mister de administrar é freqüente a necessidade de restrições a direitos, imposição de limites mais estreitos, limitações mais severas às condutas, interesses e, mesmo, direitos – o que impõe, a seu turno, o sopesamento deles, a busca pelo equilíbrio, a opção menos gravosa possível e capaz de melhor atender às necessidades pretendidas.

1.8.2 Princípios correlatos

Vimos até aqui os princípios concernentes ao direito administrativo erigidos ao patamar constitucional, aqueles que o constituinte elegeu como pilares fundamentais para a organização, funcionamento e direção da atividade administrativa e, mesmo, do regime administrativo.

Há, todavia, outros princípios, é verdade que não menos importantes, porém que, mesmo se considerados como desdobramentos dos princípios constitucionais, têm, a nosso ver, grau de concretitude maior, sendo, assim, possível identificá-los como princípios próprios do direito administrativo, que desempenham o papel de informadores e orientadores da prática administrativa mas também servem de parâmetros complementares, considerados os antes vistos, para a normatização e a hermenêutica administrativista.

Tais princípios, na verdade, vêm de longa data inferidos e construídos ao longo do processo de formação e desenvolvimento do direito administrativo. Se, por um lado, isto é verdade, doutra banda, há de se perceber que o conteúdo deles, ao longo do estágio atual da evolução do Direito, vem possibilitando – e exigindo, até – outra leitura, como procuramos demonstrar, ainda que sucintamente, na conformidade do escopo deste estudo.

1.8.2.1 *Princípio da continuidade*

Sendo o Estado uma instituição permanente, permanente também deverá ser o que lhe corresponda. Assim, as atividades e funções do Estado – onde se inclui a Administração, com o enfoque que vimos dando – também são permanentes, ininterruptas. Isto porque as necessidades e demandas da sociedade o são.

Entendamos também a continuidade como a capacidade permanente de responder às solicitações e demandas, mesmo aquelas emergenciais. Significa ter capacidade de se manter a postos para as necessidades urgentes.

A máquina administrativa não pára, e não pode parar. A manutenção deste *status* é dever jurídico.

1.8.2.2 *Princípio da indisponibilidade*

Os interesses com os quais a Administração lida são gerais, de todos, da comunidade como um todo, considerada sua integral amplitude. Por isto mesmo, nos lindes da legalidade – ou, como preferimos, juridicidade –, o campo de autonomia discricionária do administrador é severamente restrito, significando que seus critérios pessoais não podem influir nem prevalecer na tomada de decisões. Não pode dispor dos interesses gerais. Todavia, é de se ver que este princípio precisa ser articulado com dois outros, de natureza constitucional, que vimos antes: eficiência e razoabilidade. Hipóteses há em que obrigatoriamente se deve levar em conta, pelo dever de eficiência, o emprego da razoabilidade, flexibilizando esta indisponibilidade, para adequá-la às necessidades reais e interesses mais altos e importantes.

A indisponibilidade não pode ser o biombo para a intransigência, para a interpretação pequena, estreita e mesquinha, geralmente de cunho demagógico. Cabe reflexão sobre esta necessidade, cada vez mais presente na realidade atual, de sopesar e ajustar a articulação harmônica entre princípios, tendo em conta que, antes de se excluírem, se complementam e aperfeiçoam, com a visão sistêmica que se vem imprimindo neste estudo.

1.8.2.3 *Princípio da supremacia do interesse público*

Nenhuma dúvida quanto a que os interesses públicos, de todos, da sociedade em geral, devem prevalecer sobre os interesses dos indivíduos. Desde logo é necessário distinguir que o interesse objeto deste princípio é o interesse geral da sociedade, não o interesse concreto do Estado e da Administração. Não se pode admitir de maneira absoluta a prevalência do Estado sobre o indivíduo, isto é inversão lógica da equação jurídica. A antiga relação de subordinação não mais corresponde à verdade, não mais é compatível com os nossos dias.

O limite natural desta supremacia está nos direitos fundamentais, na sua concepção mais ampla e profunda. Afinal, o interesse da sociedade não pode negar nem suprimir totalmente os dos indivíduos. Aqui, mais uma vez, forçoso é recorrer à razoabilidade para compatibilizar e ajustar o conteúdo e a extensão desta supremacia. Observa Justen Filho [2006:42-43]: "Qualquer que seja a teoria adotada acerca do interesse público, é impossível afirmar a configuração de situações simples e homogêneas. Uma das características do Estado contemporâneo é a fragmentação de interesses, a afirmação conjunta de posições subjetivas contrapostas e a variação dos arranjos entre os diferentes grupos. Nesse contexto, a utilização do conceito de interesse público tem de fazer-se com cautela, diante da pluralidade e contraditoriedade entre os interesses dos diferentes integrantes da sociedade".

Ora bem, a sociedade encontra no Estado o instrumento para a harmonização e controle da competição e conflitos que são inerentes à dinâmica da vida social, atribuindo-lhe, em conseqüência, a posição de arbitramento, de ajustamento, de compatibilização – convivência, enfim –, destes atritos. Aí está a raiz da necessidade de temperar o significado e o conteúdo da expressão "interesse público", e, ainda, do grau de prevalência ou superposição dele sobre os demais.

Não se pode esquecer, como acentua Celso Bastos [2002:47], "o próprio surgimento da tecnoburocracia dentro do Poder Executivo. Ela acabou por conferir a este Poder uma posição de supremacia que tornou difícil o controle pelo Legislativo e pelo Judiciário. O exercício de *lobbies* desloca-se do Legislativo para exercer pressão junto ao Executivo. Tal deslocação reforça a necessidade de um direito administrativo igualmente eficaz no respeito aos direitos individuais, como também no resguardo dos interesses coletivos".

1.8.2.4 *Princípio da motivação*

Os atos da Administração, e não apenas *stricto sensu*, estão submetidos a este princípio, porque devem ter motivação e justificação expressa, até como materialização do princípio da publicidade ou transparência e como mecanismo de possibilidade de controle de legalidade, moralidade e razoabilidade. Hão de estar claramente demonstrados, congruentemente, os motivos ensejadores do ato, seus fundamentos jurídicos formais, relativos à competência, e materiais, de legalidade, bem como os supedâneos fáticos. Edmir Netto de Araújo [2006:70], fundado em Caio Tácito, observa, em relação à motivação, mesmo quanto àqueles atos contidos no âmbito da discricionariedade, que "a tendência jurisprudencial atual é adentrar cada vez mais o exame do mérito, dos motivos de da finalidade dos atos administrativos, sem substituir-se a Administração, pois motivo e finalidade são condições intrínsecas da validade do ato".

1.8.2.5 *Princípio da finalidade*

A atividade administrativa e a Administração em si existem para o atendimento às necessidades, logicamente que dentro dos limites de possibilidade oferecidos pela realidade. Destarte, todas as atividades e atos praticados e desenvolvidos obrigatoriamente devem estar direcionados a tais finalidades, daí a exigência principiológica de que não apenas o motivo determinante, como vimos acima, mas a finalidade, o objetivo perseguido, o alvo pretendido, hão de estar explícitos e apontados com clareza e congruência. A este propósito é interessante a reflexão de Fábio Bellote Gomes [2006:10], quando pondera: "Este princípio deve permear todos os atos administrativos, visto que a Administração Pública deve sempre agir com o intuito de atender ao interesse público contido na lei. Ressalte-se que, na hipótese de não-atendimento ao princípio da finalidade, ocorrerá uma forma de abuso de poder conhecida por desvio de finalidade. O desvio de finalidade implica a nulidade do ato em que ocorreu, independentemente de outras sanções cabíveis. Disso resulta a importância do princípio da finalidade, considerando que o interesse público corresponde a um interesse social, do qual deve resultar um benefício geral aos administrados, ou a determinada parcela destes, considerando ainda as noções de interesse difuso e de interesse coletivo, comumente insertas no conceito de interesse público".

1.8.2.6 *Princípio da presunção de legalidade*

O princípio da presunção de legitimidade é decorrência do princípio da legalidade, porquanto a Administração se organiza e age conforme a lei; submetida que está ao bloco de juridicidade, presume-se *ipso facto* que os atos que pratica e as ações que realiza em princípio são legais e legítimos, o que constitui prerrogativa e atributo da Administração, como acentua Celso Bastos [2002:52]: "Isto dispensa a Administração de fazer prova que muitas vezes aos particulares é indispensável. Por exemplo, pode a Administração constituir um particular em débito para com ela sem nenhuma manifestação de vontade do mesmo. A inscrição na dívida ativa é um exemplo disso. Pelo mero registro no livro adequado se extrai certidão que tem a força de título executório, em decorrência da presunção de legalidade".

1.8.2.7 *Princípio da auto-executoriedade*

Denominado de *princípio da autotutela*, tem seu entendimento facilitado se examinado em conjunto com o princípio que vimos anteriormente, até como decorrência dele, ou seu desdobramento, porque, como as ações e atos da Administração em princípio se presumem legais e legítimos, podem e devem ser exeqüíveis imediatamente, cabendo à própria administração fazê-lo, independentemente de autorização judicial, como acentua Celso Bastos [2002:52]: "Uma decorrência desta presunção é o fato de a Administração Pública estar habilitada a passar imediatamente à execução do ato, se se tratar de ato executório".

Também significa que a Administração tem a prerrogativa de rever seus atos, corrigi-los, saneá-los, independentemente de provocação.

Releva notar, aqui, que a presunção de legalidade e legitimidade, que embasa a auto-executoriedade e a autotutela, não é absoluta, porque condicionada e limitada ao princípio da legalidade, aos direitos fundamentais. Assim, na hipótese de atrito ou afronta a direitos subjetivos, comporta insurgência do particular na via judicial, para que seja exercido o controle jurisdicional da Administração, ou de legalidade dos atos.

1.8.2.8 *Princípio da igualdade*

De certa forma ligado ao princípio anteriormente examinado, temos o da igualdade ou isonomia. Consiste no tratamento igual a *todos* dispensado pela Administração. Neste "todos" entendamos não apenas os indivíduos, mas tratamento igual a todas as situações iguais. Trata-se da isonomia, que tem raiz como direito fundamental. Temos igualdade formal, relativizada pela busca da igualdade material ou substancial. Igualdade de todos perante a mesma lei (aqui, como norma geral), lícita, porém, hoje, a denominada *discriminação positiva*, através de mecanismos compensatórios; é onde temos a busca da igualdade material.

Há quem veja aqui a chamada *igualdade formal*, o que é fato, porém não esgota a idéia, porquanto comporta tratar desigualmente os desiguais na proporção da desigualdade. Entendemos pertinente e interessante a observação feita a respeito por Fábio Bellote Gomes [2006:15], ao pontuar: "Deve-se observar também que, não obstante a proximidade teórica, os princípios da igualdade e da impessoalidade não se confundem, visto que o princípio da igualdade preconiza, em termos jurídico-formais, o oferecimento de oportunidades igualitárias a todos os administrados, e essa igualdade pode, em alguns casos, ser relativa, como ocorre, por exemplo, nos concursos públicos, em que é reservado determinado número de vagas a portadores de deficiências físicas. Já o princípio da impessoalidade está ligado propriamente ao elemento subjetivo da pessoalidade (do Latim *persona*, 'pessoa'), de modo que a Administração Pública, em consonância com o tratamento impessoal que deve dispensar a todos os administrados, não pode criar distinções pessoais, prejudicando ou beneficiando ilegalmente determinadas pessoas".

Este conjunto de princípios que indicamos não exclui o reconhecimento de outros. Há significativa variação na abordagem dos diversos autores, conforme a referência conceitual que adotem. O que buscamos aqui foi apenas indicar, com referências doutrinárias idôneas, uma coleção principiológica predominante na doutrina nacional, porque reconhecida pela maioria dos autores. E se buscou demonstrar isto adotando como critério classificatório apenas a bipartição entre *princípios constitucionais*, porque insculpidos expressamente no texto constitucional, aos quais forçoso é reconhecer precedência e superioridade hierárquica, e *princípios de elaboração doutrinária*, formulados a partir da evolução legislativa e mesmo doutrinária entre nós.

Buscamos, na medida dos limites deste estudo, estabelecer as ligações sistêmicas entre os princípios examinados, até por fidelidade metodológica e referencial que se adota.

1.9 Interpretação do direito administrativo

O estudo do tópico "interpretação" impõe, pela metodologia que se adota, a fixação de dois pontos que entendemos fundamentais e que, de resto, vêm perpassando o corpo inteiro deste estudo.

O primeiro destes pontos é o de que não se considera a existência típica e característica de interpretações próprias de ramos do Direito, inclusive porque inexistem na essência, vindo a ser divisões metodológicas e didáticas. Temos, assim, portanto, interpretação do Direito, e o que vamos direcionar, dentro do possível, ao subsistema administrativo.

O segundo diz respeito à visão sistêmica que se propôs e à estruturação da ordem jurídica que temos, da qual resulta a interpretação conforme a Constituição, que se justifica pelo papel assumido, em nossos dias, pela Constituição, cuja explicação breve não nos parece excessiva.

Ao tempo da consolidação do Estado de Direito advindo da Revolução Francesa forma-se um direito constitucional com a formulação classicamente denominada de direito político, cujo campo normativo se atinha à organização dos Poderes estatais, à separação deles, à proteção das liberdades públicas – enfim, às estruturas e relações estritamente políticas, donde vem a doutrina das matérias constitucionais por natureza ou propriamente constitucionais.

Nesta etapa, em periodicização flexível, inaugura-se a chamada *era das codificações*, acerca das quais já se falou antes, a qual se inaugura com o emblemático Código Civil francês, também chamado de *Code de Napoléon*, que exerceu notável influência ideológico-jurídica em todo o Ocidente. A este tempo a função destes códigos foi a de estabelecer a disciplina jurídica mas também proteção e tutela para as relações privadas e os indivíduos, com a marca herdada do Direito Romano, fundada na divisão clara e forte entre o direito público e o direito privado, na qual a chamada lei civil implicitamente significava excluir da órbita pública, do Estado, as relações privadas, que constituíam, de certa forma, universo próprio.

O direito civil, materializado nos códigos, exercia a função de barreira de contenção contra o Estado de então.

Tal formulação sobreviveu até a segunda metade do século XX, quando alcança largueza antes não imaginada o campo normativo constitucional.

Apenas para manter a trilha de raciocínio que acompanha a evolução: a primeira ruptura data do primeiro quartel do século XX, com o Constitucionalismo Social, de raízes primevas mexicanas, amadurecido na clássica formulação da Constituição de Weimar, com a inauguração do estatuto jurídico dos fatores de produção, capital e trabalho, marcando o início da intervenção vigorosa do Estado nas relações até então privadas.

Na mesma linha, o Constitucionalismo do último quartel do mesmo século XX se remarca pela expansão enorme do campo constitucional, com o quê se opera a substituição, já detectada pela doutrina européia contemporânea, dos papéis. Assim, aquele papel de barreira, antes atribuído ao direito civil, como estatuto da vida privada, que incluía historicamente as linhas básicas das normas relativas à hermenêutica do sistema, é acometido à Constituição, com a inauguração do privilegiamento dos princípios.

Neste contexto, a Constituição apresenta os fundamentos de legitimação jurídica e validade da ordem jurídica como antes, e a isto se acresce o estabelecer regras, princípios e parâmetros para a interpretação e aplicação da ordem jurídica, a colmatação normativa do sistema com a integração.

Desta forma, como cremos haver demonstrado, somente é possível a hermenêutica conforme a Constituição. Ela assume a posição de ponto de partida e de chegada naquilo que se entende como compreensão do sistema jurídico e da realidade, para a formulação das escolhas e soluções.

Daí por que, ao tratarmos de interpretação, precisamos ter fixado o norte da conformidade constitucional, é dizer, observar a concepção sistêmica proposta. Assim, temos que, na formatação contemporânea, compete à Constituição fixar a moldura jurídica geral; e, no escalonamento hierárquico, o corpo normativo infraconstitucional caminha no sentido da concretização daquela moldura firmada. Dessa forma, no mesmo sentido da construção normativa – não esqueçamos Kelsen, para quem "a Constituição é norma de produção de normas" –, vamos da Constituição até o menor grau de hierarquia normativa, que também segue a interpretação e aplicação desde a Constituição. Relembremos que a Constituição desempenha duplo papel: base e cúpula, a ela compete atribuir legitimação lógico-jurídica às normas, e também a ela compete fixar o sentido, a direção, da concretização destas normas, que vêm a ser desdobramento lógico dela.

Ora bem, mirando o subsistema de direito público, daquilo que é decorrente, conexo, ao Estado, onde está situado o direito administrativo, *a fortiori*, este traço se remarca. Implica obrigatoriamente o resgate dos princípios e normas constitucionais a cada momento interpretativo. Sendo assim, fica a marca sistêmica assentada, como necessário.

Interessante destacar, acerca da atividade de interpretação, a perquirição que podemos assinalar de extrínseca e intrínseca, para a fixação do sentido e alcance da norma e a construção da solução válida e aceitável para a situação concreta, considerando-se que a norma é elaborada de forma genérica, abstrata, é uma hipótese ou previsão hipotética de situação concreta, de onde se excluem as circunstâncias e o contexto. A incorporação destes elementos e, mais ainda, dos dados metajurídicos necessários à compreensão da situação e à formulação da resposta é a tarefa fundamental da interpretação.

A propósito, José Flóscolo da Nóbrega [1981:197-198] pontua: "A interpretação é necessária, como condição imprescindível da aplicação da lei. As leis são redigidas em termos gerais e forma abstrata, sem referência a particularidades individuais ou circunstâncias específicas. Da imensa variedade das relações sociais, elas apanham tão-só o que há de mais comum e uniforme, aquilo que acontece na média geral, *quod plerumque fit*. Para aplicá-las aos casos concretos, faz-se necessário um prévio trabalho de acomodação, de adaptação, de modo a ajustar a tese da lei à hipótese dos fatos. Esse trabalho visa não só a precisar o exato sentido da lei, como a descobrir as suas conexões dentro do sistema a que pertence, conexões que podem limitar ou reforçar a sua órbita de aplicação. Com as conclusões assim obtidas, e com os elementos fornecidos pelo exame dos fatos, pode-se construir, com base na norma geral, a norma especial aplicável ao caso concreto".

Reale [2006:228], orientando o que considera a compreensão atual do problema hermenêutico, aponta que "interpretar uma lei importa, previamente, em compreendê-la na plenitude de seus fins sociais, a fim de poder-se, desse modo, determinar o sentido de cada um dos seus dispositivos. Somente assim ela é aplicável a todos os casos que correspondam àqueles objetivos. Como se vê, o primeiro cuidado do hermeneuta contemporâneo consiste em saber qual a finalidade social da lei, no seu todo, pois é o fim que possibilita penetrar na estrutura das suas significações particulares. O que se que atingir é uma correlação coerente entro o 'todo da lei' e as 'partes' representadas por seus artigos e preceitos, à luz dos objetivos visados".

Aqui, é pertinente mencionar, na formulação que se pretende, que o Direito, tendo natureza social e sendo construção cultural destinada a instrumentar o controle de comportamentos e a organização das instituições sociais, tem significativo conteúdo de utilidade social – isto é, o Direito serve a uma finalidade, que se pode desdobrar em geral e específica, sendo esta última concepção aquela voltada ao caso concreto, à situação objetivamente posta. Ora bem, se este referencial é considerado, ao lado da visão sistêmica que referimos até aqui, imperioso é ajustá-lo aos dados da realidade posta – o que chamamos de contextualização ou circunstancialização –, como buscamos demonstrar invocando a doutrina acima mencionada, que se arremata com a visão de Groppali [1978:229-230]: "Interpretar a lei quer dizer fixar exatamente o seu significado e alcance, determinando qual é a vontade expressa pela forma em conexão com as outras normas e em relação com as exigências sempre novas da vida econômica e social; aplicá-las significa subsumir a uma ou várias normas o fato concreto e determinar as conseqüências jurídicas que essas normas atribuem a esse fato. As normas de interpretação da lei, mais do que simples critérios lógicos dirigidos ao prudente arbítrio dos magistrados, representam verdadeiras normas jurídicas que, por isso, vinculam a sua atividade lógica e a vontade, indicando-lhes os meios a adotar e os fins a conseguir".

Arrematando, quando se propõe buscar o sentido, se o propõe buscando o sentido orientado pelo sistema e conforme os princípios. Nisto consiste a tarefa interpretativa, porque a aplicação do Direito consiste, em última análise, na elaboração de resposta válida e aceitável para a solução de situação determinada e concreta, com suas circunstâncias, características e peculiaridades. Por óbvio, para tal se emprega o conjunto de técnicas conhecidas, como a perquirição lingüística, a decodificação dos signos, as leituras vertical e horizontal do texto, a inserção sistêmica da norma, a contextualização da evolução histórica e a identificação da lógica do sistema.

O direito administrativo tem como finalidade básica e essencial a organização e o funcionamento do aparelho estatal, para a consecução dos objetivos e finalidades, e a concretização das escolhas e opções políticas da sociedade, submetendo-se, para tanto, a princípios norteadores da ordem jurídica estabelecida. Assim, a finalidade social do sistema inteiro e de cada qual de suas partes é a de atender a estes objetivos e finalidades com eficiência, licitude, transparência, impessoalidade, e imerso na ordem jurídica. Com isso se pode concluir que a interpretação do direito administrativo é a elaboração de respostas e soluções concretas aceitáveis e válidas, dentro destes parâmetros.

1.10 Evolução do direito administrativo

O direito administrativo é filho do século XIX, em cujas primeiras décadas começou a ser formado, apontando Odete Medauar [2006:33-36] como início a lei francesa de 1899, que disciplinou, "de modo sistemático, a organização administrativa francesa, com base na hierarquia e na centralização". Naturalmente que seu surgimento coincide com a consolidação do Estado de Direito e com a expansão das suas atribuições, das finalidades e a ampliação da atuação do aparato estatal.

Não se cogita da abordagem da completa itemização dos diversos passos e etapas evolutivas, o que, a nosso ver, escapa aos objetivos deste estudo. O que se persegue é, a linhas largas, compreender três pontos básicos: surgimento, evolução e perspectivas atuais.

No que concerne ao primeiro, temos que surge com a formulação do Estado Moderno e a organização das suas estruturas, que vêm da demanda de variadas formas de ação estatal para o atendimento de demandas sociais cada vez mais ampliadas. Por óbvio, na proporção em que o corpo normativo se acresce, tem início o estudo sistemático e científico deste "ramo" novo do Direito, para compreendê-lo e operacionalizá-lo.

A já citada Medauar indica a obra de Romagnosi de 1814 como a primeira obra da disciplina, *Princípios Gerais do Direito Adminis-*

trativo, e em Milão o mesmo autor implanta a disciplina, com o nome de "Alta Legislação".

E prossegue referindo que as obras dos autores franceses foram as que tiveram maiores repercussões, formando e tendo papel relevante na formação deste Direito o núcleo original da doutrina de direito administrativo, sendo suas obras *Les Éléments de Jurisprudence Administrative*, de Macarel, de 1818, *Institutes du Droit Administratif Français*, de Gérando, 1830, *Traité du Droit Administratif*, de Cormenin, 1840. E em 1819 criou-se em Paris cátedra "Direito Público Administrativo", regida por De Gerando. Há de se ressaltar que a jurisprudência do Conselho de Estado francês muito contribuiu para a elaboração do direito administrativo, emitindo, nessa época, pareceres sobre litígios referentes à Administração, os quais eram acatados pelo chefe do Executivo francês. Tão-somente em 1872 o Conselho de Estado passou a julgar os litígios de modo independente, com intuito de coisa julgada. O Conselho de Estado obrigou à Administração Francesa a elaboração jurisprudencial norteando a construção do núcleo de muitos institutos e princípios do direito administrativo. A partir do século XIX consolidou-se a sistematização do direito administrativo, contribuindo jurisprudências e obras de autores franceses, italianos e alemães, formando-se temas de núcleo básico no direito administrativo: autoridade do Estado; personalidade jurídica do Estado; capacidade de direito público; ato administrativo unilateral e executório; direito subjetivos públicos; interesse legítimo; jurisdição administrativa; poder discricionário; interesse público; serviço público; poder de polícia; hierarquia; contratos administrativos.

Entre nós a primeira obra sobre o direito administrativo – ensina Medauar [2006:33-36] – foi a de Vicente Pereira do Rêgo, que buscou seus fundamentos na obra do autor francês Pradier-Foderé. Ao lado do professor de Recife, Veiga Cabral publica em 1859, *Direito Administrativo Brasileiro*. Em 1862 o Visconde de Uruguay edita *Ensaio sobre o Direito Administrativo*, e em 1866 Ribas edita *Direito Administrativo Brasileiro*. Mais recentemente tivemos, em São Paulo, Mário Masagão e José Cretella Jr., este último com o monumental *Tratado de Direito Administrativo*, no âmbito puramente acadêmico; e, no âmbito mais pragmático, Hely Lopes Meirelles, com o clássico *Direito Administrativo Brasileiro*. No Rio de Janeiro, Themístocles Brandão

Cavalcanti também deixa o *Tratado de Direito Administrativo*, e Ruy Cirne Lima, no Rio Grande do Sul.

Temos aí o que se pode considerar o direito administrativo inicial, com a visão conceitual ainda do século XIX, relativa à função administrativa, contendo sempre a supremacia da Administração, a concepção hierárquica Administração/administrado, marcadamente autoritária e subordinante.

Como observa, a respeito, Diogo de Figueiredo Moreira Neto [2001:9], "o Poder Executivo, sede da Administração Pública, a cargo da mais generalizada, intensa e próxima interação entre o Estado e a sociedade, não apresentou qualquer destaque significativo nessa mesma linha, de efetiva absorção dos princípios liberais. Ao contrário, sua evolução seguiu uma principiologia oposta, dando ênfase a institutos que reforçavam o poder de império do Estado, como a sua atuação discricionária, a exclusão do administrativo na formação do processo decisório, a executoriedade e a autotutela".

A expansão do Constitucionalismo em seu processo evolutivo aprofundou os princípios e valores democráticos na sociedade contemporânea, com contribuição decisiva da sociedade da informação, que quebra, em certo grau, a hermeticidade do Estado, diminuindo a separação Estado/sociedade, promovendo redivisão de responsabilidades, trazendo como conseqüência a diminuição sensível da hierarquia e da predominância da Administração sobre os administrados, incorporando valores de eficiência, legitimidade e operacionalidade da Administração, resgatando a idéia de controle da Administração e do administrador.

Neste sentido, o já citado Digo de Figueiredo Moreira Neto [2001:9] pontua:

"Um longo desenvolvimento doutrinário marcou a ruptura deste monopólio: primeiro, através dos avanços da teoria do desvio de poder e, mais recentemente, da teoria da razoabilidade, que ampliaram o âmbito de atuação tanto da *jurisdição* quanto da *participação* dos administrados no *controle do atendimento ao interesse público.*

"Ao cabo desse processo, que se poderia denominar de desmonopolização do interesse público, os *órgãos* começaram a se definir e a se justificar pela *finalidade* a que se encontram legalmente adscritos, ou seja, ao *efetivo atendimento de determinado interesse público* nas hipóteses concretas de ação da Administração Pública, definindo-se, em conseqüência, a *competência*, entendida com uma relativa *flexibilidade de disposição do poder legal*, conforme o tipo de atividade administrativa concreta requerida para a específica satisfação de *cada hipótese* concreta que assumam os interesse da sociedade, o que, invertendo a visão clássica, a vai tornando, como já se indicou acima, um elemento subordinado."

Pensar na evolução do direito administrativo atual é pensar na Administração Pública dos nossos dias. Hoje, o Estado, após doloroso e complexo processo evolutivo, é conduzido a conviver com a sociedade participativa, porque cada vez mais os indivíduos, os grupos de interesses, a sociedade civil, reivindicam e participam do processo decisório, da formulação de demandas, influenciam legitimamente a prática de atos, atuam na ação do Estado. A dimensão política cada vez mais interpenetra a dimensão da gestão. Gradativamente a relação de subordinação vai sendo vencida pela de coordenação, cada vez menos há submissão, cada vez mais se apresenta a cooperação.

Nesta linha, temos que progressivamente o Estado vem compartindo a responsabilidade – tanto da decisão como, sobretudo, da execução de serviços – com o particular, através de variados instrumentos.

Doutra banda, assistimos ao surgimento do direito regulatório remarcando a posição do Estado em relação aos serviços públicos de conteúdo econômico, cujos preços públicos e tarifas não apenas cobrem os custos de manutenção e investimento, como são capazes de remunerar capital investido, o que vem tornando atraente à iniciativa privada empreendedora participar deles.

Em outra dimensão, ainda que sobre ela não haja unanimidade, é a regulação da concorrência, perseguindo o equilíbrio das relações econômicas.

Novas têm sido as formas da intervenção do Estado na vida da sociedade, com o quê o campo do direito administrativo – como aponta Moreira Neto [2001:38] – se expande e aprofunda no contexto do Estado pluriclasses, "que ascende como organização política dominante, passando a refletir nos Parlamentos e nos governos a pluralidade da própria sociedade e a determinar as mudanças de atuação".

Tal modelo novo – aponta, mais adiante, o citado autor [Moreira Neto 2001:40] – vem promovendo o "refluxo da imperatividade e a tendência reequilibradora da afirmação imemorial da coerção, [*que*] são as características do Estado que vai se conformando ao influxo dos princípios mencionados, produzindo conceitos afins, como os de desestatização, de despolitização e de deslegalização. O importante não é chegar-se a um Estado grande, pequeno ou médio, ainda que este conceito variará de país para país, mas um Estado suficiente".

O redesenho que se identifica leva a nova relação do Estado – e, conseqüentemente, da Administração – com a sociedade, fundada nas bases do Estado Democrático, "de feição pluriclasse, afirma-se o limite da legitimidade, dependente do consenso sócio-político" [Moreira Neto 2001:40] .

Temos, portanto, hoje, um direito administrativo em franca expansão, mas, sobretudo, passando pela reconstrução conceitual decorrente do que podemos denominar de necessidades novas correspondentes aos novos tempos, de nova organização social e de novas demandas sociais, com maior integração entre o Estado e a sociedade.

O desafio que vislumbramos e que se prenuncia é o de direito administrativo com os parâmetros da eficiência e do controle, com redução da discricionariedade, como acentua Patrícia Baptista [2003:22]: "O direito administrativo tem hoje, pois, a missão de harmonizar dois objetivos, quase antagônicos, que se lhe apresentam. De um lado, aperfeiçoar o controle da Administração e, de outro, assegurar sua eficiência, ou vice-versa. Construir um sistema de equilíbrio entre ambos parece ser o maior desafio dessa disciplina jurídica".

Participar e contribuir na construção deste direito administrativo compatível com as necessidades dos nossos dias é o estímulo, provocação e responsabilidade dos cultores do direito público dos nossos dias.

Bibliografia

AMARO, Luciano [2006]. *Direito Tributário Brasileiro*. São Paulo, Saraiva.

ARAÚJO, Edmir Netto de [2006]. *Curso de Direito Administrativo*. 2ª ed. São Paulo, Saraiva.

BANDEIRA DE MELLO, Celso Antônio [2007]. *Curso de Direito Administrativo*. 24ª ed. São Paulo, Malheiros Editores.

BANDEIRA DE MELLO, Oswaldo Aranha [2007]. *Princípios Gerais de Direito Administrativo*. 3ª ed., vol. I. São Paulo, Malheiros Editores.

BAPTISTA, Patrícia [2003]. *Transformações do Direito Administrativo*. Rio de Janeiro, Renovar.

BASTOS, Celso Ribeiro [2002]. *Curso de Direito Administrativo*. São Paulo, Celso Bastos Editor.

CAETANO, Marcello [2005]. *Manual de Direito Administrativo*. 10ª ed., vol. I. Coimbra, Livraria Almedina.

CARVALHO, Paulo de Barros [2003]. *Curso de Direito Tributário*. São Paulo, Saraiva.

CAUPERS, João [2005]. *Introdução ao Direito Administrativo*. 8ª ed. Âncora.

CIRNE LIMA, Ruy [2007]. *Princípios de Direito Administrativo*. 7ª ed. São Paulo, Malheiros Editores.

COELHO, Paulo Magalhães da Costa [2004]. *Manual de Direito Administrativo*. São Paulo, Saraiva.

CRETELLA JR., José [2001]. *Curso de Direito Administrativo*. 17ª ed. Rio de Janeiro, Forense.

CUESTA, Rafael Entrena. *Curso de Derecho Administrativo*. 13ª ed. Madri, Tecnos.

DI PIETRO, Maria Sylvia Zanella [2006]. *Direito Administrativo*. 18ª ed. São Paulo, Atlas.

DINIZ, Maria Helena [2005]. *Compêndio de Introdução à Ciência do Direito*. 17ª ed. São Paulo, Saraiva.

DUGUIT, Léon [2000]. *Leçons de Droit Public Général*. França, La Mémoire du Droit.

DUVERGER, Maurice [1957]. *Éléments de Droit Public*. Paris, Presses Universitaires de France, 1957.

FERREIRA FILHO, Manoel Gonçalves [2004]. *Estado de Direito e Constituição*. 3ª ed. São Paulo, Saraiva.

__________ [2005]. *Curso de Direito Constitucional*. 31ª ed. São Paulo, Saraiva.

FIGUEIREDO, Lúcia Valle [2006]. *Curso de Direito Administrativo*. 8ª ed. São Paulo, Malheiros Editores.

GARRIDO FALLA, Fernando, GONZÁLEZ, Herminio Losada, e OLMEDA, Alberto Palomar [2005]. *Tratado de Derecho Administrativo*. vol. I. Madri, Tecnos.

GOMES, Fábio Bellote [2006]. *Elementos de Direito Administrativo*. São Paulo/Barueri, Manole.

GONZÁLEZ, Herminio Losada, GARRIDO FALLA, Fernando, e OLMEDA, Alberto Palomar [2005]. *Tratado de Derecho Administrativo*. vol. I. Madri, Tecnos.

GORDILLO, Agustín [2003]. *Tratado de Derecho Administrativo*. 7ª ed., vol. I. Belo Horizonte/São Paulo, Del Rey.

GOUNELLE, Max [1989]. *Introduction au Droit Public*. 2ª ed., Paris, Montchrestein.

GROPPALI, Alessandro [1978]. *Introdução ao Estudo do Direito*. 3ª ed. Coimbra, Colecção Coimbra.

GUSMÃO, Paulo Dourado de [2006]. *Introdução ao Estudo do Direito.* 37ª ed. Rio de Janeiro, Forense.

JUSTEN FILHO, Marçal [2006]. *Curso de Direito Administrativo.* 2ª ed. São Paulo, Saraiva.

LATORRE, Angel [2002]. *Introdução ao Direito.* 5ª ed. Coimbra, Livraria Almedina.

LOEWENSTWEIN, Carl [1986]. *Teoría General de la Constitución.* Barcelona, Ariel (*Political Power and the Governamental Process*, no original).

MACHADO, Hugo de Brito [2004]. *Introdução ao Estudo do Direito.* 2ª ed. São Paulo, Atlas.

MARTINS, Ives Gandra da Silva [2001]. *Curso de Direito Tributário.* São Paulo, Saraiva.

MEDAUAR, Odete [2006]. *Direito Administrativo Moderno.* 10ª ed. São Paulo, Ed. RT.

MEGRET, Jean [1979]. *Traité du Droit Rural.* vol. I. Paris, LGDG.

MERKEL, Adolf [2004]. *Teoría General del Derecho.* Granada, Comares.

MONTORO, André Franco [2005]. *Introdução à Ciência do Direito.* 26ª ed. São Paulo, Ed. RT.

MORAES, Alexandre de [2006]. *Direito Constitucional Administrativo.* 3ª ed. São Paulo, Atlas.

MOREIRA BRUNO, Reinaldo [2005]. *Direito Administrativo.* Belo Horizonte, Del Rey.

MOREIRA NETO, Diogo de Figueiredo [2001]. *Mutações do Direito Administrativo.* Rio de Janeiro, Renovar.

__________ [2003]. *Uma Avaliação das Tendências Contemporâneas do Direito Administrativo.* Rio de Janeiro/ São Paulo, Renovar.

__________ [2006]. *Curso de Direito Administrativo.* 14ª ed. Rio de Janeiro, Forense.

MORTATI, Constantino [1991]. *Istituzioni di Diritto Pubblico.* Pádua, Casa Editrice Dott. Antonio Milani.

NÓBREGA, José Flóscolo da [1981]. *Introdução ao Direito.* 6ª ed. São Paulo, Sugestões Literárias.

OLIVEIRA, Régis Fernandes de [2006]. *Curso de Direito Financeiro.* São Paulo, Ed. RT.

OLMEDA, Alberto Palomar, GARRIDO FALLA, Fernando, e GONZÁLEZ, Herminio Losada [2005]. *Tratado de Derecho Administrativo.* vol. I. Madri, Tecnos.

ORTEGA, Ricardo Rivero [1998]. *Administraciones Públicas y Derecho Privado.* Madri, Marcial Pons – Ediciones Jurídicas y Sociales.

PAUPÉRIO, Artur Machado [2002]. *Introdução ao Estudo do Direito.* 3ª ed. Rio de Janeiro, Forense.

PINTO, Fernando [1982]. *A Presença do Costume e sua Força Normativa.* Rio de Janeiro, Liber Juris.

REALE, Miguel [2006]. *Lições Preliminares de Direito*. 27ª ed., 6ª tir. São Paulo, Saraiva.

SANTAMARÍA PASTOR, Juan Alfonso [2004]. *Principios de Derecho Administrativo General*. 1ª ed. Espanha, Iustel.

SCHMIDT-ASSMANN, Eberhard [2003]. *La Teoría General del Derecho Administrativo como Sistema*. Madri, Marcial Pons – Ediciones Jurídica y Sociales.

SOUZA, Daniel Coelho de [1994]. *Introdução à Ciência do Direito*. 6ª ed. Belém, CEJUP.

SUNDFELD, Carlos Ari [2007]. *Fundamentos de Direito Público*. 4ª ed., 2ª tir. São Paulo, Malheiros Editores.

THIBAUT/SAVIGNY [1970]. *La Codificación*. Madri, Aguilar.

Capítulo 2

ADMINISTRAÇÃO PÚBLICA

José Francisco Siqueira Neto

2.1 Noções de Administração Pública

O direito administrativo, ramo do direito público, tem como objeto o estudo da Administração Pública, que envolve, sinteticamente, sua organização, seu aspecto funcional, suas atividades, responsabilidades e seu controle.

Dessa forma, torna-se necessário realizar um estudo prévio sobre a noção de "Administração Pública", que, num primeiro momento, parece se inserir apenas no Poder Executivo; mas, sendo a máquina administrativa necessária para operacionalizar as finalidades políticas, na realidade, insere-se em toda a estrutura do Estado.

Conforme nos ensina Hely Lopes Meirelles [2007:61]: "Aliás, já se observou que Montesquieu nunca empregou em sua obra política as expressões 'separação de Poderes' ou 'divisão de Poderes', referindo-se unicamente à necessidade do 'equilíbrio entre os Poderes', do que resultou entre os ingleses e norte-americanos o sistema de *checks and balances*, que é o nosso método de *freios e contrapesos*, em que um

Poder limita o outro, como sugerira o próprio autor no original: 'le pouvoir arrête le pouvoir'. Seus apressados seguidores é que lhe deturparam o pensamento e passaram a falar em 'divisão' e 'separação de Poderes', como se estes fossem estanques e incomunicáveis em todas as suas manifestações, quando, na verdade, isto não ocorre, porque o Governo é a resultante da interação dos *três Poderes de Estado* – Legislativo, Executivo e Judiciário -, como a Administração o é de todos os órgãos desses *Poderes*".

Embora interligados, não se deve confundir *Governo* com *Administração.* Aquele se identifica com os Poderes Executivo, Legislativo e Judiciário, manifestando a soberania, estabelecendo os objetivos do Estado na consecução do bem comum. A Administração é a máquina operacional para executar as atividades necessárias, com o intuito de atingir os objetivos do Estado através da satisfação do interesse público.

Nas lições de Hely Lopes Meirelles [2007:65], "*governo* é atividade política e discricionária; *administração* é atividade neutra, normalmente vinculada à lei ou à norma técnica. *Governo* é conduta independente; *administração* é conduta hierarquizada. O *Governo* comanda com responsabilidade constitucional e política, mas sem responsabilidade profissional pela execução; a *Administração* executa sem responsabilidade constitucional ou política, mas com responsabilidade técnica e legal pela execução. A *Administração* é o instrumental de que dispõe o *Estado* para pôr em prática as opções políticas do *Governo.* Isto não quer dizer que a Administração não tenha *poder de decisão.* Tem. Mas o tem somente na área de suas atribuições e nos limites legais de sua competência executiva, só podendo opinar e decidir sobre assuntos jurídicos, técnicos, financeiros ou de conveniência e oportunidade administrativas, sem qualquer faculdade de opção política sobre a matéria".

Referidas distinções entre *Governo* e *Administração* tornam-se oportunas para se conceber a atuação diferenciada de cada um; mas a sua aplicação, na prática, não é realizada com essa nitidez, coexistindo, muitas vezes, funções governamentais e administrativas.

Nesse sentido, cabe colacionar os ensinamentos de Odete Medauar [2007:45], afirmando que, "em geral, mostra-se difícil a fixação de fronteiras rígidas entre Governo e Administração. Na época contemporânea, aumentou a importância da atividade administrativa na dinâmica do Estado, e uma das conseqüências disso é a participação de servidores (isto é, da chamada burocracia) em atividades que seriam típicas de governo, tais como fixação do conteúdo de projetos de lei, fixação do teor de regulamentos e decretos, apresentação de propostas que se transformam em realização concreta ou ato normativo. Além do mais, no Brasil, coexistem, no vértice do Poder Executivo, funções governamentais e funções administrativas, o que dificulta também a nítida separação de ambas. Na prática da atuação do Executivo ocorre, em geral, um emaranhado de Governo e Administração, o que, segundo alguns, permite evitar um governo puramente político e uma Administração puramente burocrática".

Feitas essas considerações preliminares, examinaremos o significa do Administração Pública.

2.2 Conceito de "Administração Pública"

O objeto do direito administrativo é a Administração Pública, sendo mister, dessa forma, a análise desta última, no tocante a sua constituição, organização, atividades, agentes – dentre outros assuntos que lhe estão relacionados.

Nas lições de José Cretella Jr. [2005:15], "o termo 'administração' é baseado no radical 'mim', que para alguns vem da mesma raiz da palavra *manus* e *mandare*, e para outros da mesma raiz da palavra *minus*. (...). Nos dois casos está presente a idéia de *comando*. No primeiro caso, *comando ativo*; no segundo caso, *comando passivo*. De qualquer modo, a idéia de relação hierárquica entre *subordinado* e *subordinante* está sempre clara na palavra 'administração'. (...). Com efeito, em qualquer tipo de *administração* há sempre a idéia de chefe que ordena, que manda, que expede ordens, instruções, e de subalterno que obedece, que acata essas ordens".

A conceituação de *Administração Pública* é realizada de diversas formas pelos doutrinadores.

Para o referido autor [Cretella Jr. 2005:19], *Administração Pública* "*é a atividade que o Estado desenvolve, por meio de seus órgãos, para a consecução do interesse público* (ótica formal e material)".

Diogo de Figueiredo Moreira Neto [2005:111] entende que a conceituação de Administração Pública decorre da qualificação de cinco elementos que se encontram articulados com o conceito de "administração": atividades, pessoas, recursos, objetivos e interesses. Assim, "as *atividades* são *funções públicas*, cometidas ao Estado, caracterizando-se por suas imanentes *indisponibilidade* e *imperatividade* e, assim, pela possibilidade de serem executadas coercitivamente. As *pessoas*, incumbidas de desempenhar essas funções, são os *ente públicos* ou *privados*, atuando por seus respectivos *órgãos* e *agentes*, que, para esse efeito, recebem competência própria ou delegada. Os *recursos*, de diversa natureza, notadamente financeiros, empregados para o desempenho dessas funções serão, em princípio, também públicos e afetados a finalidades igualmente públicas. Os *objetivos* a serem perseguidos serão todos aqueles, integral ou parcialmente, previstos em *lei*, aptos à satisfação dos interesses nela *especificamente* definidos como públicos. (...). A partir dessas qualificações, sintetiza-se o conceito de *administração pública* como *atividades preponderantemente executórias, definidas por lei como funções do Estado, gerindo recursos para a realização de objetivos voltados à satisfação de interesses especificamente definidos como públicos*".

Nos ensinamentos de Hely Lopes Meirelles [2007:64-65]: "Em sentido formal, é o conjunto de órgãos instituídos para consecução dos objetivos do Governo; em sentido material, é o conjunto das funções necessárias aos serviços públicos em geral; em acepção operacional, é o desempenho perene e sistemático, legal e técnico, dos serviços próprios do Estado ou por ele assumidos em benefício da coletividade. Numa visão global, a Administração é, pois, todo o aparelhamento do Estado preordenado à realização de serviços, visando à satisfação das necessidades coletivas".

Segundo Odete Medauar [2007:42]: "No aspecto funcional, Administração Pública significa um conjunto de atividades do Estado que auxiliam as instituições políticas de cúpula no exercício de funções de governo, que organizam a realização das finalidades públicas postas por tais instituições e que produzem serviços, bens e utilidades para a população (...). Sob o ângulo organizacional, Administração Pública representa o conjunto de órgãos e entes estatais que produzem serviços, bens e utilidades para a população, coadjuvando as instituições políticas de cúpula no exercício das funções de governo".

Nas lições de Maria Sylvia Zanella Di Pietro [2006:68], "Administração Pública" em sentido amplo abrange, em sentido subjetivo, os órgãos governamentais (Governo) e os órgãos administrativos e, em senso objetivo, a função política e a administrativa. E a "Administração Pública" em sentido estrito compreende, em sentido subjetivo, as pessoas jurídicas, os órgãos e agentes públicos que exercem a função administrativa e, em sentido objetivo, a atividade administrativa exercida por aqueles entes.

A tarefa de conceituar sempre ensejou muitas dificuldades, sobretudo com o intuito de obter, de forma concreta, a precisão do termo.

Não obstante a diversidade de conceitos de "Administração Pública", os ensinamentos supramencionados já trazem uma idéia sobre a matéria. Assim, podemos, em síntese, apurar os seguintes conceitos.

A palavra "administrar" significa *gerir*, *dirigir*, *governar* alguma coisa. Assim sendo, "administração pública" significa, *grosso modo*, o ato de gerir, dirigir ou governar coisas da área pública.

No sentido formal, orgânico, a Administração Pública compreende todos os órgãos e entidades da Administração direta e indireta de todos os Poderes da União, Estados, Distrito Federal e Municípios.

No sentido material, Administração Pública é o conjunto de atividades realizadas para a satisfação do interesse público, tendentes a realizar o fim almejado pelo Estado. Em outras palavras, é a máquina que gere e realiza as atividades administrativas tendentes à satisfação dos anseios de todos, visando a alcançar o bem comum, que é o fim do Estado.

Para melhor visualização dessa máquina administrativa, examinaremos, primeiramente, a organização da Administração Pública para, após, analisarmos as atividades por ela desempenhadas.

2.3 Organização da Administração Pública no Brasil

O panorama geral da organização administrativa no Brasil apresenta-se, atualmente, com as competências gerais centralizadas em órgãos públicos e com algumas específicas distribuídas em entidades criadas com o fim de executá-las com maior autonomia, visando à melhor execução dos serviços ou das obras públicas.

Dessa forma, classificou-se em *Administração direta* o conjunto dos órgãos públicos e em *Administração indireta* as entidades (autarquias, fundações públicas, sociedades de economia mista e empresas públicas) criadas para a prestação de um serviço específico.

A essa distribuição de competências de uma pessoa a outra dá-se a denominação de *descentralização*, que pode ser *política* ou *administrativa*.

A primeira ocorre quando o ente descentralizado exerce atribuições próprias que não decorrem do ente central, tendo por fundamento a própria Constituição Federal. É o que se verifica com nosso sistema federativo, através do qual se descentralizaram politicamente os poderes anteriormente concentrados no Estado para a criação da União, dos Estados, do Distrito Federal e dos Municípios, cada qual com atribuições próprias.

A segunda é observada quando os entes descentralizados têm autonomia para executar as competências que lhes foram atribuídas, mas nos exatos termos conferidos pela lei de sua criação. Dessa forma, para a melhor execução de determinados serviços do Poder Executivo, este pode transferi-los a um ente que ele mesmo criar, por lei. Assim, tanto o Poder Executivo Municipal, Estadual, Distrital ou Federal podem se utilizar da descentralização administrativa, criando pessoa jurídica, de direito público ou privado, para lhe atribuir a execução de determinado serviço público.

Antes de analisar a Administração Pública direta, cabe, ainda, efetuar sua distinção com a *descentralização por colaboração* e a *desconcentração*.

A *descentralização por colaboração* configura-se quando a execução de determinado serviço público é transferida para pessoa jurídica de direito privado, por ato administrativo bilateral (contrato) ou unilateral, mas sem outorgar a titularidade dos serviços, que permanece com o Poder Público. Em verdade, é atribuída ao particular, tão-somente, a execução do serviço. Daí a razão pela qual se denominam, também, os contratados da Administração Pública de *colaboradores*, por cooperarem, auxiliarem esta última na prestação dos serviços públicos.

Na lição de Maria Sylvia Zanella Di Pietro [2006:407]: "A descentralização por colaboração é feita por *contrato* ou *ato unilateral*, pelo qual se atribui a uma pessoa de direito privado a *execução* de serviço público, conservando o Poder Pública a sua titularidade. Isto lhe permite dispor do serviço de acordo com o interesse público, envolvendo a possibilidade de alterar unilateralmente as condições de sua execução e de retomá-la antes do prazo estabelecido; o controle é muito mais amplo do que aquele que se exerce na descentralização por serviço, porque o Poder Público é que detém a titularidade do serviço, o que não ocorre nesta última".

A *desconcentração* difere da descentralização por se referir à distribuição de competências dentro de uma mesma pessoa jurídica ou de uma mesma entidade ou órgão público, implicando a existência de vínculo de hierarquia. Trata-se das delegações de atribuições que a pessoa do mais alto escalão realiza a seu subordinado, e este a outro, e assim sucessivamente, criando-se uma relação de hierarquia, ou seja, de coordenação e subordinação. Objetiva-se, dessa forma, descongestionar as atribuições, centralizadas em uma só pessoa, para seu melhor desempenho, mantendo, no entanto, a coordenação de tais atividades.

Segundo Odete Medauar [2007:50], "existe desconcentração quando atividades são distribuídas de um centro para setores periféricos ou de escalões superiores para escalões inferiores, dentro da mesma entidade ou da mesma pessoa jurídica (diferentemente da descentralização, em que se transferem atividades a entes dotados de personalidade jurídica própria ...). Por exemplo: na Administração Federal, em tese todas as atividades da sua competência caberiam ao presidente da República; mas é impossível que uma só autoridade realize inúmeras funções, daí, num primeiro momento, haver a divisão dessas funções entre os órgãos de assessoramento direto do presidente e os Ministérios; por sua vez, as autoridades que encabeçam tais órgãos, como secretários ou ministros, por si sós, não conseguiriam realizar todas as atividades da responsabilidade do órgão que dirigem; daí, num segundo momento, haver nova divisão, no interior de cada um dos órgãos, e assim por diante. Desse modo, na União, a desconcentração se realiza do presidente da República para seus órgãos de assessoramento direto e Ministérios; e, no âmbito de cada um desses órgãos, a desconcentração ocorre das autoridades que os encabeçam para órgãos de escalões inferiores".

Assim, em resumo, a organização da Administração Pública no Brasil apresenta-se classificada em Administração direta (órgãos públicos) e indireta (entidades públicas criadas para desempenho de atividades específicas), estando divididas politicamente em órgãos federais, estaduais, distritais e municipais, podendo haver tanto a desconcentração como a descentralização por colaboração em todos esses órgãos e entes estatais.

2.4 Descentralização político-administrativa

Através da *descentralização política*, no Brasil, a organização político-administrativa compreende a União, os Estados, o Distrito Federal (Capital Federal) e os Municípios, todos autônomos, nos termos do art. 18 da CF.

Diante da autonomia a todos assegurada, cada ente estatal tem sua própria estrutura administrativa, que a seguir serão examinadas.

2.4.1 Administração Pública Federal

A Administração Pública Federal centralizada, direta, é desconcentrada, ou seja, suas competências estão distribuídas da pessoa do mais alto escalão para diversos subordinados, criando-se uma relação de hierarquia, ou seja, de coordenação e subordinação, entre eles.

No âmbito federal, o presidente da República é a pessoa que se situa no mais alto escalão, competindo-lhe exercer a direção superior da Administração Pública Federal.

A estrutura administrativa é composta, basicamente, pela Presidência da República e pelos Ministérios, cada qual com sua respectiva estrutura, que pode, inclusive, contar com outros órgãos públicos. Vejamos.

A Presidência da República, nos termos da Lei 10.683, de 28.5.2003, é constituída pela Casa Civil, pela Secretaria-Geral, pela Secretaria de Relações Institucionais, pela Secretaria de Comunicação Social, pelo Gabinete Pessoal, pelo Gabinete de Segurança Institucional, pelo Núcleo de Assuntos Estratégicos, pela Controladoria-Geral da União, pela Secretaria Especial de Políticas para as Mulheres, pela Secretaria Especial de Aqüicultura e Pesca, pela Secretaria Especial dos Direitos Humanos, pela Secretaria Especial de Políticas de Promoção da Igualdade Racial e pela Secretaria Especial de Portos.

Como órgãos de assessoramento imediato ao presidente da República, integram, ainda, a Presidência da República: o Conselho de Governo, o Conselho de Desenvolvimento Econômico e Social, o Conselho Nacional de Segurança Alimentar e Nutricional, o Conselho Nacional de Política Energética, o Conselho Nacional de Integração de Políticas de Transporte, o Advogado-Geral da União e a Assessoria Especial do Presidente da República.

Como órgãos de consulta do presidente da República, existem, ainda, o Conselho da República e o Conselho de Defesa Nacional.

Ainda para auxiliar o presidente da República, existem os ministros de Estado, que se encontram no mais alto escalão de seus respectivos Ministérios.

Atualmente há 23 Ministérios, que são: da Agricultura, Pecuária e Abastecimento; do Desenvolvimento Social e Combate à Fome; das Cidades; da Ciência e Tecnologia; das Comunicações; da Cultura; da Defesa; do Desenvolvimento Agrário; do Desenvolvimento, Indústria e Comércio Exterior; da Educação; do Esporte; da Fazenda; da Integração Nacional; da Justiça; do Meio Ambiente; de Minas e Energia; do Planejamento, Orçamento e Gestão; da Previdência Social; das Relações Exteriores; da Saúde; do Trabalho e Emprego; dos Transportes; e do Turismo.

Haverá na estrutura básica de cada Ministério os seguintes órgãos: Secretaria-Executiva, exceto nos Ministérios da Defesa e das Relações Exteriores; Gabinete do Ministro; e Consultoria Jurídica, exceto no Ministério da Fazenda.

Além desses órgãos, que são comuns a todos os Ministérios, podem, ainda, existir outros órgãos específicos, como, por exemplo, o Conselho Nacional de Política Agrícola e o Conselho Deliberativo da Política do Café, existentes no Ministério da Agricultura, Pecuária e Abastecimento – dentre outros.

No âmbito dos Poderes Legislativo e Judiciário há, também, a estrutura administrativa, de apoio, que também é desconcentrada, podendo nela existir assessorias, secretaria, diretorias, conselhos – dentre outros.

2.4.2 Administração Pública Estadual

A estrutura da Administração Pública Estadual é bem semelhante à da Federal, constituída, basicamente, sob a coordenação do governador, auxiliado pelos secretários estaduais.

O governador é a pessoa que se encontra no mais alto escalão, competindo-lhe exercer a direção superior da Administração Pública de seu respectivo território. Seu gabinete, da mesma forma que ocorre na esfera federal, poderá contar com assessorias, secretarias, conselhos – dentre outros.

O Governo Estadual conta, ainda, com suas secretarias, que, sob coordenação direta do governador, são responsáveis pelas políticas relacionadas a seus setores.

A organização administrativa dos estados federados está prevista na Constituição Estadual respectiva, consoante estatui o art. 25 da CF, *in verbis*: "Os Estados organizam-se e regem-se pelas Constituições e leis que adotarem, observados os princípios desta Constituição". Dessa forma, cada Estado federado conta com organização administrativa própria.

No Estado de São Paulo, o Governo Paulista conta com o auxílio de 24 Secretarias, que são: Administração Penitenciária; Agricultura e Abastecimento; Assistência e Desenvolvimento Social; Casa Civil; Casa Militar; Comunicação; Cultura; Desenvolvimento; Economia e Planejamento; Educação; Emprego e Relações do Trabalho; Ensino Superior; Esporte, Lazer e Turismo; Fazenda; Gestão Pública; Justiça e Defesa da Cidadania; Habitação; Meio Ambiente; Procuradoria-Geral do Estado; Relações Institucionais; Saneamento e Energia; Saúde; Segurança Pública; Transportes Metropolitanos.

No âmbito dos Poderes Legislativo e Judiciário há, também, a estrutura administrativa de apoio, que também é desconcentrada, podendo nela existir assessorias, secretaria, diretorias, conselhos – dentre outros.

2.4.3 Administração Pública Municipal

No Brasil, os Municípios foram considerados entes federados a partir da Constituição Federal de 1988, adquirindo, assim, autonomia político-administrativa.

A organização administrativa de cada Município está prevista na respectiva Lei Orgânica, conforme dispõe o art. 29 da CF. Assim, cada Município tem sua própria estrutura administrativa.

A regra dessa estrutura segue da mesma forma como ocorre nos âmbitos federal e estadual.

Dessa forma, no mais alto escalão temos o prefeito municipal, que exerce a direção superior da Administração Pública de seu respectivo território, auxiliado pelos secretários municipais.

No Município de São Paulo, em face da grande extensão territorial, há 21 Secretarias: Secretaria do Governo Municipal; Secretaria Especial da Pessoa com Deficiência e Mobilidade Reduzida; Secretaria Especial para Participação e Parceria; Secretaria Executiva de Comunicação; Secretaria Municipal da Saúde; Secretaria Municipal de Assistência e Desenvolvimento Social; Secretaria Municipal de Cultura; Secretaria Municipal de Educação; Secretaria Municipal de Esportes, Lazer e Recreação; Secretaria Municipal de Finanças; Secretaria Municipal de Gestão; Secretaria Municipal de Habitação; Secretaria Municipal de Infra-estrutura Urbana e Obras; Secretaria Municipal de Planejamento; Secretaria Municipal de Relações Internacionais; Secretaria Municipal de Serviços; Secretaria Municipal do Trabalho; Secretaria Municipal do Verde e do Meio Ambiente; Secretaria Municipal dos Negócios Jurídicos; Secretaria Municipal dos Transportes; e Secretaria Municipal de Coordenação das Subprefeituras.

No tocante à última Secretaria supramencionada, a mesma decorre de outra peculiaridade no Município de São Paulo, que, em face da grande extensão territorial, criou, em sua estrutura, 31 Subprefeituras para a administração restrita a bairros, deixando, dessa forma, somente a administração geral para a Prefeitura Municipal. Referidas subprefeituras são as seguintes: Aricanduva, Butantã, Campo Limpo, Capela do Socorro, Casa Verde, Cidade Ademar, Tiradentes, Ermelino Matarazzo, Freguesia/Brasilândia, Guaianases, Ipiranga, Itaim Paulista, Itaquera, Jabaquara, Jaçanã/Tremembé, Lapa, M'Boi Mirim, Mooca, Parelheiros, Penha, Perus, Pinheiros, Pirituba/Jaraguá, Santana/Tucuruvi, Santo Amaro, São Mateus, São Miguel Paulista, Sé, Vila Mariana, Vila Maria/Vila Guilherme e Vila Prudente.

Por fim, resta a estrutura administrativa existente no Poder Legislativo dos Municípios, visto não existir nessa esfera o Poder Judiciário. O Poder Legislativo do âmbito municipal recebe a denominação de Câmara Municipal, que contém também uma estrutura administrativa de apoio, podendo ser dividida em assessorias, secretarias, conselhos – dentre outros.

2.4.4 Administração Pública Distrital

O Distrito Federal, Capital do Brasil, como ente federado autônomo, tem estrutura administrativa diferenciada, sendo, entretanto, para fins político-administrativos, nivelado aos Estados.

Assim como os Municípios, não tem Poder Judiciário próprio, mas tão-somente o Poder Legislativo, denominado de Câmara Legislativa (mescla da Assembléia Legislativa dos Estados com a Câmara Municipal dos Municípios).

Quanto à competência legislativa, ao Distrito Federal são atribuídas todas as reservadas tanto aos Estados como aos Municípios.

No tocante à chefia do Poder Executivo, a mesma é exercida pelo governador, que é a pessoa que se encontra no mais alto escalão, competindo-lhe exercer a direção superior da Administração Pública. Da mesma forma, ele é auxiliado pelos secretários, e tanto no seu gabinete como nas secretarias há a estrutura desconcentrada, podendo existir assessorias, secretarias, conselhos – dentre outros.

As secretarias do Distrito Federal recebem a denominação de Secretarias de Estado e são as seguintes: Secretaria de Estado de Agricultura, Pecuária e Abastecimento; Ciência e Tecnologia; Cultura, Desenvolvimento Econômico e Turismo; Desenvolvimento Social e Trabalho; Desenvolvimento Urbano e Meio Ambiente; Educação; Esporte; Fazenda; Governo; Justiça, Direitos Humanos e Cidadania; Obras, Planejamento e Gestão; Saúde; Segurança Pública; e Transportes.

Tendo em vista a vedação de serem criados Municípios, nos termos do art. 32 da CF, o Distrito Federal conta, para sua administração, com estrutura administrativa semelhante à do Município de São Paulo, que, ao invés de Subprefeituras, desconcentra seus serviços através da criação das seguintes Administrações Regionais: Candangolândia; Águas Claras; Brasília; Brazilândia; Ceilândia; Planaltina; Samambaia; Santa Maria; São Sebastião; Sobradinho; Sobradinho II; Taguatinga; Cruzeiro; Gama; Guará; Lago Norte; Lago Sul; Núcleo Bandeirante; Paranoá; Park Way; Recanto das Emas; Riacho Fundo; Riacho Fundo II;

Setor Complementar de Indústria e Abastecimento; Sudoeste e Octogonal; Varjão; e Jardim Botânico.

2.5 Órgãos públicos

Segundo ensinamentos de Odete Medauar [2007:51], "a denominação 'órgão' vem da anatomia, onde cada parte do corpo humano que realiza uma função específica recebe esse nome; o conjunto de todos os órgãos realizando suas funções típicas permite que o corpo humano tenha vida saudável".

Por essa razão, os órgãos públicos não têm personalidade jurídica e nem vontade, mas desempenham funções específicas, expressando o anseio da pessoa jurídica a que pertencem.

Nesse sentido, difícil é a conceituação de *órgãos públicos*, ora sendo definidos como centros de competência, ora como unidades de ação, dentre outras definições.

Edimur Ferreira de Faria [2004:41] entende que "órgão é centro de competência, criado para a realização de serviço público ou desempenho de atividades-meio da Administração Pública". E, mais adiante, afirma que, "pelo conceito de órgão, é fácil concluir que a ele não se confere a personalidade jurídica. O máximo que se lhe atribui são autonomia financeira e autonomia administrativa. Mesmo assim, em caráter excepcional a órgãos superiores na hierarquia administrativa".

Para Hely Lopes Meirelles [2007:67], *órgãos públicos* "são centros de competência instituídos para o desempenho de funções estatais, através de seus agentes, cuja atuação é imputada à pessoa jurídica a que pertencem. São unidades de ação com atribuições específicas na organização estatal. Cada órgão, como centro de competência governamental ou administrativa, tem necessariamente *funções*, *cargos* e *agentes*, mas é distinto desses elementos, que podem ser modificados, substituídos ou retirados sem supressão da unidade orgânica".

Nesse mesmo sentido, Diógenes Gasparini [2004:47] sustenta que "os órgãos públicos não são pessoas, mas centros de competências criados pelo direito público. Ademais, são partes ou componentes da estrutura do Estado, e por isso dele não se distinguem. Vale afirmar: não têm personalidade jurídica. Se a tivessem, os direitos e obrigações decorrentes de sua ação ou omissão lhes pertenceriam, e não ao Estado".

Segundo Celso Antônio Bandeira de Mello [2007:136], "*órgãos são unidades abstratas que sintetizam os vários círculos de atribuições do Estado.* Por se tratar, tal como o próprio Estado, de entidades reais, porém abstratas (seres de razão), não têm nem vontade nem ação, no sentido de vida psíquica ou anímica próprias, que, estas, só os seres biológicos podem possuí-las. De fato, os órgãos não passam de simples repartições de atribuições, e nada mais".

Odete Medauar [2007:51] conceitua *órgãos públicos* ou *órgãos administrativos* como "unidades de atuação, que englobam um conjunto de pessoas e meios materiais ordenados para realizar uma atribuição predeterminada".

Dos conceitos colacionados, subsume-se que, sendo integrantes da estrutura do Estado, os órgãos públicos não têm alguns atributos próprios do Estado, como a personalidade jurídica e a vontade, mas têm atuação restrita a uma área da administração. Nesse sentido, como órgãos que são, são unidades de ação.

Por outro lado, uma vez concatenados a outros órgãos e subordinados à Administração, constituem-se como centros de competência.

Portanto, individualmente considerados, são unidades, porque exercem funções específicas. Reciprocamente considerados, são centros de competência, porque, mesmo exercendo funções específicas, irradiam sua competência para outros setores da Administração e com eles se relacionam.

Podemos dizer, dessa forma, que órgãos públicos são unidades estatais instituídas para executar funções específicas, constituindo-se em centros de competências para o atendimento da vontade da pessoa estatal a que pertencem.

A previsão legal sobre o conceito de *órgão* encontra-se na Lei 9.784, de 29.1.1999, que regula o processo administrativo no âmbito da Administração Pública Federal, dispondo, em seu art. 1º, § 2º, que se considera *órgão* "a unidade de atuação integrante da estrutura da Administração direta e da estrutura da Administração indireta".

Em razão de os órgãos públicos não serem pessoas jurídicas, não podem atuar em seu próprio nome, desempenhando suas funções em nome da pessoa a que pertencem. Por isso, os atos praticados pelos órgão públicos nunca o são em seu nome; ou seja, o Ministério da Saúde nunca irá requerer ou solicitar, mas, sempre, a União Federal, através do Ministério da Saúde, é quem realizará a solicitação.

Conseqüentemente, os órgãos públicos também não têm direitos nem obrigações, que só podem ser assumidos por pessoa jurídica. Isso, entretanto, não induz à ausência de responsabilidade dos agentes públicos que atuam nos órgãos, que subsiste, tanto na esfera cível como na criminal e administrativa.

Sob esse prisma, importante se faz analisar a relação entre os agentes públicos e a pessoa jurídica a que pertencem.

A relação entre a expressão da vontade da pessoa jurídica e seus agentes públicos sempre foi objeto de grande discussões. Inicialmente essa relação foi explicada pela teoria do mandato, que considera os agentes como mandatários da pessoa jurídica. Contraditada pelo fato de se constatar a impossibilidade de uma pessoa jurídica expedir mandato, surge a teoria da representação, que sustentava ser o agente público o representante da pessoa jurídica. Essa teoria também foi objeto de críticas, posto insinuar a incapacidade da pessoa jurídica, que necessitasse ser representada. Assim, surge a teoria do órgão, que é a atualmente acolhida pelos doutrinadores, defendendo o entendimento de que as atividades desenvolvidas pelos agentes públicos são imputadas à pessoa jurídica a que pertencem; da mesma forma, a vontade, o querer agir dos agentes, não é deles enquanto pessoas físicas, mas do próprio Estado.

Em outras palavras, a atuação dos agentes públicos visa a satisfazer a vontade do Estado; e, por essa razão, todas as suas ações são imputadas a essa pessoa.

Daí a razão de a responsabilidade dos atos praticados pelos agentes públicos ter a possibilidade de ensejar a responsabilidade do Estado, tendo em vista todas as atividades desenvolvidas pelos agentes públicos serem realizadas como atividades do próprio Estado, ou seja, da própria pessoa jurídica a que pertencem.

2.5.1 Classificação dos órgãos públicos

Em razão da diversidade de atividades administrativas, diversos, também, são os órgãos criados para exercer essas atividades. A existência de diversos órgãos públicos dá ensejo à necessidade de classificá-los – tarefa, essa, realizada de diversas maneiras pelos doutrinadores. Vejamos.

Segundo Hely Lopes Meirelles [2007:70 e ss.], os órgãos públicos podem ser classificados: (1) *quanto à posição estatal*, em órgãos independentes (órgãos legislativos, executivos e judiciários), autônomos (órgãos de direção, deliberação, planejamento, assessoramento e execução), superiores (que têm poder de direção, mas sempre sujeitos a subordinação) e subalternos (com reduzido poder decisório); (2) quanto à estrutura: órgãos simples (sem outros incrustado em sua estrutura) e órgãos compostos (com outros órgãos menores em sua estrutura); e (3) *quanto à atuação funcional*, órgãos singulares (decidem através de um único agente) e órgãos colegiados (que decidem pela manifestação conjunta e majoritária da vontade de seus membros).

Celso Antônio Bandeira de Mello [2007:137-138] classifica os órgãos públicos: (1) *quanto à estrutura*, em órgãos simples e colegiais (conforme suas decisões sejam formadas); (2) *quanto às funções que exercem*, em órgãos ativos (que são os que expressam decisões estatais para o cumprimento dos fins da pessoa jurídica), de controle (que são os prepostos a fiscalizar e controlar a atividade de outros órgãos ou agentes) e consultivos (que são os de aconselhamento e elucidação); (3) *quanto ao conteúdo*, em órgãos de mérito (se lhes compete apreciar a conveniência e oportunidade da medida a ser tomada) e de legalidade (se devem examiná-la sob o ponto de vista da conformidade ao Direito); e (4) *quanto ao grau de necessidade*, em órgãos facultativos (quando a autoridade não é obrigada a solicitá-los, fazendo-o para melhor se ilustrar), obrigatórios (quando sua ouvida é imposta como impostergável) e vinculantes (quando a autoridade não pode deixar de atender às conclusões neles apontadas).

Na lição de Odete Medauar [2007:52], nenhuma classificação é perfeita e exaustiva, mas, de toda forma, propicia o exame panorâmico da figura jurídica que se estuda, facilitando sua percepção.

Acompanhando o entendimento da referida autora, adotaremos a classificação por ela realizada, *in verbis*: (1) conforme o critério da situação do órgão na escala hierárquica, distinguem-se os órgãos superiores e os órgãos subordinados ou inferiores; (2) quanto ao tipo de atividade que realizam, mencionam-se órgãos com atribuições decisórias, preparatórias, executórias e, ainda, órgão burocráticos (que realizam atividades "meramente administrativas") e órgãos técnicos (cujas atividades exigem conhecimento especializado – vigilância sanitária); (3) segundo o número de pessoas que atuam na tomada de decisões, existem os órgãos singulares e os colegiados.

2.6 Atividades da Administração Pública

Como vimos no item 2.2, no sentido material, *Administração Pública* é o conjunto de atividades realizadas para a satisfação do interesse público, tendentes a realizar o fim almejado pelo Estado. Em outras palavras, é a máquina que gere e realiza os anseios do interesse de todos, visando a alcançar o bem comum, que é o fim do Estado.

As atividades desenvolvidas pela Administração Pública são denominadas de *atividades administrativas*, que são realizadas em diversas formas, para diversos fins, tendo em vista a variedade de objetivos visados para a satisfação do interesse público.

Por essas razões, árdua se torna a tarefa de classificar essas atividades administrativas, efetuada de diversas formas por vários doutrinadores.

2.6.1 Classificação das atividades administrativas

Na lição de Odete Medauar [2007:102], "tornou-se clássica e muito difundida a tipologia elaborada pelo autor italiano Orlando, em 1900, no vol. I do *Primo Trattato di Diritto Amministrativo Italiano*, pp. 75-78, que distinguiu, na Administração, atividade jurídica e atividade social. A primeira destina-se a assegurar o direito entre as pessoas e harmonizar os vários direitos dos indivíduos entre si e com o interesse público; aí se incluem a organização da Administração, a polícia, a desapropriação, a tutela dos indivíduos ante os atos da Administração; nesse campo predomina a face de autoridade. A atividade social visa a fins de bem-estar e progresso social, ressaltando-se as atuações nos setores de saúde, agricultura, educação; aqui predomina a face de prestadora de serviços úteis ao atendimento de necessidades dos indivíduos".

Ao final, referida autora [Medauar 2007:103-104] não efetua uma classificação das atividades administrativas, em razão da dificuldade de abrangê-las, e realiza a enunciação das atividades mais freqüentes, tais como: atividades normativa, prestacional, limitadora de direitos, fiscalizadora, organizacional, contábil, tributária, punitiva, econômica, social, de pesquisa, especificamente jurídica, de documentação e arquivo, cultural, educacional, de controle interno, de fomento ou incentivo e materiais.

Lúcia Valle Figueiredo [2006:77], por sua vez, assim classifica as atividades administrativas: "(1) condicionamento por meio de imposições, de deveres e de abstenção, *com base na lei e na forma da lei*, do exercício da liberdade e da propriedade dos indivíduos, a fim de compatibilizá-las com o bem-estar social. É o chamado, por muitos, de 'poder de polícia administrativo' (...); (2) fomento e auxílio do desenvolvimento e da expansão de atividades privadas de interesse coletivo (subvenções, atuação no domínio econômico); (3) intervenção em atos e fatos da vida dos particulares para lhes conferir certeza e segurança jurídicas (tabelionatos, cartórios etc. e todos os atos denominados de 'policia administrativa', ou , em nossa linguagem, atos decorrentes da fiscalização obrigatória do Poder Público); (4) prestação de utilidade e comodidade aos administrados, propriamente serviços públicos e de utilidade pública, (...)".

Do exame das lições das autoras precitadas, temos que concluir que a atividade administrativa, em última análise, implica gestão de bens, interesses e serviços públicos de modo geral, nos termos da lei, com vistas ao cumprimento do bem comum.

Nos ensinamentos de Diógenes Gasparini [2004:54], a natureza da atividade administrativa é o "encargo de guarda, conservação e aprimoramento dos bens, interesses e serviços da coletividade, que se desenvolve segundo a lei e a moralidade administrativa". E continua, afirmando que "o fim é sempre o interesse público ou o bem da coletividade".

Nesse sentido, forçoso é concluir que a atividade administrativa é de natureza indisponível, não se encontrando, portanto, à livre disposição da Administração, constituindo-se, pois, em dever do administrador, sob pena de se configurar o denominado *desvio de finalidade*. Em outro dizer, a Administração é serva da lei, no exercício da atividade administrativa.

Disso tudo decorre que a Administração Pública da União, dos Estados, do Distrito Federal e dos Municípios está jungida aos princípios da legalidade, impessoalidade, moralidade, publicidade e eficiência, bem como aos demais aplicados ao direito administrativo, sob pena de total desvirtuamento da atividade administrativa.

Bibliografia

BANDEIRA DE MELLO, Celso Antônio [2007]. *Curso de Direito Administrativo.* 24ª ed. São Paulo, Malheiros Editores.

CRETELLA JR., José [2005]. *Manual de Direito Administrativo.* 19ª ed. Rio de Janeiro, Forense.

DI PIETRO, Maria Sylvia Zanella [2006]. *Direito Administrativo.* 19ª ed. São Paulo, Atlas.

FARIA, Edimur Ferreira [2004]. *Curso de Direito Administrativo Positivo.* 5ª ed. Belo Horizonte, Del Rey.

FIGUEIREDO, Lúcia Valle [2006]. *Curso de Direito Administrativo.* 8ª ed. São Paulo, Malheiros Editores.

GASPARINI, Diógenes [2004]. *Direito Administrativo.* 9ª ed. São Paulo, Saraiva.

MEDAUAR, Odete [2007]. *Direito Administrativo Moderno.* 11ª ed. São Paulo, Ed. RT.

MEIRELLES, Hely Lopes [2007]. *Direito Administrativo Brasileiro.* 33ª ed. São Paulo, Malheiros Editores.

MOREIRA NETO, Diogo de Figueiredo [2005]. *Curso de Direito Administrativo.* 14ª ed. Rio de Janeiro, Forense.

Capítulo 3

PODERES ADMINISTRATIVOS

José Francisco Siqueira Neto

3.1 Competência pública. 3.2 Poderes administrativos. 3.3 Poder regulamentar. 3.4 Poder hierárquico. 3.5 Poder disciplinar: 3.5.1 Sanções administrativas – 3.5.2 Discricionariedade e devido processo legal. 3.6 Poder de polícia: 3.6.1 Considerações gerais – 3.6.2 Meios de manifestação – 3.6.3 Sanções – 3.6.4 Competências – 3.6.5 Crítica à expressão "poder de polícia" – 3.6.6 Limites – 3.6.7 Poder de polícia e polícia judiciária.

3.1 Competência pública

A Administração Pública, para atender à sua finalidade – que é a de satisfazer o interesse público –, é dotada de poderes administrativos, conferidos pelo ordenamento jurídico, caracterizando-se como instrumentos para a realização de suas atividades públicas.

Tais poderes – que são instrumentais – diferem dos poderes políticos, que são estruturais, ou seja, inerentes à estrutura do Estado.

Os poderes administrativos consistem em uma autorização para a Administração Pública cumprir os deveres impostos para a satisfação do interesse público.

O círculo desses poderes é denominado de *competência pública*, visto conferirem a capacidade necessária para a Administração executar seus deveres públicos.

Celso Antônio Bandeira de Mello [2007:138] entende que a forma de expressão "poderes administrativos" é imprópria, tendo em vista que, antes de "poderes", as competências são "deveres", posto serem atribuídas para o cumprimento do dever legal de satisfazer o interesse público. Daí o motivo pelo qual entende ser correta a expressão "dever-poder" ao invés de "poder-dever".

Dessa forma, conceitua a *competência pública* como "*o círculo compreensivo de um plexo de deveres públicos a serem satisfeitos mediante o exercício de correlatos e demarcados poderes instrumentais, legalmente conferidos para a satisfação de interesses públicos*" [Bandeira de Mello 2007:140].

De fato, os poderes, por serem meios outorgados para a Administração Pública desempenhar o dever de cumprir o interesse público, antes de serem poderes, são deveres, visto que para cumprir este últimos é que se justifica a atribuição daqueles.

Segundo ensinamentos de Maria Sylvia Zanella Di Pietro [2006:101], "embora o vocábulo *poder* dê a impressão de que se trata de *faculdade* da Administração, na realidade trata-se de *poder-dever*, já que reconhecido ao Poder Público para que o exerça em benefício da coletividade; os poderes são, pois, irrenunciáveis".

Contudo, quando a referência é feita sobre a expressão "competência", tenciona-se saber quem detém capacidade, aptidão ou habilidade de efetuar determinada coisa. Sendo assim, é a Administração Pública que tem competência pública, por ser ela dotada dos poderes administrativos necessários à satisfação do interesse público, não obstante o fato de esses poderes se justificarem em face do dever, o qual, sem dúvida, tem maior relevância.

3.2 Poderes administrativos

Os poderes administrativos são analisados de forma diversificada pela doutrina, alguns entendendo tratar-se de atos, outros, de competência, diferindo, portanto, sua classificação.

Segundo Hely Lopes Meirelles [2007:116], os poderes administrativos classificam-se em: poder vinculado; poder discricionário; poder hierárquico; poder disciplinar; poder regulamentar; e poder de polícia.

A maioria dos doutrinadores, entretanto, sustenta que os poderes *vinculado* e *discricionário* não são "poderes" propriamente ditos, mas atos exercidos pela Administração Pública. Nesta obra, desse último modo é que serão analisados.[1]

3.3 *Poder regulamentar*

Tradicionalmente, define-se *poder regulamentar* como a atribuição dos chefes do Poder Executivo para regulamentar a lei, através de decreto, visando A normatizar as lacunas existentes, para sua correta aplicação.

Referida definição, entretanto, deve ser restringida às leis editadas com a previsão de serem regulamentadas para, posteriormente, serem executadas. Nesta hipótese, a norma legal, para ser executada, estará condicionada à sua regulamentação, e a competência para a expedição desse regulamento será privativa do chefe do Poder Executivo, consoante disposto no art. 84, IV, da CF, *in verbis*: "Art. 84. Compete privativamente ao Presidente da República: (...) IV – sancionar, promulgar e fazer publicar as leis, bem como *expedir decretos e regulamentos para sua fiel execução*" (grifos nossos).

Contudo, nos demais casos em que a lei independer de regulamentação para ser exeqüível, ela, mesmo assim, ainda poderá ser regulamentada. Isto porque, como é cediço, a lei tem caráter geral, ensejando, por essa razão, diversas interpretações. A fim de aplicá-la de maneira uniforme, cabível será expedir atos normativos, cujos efeitos, entretanto, ficam adstritos aos respectivos órgãos que os elaboram.

Assim, denota-se que, na realidade, não se trata, propriamente, de um "poder", mas, sim, de meras atribuições, tal como previsto no referido dispositivo constitucional supramencionado – motivo pelo qual serão objeto de estudo como *atos normativos*.[2]

Feitas essas considerações, resta analisar os demais poderes.

3.4 *Poder hierárquico*

Nos ensinamentos de José Cretella Jr. [2005:41], "o vocábulo *hierarquia* é composto de duas partes: *hierós*, 'sagrado', e *arquia*, 'po-

1. V. Capítulo 6.
2. V. Capítulo 6.

der', 'mando', mostrando, desde já, que significa o *poder sagrado, ordem sacra*. O termo apareceu na religião, com os sacerdotes maiores dando ordens para os sacerdotes menores e estes dando ordens aos fiéis; pirâmide religiosa, do *hierarca*, que era o sacerdote máximo, passava pelos sacerdotes menores e chegava até os adeptos. As instruções desciam do alto e chegavam até a base, dando unidade ao conjunto (...). Da religião, a hierarquia passou para o exercício, e, com Napoleão, atingiu um grande grau de perfeição. Do campo militar passou para o campo civil, existindo hoje em todos os países do mundo a denominada *hierarquia* ou *hierarquia administrativa*".

O poder hierárquico é o que capacita a Administração Pública a distribuir as funções de seus órgãos, caracterizando uma relação de subordinação entre estes últimos, bem como entre agentes e servidores do quadro de pessoal.

Trata-se de poder relacionado à *desconcentração*, que é a distribuição de competências dentro de uma mesma pessoa jurídica, visando a descongestionar as atribuições centralizadas em uma só pessoa.[3] Com o intuito de manter a unidade, estabelece-se esse vínculo de hierarquia e de subordinação, permanecendo todos os órgãos, agentes e servidores públicos relacionados por esse vínculo hierárquico.

Nas lições de Diógenes Gasparini [2004:51], "do exercício dessa atribuição decorrem as competências de *dar ordens*, de *fiscalizar*, de *rever*, de *delegar* e de *avocar*. Pela atribuição de dar ordens determina-se ao subordinado o ato a ser praticado ou a conduta a ser observada. Mediante a faculdade de fiscalizar mantêm-se sob vigilância os atos e o comportamento dos subalternos, visando a enquadrá-los nos limites da legislação a ser obedecida. Por meio da atribuição de rever apreciam-se os atos e a conduta dos subordinados, para garanti-los, se conformes com a lei e o mérito, ou para desfazê-los, quando não atendam aos requisitos de conveniência e oportunidade e de legalidade. Por meio da competência de delegar, as competências recebidas são atribuídas a outrem, geralmente um subordinado, com o objetivo de assegurar maior rapidez e eficiência às decisões, colocando-se, desse modo, na proximidade dos fatos o agente competente para dar o necessário atendimento. Trata-se, portanto, de ato administrativo, não de

3. V. Capítulo 6, item 6.1.

mandato. O delegado não age em nome do delegante; atua no exercício da competência recebida.

Pela ação de avocar ou avocação chamam-se para si funções atribuídas a outrem que lhe é subordinado".

Segundo Odete Medauar [2007:116], "o poder hierárquico configura, assim, instrumento para que as atividades de um órgão ou ente sejam realizadas de modo coordenado, harmônico, eficiente, com observância da legalidade e do interesse público".

Para José Cretella Jr. [2005:41], "a hierarquia existe porque não pode haver ordem na Administração sem uma vontade que mande, que impere, e outras vontades que obedeçam às ordens que vêm de cima. Logo, o fundamento é a própria ordem, harmonia e unidade da Administração".

Obviamente, de nada adiantaria conferir o poder hierárquico à autoridade superior (que é a autoridade máxima existente no quadro de pessoal) se não fosse a ela conferido, também, o poder de punir os servidores que descumpram seus deveres legais.

Daí a razão de ser conferido o *poder disciplinar*, a ser analisado no tópico seguinte.

3.5 Poder disciplinar

Nas lições de Hely Lopes Meirelles [2007:124], "*poder disciplinar* é a faculdade de punir internamente as infrações funcionais dos servidores e demais pessoas sujeitas à disciplina dos órgãos e serviços da Administração".

Trata-se, portanto, de poder conferido à Administração Pública com o intuito de responsabilizar aqueles que cometem faltas em detrimento do interesse público, visando, dessa forma, à proteção da efetiva realização do interesse público.

Assim, o poder disciplinar confere à Administração a prerrogativa de aplicar sanções tanto aos seus servidores públicos, hierarquicamente subordinados, como aos seus contratados, ou seja, os colaboradores que, mediante celebração do contrato administrativo, se sujeitam também às normas de direito público.

A aplicação de tais sanções se dá no âmbito administrativo, a qual pode ensejar, por vezes, a instauração de ação judicial, tanto na área cível, visando à indenização, como na área criminal, visando à aplicação da pena prevista nas leis penais, não havendo comunicação entre essas esferas, salvo condenação criminal, ou absolvição pela negativa da autoria ou do fato (art. 935 do CC).

3.5.1 Sanções administrativas

As *sanções administrativas* passíveis de serem aplicadas pela Administração Pública têm previsão legal, sendo de seis espécies as previstas para os servidores públicos no âmbito federal, a saber: (1) advertência; (2) suspensão; (3) demissão; (4) cassação de aposentadoria ou disponibilidade; (5) destituição de cargo em comissão; e (6) destituição de função comissionada (Lei 8.112/1990, art. 127).

As sanções aplicáveis aos contratados encontram-se previstas, como norma geral, no art. 87 da Lei 8.666/1993, como segue: (1) advertência; (2) multa; (3) suspensão temporária; e (4) declaração de inidoneidade.

Nos termos supramencionados, constata-se a existência de uma ordem crescente de gravidade dessas sanções, o que não implica a necessidade de essa ordem ser obedecida pela Administração Pública para sua aplicação.

O ordenamento jurídico prevê a diferenciação da gravidade dessas sanções administrativas com o intuito de ofertar ao administrador público a possibilidade de ser escolhida a que melhor corresponder ao ato faltoso cometido.

Subsume-se, então, que os atos sancionatórios são discricionários, porquanto a cada caso a Administração deverá aplicar a sanção que melhor corresponda à punição do causador da falta cometida.

Convém ressaltar, entretanto, que, não obstante o fato de se tratar de ato discricionário, mister se fará a devida motivação, a fim de demonstrar a correspondência entre os eventos faltosos e a sanção aplicada.

3.5.2 Discricionariedade e devido processo legal

Cabe ressalvar que, embora o mérito administrativo dos atos discricionários não possa ser examinado pelo Poder Judiciário, a existência material dos motivos poderá ser constatada; e, na sua inexistência, a sanção aplicada será inoperante, nula. Trata-se da aplicação da *teoria dos motivos determinantes*.

A sanção também estará eivada de nulidade absoluta se a mesma não tiver sido precedida pelo devido processo administrativo, com observância do direito à ampla defesa e ao contraditório, em conformidade com o art. 5º, LIV e LV, da CF.

Assim sendo, somente após a abertura do processo administrativo, apurando-se a falta cometida, através de oitivas, perícias, laudos técnicos – enfim, diligências em geral que se fizerem necessárias – e abertura de prazo para o acusado apresentar sua defesa é que a sanção poderá ser aplicada, acompanhada da devida motivação.

3.6 Poder de polícia

3.6.1 Considerações gerais

Poder de polícia é a atribuição conferida à Administração Pública para limitar os direitos, em benefício do interesse público. Trata-se de poder fundamentado na supremacia do Estado perante todos os bens, os direitos e as atividades existentes em seu território nacional, com o intuito de assegurar o exercício dos direitos e das liberdades conferidos pelo ordenamento jurídico, condizente com o bem-estar social. Isso porque os direitos a todos assegurados não são absolutos, ilimitados, mas condicionados ao interesse público.

Na lição de Cáio Tácito [1952:8], *poder de polícia* é "o conjunto de atribuições concedidas à Administração para disciplinar e restringir, em favor de interesse público adequado, direitos e liberdades individuais. Essa faculdade administrativa não violenta o princípio da legalidade, porque é da própria essência constitucional das garantias do indivíduo a supremacia dos interesses da coletividade. Não há direito público subjetivo absoluto no Estado Moderno. Todos se submetem, com maior ou menor intensidade, à disciplina do interesse público, seja em sua formação ou em seu exercício".

O conceito legal de *poder de polícia* encontra-se previsto no art. 78 do CTN, *in verbis*: "Considera-se poder de polícia a atividade da Administração Pública que, limitando ou disciplinando direito, interesse ou liberdade, regula a prática de ato ou abstenção de fato, em razão de interesse público concernente à segurança, à higiene, à ordem, aos costumes, à disciplina da produção e do mercado, ao exercício de atividades econômicas dependentes de concessão ou autorização do Poder Público, à tranqüilidade pública ou ao respeito à propriedade e aos direitos individuais ou coletivos".

A par do referido conceito, verifica-se a grande amplitude do exercício da atividade do poder de polícia, que, regra geral, incide sobre todos os direitos, individuais ou coletivos, assegurados pelo nosso ordenamento jurídico.

A transferência do exercício do poder de polícia é admissível (*poder de polícia delegado*), podendo a pessoa delegada, inclusive, aplicar as sanções legais, a exemplo das Agências Reguladoras (ANATEL, ANVISA, ANP – dentre outras).

3.6.2 Meios de manifestação

O poder de polícia manifesta-se através da edição de normas denominadas *limitações administrativas*, estabelecendo as instruções para o exercício dos direitos que serão objeto do policiamento administrativo.

Preenchidos os requisitos legais, a Administração Pública expedirá o respectivo *alvará*, que poderá ser de licença ou de autorização.

A *licença* difere da autorização por ser ato administrativo vinculado, ou seja, uma vez atendidos os requisitos legais, a Administração não poderá negar a expedição do alvará de licença ao respectivo interessado. Por essa razão, a licença tem caráter de definitividade, e não pode, portanto, ser retirada a qualquer momento, por critério de oportunidade ou conveniência da Administração Pública. Como exemplos podemos citar o alvará de licença para funcionamento e instalação, de licença para construção – dentre outros.

A *autorização*, ao revés, é ato discricionário, e, portanto, pode ser dada, por critério de oportunidade e conveniência, e pelas mesmas razões pode ser retirada a qualquer momento, dada sua precariedade. Exemplo: porte de arma.

Outro meio de manifestação do poder de polícia é a *fiscalização* que a Administração Pública realiza com o intuito de verificar se os requisitos legais para a expedição do alvará continuam mantidos. Para tanto, admitem-se vistoria, inspeção, exames laboratoriais e diligências em geral – as medidas que se fizerem necessárias para a aferição de segurança, higiene, dentre outras.

3.6.3 Sanções

Pelo descumprimento das obrigações legais ou por medida de segurança nacional, a Administração Pública poderá aplicar diversas *sanções*, previstas em nosso ordenamento jurídico, de espécies muito distintas, a saber: "as *formais* – cassação de licença, revogação de autorização; as *pessoais* – quarentena; as *reais* (atuação sobre coisas, tolhendo sua disponibilidade) – apreensão e destruição de gêneros alimentícios deteriorados, apreensão de armas e instrumentos usados na caça e pesca proibidas, guinchamento de veículos; as *pecuniárias* – multa única e multa diária; *impedimentos temporários* ou *definitivos de exercício de atividades* – suspensão de atividades, interdição de atividades, fechamento de estabelecimentos, embargo de obra, demolição de obra, demolição de edificação" [Medauar 2007:339].

Tratando-se de imposição de sanção, mister se faz a instauração do devido processo administrativo, assegurando o direito à ampla defesa e ao contraditório (art. 5º, LIV e LV, da CF), sob risco de nulidade absoluta da penalidade aplicada.

A única hipótese em que é admitida a aplicação imediata da sanção se dá nos casos de segurança pública, como, por exemplo, na apreensão de medicamentos vendidos sem registro no Ministério da Saúde ou interdição de atividades que estão sendo exercidas sem a observância das normas de higiene, dentre outras. O auto de infração não se enquadra nessa hipótese, visto que, neste caso, o direito da ampla defesa e do contraditório é assegurado antes da efetiva aplicação da sanção pecuniária equivalente.

3.6.4 Competência

Diante da existência da descentralização política, o poder de polícia é exercido pelos três entes federados, tendo, como regra geral, competência para exercer o policiamento administrativo quem tem a competência para legislar sobre o assunto.

Dessa forma, os assuntos de interesse nacional são da competência da União Federal; os de interesse estadual, dos Estados; e os de interesse local, dos Municípios.

Há, contudo, assuntos de interesse das três esferas estatais – como, por exemplo, os assuntos atinentes à segurança e salubridade pública. Nessas hipóteses haverá a competência concorrente, tanto da União como dos Estados e Municípios, podendo cada qual legislar e exercer o policiamento administrativo no âmbito de sua competência territorial.

3.6.5 Crítica à expressão "poder de polícia"

Segundo ensinamentos de Odete Medauar [2007:331]:

"A palavra 'polícia' vem do Latim *politia* e do Grego *politea*, ligada, como o termo 'política' ao vocábulo *polis*. Na Antigüidade significava o 'ordenamento político do Estado ou cidade'. (...).

"Nos primórdios do século XVIII *polícia* designa o total da atividade pública interna, salvo a justiça e as finanças. (...). Esse momento coincide com o chamado *Estado de Polícia*, Estado, esse, que realizava intromissão opressiva na vida dos particulares. A partir daí o sentido amplo de *polícia* passa a dar lugar à noção de *Administração Pública*. (...).

"Aos poucos deixou-se de usar o vocábulo 'polícia' isoladamente para designar essa parte da atividade da Administração."

Nos ensinamentos de Caio Tácito [1952:5], nos Estados Unidos a expressão *police power* passou a corresponder, no sentido mais amplo, à competência legislativa estadual para regular os direitos privados em benefício dos interesses coletivos. Sua latitude alcançava não somente os casos de segurança, moralidade ou salubridade públicas, mas todas as iniciativas visando à conveniência pública ou à prosperidade geral.

Segundo Edimur Ferreira de Faria [2004:158-159], "com a evolução e o passar do tempo, o Estado-polícia (Estado-*gendarme*) sofreu restrições e, aos poucos, foi perdendo competências. Assim, os assuntos internacionais, os financeiros, a justiça e a guerra passaram a ser tratados por órgãos próprios. A partir de então, passou a não ser mais polícia todo o negócio de Estado, mas apenas os assuntos próprios da Administração interna. (...). Inicialmente, a idéia não era apenas a de que a polícia fosse conservadora, mas também, perfeccionista, pois o bem-estar social era o seu propósito. Essa compreensão sofreu profundas restrições com o surgimento do Estado Liberal. Defendeu-se, a partir daí, que o Estado não deveria intervir na liberdade individual com o objetivo de promover o bem-estar. Esse não seria o papel do Estado, principalmente porque ao indivíduo foram reconhecidos direitos decorrentes diretamente da natureza humana. Ao Estado se deveria reservar tão-somente a polícia pertinente à segurança e à defesa".

Em alguns países europeus o poder de polícia é tratado como "limitações administrativas à liberdade e à propriedade".

Trata-se de conceito muito criticado pelos doutrinadores, ora por englobar coisas muito distintas (leis e atos administrativos), ora por fazer referência a uma época passada do "Estado de Polícia".

Lúcia Valle Figueiredo [2006:310-313] questiona a necessidade da utilidade prática de se falar em "poder de polícia", não se referindo mais à expressão como atividade fiscalizadora, pois todos os princípios sob os quais se desenvolve a função administrativa são aplicáveis a essa atividade da Administração Pública.

Não obstante o fato de, em princípio, aparentar ser terminologia incorreta, nosso ordenamento jurídico abarca a continuidade dessa expressão, a exemplo do art. 145, II, da CF e do art. 78 do CTN.

3.6.6 Limites

O poder de polícia, como atividade da Administração Pública para limitar direitos, não tem o condão de extingui-los ou proibir seu exercício.

Dessa forma, um dos limites do poder de polícia são os próprios direitos e garantias fundamentais assegurados pela Constituição Federal, podendo impor as restrições que efetivamente se fizerem necessárias para a satisfação do interesse público, sem, contudo, suprimi-los.

Em face desse difícil liame entre a legalidade do exercício do poder de polícia e a restrição do direito é que se exige a demonstração da devida proporcionalidade entre os motivos da limitação e os fins visados para o atendimento do interesse público. Por essa razão, os atos decorrentes da polícia administrativa deverão ser sempre motivados, sob pena de serem arbitrários – e, portanto, nulos.

Nas lições de Odete Medauar [2007:338-339], há duas hipóteses para os limites do poder de polícia no tocante aos direitos fundamentais:

"(a) *Existe lei disciplinadora do direito fundamental.* Neste caso, o poder de polícia é limitado pelos preceitos da lei, não se admitindo prescrição mais rigorosa que a da lei; as restrições da lei devem ser interpretadas de modo restrito, isto é, no sentido mais favorável ao exercício do direito. Por vezes a lei confere à autoridade administrativa a faculdade de agravar disposições da lei, em casos especiais, mas sempre de modo temporário.

"(b) *Inexiste lei disciplinadora do direito fundamental.* Neste caso, observadas as regras de competência, a medida de polícia, sempre fundamentada no interesse público, deve ser: (b1) necessária, isto é, exigida ante as circunstâncias, para evitar conflitos, desordens, perigo à integridade de pessoas e bens; (b2) eficaz, isto é, adequada para evitar perturbações; (b3) proporcional à gravidade da possível perturbação; por exemplo: em locais de grande afluxo de pessoas são impostas restrições mais amplas que em locais sem nenhum afluxo de pessoas; em geral medidas temporárias podem ser mais rigorosas que medidas gerais e permanentes."

Outro limite do exercício do poder de polícia, como todo ato administrativo, são as condições de validade desses atos, quais sejam, a existência de pessoa competente, o revestimento da forma legal, a finalidade pública, o motivo e o objeto correspondentes, devidamente previstos em lei.

3.6.7 Poder de polícia e polícia judiciária

O *poder de polícia* não se confunde com a *polícia judiciária.*

O *poder de polícia* é atividade exercida no âmbito administrativo sobre direitos assegurados pelo nosso ordenamento jurídico, mas que são limitados em prol do interesse público. O objeto do poder de polícia, portanto, não são condutas ilícitas, mas atividades lícitas, contrárias, no entanto, ao interesse público, e regidas pelas normas públicas.

A *polícia judiciária*, por sua vez, visa a repreender os ilícitos tipificados no Código Penal.

Dessa forma, as sanções aplicadas pela Administração Pública independem de ação judicial; por outro lado, as penas criminais só podem ser sentenciadas pelo Poder Judiciário.

Outra distinção, efetuada por Hely Lopes Meirelles [2007:131], é o fato de a polícia administrativa ser inerente e se difundir por toda a Administração Pública, enquanto as demais são privativas de determinados órgãos (Polícias Civis) ou corporações (Polícias Militares).

Bibliografia

BANDEIRA DE MELLO, Celso Antônio [2007]. *Curso de Direito Administrativo.* 24ª ed. São Paulo, Malheiros Editores.

CRETELLA JR., José [2005]. *Manual de Direito Administrativo.* 19ª ed. Rio de Janeiro, Forense.

DI PIETRO, Maria Sylvia Zanella [2006]. *Direito Administrativo.* 19ª ed. São Paulo, Atlas.

FARIA, Edimur Ferreira [2004]. *Curso de Direito Administrativo Positivo.* 5ª ed. Belo Horizonte, Del Rey.

FIGUEIREDO, Lúcia Valle [2006]. *Curso de Direito Administrativo.* 8ª ed. São Paulo, Malheiros Editores.

GASPARINI, Diógenes [2004]. *Direito Administrativo.* 9ª ed. São Paulo, Saraiva.

MEDAUAR, Odete [2007]. *Direito Administrativo Moderno.* 11ª ed. São Paulo, Ed. RT.

MEIRELLES, Hely Lopes [2007]. *Direito Administrativo Brasileiro.* 33ª ed. São Paulo, Malheiros Editores.

TÁCITO, Caio [1952]. "O poder de polícia e seus limites". *RDA* 1. Janeiro-março/1952.

Capítulo 4

SERVIDORES PÚBLICOS

CÍCERO GERMANO DA COSTA

4.1 Agentes públicos

O Estado, na realização de suas atribuições, vale-se dos órgãos públicos, e estes, por sua vez, têm como titulares os *agentes públicos*. A expressão "agentes públicos" compreende várias espécies de colaboradores da Administração Pública, dentre os quais ressaltam os denominados *servidores públicos*.

Hely Lopes Meirelles [2007:74] conceitua *agentes públicos* como "todas as pessoas físicas incumbidas, definitiva ou transitoriamente, do exercício de alguma função estatal". No mesmo sentido, Maria Sylvia Zanella Di Pietro [2004:476] ensina que "agente público é toda pessoa física que presta serviços ao Estado e às pessoas jurídicas da Administração indireta".

O conceito legal de *agentes públicos* vem inserido no art. 2º da Lei 8.429,[1] de 29.6.1992, a saber: "Reputa-se agente público, para os efeitos desta Lei, todo aquele que exerce, ainda que transitoriamente ou sem remuneração, por eleição, nomeação, designação, contratação ou qualquer outra forma de investidura ou vínculo, mandato, cargo, emprego ou função nas entidades mencionadas no artigo anterior".

Portanto, *agente público* é toda pessoa física que presta um serviço para o Estado – assim entendidos União, Estados-membros, Distrito Federal e Municípios e as respectivas entidades que compõem a Administração Pública indireta.

Segundo Hely Lopes Meirelles [2007:75] os agentes públicos classificam-se em: agentes políticos, agentes administrativos, agentes honoríficos, agentes delegados e agentes credenciados. Por seu turno, Celso Antônio Bandeira de Mello [2007:241] classifica-os em: agentes políticos, servidores estatais e particulares em atuação colaboradora com o Poder Público.

Não há correspondência entre as classificações apresentadas, notadamente no tocante aos *agentes políticos*. Com efeito, Hely Lopes Meirelles [2007:76] apresenta conceito mais amplo: "são os componentes do Governo nos seus primeiros escalões, investidos em cargos, funções, mandatos ou comissões, por nomeação, eleição, designação ou delegação para o exercício de atribuições constitucionais". Em contraposição ao conceito restrito de Celso Antônio Bandeira de Mello [2007:241-242]: "*Agentes políticos* são os titulares dos cargos estruturais à organização política do país, ou seja, ocupantes dos que integram o arcabouço constitucional do Estado, o esquema fundamental do Poder. Daí que se constituem nos formadores da vontade superior do Estado. São agentes políticos apenas o presidente da República, os governadores, prefeitos e respectivos vices, os auxiliares imediatos dos chefes de Executivo, isto é, ministros e secretários das diversas Pastas, bem como os senadores, deputados federais e estaduais e os vereadores".

Entendemos como Hely Lopes Meirelles. *Agentes políticos* são todos aqueles que exercem funções estatais nos primeiros escalões

1. Lei 8.429/1992: "Dispõe sobre as sanções aplicáveis aos agentes públicos nos casos de enriquecimento ilícito no exercício de mandato, cargo, emprego ou função na Administração Pública direta, indireta ou fundacional".

dos Poderes do Estado, com poder de decisão, e sujeitos a responsabilização por crimes funcionais e de responsabilidade.

4.2 Servidores públicos

4.2.1 Conceito

O conceito de *servidores públicos* é dado pelos respectivos estatutos de cada uma das entidades políticas da Federação. No âmbito da Administração Pública Federal, pelo art. 2º da Lei 8.112, de 11.12.1990 (Regime Jurídico dos Servidores Públicos Civis da União, das Autarquias e das Fundações Públicas Federais), que dispõe: "Para efeitos desta Lei, servidor público é a pessoa legalmente investida em cargo público".

4.2.2 Espécies

Para Celso Antônio Bandeira de Mello [2007:243-244], os servidores públicos compreendem as seguintes espécies:

"(a) *Servidores titulares de cargos públicos* na Administração direta (anteriormente denominados *funcionários públicos*), nas autarquias e fundações de direito público da União, dos Estados, do Distrito Federal e dos Municípios, assim como no Poder Judiciário e na esfera administrativa do Legislativo.

"(b) *Servidores empregados das pessoas supra-referidas.* Aí se incluem servidores que se encontem sob vínculo empregatício por uma dentre as seguintes razões: (b.1) haverem sido admitidos sob vínculo de emprego para funções materiais subalternas (quais as artífice, servente, motorista, jardineiro, mecanógrafo etc.), o que, como ao diante se demonstrará, é constitucionalmente possível, embora não desejável; (...) (b.2) remanescentes do regime anterior, no qual se admitia (ainda que muitas vezes inconstitucionalmente) amplamente o regime de emprego; (b.3) contratados, nos termos do art. 37, IX, da CF, sob vínculo trabalhista, para atender a necessidade temporária de excepcional interesse público, (...)."

À festejada classificação de Celso Antônio Bandeira de Mello cabe ressaltar que no âmbito federal somente são servidores públicos os ocupantes de cargo público na Administração Pública direta, nas autarquias e nas fundações públicas de direito público, no Poder Legislativo e no Poder Judiciário da União.

4.2.3 Cargos, empregos e funções públicas

4.2.3.1 *Cargos públicos*

Segundo o estatuto dos servidores públicos federais, "cargo público é o conjunto de atribuições e responsabilidades previstas na estrutura organizacional que devem ser cometidas a um servidor" (art. 2º da Lei 8.112/1990).

Doutrinariamente, Celso Antônio Bandeira de Mello [2007:246] define *cargos públicos* como "as mais simples e indivisíveis unidades de competência a serem expressadas por um agente, previstas em número certo, com denominação própria, retribuídas por pessoas jurídicas de direito público e *criadas por lei*, salvo quando concernentes aos serviços auxiliares do Legislativo, caso em que se criam por resolução, da Câmara ou do Senado, conforme se trate de serviços de uma ou de outra destas Casas". E para Hely Lopes Meirelles [2007:419] "*cargo público* é o lugar instituído na organização do serviço público, com denominação própria, atribuições e responsabilidade específicas e estipêndio correspondente, para ser provido e exercido por um titular, na forma estabelecida em lei".

4.2.3.2 *Empregos públicos*

No dizer de Celso Antônio Bandeira de Mello [2007:247]: "*Empregos públicos* são núcleos de encargos de trabalho permanente a serem preenchidos por agentes *contratados* para desempenhá-los, sob relação trabalhista, (...)".

No âmbito da Administração Pública Federal indireta, como regra, o quadro de pessoal das fundações públicas de direito privado, das sociedades de economia mista e das empresas públicas é formado por agentes públicos concursados sob o regime da Consolidação das Leis do Trabalho/CLT, sendo, portanto, empregados públicos.

4.2.3.3 *Funções públicas*

Ensina Celso Antônio Bandeira de Mello [2007:247] que "*funções públicas* são plexos unitários de atribuições, criados por lei, correspondentes a encargos de direção, chefia ou assessoramento, a serem exercidas por *titular de cargo efetivo*, da confiança da autoridade que as preenche (art. 37, V da Constituição)".

Afora as funções públicas exercidas exclusivamente por servidores ocupantes de cargos públicos, previstas no art. 37, V, da CF, há também as funções exercidas pelos contratados por tempo determinado para atender a necessidade temporária de excepcional interesse público[2] (art. 37, IX, da CF).

4.2.4 Regime jurídico

É o vínculo através do qual o Poder Público se relaciona com seus agentes públicos.

Antes da promulgação da Constituição Federal de 1988 as relações profissionais estabelecidas pela Administração Pública Federal com seus agentes eram de três ordens, a saber: *estatutária*, *trabalhista* e *de regime especial*. O vínculo estatutário disciplinava as relações dos agentes públicos investidos em cargos de provimento efetivo e que desempenhavam as funções típicas de Estado – como, por exemplo, os delegados de Polícia Federal, os procuradores da Fazenda Nacional e os fiscais de tributos federais, dentre outros. O regime trabalhista disciplinado na Consolidação das Leis do Trabalho/CLT foi o adotado nas admissões de agentes para o desempenho de funções atípicas do Estado, como, por exemplo, administradores, contadores e economistas para a Administração direta; além disso, foi utilizado para regular as relações dos empregados das autarquias, fundações públicas, empresas públicas e sociedades de economia mista. Finalmente, o regime especial foi o adotado para contratação de servidores temporários.

Essa sistemática, utilizada pela Administração Pública Federal para provimento de cargos e empregos públicos, foi reformulada com

2. A contratação por tempo determinado por necessidade temporária de excepcional interesse público vem disciplinada na Lei 8.745, de 9.12.1993.

a promulgação da Constituição de 1988, que determinou a instituição do regime único: "Art. 39. A União, os Estados, o Distrito Federal e os Municípios instituirão, no âmbito de sua competência, regime jurídico único e planos de carreira para os servidores da Administração Pública direta, das autarquias e das fundações públicas".

No âmbito da Administração Pública federal foi adotado como regime jurídico o estatutário – Lei 8.112, de 11.12.1990, que "Dispõe sobre o Regime Jurídico dos Servidores Públicos Civis da União, das Autarquias e das Fundações Públicas Federais".

Apesar do acerto de se adotar um regime único, hodiernamente a adoção do regime jurídico único tornou-se facultativa, *ex vi* da Emenda Constitucional 19/1998, que procedeu à Reforma Administrativa do Estado e, dentre uma série de alterações no texto constitucional, deu nova redação ao art. 39: "Art. 39. A União, os Estados, o Distrito Federal e os Municípios instituirão conselho de política de administração e remuneração de pessoal, integrado por servidores designados pelos respectivos Poderes".

4.2.5 Provimento de cargos públicos

Ensina Hely Lopes Meirelles [2007:424] que "*provimento* é ato pelo qual se efetua o preenchimento do cargo público, com a designação de seu titular". Ainda, segundo o autor [Meirelles 2007:424-425]: "O provimento pode ser *originário* ou *inicial* e *derivado*. *Provimento inicial* é o que se faz através de nomeação, que pressupõe a inexistência de vinculação entre a situação de serviço anterior do nomeado e o preenchimento do cargo. Assim, tanto é *provimento inicial* a nomeação de pessoa estranha aos quadros do serviço público quanto a de outra que já exercia função pública como ocupante de cargo não-vinculado àquele para o qual foi nomeada. Já, o *provimento derivado*, que se faz por transferência, promoção, remoção, acesso, reintegração, readmissão, enquadramento, aproveitamento ou reversão, é sempre uma alteração na situação do provido".

Destarte, *provimento originário* ou *inicial* necessariamente pressupõe a inexistência anterior de um vínculo com a Administração Pública relativo ao cargo a ser titularizado. Enquanto o *provimento derivado* consiste numa alteração da situação funcional do detentor do cargo público.

São formas de provimento do cargo público: a nomeação, promoção, a readaptação, a reversão, o aproveitamento, a reintegração e a recondução.[3]

4.2.6 Direitos dos servidores públicos

Os *direitos dos servidores públicos* estão inseridos na Constituição Federal e nos respectivos estatutos das pessoas políticas da Federação.[4] No âmbito da Administração Pública Federal[5] podem ser apontados, dentre outros, os direitos à remuneração (vencimento do cargo efetivo, acrescido das vantagens pecuniárias permanentes estabelecidas em lei – art. 41), ao subsídio[6] (art. 38 da CF), aos proventos, às vantagens (indenizações, gratificações e adicionais – art. 49), às

3. Art. 8º da Lei 8.112/1990: *Nomeação* – é a forma original do provimento do cargo público. É o início da vida do funcionário público [Ferreira 1992:23]. *Promoção* – trata-se de movimentação, sem aumento de responsabilidade, com melhoria do vencimento. Decorre pelo tempo de anos no cargo. É feita quer pelo critério do merecimento, quer pela antigüidade [Ferreira 1992:23]. *Readaptação* – é a investidura do servidor em cargo de atribuição e responsabilidades compatíveis com a limitação que tenha sofrido em sua capacidade física ou mental verificada em inspeção médica (art. 24 da Lei 8.112/1990). *Reversão* – é o retorno à atividade de servidor aposentado: I – por invalidez, quando, por junta médica oficial, forem declarados insubsistentes os motivos da aposentadoria; ou II – no interesse da Administração (art. 25 da Lei 8.112/1990). *Aproveitamento* – é o retorno à atividade de servidor em disponibilidade em cargo de atribuições e vencimentos compatíveis com o anteriormente ocupado (art. 30 da Lei 8.112/1990). *Reintegração* – é a reinvestidura do servidor estável no cargo anteriormente ocupado, ou no cargo resultante de sua transformação, quando invalidada sua demissão por decisão administrativa ou judicial, com ressarcimento de todas as vantagens (art. 28 da Lei 8.112/1990); *Recondução* – é o retorno do servidor estável ao cargo anteriormente ocupado e decorrerá de: I – inabilitação em estágio probatório relativo a outro cargo; II – reintegração do anterior ocupante (art. 29 da Lei 8.112/1990).

4. No âmbito federal: Lei 8.112/1990 – Regime Jurídico dos Servidores Públicos Civis da União, Autarquias e Fundações Públicas Federais. No âmbito do Estado de São Paulo: Lei 1.268/1961 – Estatuto dos Funcionários Públicos Civis do Estado. E, no âmbito do Município de São Paulo: Lei 8.989/1979 – Estatuto dos Funcionários Públicos do Município de São Paulo.

5. Lei 8.112/1990.

6. De acordo com o § 4º do art. 39 da CF: "O membro de poder, detentor de mandato eletivo, os ministros de Estado e os secretários estaduais e municipais serão remunerados exclusivamente por subsídio fixado em parcela única, vedado o acréscimo de qualquer gratificação, adicional, abono, prêmio, verba de representação ou outra espécie remuneratória, obedecido, em qualquer caso, o disposto no art. 37, X e XI".

férias (art. 77), às licenças (por motivo de doença em pessoa da família; por motivo de afastamento do cônjuge ou companheiro; para o serviço militar; para atividade política; para capacitação – art. 81), aos afastamentos (para o exercício de cargo em comissão ou função de confiança, e em casos previstos em leis especiais – art. 93), às concessões (para doação de sangue, para se alistar como eleitor e em razão de casamento e falecimento – art. 97), à contagem do tempo de serviço (art. 100) e o direito de petição (art. 104).

4.2.7 Deveres dos servidores públicos

São *deveres dos servidores públicos federais* (art. 116 da Lei 8.112/1990): exercer com zelo e dedicação o cargo público (inciso I); ser leal às instituições (inciso II); observar as normas legais e regulamentares (inciso III); cumprir as ordens superiores, exceto quando manifestamente ilegais (inciso IV); atender com presteza (a) ao público em geral, prestando as informações requeridas, ressalvadas as protegidas pior sigilo, (b) à expedição de certidões requeridas para defesa de direito ou esclarecimento de situações de interesse pessoal, (c) às requisições (inciso V); levar ao conhecimento da autoridade superior as irregularidades de que tiver ciência em razão do cargo (inciso VI); zelar pela economia do material e a conservação do patrimônio público (inciso VII); guardar sigilo sobre assunto da repartição (inciso VIII); manter conduta compatível com a moralidade administrativa (inciso IX); ser assíduo e pontual ao serviço (inciso X); tratar com urbanidade as pessoas (inciso XI); e representar contra ilegalidade, omissão ou abuso de poder (inciso XII).

4.2.8 Princípios constitucionais referentes aos servidores públicos

A CF, em seus arts. 37 a 41, dispõe sobre os princípios atinentes ao servidores dos Poderes Públicos (Executivo, Legislativo, Judiciário e Ministério Público), bem como das esferas governamentais (federal, estadual, distrital e municipal).

Dentre os princípios, destacam-se: acessibilidade aos cargos, empregos e funções públicas (inciso I do art. 37); obrigatoriedade de concurso público (inciso II do art. 37); vedação de acumulação remunerada de cargos públicos (inciso XVI do art. 37); estabilidade (art. 41); regime previdenciário (art. 40).

4.2.8.1 *Acesso aos cargos públicos*

De acordo com o disposto no inciso I do art. 37 da CF, "os cargos, empregos e funções públicas são acessíveis aos brasileiros que preencham os requisitos estabelecidos em lei, assim como aos estrangeiros, na forma da lei". A expressão "brasileiros" está sendo utilizada em sentido amplo, abarcando tanto o nato quanto o naturalizado. Os cargos privativos de brasileiros natos vêm disciplinados no § 3º do art. 12 da CF: "São privativos de brasileiros nato os cargos: I – de presidente e vice-presidente da República; II – de presidente da Câmara dos Deputados; III – de presidente do Senado Federal; IV – de ministro do Supremo Tribunal Federal; V – da carreira diplomática; VI – de oficial das Forças Armadas; VII – de ministro de Estado da defesa".

São requisitos para a assunção de cargos públicos: "I – a nacionalidade brasileira; II – o gozo dos direitos políticos; III – a quitação com as obrigações militares e eleitorais; IV – o nível de escolaridade exigido para o exercício do cargo; V – a idade mínima de 18 (dezoito) anos; VI – aptidão física e mental" (art. 5º da Lei 8.112/1990).

De igual forma, no tocante aos estrangeiros, a lei a que se refere a norma constitucional poderá ser federal, estadual, distrital ou municipal, dependendo da entidade da Federação interessada.

4.2.8.2 *Obrigatoriedade de concurso público*

A investidura em cargo ou emprego público dependerá de aprovação prévia em *concurso público* de provas ou de provas e títulos (inciso II do art. 37 da CF). Tal princípio impõe como única forma de ingressar no serviço público a submissão e a aprovação em concurso público. A exceção está para os cargos em comissão de livre nomeação e exoneração.

Para José dos Santos Carvalho Filho [2006:515]: "Concurso público é o procedimento administrativo que tem por fim aferir as aptidões pessoais e selecionar candidatos ao provimento de cargos e funções públicas. Na aferição pessoal, o Estado verifica a capacidade intelectual, física e psíquica de interessados em ocupar funções públicas, e no aspecto seletivo são escolhidos aqueles que ultrapassem as barreiras opostas no procedimento, obedecida sempre a ordem de classificação.Cuida-se , na verdade, do mais idôneo meio de recrutamento de servidores públicos".

As regras para a participação no concurso público que vai selecionar os mais aptos para se vincularem com a Administração Pública estão disciplinadas na Constituição Federal no art. 37, II e ss. Destarte, o prazo de validade do concurso será de até dois anos, prorrogável uma vez, por igual período (inciso III). Durante o prazo improrrogável previsto no edital de convocação, aquele aprovado em concurso público de provas ou de provas e títulos será convocado com prioridade sobre novos concursados para assumir cargo ou emprego, na carreira (inciso IV).

Além disso, a regra constitucional determina à Administração Pública direta e/ou indireta, de qualquer das esferas de poder (Federal, Estadual, Distrital e Municipal), promover, como regra, concurso público para o provimento de seus cargos e dos empregos, tirantes os de confiança de livre provimento e livre exoneração. O prazo da validade dos concursos será estabelecido pela Administração interessada, podendo estender-se até dois anos, prorrogável por igual período; estabelecido um lapso temporal menor, por exemplo, seis meses, o mesmo poderá ser prorrogado somente por igual período, vale dizer, seis meses; qualquer outra interpretação constituirá inconstitucionalidade.

De outra parte, para a investidura em um cargo ou emprego públicos não basta apenas aprovação no concurso; exige-se também a classificação dentro do número de vagas oferecidas ou até enquanto perdurarem o prazo e a prorrogação do concurso. Não há que se falar em direito subjetivo à nomeação. Esta apenas em tese poderá ocorrer em favor de candidato preterido na ordem de nomeação.

Deve ser destacada, outrossim, a obrigatoriedade de as entidades estatais interessadas na realização de concurso público reservarem um percentual dos cargos e empregos públicos para as pessoas portadoras de deficiência, definidos em lei os percentual e os critérios de sua admissão (inciso VIII do art. 37 da CF).

O percentual a que se refere a determinação constitucional foi estabelecido pela Lei federal 8.112/1990 nos termos seguintes: "Às pessoas portadoras de deficiência é assegurado o direito de se inscrever em concurso público para provimento de cargo cujas atribuições sejam compatíveis com a deficiência de que são portadoras; para tais pessoas serão reservadas até 20% (vinte por cento) das vagas oferecidas em concurso" (§ 2º do art. 5º).

Sobre a reserva de vagas, assevera Alexandre de Moraes [2002:160-161]: "Obviamente, essa previsão constitucional deve ser interpretada em acordo com os demais preceitos da Administração Pública, ou seja, a reserva de percentual mínimo para os portadores de deficiência não os exime da obrigatoriedade constitucional do concurso público. Assim, os portadores de deficiência devidamente aprovados em concurso de provas ou provas e títulos terão direito à regular convocação, seguindo-se a lista de classificação entre os portadores de deficiência".

Portanto, o concurso público é a forma mais democrática de escolha do servidor público, além de obedecer aos princípios constitucionais da impessoalidade e da moralidade administrativa.

4.2.8.3 *Acumulação de cargos*

A regra constitucional é no sentido de que o servidor público só pode ser titular de um cargo público. Ou seja, não pode, por exemplo, o servidor público municipal, ainda que em horário diferente, exercer também um cargo público na Administração Estadual ou Federal.

A proibição de acumulação estende-se a empregos e funções públicas e abrange autarquias, fundações, empresas públicas, sociedades de economia mistas, suas subsidiárias e sociedades controladas, direta ou indiretamente, pelo Poder Público (inciso XVII do art. 37 da CF).

A exceção está na possibilidade, quando houver compatibilidade de horários, da titularização de: (a) dois cargos de professor; (b) um cargo de professor com outro, técnico ou científico; (c) de dois cargos ou empregos privativos de profissionais de saúde, com profissões regulamentadas.

4.2.8.4 *Estabilidade*

É a garantia constitucional de permanência no serviço público do servidor nomeado para o cargo de provimento efetivo em virtude de concurso público, após três anos de efetivo exercício.

A *estabilidade* vem inserida no art. 41 da CF, a saber: "São estáveis após 3 (três) anos de efetivo exercício os servidores nomeados para cargo de provimento efetivo em virtude de concurso público".

Segundo Lúcia Valle Figueiredo [2006:599], "consiste no direito de o funcionário efetivo, concursado, após lapso temporal determinado na Constituição ou na lei específica, não poder ser exonerado ou demitido senão em virtude de falta grave cometida, apurada em processo administrativo com a garantia do *devido processo legal*, ou por sentença transitada em julgado, ou, ainda, em decorrência da extinção do cargo, quando deverá ficar em disponibilidade, e, agora, pós-Emenda 19/1998, com proventos proporcionais".

Não se podemos confundir a *estabilidade* com a *efetividade*, pois trata-se a primeira de uma garantia constitucional de permanência no serviço público, enquanto a segunda se refere a uma característica do provimento de um cargo público. Ensina José Afonso da Silva [2007:697-698] que: "A *efetividade*, como se vê, é um atributo do cargo, concernente à forma de seu provimento. Refere-se à titularidade do cargo definido em lei como de provimento em caráter efetivo. *Efetividade* dá-se no cargo. É vínculo do funcionário ao cargo, e constitui pressuposto da estabilidade, pois, pelo visto, só o servidor efetivo pode adquiri-la. A *estabilidade* não se dá no cargo, mas no serviço público. É garantia do servidor, não atributo do cargo. A *estabilidade* é, assim, um direito que a Constituição garante ao servidor público".

Ademais, a *estabilidade* não se confunde com a *vitaliciedade*, posto que esta se refere a uma prerrogativa dos magistrados, estendida aos membros dos Tribunais de Contas e aos membros do Ministério Público, consistente na impossibilidade da perda do cargo de que são titulares, ao passo que a *estabilidade* tem por escopo a proteção dos servidores públicos contra demissão injustificada do serviço público.

São requisitos para a *estabilidade* do servidor público: a nomeação para cargo de provimento efetivo em virtude de concurso público; o efetivo exercício por três anos (estágio probatório) e avaliação especial e obrigatória de desempenho por comissão instituída para essa finalidade, a teor do disposto no art. 41, *caput* e § 4º, da CF.

Estágio probatório pode ser definido como o período de observação do desempenho administrativo do servidor público ocupante de cargo de provimento efetivo. Ou, como ensina Oswaldo Aranha Bandeira de Mello [1974:405]: "Estágio probatório é o período, constante da lei, de efetivo exercício, a contar da data do início deste, durante o qual são apurados os requisitos necessários à confirmação do funcionário no cargo efetivo para o qual foi nomeado".

A *estabilidade*, enquanto direito do servidor público de permanência no serviço público, condiciona a perda do cargo público às hipóteses inseridas nos incisos do § 1º do art. 41 da CF: "O servidor público estável só perderá o cargo: I – em virtude de sentença judicial transitada em julgado; II – mediante processo administrativo em que lhe seja assegurada ampla defesa; III – mediante procedimento de avaliação periódica de desempenho, na forma de lei complementar, assegurada ampla defesa". E no disposto no § 4º do art. 169 da CF: "Se as medidas adotadas com base no parágrafo anterior não forem suficientes para assegurar o cumprimento da determinação da lei complementar referida neste artigo, o servidor estável poderá perder o cargo, desde que ato normativo motivado de cada um dos Poderes especifique a atividade funcional, o órgão ou unidade administrativa objeto da redução de pessoal".

4.2.8.5 *Regime previdenciário*

O *regime previdenciário dos servidores públicos*, de caráter contributivo e solidário, implantado pela Emenda Constitucional 20/1998 foi alterado pelas Emendas Constitucionais 41/2003 e 47/2005.

De acordo com o art. 40 da CF, com a redação dada pela Emenda 41/2003: "Aos servidores titulares de cargos efetivos da União, dos Estados, do Distrito Federal e dos Municípios, incluídas suas autarquias e fundações, é assegurado regime de previdência de caráter contributivo e solidário, mediante contribuição do respectivo ente público, dos servidores ativos e inativos e dos pensionistas, observados critérios que preservem o equilíbrio financeiro e atuarial e o disposto neste artigo".

Tal regime, denominado de "especial", em contraposição ao regime geral aplicado aos empregados da iniciativa privada (art. 201), prevê três tipos de aposentadoria: (1) *por invalidez permanente*, sendo os proventos proporcionais ao tempo de contribuição, exceto se decorrente de acidente em serviço, moléstia profissional ou doença grave, contagiosa ou incurável, na forma da lei (inciso I do art. 40); (2) *compulsória*, aos 70 anos de idade, com proventos proporcionais ao tempo de contribuição (inciso II do art. 40); e (3) *voluntária*, desde que cumprido tempo mínimo de 10 anos de efetivo exercício no serviço público e 5 anos no cargo efetivo em que se dará a aposentadoria, observadas as seguintes condições: (a) 60 anos de idade e 35 de contribuição, se homem, e 50 de idade, se mulher; (b) 65 anos de idade, se homem, e 60 anos de idade, se mulher, com proventos proporcionais ao tempo de contribuição (inciso III do art.40).

A aposentadoria voluntária do servidor *professor* terá uma redução nos requisitos "idade" e "tempo de contribuição", de cinco anos, desde que o mesmo "comprove exclusivamente tempo de efetivo exercício das funções de magistério na educação infantil e no ensino fundamental e médio" (§ 5º do art. 40).

Há que se destacar, outrossim, a existência de regras de transição para a aposentadoria *voluntária proporcional* e para a aposentadoria *voluntária integral* do servidor público que tenha ingressado no serviço público antes da edição da Emenda Constitucional 20, de 18.12.1998 (art. 2º da EC 41/2003 e art. 3º da EC 47/2005, respectivamente).

4.2.9 Responsabilidades

Ensina Celso Ribeiro Bastos [2002:549]: "*Responsabilidade* é a sanção imposta pelo direito ao autor de um ato lesivo à ordem jurídica".

O servidor público é passível de três tipos de responsabilidade:[7] civil, penal e administrativa. A *responsabilidade civil* decorrerá da condenação da Administração Pública a indenizar terceiros por danos

7. Diogo de Figueiredo Moreira Neto [2005:322] aduz: "Os deveres comuns e os deveres especiais acarretam para o servidor um quádruplo regime de responsabilidade, que o submete às conseqüências políticas, administrativas, civis e penais com respectivas responsabilizações, que o submetem à aplicação dos meios adequados para a apuração dos fatos, formação de juízo e aplicação de sanções cabíveis".

causados pelo servidor, uma vez provado tenha o mesmo agido com dolo ou culpa (§ 6º art. 37 da CF). A *responsabilidade penal* decorrerá de atuação típica e antijurídica do servidor relacionada ao exercício de suas atribuições, comprovada através do devido processo legal no juízo penal. E, finalmente, a *administrativa* decorrerá da infringência do servidor aos deveres e proibições inseridos nos respectivos estatutos.[8]

Os deveres e proibições dos servidores públicos federais estão inseridos nos arts. 116 e 117 da Lei 8.112/1990. De outra parte, as penalidades vêm previstas, exaustivamente, no art. 127 do mencionado dispositivo legal: "São penalidades disciplinares: I – advertência; II – suspensão; III – demissão; IV – cassação de aposentadoria ou disponibilidade; V – destituição de cargo em comissão; VI – destituição de função comissionada".

Na aplicação das penalidades serão consideradas a natureza e a gravidade da infração cometida, os danos que dela provierem para o serviço público, as circunstâncias agravantes ou atenuantes e os antecedentes funcionais (art. 128 da Lei 8.112/1990). Ademais, o ato de imposição da penalidade mencionará sempre o fundamento legal e a causa da sanção disciplinar (parágrafo único do art. 128 da Lei 8112/1990).

De outra parte, a competência para aplicação das penalidades vem disciplinada no art. 141 da Lei 8.112/1990, a saber: "As penalidades disciplinares serão aplicadas: I – pelo presidente da República, pelos presidentes das Casas do Poder Legislativo e dos Tribunais Federais e pelo procurador-geral da República, quando se tratar de demissão e cassação de aposentadoria ou disponibilidade de servidor vinculado ao respectivo Poder, órgão, ou entidade; II – pelas autoridades administrativas de hierarquia imediatamente inferior àquelas mencionadas no inciso anterior, quando se tratar de suspensão superior a 30 (trinta) dias; III – pelo chefe da repartição e outras autoridades, na forma dos respectivos regimentos ou regulamentos, nos casos de advertência ou de suspensão de até 30 (trinta) dias; IV – pela autoridade que houver feito a nomeação, quando se tratar de destituição de cargo em comissão" (art. 141 da Lei 8.112/1990).

8. Regime Jurídico dos Servidores Públicos Civis da União, das Autarquias e das Fundações Públicas Federais – Lei 8.112/1990; Estatuto dos Funcionários Públicos Civis do Estado – Lei 10.261/1968; e Estatuto dos Funcionários Públicos do Município de São Paulo – Lei 8.989/1979.

4.2.10 Processo administrativo disciplinar

Ensina Hely Lopes Meirelles [2007:695-696]: "*Processo administrativo disciplinar*, também chamado impropriamente *inquérito administrativo*, é o meio de apuração e punição de faltas graves dos servidores públicos e demais pessoas sujeitas ao regime funcional de determinados estabelecimentos da Administração".

Por seu turno, o conceito legal de *processo administrativo disciplinar* vem disciplinado no art. 148 da Lei 8.112/1990, nos termos seguintes: "O processo administrativo disciplinar é o instrumento destinado a apurar responsabilidade do servidor por infração praticada no exercício de suas atribuições, ou que tenha relação com as atribuições do cargo em que se encontre investido".

Destarte, podemos afirmar que *processo administrativo disciplinar* é o conjunto de atos conexos, editados por uma comissão constituída de três servidores públicos estáveis, designados para apurar as infrações administrativas cometidas por servidores públicos e agentes que, embora transitoriamente, exerçam função estatal e propiciar a aplicação das sanções previstas em seu estatuto.

O processo administrativo disciplinar tem as seguintes fases: I – instauração, com a publicação do ato que constituir a comissão; II – inquérito administrativo, que compreende instrução, defesa e relatório; III – julgamento (art. 151 da Lei 8.112/1990).

4.2.10.1 *Instauração*

É a fase inaugural do processo administrativo disciplinar, e como regra se iniciará com a edição de uma portaria[9] pela autoridade administrativa competente, na qual ela designará três servidores públicos estáveis e de categoria funcional superior à do investigado e disporá minuciosamente sobre os fatos a serem apurados, indicando, também, o nome do servidor ou servidores acusados de, em tese, terem cometido a infração ou infrações administrativas.

9. A *portaria* é o expediente que instrumentaliza o processo.Correspondente à denúncia no processo penal. Enquanto esta é inauguratória da ação penal, aquela formaliza a promoção da responsabilidade administrativa do servidor [Alves 2001:50].

Cientes da designação superior, os integrantes da comissão processante, liderados por seu presidente, reunir-se-ão em local reservado para a realização dos trabalhos, a fim de analisar os documentos recebidos e deliberar sobre as providências iniciais a serem desencadeadas, notadamente a notificação do acusado ou acusados sobre a existência do processo administrativo disciplinar instaurado em seu desfavor. Posteriormente a comissão encaminhará ao investigado ou investigados a notificação com cópia da respectiva portaria, assinalando seu direito de acompanhar o processo pessoalmente ou por intermédio de procurador, arrolar e reinquirir testemunhas, produzir provas e contraprovas e formular quesitos, quando se tratar de prova pericial (art. 156 da Lei 8.112/1990).

4.2.10.2 *Inquérito administrativo*

É a segunda fase do processo administrativo disciplinar, onde a comissão processante desenvolve seu trabalho na apuração dos ilícitos administrativos imputados ao servidor.

O inquérito administrativo compreende três subfases, quais sejam: a instrução, a defesa e o relatório.

4.2.10.2.1 Instrução

Nessa subfase serão colhidos os depoimentos das testemunhas arroladas pela comissão e das indicadas pelo investigado; serão promovidas acareações, investigações e diligências cabíveis, objetivando a colheita de provas, de modo a permitir a completa elucidação dos fatos; e, finalmente, promovido o interrogatório do investigado (art. 159 da Lei 8.112/1990).

O interrogatório do investigado é a última providência visando à colheita de provas e à caracterização da infração administrativa e responsabilização, em tese, do servidor público. Destarte, havendo necessidade de novos esclarecimentos sobre fatos supervenientes, deverá necessariamente a comissão processante realizar novo interrogatório, sob pena de invalidação do processo disciplinar, por cerceamento de defesa.

Além disso, é o momento em que o investigado ou investigados serão inquiridos sobre as imputações que lhes foram feitas, devendo, se assim entenderem, permanecer silentes, posto que não estão obrigados a produzir provas contra si mesmos. Contudo, a boa técnica aconselha que sejam respondidos os questionamentos, inclusive para que possam produzir provas, contraprovas – enfim, requerer novas diligências. Na verdade, o interrogatório é, ao mesmo tempo, uma peça de acusação e de defesa.

Caracterizadas a infração disciplinar e a responsabilidade do servidor investigado, será formulado seu indiciamento, nos termos do art. 161 da Lei 8.112/1990: "Tipificada a infração disciplinar, será formulada a indiciação do servidor, com a especificação dos fatos a ele imputados e das respectivas provas". Ademais: "O indiciado será citado por mandado expedido pelo presidente da comissão para apresentar defesa escrita, no prazo de 10 (dez) dias, assegurando-se-lhe vista do processo na repartição"; prazo, esse, que será ampliado para 20 (vinte) dias quando se tratar de dois ou mais indiciados (§§ 1º e 2º do art. 161 da Lei 8.112/1990).

4.2.10.2.2 Defesa

A *defesa* é um direito constitucional de todos que se encontrem respondendo a processo judicial ou administrativo. Ensina José Cretella Jr. [2006:70]: "Defesa é o conjunto de argumentos que o indiciado reúne a seu favor, complementados por documentos e testemunhas. Tem para isso determinado prazo fixado no estatuto; havendo dois ou mais indiciados, esse prazo será comum em dobro".

Ademais, a defesa será toda ela estribada nos fatos imputados, e que vêm descritos pormenorizadamente no termo de indiciamento. Essa é a orientação da Advocacia-Geral da União em seu *Manual de Processo Administrativo Disciplinar.*[10]

10. "135. A indiciação, relacionando as provas contra o indiciado, delimita processualmente a acusação, não permitindo que posteriormente, no relatório ou no julgamento, sejam considerados fatos nela não discriminados.

"135.1 A indiciação, além de tipificar a infração disciplinar, indicando os dispositivos legais infringidos, deverá especificar os fatos imputados ao servidor e as respectivas provas, com indicação das folhas do processo onde se encontram (Lei 8.112/1990, art. 161, e CPP, arts. 41 e 408 , § 1º)."

4.2.10.2.3 Relatório

Recebida a defesa escrita, a comissão processante reunir-se-á para a elaboração do *relatório*, que será uma síntese do apurado, consoante Hely Lopes Meirelles [2007:692], "o *relatório* é a síntese do apurado no processo, feita por quem o presidiu individualmente ou pela comissão processante, com apreciação das provas, dos fatos apurados, do direito debatido e proposta conclusiva para decisão da autoridade julgadora competente. É peça informativa e opinativa, sem efeito vinculante para a Administração ou para os interessados no processo. Daí por que pode a autoridade julgadora divergir das conclusões e sugestões do relatório, sem qualquer ofensa ao interesse público ou ao direito das partes, desde que fundamente sua decisão em elementos existentes no processo ou na insuficiência de provas para uma decisão punitiva ou, mesmo, deferitória ou indeferitória da pretensão postulada".

Portanto, na elaboração do texto do relatório deve a comissão processante levar em conta a indiciação e a defesa apresentada. Por conseqüência, deverá indicar os dispositivos legais ou regulamentares transgredidos, bem como as circunstâncias agravantes ou atenuantes.

4.2.10.3 *Julgamento*

É a última fase do processo disciplinar, e será realizado pela autoridade competente que tenha determinado a instauração do processo administrativo disciplinar.

A competência para o *julgamento* é estabelecida de acordo com a gravidade da infração cometida, sendo as penas de demissão e de cassação de aposentadoria ou de disponibilidade de responsabilidade dos dirigentes maiores nos respectivos Poderes: presidente da República, presidente das Casas do Poder Legislativo, presidentes dos Tribunais Federais e procurador-geral da República, nos termos do disposto no inciso I do art. 141 da Lei 8.112/1990.

Por sua vez, a competência para aplicação das demais penalidades, suspensão superior a 30 dias, advertência e suspensão até 30 dias, vem disciplinada nos incisos I a IV do art. 141 da Lei 8.112/1990.

Finalmente, o prazo para conclusão do processo disciplinar não excederá 60 dias, contados da data de publicação do ato que constituir a comissão, admitida sua prorrogação por igual prazo, quando as circunstâncias o exigirem (art. 152 da Lei 8.112/1990).

Bibliografia

ALVES, Léo da Silva [2001]. *Prática de Processo Disciplinar*. Brasília, Brasília Jurídica.

BANDEIRA DE MELLO, Celso Antônio [2007]. *Curso de Direito Administrativo*. 24ª ed. São Paulo, Malheiros Editores.

BANDEIRA DE MELLO, Oswaldo Aranha [1974]. *Princípios Gerais de Direito Administrativo*, vol. II. Rio de Janeiro, Forense.

BASTOS, Celso Ribeiro [2002]. *Curso de Direito Constitucional*. São Paulo, Celso Bastos Editor.

CARVALHO FILHO, José dos Santos [2006]. *Manual de Direito Administrativo*. 15ª ed. Rio de Janeiro, Lumen Juris.

CRETELLA JR., José [2006]. *Prática do Processo Administrativo*. 5ª ed., São Paulo, Ed. RT.

DI PIETRO, Maria Sylvia Zanella [2004]. *Direito Administrativo*. 17ª ed. São Paulo, Atlas.

DINIS, Paulo de Matos Ferreira [2004]. *Lei 8.112/1990 Comentada*. 8ª ed. Brasília, Brasília Jurídica.

FERREIRA, Wolgran Junqueira [1992]. *Comentários ao Regime Jurídico dos Servidores Públicos Civis da União*. São Paulo, EDIPRO.

FIGUEIREDO, Lúcia Valle [2006]. *Curso de Direito Administrativo*. 8ª ed. São Paulo, Malheiros Editores.

LESSA, José Sebastião [2001]. *Do Processo Administrativo Disciplinar e da Sindicância*. 3ª ed. Brasília, Brasília Jurídica.

MEIRELLES, Hely Lopes [2007]. *Direito Administrativo Brasileiro*. 33ª ed. São Paulo, Malheiros Editores.

MORAES, Alexandre de [2002]. *Direito Constitucional Administrativo*. São Paulo, Atlas.

MOREIRA NETO, Diogo de Figueiredo [2005]. *Curso de Direito Administrativo*. 14ª ed. Rio de Janeiro, Forense.

SILVA, José Afonso da [2007]. *Curso de Direito Constitucional Positivo*. 29ª ed. São Paulo, Malheiros Editores.

Capítulo 5
ADMINISTRAÇÃO INDIRETA NO BRASIL

SÔNIA YURIKO KANASHIRO TANAKA

5.1 Considerações gerais sobre a organização administrativa no Brasil

O panorama geral da organização administrativa no Brasil apresenta-se, atualmente, com as competências gerais centralizadas em órgãos públicos e com algumas específicas distribuídas em entidades criadas com o fim de executá-las com maior autonomia, visando à melhor execução dos serviços ou das obras públicas.

Dessa forma, classificou-se em *Administração direta* o conjunto dos órgãos públicos, e em *Administração indireta* as entidades criadas para a prestação de serviço específico.

A essa distribuição de competências de uma pessoa a outra dá-se a denominação de *descentralização*, que pode ser *política* ou *administrativa*.

A primeira ocorre quando o ente descentralizado exerce atribuições próprias que não decorrem do ente central, tendo por fundamento a própria Constituição Federal. É o que se verifica com o nosso sistema federativo, através do qual se descentralizaram politicamente os poderes anteriormente concentrados no Estado para a criação da União, dos Estados, do Distrito Federal e dos Municípios, cada qual com atribuições próprias.

A segunda é observada quando os entes descentralizados possuem autonomia para executar as competências que lhe foram atribuídas, mas nos exatos termos conferidos pela lei de sua criação. Dessa forma, para a melhor execução de determinados serviços do Poder Executivo, este pode transferi-los a um ente que ele mesmo criar, por lei. Assim, tanto o Poder Executivo Municipal quanto o Estadual, Distrital ou Federal podem se utilizar da descentralização administrativa, criando pessoa jurídica de direito público ou privado, para lhe atribuir a execução de determinado serviço público.

Antes de analisar a descentralização administrativa, cabe, ainda, efetuar sua distinção com a *descentralização por colaboração* e a *desconcentração*.

A *descentralização por colaboração* configura-se quando a execução de determinado serviço público é transferida para pessoa jurídica de direito privado, por ato administrativo bilateral (contrato) ou unilateral, mas sem outorgar a titularidade dos serviços, que permanece com o Poder Público. Daí a razão pela qual se denominam, também, os contratados da Administração Pública de *colaboradores*, por cooperarem, auxiliarem esta última na prestação dos serviços públicos.

A *desconcentração* difere da descentralização por se referir à distribuição de competências dentro de uma mesma pessoa jurídica. Trata-se das delegações de atribuições que a pessoa do mais alto escalão realiza a seu subordinado, e este a outro, e assim sucessivamente, criando-se uma relação de hierarquia, ou seja, de coordenação e subordinação. Objetiva-se, dessa forma, descongestionar as atribuições, centralizadas em uma só pessoa, para seu melhor desempenho, mantendo, no entanto, a coordenação de tais atividades.

Não obstante as referidas definições, constatam-se algumas impropriedades presentes no Decreto-lei 200/1967 quando da previsão da Administração descentralizada, *in verbis*:

"Art. 10. A execução das atividades da Administração Federal deverá ser amplamente descentralizada.

"§ 1º. A descentralização será posta em prática em 3 (três) planos principais: a) dentro dos quadros da Administração Federal, distinguindo-se claramente o nível de direção do de execução; b) da Administração Federal para a das unidades federadas quando estejam devidamente aparelhadas e mediante convênio; c) da Administração Federal para a órbita privada, mediante contratos ou concessões."

Na realidade, a alínea "a" reporta-se justamente à desconcentração, por se referir a distribuições de competências dentro de uma mesma pessoa; a alínea "b" diz respeito à celebração de convênios, restringe-se apenas a meros acordos, visando à cooperação entre unidades federadas que objetivam finalidade comum; e a alínea "c" dispõe sobre contratos, podendo-se dizer que se cuida de uma das espécies de descentralização, que é a por colaboração, não se confundindo, de uma forma ou de outra, com a descentralização administrativa.

Verifica-se, assim, que o referido dispositivo não preceitua sobre a descentralização propriamente dita, ou seja, a *administrativa*, que é o objetivo desse diploma legal.

5.2 Administração indireta

Em nosso ordenamento jurídico a Administração indireta está prevista no art. 4º, II, do Decreto-lei 200, de 25.2.1967, compreendendo as seguintes entidades dotadas de personalidade jurídica própria: *autarquias*, *fundações públicas*, *empresas públicas* e *sociedades de economia mista*.

Os requisitos comuns de todas as entidades da Administração indireta são: (1) criação através de lei específica; (2) personalidade jurídica; (3) capacidade específica; (4) controle estatal somente no que se refere à sujeição ao princípio da especialização (supervisão ministerial ou tutela administrativa); (5) capacidade de auto-administração, com patrimônio próprio e orçamento público; (6) sujeição às regras da licitação para a celebração dos contratos administrativos; (7) realização de concurso público para ingresso de seus servidores públicos; (8) controle externo, exercido pelo Poder Legislativo com o auxílio do Tribunal de Contas; (9) responsabilidade objetiva; (10) obediência aos princípios da legalidade, moralidade, publicidade e eficiência, nos termos do art. 37, *caput*, da CF.[1]

A criação das entidades da Administração indireta deve ser efetuada através de lei específica; regra geral, a lei cria as autarquias e autoriza a criação das empresas públicas, sociedades de economia mista e fundações públicas, nos termos do art. 37, XIX, da CF.[2]

No tocante à personalidade jurídica, diferentemente do que ocorre com os órgãos públicos, todas as entidades da Administração indireta são criadas como pessoas jurídicas, podendo ser tanto de direito público como de direito privado, conforme o caso.

Quanto à capacidade específica, como já dito anteriormente, a criação dessas entidades ocorre justamente com o objetivo de melhorar a execução de determinados serviços.

Em função da atribuição dessa capacidade específica, a entidade submete-se ao controle estatal, previsto no parágrafo único do art. 4º do Decreto-lei 200/1967, como segue: "As entidades compreendidas na Administração indireta vinculam-se ao Ministério em cuja área de competência estiver enquadrada sua principal atividade". Trata-se do controle estatal exercido pelo Poder Executivo, com o intuito único de garantir que a entidade criada não se desvie dos fins para os quais designada, nos exatos termos da lei de sua criação, sujeitando-se ao princípio da especialização.

Não se trata de subordinação, visto que o intuito de sua criação reside justamente na atribuição de ampla autonomia para o melhor desempenho da atribuição conferida. No âmbito federal esse controle estatal denomina-se *supervisão ministerial*, tendo em vista que cada entidade descentralizada recebe o controle de um Ministério, em conformidade com o enquadramento da atividade conferida e a principal atividade exercida pela mesma.

1. Art. 37, *caput*, da CF: "Art. 37. A administração Pública direta e indireta de qualquer dos Poderes da União, dos Estados, do Distrito Federal e dos Municípios obedecerá aos princípios da legalidade, impessoalidade, moralidade, publicidade e eficiência e, também, ao seguinte: (...)".

2. Art. 37, XIX, da CF: "XIX – somente por lei específica poderá ser criada autarquia e autorizada a instituição de empresa pública, de sociedade de economia mista e de fundação, cabendo à lei complementar, neste último caso, definir as áreas de sua atuação".

Nos âmbitos estatal e municipal as entidades descentralizadas recebem o controle das secretarias, ou do próprio chefe do Poder Executivo, de acordo com o mesmo critério de enquadramento de atividade, denominando-se de *tutela administrativa*.

Em relação à autonomia administrativa, a mesma é assegurada às entidades que, para tanto, têm patrimônio próprio e orçamento público. Não obstante esse fato, atualmente questiona-se sobre a efetiva existência dessa autonomia administrativa, tendo em vista que seus dirigentes (denominados presidentes, ou superintendentes ou diretores executivos) são pessoas nomeadas pelo chefe do Poder Executivo, ocupando cargos de confiança e, portanto, de livre nomeação e exoneração, prejudicando, dessa forma, a independência necessária para a melhor execução dos serviços públicos atribuídos. O recomendável seria a investidura em mandato fixo e com prazo determinado, como ocorre nas Agências Reguladoras, a serem analisadas mais adiante.[3]

De toda forma, ante a elevada quantidade de atividades que não seriam executadas satisfatoriamente por uma única pessoa, a descentralização administrativa traz diversos benefícios para a Administração Pública. Através da descentralização possibilita-se a criação de servidores especializados na execução das atividades descentralizadas, visando, dessa forma, à melhoria da qualidade e à eficácia da prestação desses serviços públicos.

Tendo patrimônio e orçamento públicos, mesmo que parcialmente,[4] todos os contratos estão submetidos às regras da licitação pública, e os seus servidores à realização de concurso público.

Outrossim, exercido será o controle externo pelo Poder Legislativo, que é o competente para aprovar o orçamento, bem como pelo Tribunal de Contas respectivo, com a incumbência de analisar as despesas, em geral, realizadas pelas entidades.

3. V. itens 5.5 e 5.6.

4. Como se verá no item 5.8.1, todas as sociedades de economia mista têm somente uma parcela de dotação pública, devendo angariar o restante dos recursos necessários no mercado, através da prestação de seus serviços aos particulares em geral. Não obstante, também estão sujeitas a algumas regras do direito público.

Na extinção de qualquer uma das entidades públicas, o patrimônio reincorpora-se ao órgão público respectivo, salvo no tocante à parcela privada do patrimônio das sociedades de economia mista.[5]

Quanto aos servidores, ainda nesta hipótese, os mesmos também se submeterão ao quadro de pessoal do órgão público respectivo e permanecerão em um quadro paralelo, até o efetivo reenquadramento.

Os dirigentes das entidades da Administração indireta, nos termos do art. 37, § 6º, da CF, também responderão objetivamente pelos danos que seus agentes, nessa qualidade, causarem a terceiros. Esta hipótese independe da comprovação de dolo ou culpa do responsável pelo dano, bastando, para a indenização, que seja comprovado o nexo causal entre o evento e o dano.[6]

Finalmente, pelo fato de essas entidades desempenharem atividades públicas, devem também obediência aos princípios constitucionais da legalidade, moralidade, publicidade e eficiência, alicerces fundamentais na execução de todo e qualquer serviço público.

5.3 Autarquias

Segundo ensinamentos de José Cretella Jr. [2005:83], a palavra "autarquia" advém da união de dois elementos justapostos: *autos*, que significa "próprio", e *arquia*, que é "comando", "governo" ou "direção"; resultando, assim, no sentido de *comando próprio*, *direção própria*, *autogoverno*.

Embora terminologicamente o sentido da palavra "autarquia" seja esse, ontologicamente essas entidades não se enquadram nessa definição, visto que ela atribui o sentido de conferir autonomia semelhante à da União, dos Estados, do Distrito Federal e dos Municípios, a qual inexiste, em razão, sobretudo, do controle estatal.

O termo "autarquia", segundo Odete Medauar [2007:68], "foi usado pela primeira vez pelo publicista italiano Santi Romano, em 1897, para identificar a situação de entes territoriais e institucionais do Estado unitário Italiano. Para Romano autarquia significava administração indireta do Estado exercida por pessoa jurídica, no interesse próprio e

5. V. item 5.8.
6. Sobre o tema "Responsabilidade Civil do Estado", v. Capítulo 13.

do Estado. Em monografia sobre comunas, publicada em 1908, no *Primo Trattrato*, de Orlando, Santi Romano menciona que autarquia 'é uma forma específica de capacidade de direito público ou, mais concretamente, a capacidade de administrar por si seus próprios interesses, embora estes se refiram também ao Estado'".

Em nosso ordenamento jurídico considera-se *autarquia*, nos termos do art. 5º, I, do Decreto-lei 200/1967, "o serviço autônomo, criado por lei, com personalidade jurídica, patrimônio e receita próprios, para executar atividades típicas da Administração Pública, que requeiram, para seu melhor funcionamento, gestão administrativa e financeira descentralizada".

A autonomia dos serviços, prevista no referido dispositivo legal, deve ser entendida como a ausência de subordinação das autarquias, no sentido de serem dotadas de maior liberdade para a prestação dos serviços conferidos, diversamente do que ocorreria na Administração centralizada.

Importa ressaltar do referido dispositivo legal que as autarquias executam atividades típicas da Administração, ou seja, que as entidades deverão executar serviços próprios do Estado. O objetivo da descentralização está na obtenção de um melhor serviço, mais especializado. E, para tanto, concedem-se maiores liberdade e autonomia que as existentes na Administração direta.

No Brasil podemos destacar, por exemplo, as seguintes autarquias: Instituto Nacional do Seguro Social/INSS, Banco Central do Brasil/BCB, Instituto Brasileiro do Meio Ambiente e dos Recursos Naturais Renováveis/IBAMA, todos no âmbito federal; Hospital das Clínicas/HC, Universidade de São Paulo/USP, Instituto de Pesquisas Energéticas e Nucleares/IPEN, na esfera do Estado de São Paulo; Hospital do Servidor Público, Instituto de Previdência do Município/IPREM, no âmbito de atuação do Município de São Paulo.

5.3.1 Características

Excluindo-se os requisitos comuns já analisados anteriormente,[7] as características mais relevantes das autarquias são: (1) personalida-

7. V. item 5.2.

de jurídica de direito público; (2) imunidade tributária; (3) impenhorabilidade dos bens.

Muito embora o diploma legal supramencionado não tenha especificado a natureza da personalidade jurídica das autarquias, pacífico o entendimento de elas serem de direito público, tal como ocorre com os entes federados.

Tendo em vista a natureza pública das autarquias, todas as normas aplicáveis aos órgãos públicos também informam sua atuação.

Por essa razão, elas têm imunidade tributária e seus bens são impenhoráveis, características que, em princípio, diferenciam as autarquias das demais entidades da Administração indireta.

A imunidade tributária das autarquias encontra sua previsão no art. 150, § 2º, da CF,[8] que veda a instituição de impostos sobre patrimônio, renda ou serviços vinculados às suas finalidades essenciais, da mesma forma que ocorre com a União, os Estados, o Distrito Federal e os Municípios.

Dessa forma, enquanto no desempenho de suas atribuições específicas, as autarquias têm imunidade dos referidos impostos, sendo, portanto, vedada sua respectiva cobrança.

No tocante aos demais tributos (taxas), só deixarão de ser exigidos se cada autarquia for beneficiada por uma de lei de isenção. Do contrário será devida sua cobrança.

No tocante aos bens das autarquias, eles são considerados públicos, e, por essa razão, são protegidos pelas respectivas normas. Assim sendo, tais bens são inalienáveis, imprescritíveis (insuscetíveis de usucapião) e impenhoráveis (não podendo ser objeto de garantia e nem executados para honrar pagamentos devidos).

Os pagamentos devidos pelas autarquias seguem os mesmos procedimentos dos devidos pela Fazenda Pública, ou seja, são realizados

8. Art. 150 da CF:

"Art. 150. Sem prejuízo de outras garantias asseguradas ao contribuinte, é vedado à União, aos Estados, ao Distrito Federal e aos Municípios: (...) VI – instituir impostos sobre: a) patrimônio, renda ou serviços, uns dos outros; (...).

"(...).

"§ 2º. A vedação do inciso VI, 'a', é extensiva às autarquias e às fundações instituídas e mantidas pelo Poder Público, no que se refere ao patrimônio, à renda e aos serviços, vinculados a suas finalidades essenciais ou às delas decorrentes."

através de precatórios, na ordem cronológica de apresentação, salvo exceções de determinados créditos preferenciais (natureza alimentícia, trabalhista, de pequeno valor – dentre outros).

5.3.2 Regime de pessoal

O *regime de pessoal* dos servidores autárquicos é, em princípio, o estatutário, ou seja, o mesmo regime da Administração direta, seguindo os ditames da Lei 8.112, de 11.12.1990, que dispõe sobre o Regime Jurídico dos Servidores Públicos Civis da União, das Autarquias e das Fundações Públicas Federais.

Referido diploma legal foi editado em atenção ao disposto no art. 39, *caput*, da CF, o qual na redação original estabelecia que "a União, os Estados, o Distrito Federal e os Municípios instituirão, no âmbito de sua competência, regime jurídico único e planos de carreira para os servidores da Administração Pública direta, das autarquias e das fundações públicas".

Entretanto, com o advento da Emenda Constitucional 19, de 4.6.1998, que alterou o referido dispositivo legal, foi suprimida a exigência do regime jurídico único, possibilitando, dessa forma, a adoção do regime celetista.

Por essa razão, atualmente as autarquias podem adotar tanto o regime estatutário como o celetista, não sendo incomum a existência de um quadro de pessoal misto, ou seja, com servidores estatutários e celetistas na mesma entidade.

De uma forma ou de outra, a exigência da realização do concurso público para a seleção dos servidores, sejam celetistas ou estatutários, permanece, nos termos do art. 37, II, da CF.[9]

5.4 Autarquias especiais

As *autarquias especiais* ou *autarquias de regime especial* surgiram para conferir maior autonomia às universidades públicas.

9. Art. 37, II, da CF: "II – a investidura em cargo ou emprego público depende de aprovação prévia em concurso público de provas ou de provas e títulos, de acordo com a natureza e a complexidade do cargo ou emprego público, na forma prevista em lei, ressalvadas as nomeações para cargo em comissão declarado em lei de livre nomeação e exoneração".

Através desse regime especial, tais autarquias tinham mais independência da Administração direta do que a existente nas demais autarquias, cujo controle estatal é mais acentuado, sendo especiais por terem como objetivo a outorga de autonomia didática, no sentido de assegurar a liberdade na orientação pedagógica que se fizer necessária.

Referida autonomia é assegurada, atualmente, pelo art. 207 da CF, que preceitua: "As universidades gozam de autonomia didático-científica, administrativa e de gestão financeira e patrimonial, e obedecerão ao princípio de indissociabilidade entre ensino, pesquisa e extensão".

Com o intuito de garantir essa maior independência, os dirigentes das universidades são escolhidos pelo chefe do Poder Executivo dentre os nomes indicados em lista elaborada pela própria universidade e investidos em mandato com prazo determinado – fatos, esses, que excluem as ingerências políticas decorrentes dos cargos em comissão.

Na lição de Lúcia Valle Figueiredo [2006:148], as autarquias ainda podem ser "associações de pessoas com finalidades de atingimento de certos fins que as beneficiam". Trata-se das *autarquias corporativas*, como, por exemplo, a OAB, os Conselhos Regionais de Medicina, Farmácia, Odontologia etc.

No momento atual, além das universidades, a criação de autarquias de regimes especiais vem tomando vulto, sobretudo pelo fato de o controle estatal ter sido transformado em efetivo controle do próprio meio de atuação das autarquias, burocratizando-as, ao ponto de em quase nada se diferenciarem da própria Administração direta.

Surgem, por essa razão, as Agências, com o intuito único de assegurar a tais autarquias maior autonomia para a prestação dos serviços especializados a serem conferidos.

5.5 Agências Reguladoras

As *Agências Reguladoras*, na realidade, são iguais a qualquer autarquia, informadas pelo princípio da especialidade, mas com algumas especificidades que lhes outorgam maior autonomia diante do controle estatal.

Uma delas refere-se à investidura, em mandato fixo, dos dirigentes, escolhidos e nomeados pelo presidente da República, após aprovação pelo Senado Federal, com prazo determinado. Esse diferencial outorga estabilidade aos dirigentes, garantida pelo exercício de mandato fixo, ensejando maior independência das Agências em relação às demais autarquias, cujos dirigentes são ocupantes de cargos em comissão.

Além disso, essas Agências têm a função regulatória, que se resume na possibilidade de elas regulamentarem suas próprias atividades por intermédio de normas, interpretando os ditames legais e, também, exercendo a função de fiscalizar o cumprimento de tais normas.

Cabe salientar que a referida função reguladora não pode ser confundida com a função legislativa, específica do Poder Legislativo, sob pena de violar o princípio da legalidade.

Na realidade, tais normas possíveis de serem editadas pelas Agências referem-se a assuntos técnicos atinentes às suas respectivas esferas de atuação.

Assim, trazendo à colação exemplo de Maria Sylvia Zanella Di Pietro [2006:462]: "A Lei 9.782/1999, que criou a Agência Nacional de Vigilância Sanitária, dá a ela competência para estabelecer normas e padrões sobre 'limites de contaminantes, resíduos tóxicos, desinfetantes, metais pesados e outros que envolvam risco à saúde' (art. 7º, IV); a Agência, dentro de seus conhecimentos técnicos, vai poder, licitamente, sem inovar na ordem jurídica, baixar ato normativo definindo os 'contaminantes', os 'resíduos tóxicos', os 'desinfetantes' etc., estabelecendo os respectivos padrões e limites".

Não se trata, portanto, da função de legislar, visto não inovar a ordem jurídica, mas tão-somente regulamentar assuntos de natureza eminentemente técnica.

Ante tais considerações, podemos destacar – consoante Diogo de Figueiredo Moreira Neto [2005:447] – as seguintes características das Agências Reguladoras: "(1º) *independência política dos dirigentes*, a serem nomeados pelo chefe do Poder Executivo, mas sob aprovação do Poder Legislativo, com mandatos estáveis, durante um prazo determinado, e preferentemente defasado dos períodos dos mandatos políticos do Executivo; (2º) *independência técnico-decisonal, [sic]* com predomínio da discricionariedade técnica sobre a discricionariedade político-administrativa e sem recurso hierárquico impróprio de suas decisões para o Poder Executivo; (3º) *independência normativa*, necessária para a disciplina autônoma dos serviços públicos e das atividades econômicas submetidos à sua regulação e controle; (4º) *independência gerencial, orçamentária e financeira*, preferentemente ampliada por meio de contratos de gestão (acordos de programa) celebrados com o órgão supervisor da Administração direta".

A gestão de recursos humanos das Agências Reguladoras está disciplinada pela Lei 9.986, de 18.7.2000, a qual dispõe que as relações de trabalho obedecerão às normas trabalhistas e a investidura nos empregos públicos será, necessariamente, por concurso público.

Diversas são as Agências Reguladoras existentes no Brasil, enfatizando-se as seguintes:

– ANEEL/Agência Nacional de Energia Elétrica, instituída pela Lei 9.427, de 26.12.1996, com a finalidade de regular e fiscalizar a produção, transmissão, distribuição e comercialização de energia elétrica.

– ANATEL/Agência Nacional de Telecomunicações, criada pela Lei 9.472, de 16.7.1997, com a função de ser o órgão regulador das telecomunicações.

– ANP/Agência Nacional do Petróleo, Gás Natural e Biocombustíveis, instituída pela Lei 9.478, de 6.8.1997, como órgão regulador da indústria do petróleo, gás natural, seus derivados e biocombustíveis.

– ANVS/Agência Nacional de Vigilância Sanitária, criada pela Lei 9.782, de 26.1.1999, tendo por finalidade institucional promover a proteção da saúde da população, por intermédio do controle sanitário da produção e da comercialização de produtos e serviços submetidos a vigilância sanitária, inclusive dos ambientes, dos processos, dos insumos e das tecnologias a eles relacionados, bem como o controle de portos, aeroportos e de fronteiras.

– ANS/Agência Nacional de Saúde Suplementar, criada pela Lei 9.961, de 28.1.2000, como órgão de regulação, normatização, controle e fiscalização das atividades que garantam a assistência suplementar à saúde.

– ANA/Agência Nacional de Águas, criada pela Lei 9.984, de 17.7.2000, com a finalidade de implementar a Política Nacional de Recursos Hídricos.

– ANTT/Agência Nacional de Transportes Terrestres e ANTAQ/Agência Nacional de Transportes Aquaviários, instituídas pela Lei 10.233, de 5.6.2001, com objetivos de implementar as políticas formuladas pelo Conselho Nacional de Integração de Políticas de Transporte e pelo Ministério dos Transportes e regular ou supervisionar as atividades de prestação de serviços e de exploração de infra-estrutura de transportes, exercidas por terceiros.

– ADENE/Agência de Desenvolvimento do Nordeste, criada pela Medida Provisória 2.156-5, de 24.8.2001, com o objetivo de implementar políticas e viabilizar instrumentos de desenvolvimento do Nordeste.

– ADA/Agência de Desenvolvimento da Amazônia, criada pela Medida Provisória 2.157-5, de 24.8.2001, com o objetivo de implementar políticas e viabilizar instrumentos de desenvolvimento da Amazônia.

– ANCINE/Agência Nacional do Cinema, criada pela Medida Provisória 2.228-1, de 6.9.2001, como órgão de fomento, regulação e fiscalização da indústria cinematográfica e videofonográfica.

– ANAC/Agência Nacional de Aviação Civil, criada pela Lei 11.182, de 27.9.2005, para regular e fiscalizar as atividades de aviação civil e de infra-estrutura aeronáutica e aeroportuária.

5.6 Agências Executivas

As *Agências Executivas*, em síntese, são as autarquias ou fundações já existentes que recebem essa qualificação pelo presidente da República, através de decreto, após preencherem dois requisitos: (1) realização de um plano estratégico, detalhado em planos de ação, com prazos determinados para sua reestruturação institucional, objetivando a melhoria da qualidade da prestação de seus serviços, embasados nos princípios da economicidade e eficiência; e (2) celebração de contrato de gestão com o respectivo Ministério supervisor.

Essas Agências têm fundamento legal nos arts. 51 e 52 da Lei 9.649, de 27.5.1998,[10] que dispõe sobre a organização da Presidência da República e dos Ministérios.

10. Arts. 51 e 52 da Lei 9.649/1998:

"Art. 51. O Poder Executivo poderá qualificar como Agência Executiva a autarquia ou fundação que tenha cumprido os seguintes requisitos: I – ter um plano estratégico de reestruturação e de desenvolvimento institucional em andamento; II – ter celebrado contrato de gestão com o respectivo Ministério supervisor.

"(...).

"Art. 52. Os planos estratégicos de reestruturação e de desenvolvimento institucional definirão diretrizes, políticas e medidas voltadas para a racionalização de estruturas e do quadro de servidores, a revisão dos processos de trabalho, o desenvolvimento dos recursos humanos e o fortalecimento da identidade institucional da Agência Executiva."

Nos termos do § 2º do art. 51 do referido diploma legal: "§ 2º. O Poder Executivo editará medidas de organização administrativa específicas para as Agências Executivas, visando a assegurar a sua autonomia de gestão, bem como a disponibilidade de recursos orçamentários e financeiros para o cumprimento dos objetivos e metas definidos nos contratos de gestão".

Os contratos de gestão deverão ser celebrados com o prazo mínimo de um ano, devendo o Ministério supervisor providenciar a publicação de sua íntegra, na imprensa oficial, no prazo de 15 dias.

Em princípio, em razão do referido contrato de gestão, as Agências Executivas não parecem adquirir maior autonomia, tal como ocorre com as demais autarquias de regime especial, tendo em vista esse contrato e o plano estratégico visarem tão-somente à melhoria da qualidade de seus serviços, não conferindo, portanto, qualquer privilégio que lhes assegure maior independência.

Ao revés, haverá maior controle do Ministério supervisor, o qual terá por incumbência acompanhar o efetivo cumprimento das metas previstas no contrato de gestão.

Por essa razão, subsome-se que a qualquer momento poderá ser retirada a qualificação de Agência Executiva, sobretudo pelo fato de seus dirigentes não serem investidos em mandatos, com prazo fixo.

O único benefício conferido às Agências Executivas está previsto na Lei 9.648, de 27.5.1998, que elevou os valores para a contratação por dispensa de licitação, alterando os termos do parágrafo único do art. 24 da Lei 8.666/1993.[11] Atualmente o valor dessas contratações

11. Art. 24 da Lei 8.666/1993:

"Art. 24. (...): I – para obras e serviços de engenharia de valor até 10% (dez por cento) do limite previsto na alínea 'a' do inciso I do artigo anterior, desde que não se refiram a parcelas de uma mesma obra ou serviço ou ainda para obras e serviços da mesma natureza e no mesmo local que possam ser realizadas conjunta e concomitantemente; II – para outros serviços e compras de valor até 10% (dez por cento) do limite previsto na alínea 'a' do inciso II do artigo anterior e para alienações, nos casos previstos nesta Lei, desde que não se refiram a parcelas de um mesmo serviço, compra ou alienação de maior vulto que possa ser realizada de uma só vez.

"Parágrafo único. Os percentuais referidos nos incisos I e II deste artigo serão 20% (vinte por cento) para compras, obras e serviços contratados por sociedade de economia mista e empresa pública, bem assim por autarquia e fundação qualificadas, na forma da lei, como Agências Executivas."

sem licitação está fixado em R$ 16.000,00 para contratos de obras e serviços de engenharia e R$ 8.000,00 para compras e outros serviços – limites que devem ser observados por todas as pessoas sujeitas às regras da licitação. Tais valores duplicaram para as Agências Executivas, as quais poderão celebrar contratos, por dispensa, até os valores de R$ 30.000,00 e R$ 16.000,00, respectivamente.

5.7 Fundações públicas

A definição de *fundação pública* encontra-se no art. 5º, IV, do Decreto-lei 200/1967, a saber: "entidade dotada de personalidade jurídica de direito privado, sem fins lucrativos, criada em virtude de autorização legislativa, para o desenvolvimento de atividades que não exijam execução por órgãos ou entidades de direito público, com autonomia administrativa, patrimônio próprio gerido pelos respectivos órgãos de direção, e funcionamento custeado por recursos da União e de outras fontes".

Segundo o § 3º do art. 5º do referido diploma legal, as fundações públicas "adquirem personalidade jurídica com a inscrição da escritura pública de sua constituição no Registro Civil de Pessoas Jurídicas, não se lhes aplicando as demais disposições do Código Civil concernentes às fundações".

Deduz-se, assim, que a única semelhança entre as fundações públicas e as regidas pelo Código Civil é a forma como ambas adquirem personalidade jurídica, ou seja, através da inscrição da escritura pública de sua constituição no Registro Civil. Afora esse requisito comum, somente as fundações públicas necessitam de autorização legislativa para sua criação, são regidas pelas normas de direito público e mantidas pelo Poder Público.

As fundações regidas pelo direito privado, ao revés, são criadas por um instituidor, que destina um patrimônio para determinado fim, a que ficam vinculados os respectivos diretores.

O interesse do Poder Público em criar essas fundações públicas reside no fato de elas exercerem atividades no âmbito social, tais como atividades de pesquisa, ensino, educação, saúde, assistência social – dentre outras.

Por essa razão, as fundações são criadas sem fins lucrativos, isto é, todos os recursos eventualmente auferidos por suas atividades devem ser revertidos para o exercício de suas atividades.

5.7.1 Personalidade jurídica

Uma das maiores polêmicas surge quanto à *natureza jurídica* de sua personalidade, posto existirem fundações públicas de direito público e de direito privado, não obstante o Decreto-lei 200/1967 ter estabelecido a personalidade jurídica das fundações públicas como de direito privado.

Embora as fundações públicas tenham sido inseridas como entidades da Administração indireta somente em 1987, através da Lei 7.596, que alterou o Decreto-lei 200/1967, a discussão a respeito da natureza jurídica de sua personalidade teve seu início com a promulgação da Constituição Federal de 1988.

As controvérsias surgiram em razão da terminologia empregada em vários dispositivos constitucionais, ora subentendendo a natureza de direito público das fundações, ao colocarem as mesmas ao lado das autarquias (art. 37, XI; art. 38, *caput*; art. 39, § 7º; e art. 40, *caput*), ora referindo-se à Administração direta, indireta e fundacional, supondo a exclusão das fundações da Administração indireta (art. 37, *caput*, na redação original; art. 71, III; e art. 169, § 1º).

Por outro lado, a Emenda Constitucional 19, de 4.6.1998, alterou a redação do *caput* do referido art. 37, retirando a expressão "fundacional". Assim, a redação atual dispõe que "a Administração Pública direta e indireta de qualquer dos Poderes da União, dos Estados, do Distrito Federal e dos Municípios obedecerá aos princípios da legalidade, impessoalidade, moralidade, publicidade e eficiência (...)".

Evidentemente, a citada alteração não induz a conclusão de que as fundações foram excluídas da obediência dos referidos princípios, presumindo que elas estão, de fato, inseridas na Administração indireta.

Na doutrina surgiram duas correntes: uma defendendo a necessária personalidade jurídica de direito privado, consoante a definição do Decreto-lei 200/1967; e outra defendendo a possibilidade de haver fundações públicas tanto de direito privado como de direito público, mas ambas, de toda forma, pertencentes à Administração indireta.

Acompanhando esta última corrente doutrinária, o Estado de São Paulo criou, por meio da Lei 6.472, de 28.6.1989, a *Fundação Memorial da América Latina*, como pessoa jurídica de direito público.

Resulta, dessa forma, que atualmente, no Brasil, existem tanto fundações públicas de direito privado como de direito público, estando ambas inseridas na Administração indireta.

A diferença fundamental para a caracterização de uma e outra, no entanto, não reside propriamente no fato de sua norma de criação prever sua personalidade pública ou privada, visto existirem fundações criadas com personalidade jurídica de direito privado e serem, entretanto, consideradas de direito público. Assim, a distinção é, em princípio, efetivada pelo fato de serem subsidiadas unicamente por orçamento público ou, ao revés, por serem parcialmente subsidiadas pelos cofres públicos e a maior parcela de recursos ser obtida através do exercício de suas próprias atividades. Naquela hipótese a fundação será necessariamente de direito público (como o caso da Fundação Casa, do Estado de São Paulo – antiga FEBEM); e neste último caso de direito privado (a exemplo da Fundação Prefeito Faria Lima/CEPAM, também do Estado de São Paulo).

Em princípio as fundações públicas de direito privado deveriam ser criadas mediante autorização legal; ao revés, as fundações de direito público deveriam ser criadas por lei. Nesse sentido nos ensina Edimur Ferreira de Faria [2004:65], aduzindo que "a fundação pública de direito privado de que trata o Decreto-lei 200/1967 seria criada em virtude de lei autorizativa específica. A lei não criava, apenas autorizava o Poder Executivo a instituir determinada fundação para a finalidade prevista na mesma lei. A personalidade surgia com o registro dos instrumentos institutivos no cartório competente, a exemplo do que ocorre com as empresas públicas, sociedades de economia mista e empresas particulares, e as fundações instituídas segundo o Código Civil Brasileiro. (...). Enquanto tivermos as fundações estatais com personalidade de direito público, a criação será por lei. A lei cria, e não apenas autoriza a sua criação. Normalmente, o primeiro artigo da lei estabelece: 'Fica instituída a Fundação *[nome]* para *[por exemplo]* desenvolver pesquisa científica na área de (...)'. Nesse caso a fundação independe de registro para existir. A sua personalidade surge com a publicação da lei criadora. A regra é a mesma adotada para a autarquia".

Sendo pessoa jurídica de direito público, as mesmas prerrogativas conferidas às autarquias passam a ser atribuídas às fundações públicas – quais sejam: a inalienabilidade, a imprescritibilidade e a impenhorabilidade de seus bens e, também, a imunidade tributária.

Decorre daí o motivo pelo qual a doutrina passa a considerá-las como uma espécie de autarquias – surgindo, assim, a definição de *fundação autárquica* ou *autarquia fundacional*.

Tratando-se de fundações públicas com personalidade jurídica de direito privado, seus bens não são considerados públicos e não haverá imunidade tributária no tocante aos impostos sobre o patrimônio, a renda ou os serviços, muito embora as decisões de nossos tribunais oscilem a esse respeito.

5.7.2 Regime de pessoal

No tocante ao *regime de pessoal*, as fundações públicas que adotaram o regime jurídico estatutário seguem os ditames da Lei 8.112, de 11.12.1990.

Mencionado diploma legal foi editado em atenção ao disposto no art. 39, *caput*, da CF, o qual na redação original estabelecia que "a União, os Estados, o Distrito Federal e os Municípios instituirão, no âmbito de sua competência, regime jurídico único e planos de carreira para os servidores da Administração Pública direta, das autarquias e das fundações públicas".

Entretanto, com o advento da Emenda Constitucional 19, de 4.6.1998, que alterou o referido dispositivo legal, foi suprimida a exigência do regime jurídico único, possibilitando, dessa forma, a adoção do regime celetista.

As fundações públicas podem, por essa razão, tanto ter um quadro de servidores celetistas como de servidores estatutários.

De uma forma ou de outra, a exigência da realização do concurso público para a seleção desses servidores, sejam celetistas ou estatutários, permanece, nos termos do art. 37, II, da CF.

5.8 Empresas públicas e sociedades de economia mista

As *empresas públicas* e as *sociedades de economia mista* têm as mesmas características, diferenciando-se somente no tocante a dois requisitos – motivo pelo qual analisaremos ambas conjuntamente para, após, destacar as distinções.

Segundo dispõe o art. 5º, II, do Decreto-lei 200/1967, *empresa pública* é a "entidade dotada de personalidade jurídica de direito privado, com patrimônio próprio e capital exclusivo da União, criada por lei para a exploração de atividade econômica que o Governo seja levado a exercer por força de contingência ou de conveniência administrativa, podendo revestir-se de qualquer das formas admitidas em Direito".

Nos termos do inciso III do mesmo dispositivo legal, considera-se *sociedade de economia mista* a "entidade dotada de personalidade jurídica de direito privado, criada por lei para a exploração de atividade econômica, sob a forma de sociedade anônima, cujas ações com direito a voto pertençam em sua maioria à União ou a entidade da Administração indireta".

Deduz-se das referidas definições que, embora criadas pela Administração Pública, ambas as entidades são dotadas de personalidade jurídica de direito privado, ocorrendo, assim, a derrogação parcial do regime de direito privado, visto a necessária observância de algumas normas do direito público, tais como a necessidade de realização de concurso público para o ingresso de servidores no seu quadro de pessoal, a sujeição às normas de licitação para a celebração de seus contratos administrativos – dentre outros, conforme requisitos comuns de todas as entidades da Administração indireta, anteriormente analisados.

Não obstante esse fato, nenhum privilégio poderá ser concedido a essas entidades, visto a lei ter previsto sua criação para a exploração de atividade econômica.

Trata-se de atividades econômicas de interesse do Estado, mas que não se caracterizam como serviço público, razão pela qual podem ser exploradas também pelos particulares.

O Estado institui, assim, tais entidades, sem, contudo, impedir a exploração de tais serviços pelos particulares, situando essas entidades no mesmo nível comercial, a fim de não violar o princípio da livre concorrência.

Seus servidores, por essa razão, são necessariamente celetistas, seus bens são alienáveis, prescritíveis e penhoráveis e não há imunidade tributária. Visa-se, assim, à não-outorga de qualquer privilégio.

Nesse sentido dispõem os §§ 1º, II, 2º e 4º do art. 173 da CF, *in verbis*:

"§ 1º. A lei estabelecerá o estatuto jurídico da empresa pública, da sociedade de economia mista e de suas subsidiárias que explorem atividade econômica de produção ou comercialização de bens ou de prestação de serviços, dispondo sobre: (...) II – a sujeição ao regime jurídico próprio das empresas privadas, inclusive quanto aos direitos e obrigações civis, comerciais, trabalhistas e tributários;

"(...).

"§ 2º. As empresas públicas e sociedades de economia mista não poderão gozar de privilégios fiscais não extensivos às do setor privado.

"(...).

"§ 4º. A lei reprimirá o abuso do poder econômico que vise à dominação dos mercados, à eliminação da concorrência e ao aumento arbitrário dos lucros."

Cumpre destacar do § 1º, acima mencionado, a possibilidade de tanto as empresas públicas como as sociedades de economia mista criarem subsidiárias, as quais, no entanto, serão regidas pelas mesmas normas das respectivas entidades instituidoras.

A contratação dessas entidades com suas subsidiárias encontra previsão legal, para ser efetuada com dispensa de licitação, no art. 24, XXIII, da Lei 8.666/1993.[12]

5.8.1 Distinções entre as empresas públicas e as sociedades de economia mista

As duas distinções que merecem ser destacadas entre as empresas públicas e as sociedades de economia mista são as que se referem à forma de organização e à composição de capital.

12. Art. 24 da Lei 8.666/1993: "Art. 24. É dispensável a licitação: (...) XXIII – na contratação realizada por empresa pública ou sociedade de economia mista com suas subsidiárias e controladas, para a aquisição ou alienação de bens, prestação ou obtenção de serviços, desde que o preço contratado seja compatível com o praticado no mercado; (...)".

Consoante definição legal da sociedade de economia mista, o modo de organização dessa entidade necessariamente será o de sociedade anônima, seguindo as normas da Lei das Sociedades Anônimas (Lei 6.404/1976).

Qualquer pessoa, pública ou privada, poderá participar do capital de tais entidades, desde que a maioria das ações com direito a voto pertença à União, aos Estados ou aos Municípios, conforme o caso, ou, ainda, à entidade da Administração indireta pertencente ao respectivo ente federado.

Subsome-se, dessa forma, que as sociedades de economia mista têm capital público e privado, mas sempre com a participação majoritária do Poder Público.

Na lição de Diógenes Gasparini [2004:389]: "O capital da sociedade de economia mista é composto de recursos públicos e privados. O substrato material só pode ser resultante dessa composição, e, em tais termos, absolutamente necessário. Ademais, para sua composição deve, obrigatoriamente, participar a Administração Pública ou uma entidade da Administração indireta com a maior parte do capital votante, ou, nos termos do inciso III do art. 5º do Decreto-lei federal 200/1967, com a *maioria das ações com direito a voto*. Vê-se, assim, que, se para existir essa sociedade é necessária tal conjugação de capitais, não é essencial que a Administração Pública ou a entidade da Administração Pública indireta tenha a maioria do seu capital. Basta, tão-só, que uma ou outra tenha a maioria das ações com direito a voto ou, no mínimo, 51% dessas ações".

De fato, a obrigatoriedade reside na necessidade de o controle societário ser exercido pelo Poder Público, conferindo-lhe o poder de direção, a fim de essa entidade exercer estritamente as atividades de interesse público a ela delegadas. Uma vez detentor do controle societário, irrelevante o Poder Público ter, ou não, a maioria das ações, desde que munido de ações privilegiadas que garantam o poder de direção.

As empresas públicas, ao revés, podem revestir-se de qualquer das formas admitidas em Direito, com exceção da de sociedade anônima, sob pena de deixarem de se caracterizar, para se constituírem numa sociedade de economia mista.

O capital das empresas públicas é composto exclusivamente de capital público. Não obstante, vale novamente ressaltar que esse fato não caracteriza seus bens como públicos, nem confere privilégios, posto que, atuando na exploração de atividade econômica, caracterizaria concorrência desleal diante das demais empresas privadas.

Há, entretanto, diversas decisões de nossos tribunais (STF: RE 364.202-2-RS;[13] RE 230.051-6-SP;[14] RE 172.816-7-RJ[15]) concedendo às empresas públicas e às sociedades de economia mista tanto a imunidade tributária como a impenhorabilidade de bens, rendas e serviços, o que, em princípio, resulta na transfiguração de tais entidades, para poderem ser enquadradas na mesma natureza das autarquias e fundações públicas de direito público.[16]

5.9 Terceiro Setor

A denominação *Terceiro Setor* é atribuída pelo fato de algumas entidades serem pessoas jurídicas de direito privado, não integrantes da Administração direta ou indireta, mas que colaboram com a Admi-

13. "*Ementa:* (...) I – As empresas públicas prestadoras de serviços públicos distinguem-se das que exercem atividade econômica. A ECT/Empresa Brasileira de Correios e Telégrafos é prestadora de serviço público de prestação obrigatória e exclusiva do Estado, motivo por que está abrangida pela imunidade tributária recíproca (...). II – A imunidade tributária recíproca – CF, art. 150, VI, 'a' – somente é aplicável a impostos, não alcançando as taxas."

14. "*Ementa:* (...). À empresa Brasileira de Correios e Telégrafos, pessoa jurídica equiparada à Fazenda Pública, é aplicável o privilégio da impenhorabilidade de seus bens, rendas e serviços. (...)."

15. "*Ementa:* (...). A Cia. Docas do Rio de Janeiro, sociedade de economia mista federal, incumbida de explorar o serviço portuário em regime de exclusividade, não pode ter bem desapropriado pelo Estado – Inexistência, no caso, de autorização legislativa. A norma do art. 173, § 1º, da Constituição aplica-se às entidades públicas que exercem atividade econômica em regime de concorrência, não tendo aplicação às sociedades de economia mista ou empresas públicas que, embora exercendo atividade econômica, gozam de exclusividade".

16. Verifica-se em todas as referidas decisões que a diferenciação efetuada para conceder os mesmos privilégios dos órgãos públicos reside no fato de essas entidades públicas prestarem serviços em caráter de exclusividade, e não em regime de concorrência. Entretanto, não existe base legal para a outorga de exclusividade a essas entidades de caráter privado em nosso ordenamento jurídico, que, de fato, atuam no domínio econômico e que, portanto, deveriam receber o mesmo tratamento das demais empresas privadas. Não há que se falar, também, em monopólio do Estado, visto que ausente a previsão de tais atividades no art. 177 da CF, que estabelece quais serviços são considerados monopólio.

nistração Pública; por isso, também denominadas de *entidades de utilidade pública.*

Desse modo, o Poder Público situa-se no *Primeiro Setor*, as empresas privadas no *Segundo Setor*, e as entidades público-privadas no *Terceiro Setor*.

Embora existam diferenciados enquadramentos pela doutrina, considerar-se-ão enquadrados no Terceiro Setor as Organizações Sociais – OS, as Organizações da Sociedade Civil de Interesse Público – OSCIP e os Serviços Sociais Autônomos – Sistema "S".

5.9.1 Organizações Sociais

As *Organizações Sociais* encontram-se disciplinadas pela Lei 9.637, de 15.5.1998. Trata-se de pessoas jurídicas de direito privado, sem fins lucrativos, que recebem essa qualificação pelo Poder Executivo para exercerem atividades relacionadas ao ensino, à pesquisa científica, ao desenvolvimento tecnológico, à proteção e preservação do meio ambiente, à cultura e à saúde, com incentivo e fiscalização do Poder Público, mediante vínculo jurídico instituído por meio de contrato de gestão.

A entidade qualificada como Organização Social celebra o referido contrato de gestão para formalizar parceria no fomento e na execução de serviços sociais não-exclusivos do Estado.

Os requisitos específicos para que as entidades privadas recebam a qualificação de Organizações Sociais são: (1) comprovação do registro de seu ato constitutivo, o qual deverá dispor, dentre outros elementos, sobre a existência de um conselho de administração, uma diretoria e um órgão colegiado de deliberação superior, com a participação de representantes do Poder Público e membros da comunidade, de notória capacidade profissional e idoneidade moral; e (2) aprovação do ministro ou titular de órgão supervisor, ou regulador, da área de atividade correspondente ao objeto social, e do ministro de estado da administração federal e reforma do estado.

Após o preenchimento dos mencionados requisitos, a entidade privada deverá celebrar contrato de gestão com o Poder Público, mediante o qual receberá a qualificação de Organização Social, e, assim intitulada, será declarada entidade de interesse social ou de utilidade pública, para todos os efeitos legais.

O contrato de gestão deverá discriminar as atribuições, responsabilidades e obrigações do Poder Público e da Organização Social.

A Organização Social deverá publicar, no prazo máximo de 50 dias, contado da assinatura do contrato de gestão, regulamento próprio, dispondo sobre os procedimentos para a contratação de obras, serviços e compras, com o emprego dos recursos públicos a ela destinados.

Para o cumprimento do contrato de gestão poderão ser destinados recursos orçamentários e bens públicos, podendo, outrossim, ser cedidos, em caráter especial, servidores públicos, os quais poderão receber adicional relativo ao exercício de função temporária de direção e assessoria, não perdendo, em hipótese alguma, as vantagens do cargo a que fizerem jus no órgão de origem.

A fiscalização do contrato de gestão será exercida pelo órgão ou pela entidade supervisora da área de atuação correspondente à atividade fomentada. Qualquer irregularidade ou ilegalidade constatada na execução desse contrato deverá ser levada ao conhecimento do Tribunal de Contas e, havendo indícios de malversação de bens ou recursos, os responsáveis pela fiscalização deverão representar junto ao Ministério Público, à Advocacia-Geral da União ou à Procuradoria da entidade, para que requeiram a decretação da indisponibilidade dos bens da entidade e o seqüestro dos bens de seus dirigentes.

Como incentivo, a Lei 8.666, de 21.6.1993, prevê, em seu art. 24, XXIV, a dispensa de licitação para a "celebração de contratos de prestação de serviços com as Organizações Sociais, qualificadas no âmbito das respectivas esferas de governo, para atividades contempladas no contrato de gestão".

Não sendo essa a hipótese, devida será a licitação para que as Organizações Sociais possam celebrar seus contratos em geral.

Feitas essas considerações, podemos apontar as seguintes características das Organizações Sociais: (1) pessoas jurídicas de direito privado, sem fins lucrativos; (2) qualificação de entidades de interesse social ou utilidade pública; (3) atuação nas áreas de ensino, pesquisa científica, desenvolvimento tecnológico, proteção e preservação do meio ambiente, cultura e saúde; (4) atribuições, responsabilidades e obrigações definidas no contrato de gestão; (5) supervisão e fiscalização de órgão ou de entidade correspondente e do Tribunal de Contas; (6) destinação de recursos orçamentários e bens públicos, bem como a cessão de servidores públicos; e (7) sujeição às regras da licitação pública, embora elas possam ser contratadas por dispensa de licitação, nos termos do art. 24, XXIV, da Lei 8.666/1993.

As primeiras entidades qualificadas como Organizações Sociais encontram-se previstas no Anexo I da Lei 9.637/1998, quais sejam: a Associação Brasileira de Tecnologia de Luz Síncrotron/ABTLuz, extinguindo o Laboratório Nacional de Luz Síncrotron, e a Associação de Comunicação Educativa Roquette Pinto/ACERP, que extinguiu a Fundação Roquette Pinto.

5.9.2 Organizações da Sociedade Civil de Interesse Público

As *Organizações da Sociedade Civil de Interesse Público* encontram-se disciplinadas na Lei 9.790, de 23.3.1999. Trata-se de pessoas jurídicas de direito privado, sem fins lucrativos, que recebem essa qualificação pelo ministro da justiça para, observado o princípio da universalidade dos serviços, executar as seguintes atividades: promoção da assistência social; da cultura, defesa e conservação do patrimônio histórico e artístico; da saúde; da segurança alimentar e nutricional; defesa, preservação e conservação do meio ambiente e promoção do desenvolvimento sustentável; promoção do voluntariado; promoção do desenvolvimento econômico e social e combate à pobreza; experimentação, não-lucrativa, de novos modelos sócio-produtivos e de sistemas alternativos de produção, comércio, emprego e crédito; promoção de direitos estabelecidos, construção de novos direitos e assessoria jurídica gratuita de interesse suplementar; promoção da ética, da paz, da cidadania, dos direitos humanos, da democracia e de outros valores universais; e estudos e pesquisas, desenvolvimento de tecnologias alternativas, produção e divulgação de informações e conhecimentos técnicos e científicos que digam respeito às atividades supramencionadas.

Para receberem a qualificação de Organizações da Sociedade Civil de Interesse Público as pessoas jurídicas interessadas deverão ter em seus respectivos estatutos a previsão das normas elencadas no art. 4º da Lei 9.790/1999, ora em síntese: observância dos princípios da legalidade, impessoalidade, moralidade, publicidade, economicidade e eficiência; adoção de práticas de gestão necessárias e suficientes a coibir a obtenção de benefícios ou vantagens pessoais, em decorrência da participação no respectivo processo decisório; a constituição de conselho fiscal ou órgão equivalente; a previsão de transferência do patrimônio no caso de dissolução ou perda da qualificação; remuneração dos dirigentes e daqueles que prestam serviços específicos; e normas de prestação de contas, sendo os recursos e bens públicos sujeitos à fiscalização do Poder Legislativo, auxiliado pelo Tribunal de Contas.

Atendidos os requisitos supramencionados, a pessoa jurídica interessada em obter a qualificação deverá formular requerimento escrito ao ministro da justiça, que decidirá no prazo de 30 dias. No caso de deferimento, o ministro da justiça emitirá, no prazo de 15 dias da decisão, o certificado de qualificação da requerente como Organização da Sociedade Civil de Interesse Público.

Uma vez qualificada, a respectiva entidade deverá celebrar termo de parceria com o Poder Público, a fim de formar o vínculo de cooperação, para o fomento e a execução das atividades de interesse público a serem desenvolvidas, discriminando os direitos, as responsabilidades e as obrigações das partes.

A execução do objeto do termo de parceria será acompanhada e fiscalizada por órgão do Poder Público da área de atuação correspondente à atividade fomentada e pelo Conselho de Políticas Públicas das áreas correspondentes de atuação existentes, em cada nível de governo.

Tomando conhecimento de qualquer irregularidade ou ilegalidade na utilização de recursos ou bens de origem pública, os responsáveis pela fiscalização deverão dar imediata ciência ao Tribunal de Contas respectivo e ao Ministério Público e, presentes indícios de malversação de seus bens ou recursos, deverão apresentar representação ao Ministério Público e à Advocacia-Geral da União, para que requeiram a decretação da indisponibilidade dos bens da entidade e o seqüestro dos bens dos seus dirigentes, agentes públicos ou terceiros, que possam ter enriquecido ilicitamente ou causado dano ao patrimônio público.

A Organização parceira fará publicar, no prazo máximo de 30 dias, contado da assinatura do termo de parceria, regulamento próprio, contendo os procedimentos que adotará para a contratação de obras, serviços e compras com o emprego de recursos públicos.

Ante tais considerações, podemos indicar as seguintes características: (1) pessoa jurídica de direito privado, sem fins lucrativos; (2) qualificação de Organização da Sociedade Civil de Interesse Público, mediante certificado emitido pelo ministro da justiça; (3) atividades relacionadas a áreas de promoção da assistência social; cultura, defesa e conservação do patrimônio histórico e artístico; saúde; segurança alimentar e nutricional; defesa, preservação e conservação do meio ambiente e promoção do desenvolvimento sustentável; promoção do voluntariado; promoção do desenvolvimento econômico e social e combate à pobreza; experimentação, não-lucrativa, de novos modelos sócio-produtivos e de sistemas alternativos de produção, comércio, emprego e crédito; promoção de direitos estabelecidos, construção de novos direitos e assessoria jurídica gratuita de interesse suplementar; promoção da ética, da paz, da cidadania, dos direitos humanos, da democracia e de outros valores universais; e estudos e pesquisas, desenvolvimento de tecnologias alternativas, produção e divulgação de informações e conhecimentos técnicos e científicos que digam respeito às atividades supramencionadas; (4) vínculo de cooperação instituído por termo de parceria que discriminará direitos, responsabilidades e obrigações; (5) supervisão e fiscalização do órgão do Poder Público da área de atuação correspondente à atividade fomentada e do Tribunal de Contas; e (6) destinação de bens e recursos públicos.

5.9.3 Distinção entre as Organizações Sociais e as Organizações da Sociedade Civil de Interesse Público

Há muitos pontos comuns entre as Organizações Sociais e as Organizações da Sociedade Civil de Interesse Público, subentendendo-se, em juízo preliminar, inexistir alguma distinção entre essas duas entidades.

Entretanto, há uma distinção que, embora não prevista expressamente na lei, em princípio encontra-se no objetivo da criação dessas organizações.

O objetivo da constituição das Organizações Sociais é o de assumir determinadas atividades desempenhadas pelo Poder Público mas que não se caracterizam como serviços próprios e exclusivos do Estado, podendo, por essa razão, ser executados por pessoa jurídica de direito privado.

Mediante a criação das Organizações Sociais extinguem-se as atividades e respectivos órgãos da própria Administração Pública, visando, dessa forma, a que o Poder Público se responsabilize somente pelos serviços eminentemente públicos, deixando, assim, que os demais serviços, como os sociais, sejam executados por pessoas privadas, isentas das normas rígidas do direito público, com a possibilidade, portanto, de melhor prestar tais atividades.

Neste caso, visa-se à extinção de determinados departamentos da Administração Pública, deixando o Poder Público de ser o executor direto dessas atividades, para ser o incentivador da Organização Social recém-criada, através do fornecimento de recursos e da fiscalização da execução dos serviços.

Ao revés, a Organização da Sociedade Civil de Interesse Público trata de uma qualificação a ser conferida a entidade já existente, com as características previstas na Lei 9.790/1999, a qual não resulta, portanto, na extinção de qualquer entidade da Administração Pública.

Não se cuida, então, de transferência de serviço público, mas de pessoa jurídica de direito privado que já tem existência legal e que, uma vez certificada como Organização da Sociedade Civil de Interesse Público, passa a receber incentivos do Poder Público.

Nesta hipótese, o Estado faz parcerias com determinadas pessoas jurídicas de direito privado que, mesmo sem exercerem serviços de natureza pública, atendem às necessidades coletivas.

Subsome-se, por fim, que na Organização da Sociedade Civil de Interesse Público há uma real atividade de fomento, ou seja, um incentivo à iniciativa privada de interesse público; diferentemente do que ocorre com as Organizações Sociais, que são criadas para substituir algum departamento ou órgão da Administração Pública, a ser extinto.

5.9.4 Serviços Sociais Autônomos

Nas lições de Hely Lopes Meirelles [2007:382]: "*Serviços sociais autônomos* são todos aqueles instituídos por lei, com personalidade de direito privado, para ministrar assistência ou ensino a certas categorias sociais ou grupos profissionais, sem fins lucrativos, sendo mantidos por dotações orçamentárias ou por contribuições parafiscais".

Essas entidades não integram nem a Administração direta e nem a indireta, compondo o chamado *Sistema "S"*.

A criação das entidades que compõem o Sistema "S" ocorre por autorização legal a determinadas organizações que as instituem. Assim, por exemplo, o SENAI (Lei 4.048, de 22.1.1942) e o SESI (Lei 9.403, de 25.6.1946), criados pela Confederação Nacional da Indústria/CNI; o SENAC (Lei 8.621, de 10.1.1946) e o SESC (Lei 9.853, de 13.8.1946), criados pela Confederação Nacional do Comércio/CNC; o SEBRAE (Lei 8.029, de 12.4.1990), criado pelo Centro Brasileiro de Apoio à Pequena e Média Empresa/CEBRAE; o SENAR (Lei 8.315, de 23.12.1991), criado pela Confederação da Agricultura e Pecuária do Brasil/CNA; o SESCOOP (Lei 3.017, de 6.4.1999), criado pela Organização das Cooperativas Brasileiras/OCB; o SEST e o SENAT (Lei 8.706, de 14.9.1993), criados pela Confederação Nacional do Transporte/CNT.

Trata-se de entidades que não prestam serviços públicos, mas atividades privadas que são de interesse público. E, por isso, o Estado exerce a atividade de fomento, outorgando incentivos fiscais, através de dotações orçamentárias ou contribuições parafiscais.

Recebem, desse modo, autorização legal para arrecadar e utilizar as contribuições parafiscais na sua manutenção, ou são subsidiadas por dotações orçamentárias.

Por essa razão, também estão submetidas às normas de direito público, tais como: a exigência de processo seletivo para a contratação de pessoal; obediência aos princípios da licitação para a celebração de seus contratos; submissão ao controle pelo Poder Legislativo, auxiliado pelo Tribunal de Contas; concessão de imunidade tributária, prevista no art. 150, VI, "c", da CF, que diz respeito ao imposto sobre o patrimônio, renda ou bens relacionados à prestação dos serviços relacionada às suas finalidades (STJ, REsp 116.188-4 e 144.900).

Embora submetidos às leis das licitações públicas, o TCU, conforme Decisão de Plenário 907/1997, datada de 11.12.1997 (*DOU* 26.1.1998), consolidou entendimento no sentido de que os Serviços Sociais Autônomos não estão sujeitos aos estritos procedimentos da Lei 8.666/1993, podendo expedir seus regulamentos próprios, desde que devidamente publicados.

5.9.5 Entidades paraestatais

Os Serviços Sociais Autônomos são definidos por diversos doutrinadores como *entidades paraestatais*.

A origem da palavra "paraestatal" encontra-se na agregação de duas partículas: a grega *pará*, que significa "ao lado de", e a latina *status*, que denota "Estado". Assim, *paraestatal* tem o sentido de conceituar determinadas entidades que não se confundem com o Estado, caminhando ao lado, paralelamente ao Estado.

Para Celso Antônio Bandeira de Mello [2007:153] a expressão abrange pessoas privadas que colaboram com o Estado, desempenhando atividade não-lucrativa, e à qual o Poder Público dispensa especial proteção, colocando a serviço delas manifestações de seu poder de império, como o tributário. Não abrange as sociedades de economia mista e empresas públicas; trata-se de pessoas privadas que exercem função típica, como as de amparo aos hipossuficientes, de assistência social, de formação profissional (SESI, SESC, SENAI, SENAC). O desempenho das atividades protetórias, próprias do Estado de polícia, por entidades que colaboram com o Estado faz com que as mesmas se coloquem próximas do Estado, paralelas a ele.

Para Hely Lopes Meirelles [2007:67] *entidades paraestatais* "são pessoas jurídicas de direito privado que, por lei, são autorizadas a prestar serviços ou realizar atividades de interesse coletivo ou público, mas não-exclusivos do Estado. São espécies de entidades paraestatais os serviços sociais autônomos (SESI, SESC, SENAI e outros) e, agora, as organizações sociais, (...)".

Para Maria Sylvia Zanella Di Pietro [2006:481] nessa expressão podem ser incluídas todas as entidades integrantes do chamado *Terceiro Setor*, o que abrange as declaradas de utilidade pública, as que recebem certificado de fins filantrópicos, os Serviços Sociais Autônomos, as Organizações Sociais e as Organizações Da Sociedade Civil De Interesse Público. Incluem-se entre as chamadas *Organizações Não-Governamentais*/ONGs.

Para Odete Medauar [2007:93] cada uma dessas entidades apresenta situações peculiares, não se enquadrando nem nos moldes previstos legalmente para identificar as entidades componentes da Administração indireta, nem apresentando particularidades que permitem situá-las como órgãos da Administração direta.

De fato, em conformidade com Odete Medauar, não há previsão legal sobre entidades paraestatais em nosso ordenamento jurídico, tratando-se, na realidade, de definição doutrinária, a fim de enquadrar entidades que não se situam nem na Administração direta, nem na indireta.

De toda forma, parece que o melhor enquadramento pode ser realizado através da definição de *Terceiro Setor*, por se tratar de entidades privadas que colaboram com o Estado, não-integrantes da Administração direta ou indireta, nem exclusivamente do setor privado, não havendo, dessa forma, a necessidade de nova nomenclatura.

5.9.6 Entidades de apoio

Entidades de apoio, segundo Maria Sylvia Zanella Di Pietro [2006:483], são "pessoas jurídicas de direito privado, sem fins lucrativos, instituídas por servidores públicos, porém em nome próprio, sob a forma de fundação, associação ou cooperativa, para a prestação, em caráter privado, de serviços sociais não-exclusivos do Estado, mantendo vínculo jurídico com entidades da Administração direta ou indireta, em regra por meio de convênio".

Trata-se de pessoas jurídicas constituídas para dar apoio às instituições oficiais de ensino superior, mantendo vínculo jurídico com essas últimas. Em geral, destinam-se a colaborar com instituições de ensino e pesquisa – como, por exemplo, a Fundação Universitária para o Vestibular/FUVEST ou a Fundação Instituto de Pesquisas Econômicas/FIPE.

Acrescenta referida autora [Di Pietro 2006:484] que tais entidades têm as seguintes características: (1) não são instituídas por iniciativa do Poder Público, mas por servidores públicos de determinada entidade estatal, e com seus próprios recursos; (2) essas entidades mais comumente assumem a forma de fundações, mas também podem assumir a forma de associações ou cooperativas, sempre sem fins lucrativos, e inserindo em seus estatutos objetivos iguais aos da entidade pública junto à qual pretendem atuar; (3) em conseqüência, enquanto a entidade pública presta serviço público propriamente dito, a entidade de apoio presta o mesmo tipo de atividade, porém não como serviço público delegado pela Administração Pública, mas como atividade privada aberta à iniciativa privada; ela atua com maior freqüência em hospitais públicos e em universidades públicas; (4) sendo a atividade prestada em caráter privado, não fica sujeita ao regime jurídico imposto à Administração Pública; por outras palavras, seus contratos são de direito privado, celebrados sem licitação; seus empregados são celetistas, contratados sem concurso público; por não serem servidores públicos, não ficam sujeitos às normas constitucionais pertinentes a essa categoria de trabalhadores; por não desempenharem atividade delegada pelo Poder Público, não se sujeitam à tutela administrativa; e (5) para poderem atuar como entidades de apoio, paralelamente à Administração Pública, estabelecem um vínculo jurídico com a mesma, em regra por meio de convênio.

Ainda que essas entidades de apoio detenham maior autonomia, as mesmas não deixam de se submeter ao controle externo do Ministério Público, o qual, em sua fiscalização, vem despertando dúvidas sobre a legalidade de tais instituições, tendo em vista serem pessoas jurídicas de direito privado formadas por servidores públicos, com sede na própria entidade pública respectiva, exercendo suas atividades com equipamentos também pertencentes ao patrimônio público. Não obstante, realizam todas as suas atividades sob as normas das empresas privadas.

Bibliografia

BANDEIRA DE MELLO, Celso Antônio [2007]. *Curso de Direito Administrativo*. 24ª ed. São Paulo, Malheiros Editores.

CRETELLA JR., José [2005]. *Manual de Direito Administrativo*. 19ª ed. Rio de Janeiro, Forense.

DI PIETRO, Maria Sylvia Zanella [2006]. *Direito Administrativo*. 19ª ed. São Paulo, Atlas.

FARIA, Edimur Ferreira [2004]. *Curso de Direito Administrativo Positivo*. 5ª ed. Belo Horizonte, Del Rey.

FIGUEIREDO, Lúcia Valle [2006]. *Curso de Direito Administrativo*. 8ª ed. São Paulo, Malheiros Editores.

GASPARINI, Diógenes [2004]. *Direito Administrativo*. 9ª ed. São Paulo, Saraiva.

MEDAUAR, Odete [2007]. *Direito Administrativo Moderno*. 11ª ed. São Paulo, Ed. RT.

MEIRELLES, Hely Lopes [2007]. *Direito Administrativo Brasileiro*. 33ª ed. São Paulo, Malheiros Editores.

MOREIRA NETO, Diogo de Figueiredo [2005]. *Curso de Direito Administrativo*. 14ª ed. Rio de Janeiro, Forense.

Capítulo 6

ATOS ADMINISTRATIVOS

JOÃO MANUEL DOS SANTOS REIGOTA

6.1 O problema da conceituação de ato administrativo

É impossível chegar ao conceito de *ato administrativo* sem antes enfrentar o problema existente para que tal tarefa seja levada a bom termo.

Isso porque não há, na doutrina, acordo entre os autores quanto ao conceito de *ato administrativo*.

Sobre tal problemática é, sem dúvida, necessária uma rápida abordagem, que, aqui, será levada a efeito tomando-se como referência os ensinamentos de Celso Antônio Bandeira de Mello [1981:16], quem bem equacionou a questão.

Perfeitamente compreensível é a discordância entre os autores na formulação do conceito de *ato administrativo*.

Isso é conseqüência dc o conceito de *ato administrativo* ser um conceito teórico, não um conceito legal.

É diferente, por exemplo, do que ocorre com o lançamento tributário, cuja definição encontramos no art. 142 do CTN.[1]

Considerando-se que o conceito de *ato administrativo* é um conceito teórico, nada impõe que haja entre os doutrinadores a mesma opinião sobre a qualidade e o número de traços indispensáveis para que se designe determinado ato de *ato administrativo*.

Assim, para alguns autores é suficiente um certo número de traços para que um ato seja tido como *ato administrativo*. Já para outros a quantidade necessária pode ser maior ou menor.

O problema acentua-se ainda mais considerando-se que a divergência pode estar não só na quantidade de traços de similitude como, também, no critério para selecionar tais traços.

Noutras palavras, pode haver discordância até mesmo quanto à própria natureza (qualidade) dos traços eleitos como de similitude. Ou seja, se devem, ou não, ser eleitos como tais.

Para o equacionamento da questão, não se pode esquecer que as palavras são rótulos colocados sobre as coisas.

Sendo assim, nenhum doutrinador pode considerar-se detentor do direito de elaborar uma noção de *ato administrativo* que seja a verdadeira e, por conseqüência, excludente de qualquer outra.

Isso significaria estar o doutrinador atribuindo-se a condição de legislador, na medida em que só a lei pode estabelecer o limite e o alcance de uma expressão jurídica.

Dessa maneira, o que é relevante na busca do conceito de *ato administrativo* é expor que objeto está sendo tratado e explicitar que campo de realidade será cogitado, de modo a esclarecer sobre o quê versará o discurso científico.

1. CTN, art. 142: "Compete privativamente à autoridade administrativa constituir o crédito tributário pelo lançamento, assim entendido o procedimento administrativo tendente a verificar a ocorrência do fato gerador da obrigação correspondente, determinar a matéria tributável, calcular o montante do tributo devido, identificar o sujeito passivo e, sendo caso, propor a aplicação da penalidade cabível".

O fato é que há uma certa liberdade para a conceituação de *ato administrativo*.

Os conceitos jurídicos nada mais são que termos relacionadores de normas e pontos de aglutinação de efeitos de direito; são sistematizações, classificações.

Assim sendo, é tarefa do jurista tomar conhecimento de qual a disciplina aplicável às diferentes situações. E é pressuposto para organizar tal conhecimento (e torná-lo produtivo) a identificação das situações semelhantes, em razão do regime jurídico ao qual se submetem.

O regime jurídico comum às situações é que as torna semelhantes, sendo propiciados seu agrupamento e a atribuição de uma denominação. No caso, designá-las *ato administrativo*. *Ato administrativo* passa a ser, pois, o rótulo do conceito, de modo que tal expressão traz à mente do estudioso um conjunto de elementos, os quais, conectados, deram margem a tal conceito.

Como já foi dito, o conceito de *ato administrativo* é doutrinário. Viu-se, também, que cada conceito jurídico é um conjunto. E, mais, que para se incluir, ou não, um elemento nesse conjunto há de existir, obviamente, um critério.

Esse critério é frequentemente fornecido pelo direito positivo. Neste caso, já se encontra pronta uma relação organizada de situações, as quais foram unificadas pelo Direito, ciência que forneceu o critério para tais inclusões, no conjunto (ou seja, dentro do conceito) de realidades jurídicas.

Pode, todavia, ocorrer de a lei não reunir certas realidades sob uma mesma denominação, cabendo, pois, ao estudioso efetuar tal aglutinação.

Nesse caso, os referenciais a serem tomados são uma coleção de traços extraídos do direito positivo. Baseado em tais traços, o jurista constrói um conceito jurídico que funciona como *continente* de um feixe de situações e realidades que se identificam. São semelhantes, por conterem os traços adotados como constituintes dos fatos eleitos para a explicitação do *conteúdo* do conceito formulado.

Em síntese, esse é o processo lógico de formulação de um conceito teórico. Ou seja, um conceito não-elaborado pela lei. Há, ainda, na composição de tais conceitos uma certa liberdade, que não implica, necessariamente, ser um conceito o certo e serem os demais errados, quando cotejamos os conceitos doutrinários de *ato administrativo*.

Há, ademais, outra questão a ser enfrentada antes de serem enunciados alguns conceitos de *ato administrativo* e de serem analisados os pontos, os elementos, que têm em comum e os que os diferenciam. Trata-se dos chamados *atos da administração*, os quais não se confundem com os atos administrativos.

6.1.1 Ato administrativo e atos da Administração

A maioria dos autores brasileiros alerta para o fato de que há *atos administrativos* e que existem outros atos os quais, não podendo ser enquadrados nessa categoria, são denominados *atos da Administração*. Vê-se na doutrina que Celso Antônio Bandeira de Mello [2007:372-373] bem equaciona a questão – qual seja, a de que, embora sendo o Poder Executivo quem, no mais das vezes, edita *atos administrativos*, nem todos os atos do Executivo assumem a feição de *ato administrativo*.

Tal questão é tratada também na doutrina estrangeira. Marcello Caetano [1966:90], por exemplo, assim se expressa: "O primeiro ponto a observar na terminologia do direito administrativo é que nem todos os *actos da Administração* são chamados actos administrativos. O acto administrativo é um acto jurídico – o que exclui desde logo tudo o que a doutrina designa por *operações materiais*. Mas acto administrativo não é sinônimo de acto jurídico. É uma espécie dentro do gênero dos actos jurídicos" (grifos do original).

Guido Zanobini, por seu turno, diz ser possível entender por *ato administrativo*, em sentido lato, qualquer desenvolvimento de atividade por parte da Administração Pública. Todavia – lembra o autor –, a doutrina é pacífica no sentido de que a denominação (*ato administrativo*) só cabe a uma parte dos atos desenvolvidos pela Administração. Assim, *ato administrativo* equivale a ato jurídico da Administração Pública, produtor de efeitos jurídicos. Não são, em conseqüência, atos administrativos os compreendidos nas seguintes formas de atividade: (1) atividades meramente de fato e juridicamente irrelevantes, como as audiências dos ministros e de outras autoridades, as manifestações com as quais as autoridades anunciam ao público importantes realizações ou o exortam a observar determinada conduta diante de uma situação particular; (2) as atividades materiais, técnicas e intelectuais com as quais se desenvolvem os serviços públicos, como os de comunicação, dc transporte, de assistência sanitária, de instrução e similares; (3) as atividades materiais com as quais se dá execução a disposições precedentes (se destas derivam, por vezes, efeitos jurídicos, tais efeitos devem reportar-se às disposições que prescrevem a execução).

Com base no exposto, ensina Guido Zanobini que, em termos gerais, pode-se dizer que não são *atos administrativos* aqueles que se mantêm na esfera jurídica da Administração sem ocasionar a esta esfera, nem à dos particulares, qualquer modificação.

Em algumas circunstâncias, tais atos, embora meramente de fato, técnicos ou executivos, podem dar origem a relações jurídicas entre a Administração e os particulares, quando, excedendo a esfera jurídica da Administração, esses mesmos atos acarretam a ela responsabilidade. Em tais casos os citados atos formam parte dos fatos jurídicos. Mas não como *atos administrativos*, e sim como atos ilícitos da Administração Pública [Zanobini 1954:309-310].

Celso Antônio Bandeira de Mello não se limita a falar do atos materiais, como fazem Marcello Caetano e Zanobini. Trata também dos atos políticos e dos atos de direito privado, ficando assim sua classificação [C. A. Bandeira de Mello 2007:373-374]:

(1) *Atos* de *direito privado*, como, por exemplo, a locação de uma casa para, nela, instalar-se uma repartição pública; é certo que a emanação do ato é regida pelo direito administrativo, mas este não disciplina o conteúdo do ato e correspondentes efeitos. Tendo em vista que o conteúdo do ato não é regido pelo direito administrativo e que este não se reveste da força jurídica dos *atos administrativos*, afigura-se mais adequado excluí-lo de tal categoria.

(2) *Atos materiais*, como a pavimentação de uma rua, a operação cirúrgica realizada por um médico no exercício de sua atividade de servidor público etc. Tais atos, considerando-se que nem mesmo são atos jurídicos, não podem ser classificados como atos administrativos. A essas atividades puramente materiais dá-se o nome de *fatos administrativos*.

(3) *Atos políticos* ou *de governo*, que são aqueles praticados com fundamento direto na Constituição, no exercício de função estrita-

mente política, como, por exemplo, a iniciativa, a sanção ou o veto de lei pelo Executivo, o indulto etc. Tais atos, por serem infraconstitucionais, têm fisionomia própria, diversa da dos *atos administrativos*, que são infralegais.[2]

À vista do averbado, conclui-se que, no exercício da atividade administrativa – ou administração em sentido objetivo –, a Administração pratica inúmeros atos que não têm o regime jurídico próprio dos *atos administrativos*, não podendo, portanto, como tais ser classificados.

Posto isto, o próximo passo deve consistir em trazer à colação alguns conceitos doutrinários para, em seguida, desdobrando tais conceitos, identificar pontos comuns e traços diferenciadores entre eles, na busca, assim, de uma idéia de *ato administrativo*.

6.1.2 Ato administrativo: conceitos doutrinários

Segundo Oswaldo Aranha Bandeira de Mello, o *ato administrativo* pode ser definido no *sentido material*, ou *objetivo*, e no *sentido orgânico formal*, ou *subjetivo*.

Sentido material, ou objetivo: "manifestação da vontade do Estado, enquanto Poder Público, individual, concreta, pessoal, na consecução do seu fim, de realização da utilidade pública, de modo direto e imediato, para produzir efeitos de direito" [O. A. Bandeira de Mello 2007:476].

Sentido orgânico-formal, ou subjetivo: "ato emanado de órgãos encarregados da Administração Pública, compreendendo os integrantes do Poder Executivo, ou mesmo dos outros Poderes, desde que tenham a mesma estrutura orgânico-formal daquele, como sejam as secreta-

2. De se consignar que, embora se adote, neste trabalho, a posição de Celso Antônio Bandeira de Mello, há na doutrina entendimento contrário. É o caso, por exemplo, de Odete Medauar [2001:177], para quem "melhor parece considerá-lo *[o ato de governo]* inserido no gênero *ato administrativo*, dotado de predominante aspecto político, vista a função governamental desempenhada pela chefia do Executivo". Sem embargo de se reconhecer que Odete Medauar seja uma das principais administrativistas brasileiras, a adoção da classificação do professor Celso Antônio Bandeira de Mello se afigura mais adequada se o raciocínio estiver embasado na "estrutura escalonada das normas jurídicas". De efeito, registre-se que o ato administrativo tem na lei seu fundamento de validade, enquanto o ato político tem seu fundamento de validade diretamente na Constituição.

rias do Legislativo e do Judiciário" [O. A. Bandeira de Mello 2007: 476-477].

Miguel Reale [1980:24] conceitua *ato administrativo* como "toda forma de realização, em casos concretos, de interesses configurados tipicamente em lei, em virtude de decisão unilateral, espontânea ou requerida, de agente do Poder Público, em virtude e nos limites de sua competência, com relevância jurídica fora da órbita da Administração".

Diogo de Figueiredo Moreira Neto [1996:97] propõe o seguinte conceito: "Ato administrativo é, assim, a manifestação unilateral de vontade da Administração Pública que tem por objeto constituir, declarar, confirmar, alterar ou desconstituir uma relação jurídica, entre ela e os administrados ou entre seus próprios órgãos e entidades".

Para Maria Sylvia Zanella Di Pietro [2001:181], *ato administrativo* é "a declaração do Estado, ou de quem o represente, que produz efeitos jurídicos imediatos, com observância da lei, sob regime jurídico de direito público e sujeita a controle pelo Poder Judiciário".

José Cretella Jr. [1977:19] oferece uma definição de *ato administrativo*, declarando que é "manifestação da vontade do Estado, por seus representantes, no exercício regular de suas funções, ou por qualquer pessoa que detenha, nas mãos, fração de poder reconhecido pelo Estado, que tem por finalidade imediata criar, reconhecer, modificar, resguardar ou extinguir situações jurídicas subjetivas, em matéria administrativa".

Segundo Celso Antônio Bandeira de Mello [2007:374], *ato administrativo* é a "declaração do Estado (ou de quem lhe faça as vezes – como, por exemplo, um concessionário de serviço público), no exercício de prerrogativas públicas, manifestada mediante providências jurídicas complementares da lei a título de lhe dar cumprimento, e sujeitas a controle de legitimidade por órgão jurisdicional".

Da análise dos componentes dos conceitos trazidos à tona emergem os traços fundamentais de *ato administrativo*, quais sejam:

(1) O *ato administrativo* é espécie do gênero *ato jurídico*.[3]

3. Há um conceito legal de *ato jurídico*. Com efeito, eram os seguintes os dizeres do art. 81 do CC brasileiro (de 1916): "Todo ato lícito que tenha por fim imediato adquirir, resguardar, transferir, modificar ou extinguir direitos se denomina ato jurídico". Quando se diz que *ato administrativo* é espécie da qual *ato jurídico* é gênero, parte-se

(2) O *ato administrativo* é manifestação unilateral de vontade do Estado (ou de quem lhe faça as vezes).

(3) Ao manifestar sua vontade, mediante a edição de *ato administrativo*, o Estado o faz no exercício de prerrogativas públicas; quer dizer: encontra-se numa posição de supremacia em relação ao particular.

(4) Normalmente os atos administrativos são editados pelo Executivo; nada obsta, todavia, a que os dois outros órgãos do Poder (Legislativo e Judiciário) o façam, quando exercem, atipicamente, função administrativa.

(5) O *ato administrativo* é infralegal; quer dizer: deve ser editado com observância da lei, seu suporte de validade.

(6) O *ato administrativo* está sujeito a controle de legalidade e de moralidade por órgão jurisdicional.

6.2 Requisitos de validade do ato administrativo

6.2.1 Notas preliminares

Diogo de Figueiredo Moreira Neto, ao discorrer sobre os *requisitos* do ato administrativo, por ele denominados "elementos constitutivos", diz que "o ato jurídico possui três elementos sobejamente conhecidos: *agente capaz*, *forma* prescrita ou não-defesa em lei e *objeto* lícito".

Acrescenta que, sendo o ato administrativo espécie do ato jurídico, "não poderia deixar de ter as características do *gênero* a que pertence. Sua compreensão, entretanto, necessita de dois outros elementos, que no *genus* poderiam até aparecer como acidentais: a *finalidade* e o *motivo*".

Com isso, segundo o autor, chega-se à "concepção quíntupla". A qual, além de lhe parecer a mais adequada, "é positiva no Brasil (art. 2º da Lei 4.717, de 29.6.1965, que regulou a ação popular de assento

do pressuposto de que o conceito de *ato jurídico* pertence à Teoria Geral do Direito, e não apenas ao direito civil. De modo que temos *ato jurídico civil* e *ato jurídico administrativo*, ao qual se convencionou chamar *ato administrativo*. Assim, ao se dizer que *ato administrativo* é espécie de *ato jurídico*, se está dizendo que *ato administrativo* é a dicção do art. 81 do CC de 1916, com o acréscimo de "manifestação de vontade do Estado, predominantemente pelo Poder Executivo, em matéria administrativa".

constitucional): *competência, finalidade, forma, motivo* e *objeto*" [Moreira Neto 1996:99].

Serão adotados neste trabalho, como sendo os requisitos de validade do ato administrativo, os cinco apontados, até porque, como já foi dito, estão juspositivados na lei que disciplina a ação popular.

Importante enfatizar, contudo, que existe divergência doutrinária no que tange à terminologia. Além de "requisitos", vemos, para exemplificar, a adoção da expressão "elementos".

A discordância não se restringe à terminologia. Também não é pacífica na doutrina a fixação do número de requisitos (ou elementos), já que alguns autores englobam num único requisito (ou elemento) aspectos que outros desdobram.

Também é relevante assinalar que há na doutrina até mesmo quem sustente ser inútil a divisão do ato administrativo em requisitos (ou elementos), para exame do ato quanto à sua validade. Essa, por exemplo, é a posição de Afonso Rodrigues Queiró [1946:54], ao dizer: "E já vimos que estes fatos, a competência e os fins ou atribuições da Administração são essencialmente uma e a mesma coisa. São formas ou modos de ser duma mesma realidade, ou dum mesmo conceito jurídico que se costuma dividir e subdividir, quase se diria para obscurecer obstinadamente os problemas do direito administrativo. E diga-se entre parênteses que é por isso que se pode constatar hoje que toda a clássica teoria da estrutura do ato administrativo, que distingue nestas fases ou momentos diversos, tal como elaborada pela doutrina sobretudo francesa em face da jurisprudência do Conselho do Estado, está em crise".

Apesar disso, em sentido oposto – ou seja, realçando a importância do estudo dos requisitos (por ele denominados "elementos") do ato administrativo –, há, dentre outras, a lição de André Gonçalves Pereira: "Assim a competência, a forma etc. são elementos componentes do acto – se eles faltam não há um acto administrativo, ou não há um acto administrativo válido – e é possível individualizar mentalmente cada um destes elementos, fazendo o que Fragola chamou 'anatomia do acto'". Continua o autor: "Aliás, o escopo prático do estudo dos elementos do acto administrativo é o de permitir a descrição dos vícios do acto, isto é, a 'anatomia' é um ponto de passagem indispensável para a 'patologia' do acto" [Pereira 1962:106].

Voltando à questão da terminologia ("requisitos" ou "elementos"), pertinente lembrar o que diz Cretella Jr. [1992:250]: "Seguindo a generalidade dos autores, não fazemos distinção entre *elementos* e *requisitos* dos atos administrativos".

Neste trabalho será adotada a mesma posição do ilustre administrativista (não-distinção), que é a da doutrina majoritária, como por ele anotado. Serão considerados como requisitos de validade do ato administrativo os cinco mencionados, já que no Brasil estão previstos na Lei da Ação Popular (n. 4.717/1965).

6.2.2 Competência

A primeira condição para que um ato administrativo seja considerado válido é, sem dúvida, a *competência do agente*. Noutras palavras, é preciso que a lei tenha outorgado ao agente o poder de editar o ato.

Segundo Rafael Bielsa [1955:13], o ato administrativo é decisão de uma autoridade administrativa; não basta, porém, que emane de uma autoridade administrativa, sendo necessário, ainda, que ela tenha *competência* para realizar o ato e que o execute em cumprimento de suas próprias funções e atribuições legais.

Sobre a *competência* como requisito de validade do ato administrativo, diz Caio Tácito [1975:66] que "a regra de competência não é um produto voluntário, mas um princípio estatutário. Não é uma criação subjetiva do administrador, mas um critério objetivo da lei. Não é, em suma, um requisito discricionário, mas um elemento vinculado".

O poder do agente público para editar determinado ato não só é previsto como, também, tem seus limites fixados em lei. Dessa forma, se o ato é editado por quem não tenha poder para fazê-lo, é um ato administrativo inválido; de igual forma é inválido o ato se o agente público, embora competente, ultrapassou a delimitação legal.

Segundo Régis Fernandes de Oliveira [1980:52], o sujeito do ato administrativo é a pessoa que o pratica. Tal pessoa pode ser simplesmente considerada como uma pessoa física que faça parte da Administração e pratique qualquer ato. Pode, ademais, ser considerada como aquele a quem foram atribuídos certos poderes.

Prosseguindo, afirma o autor que o *sujeito* é condição de validade do ato administrativo, já que sem a existência de um sujeito competente não se pode falar em ato administrativo válido. Anota, ainda, que se alguém destituído de competência pratica o ato administrativo, embora possa ele produzir efeitos, poderá ser anulado, por vício de competência. Didaticamente, exemplifica, ao declarar que, se a *competência* para punir, com a demissão, um policial militar for do comandante-geral da Polícia Militar, o ato não poderá ser emitido, validamente, por qualquer outro oficial, por mais graduado que seja [Oliveira 1980:52].

Ressalte-se, todavia, que a *competência*, enquanto requisito de validade do ato administrativo, não pode ser analisada unicamente no que diz respeito a quem pode editar o ato.

Com efeito, conforme ensina Lúcia Valle Figueiredo, as atribuições outorgadas por lei ao agente público têm uma finalidade, qual seja, o atingimento do interesse público. E cita Caio Tácito, para quem a competência não é um "cheque em branco". Ao contrário, é demarcada, limitada, na medida em que seu exercício só pode ter por objetivo o atendimento do interesse coletivo [Figueiredo 2006:200].

Para concluir, reitera-se que o ato administrativo apresentará vício sempre que ao agente falecer autorização legal para a prática do ato ou, ainda que detenha tal autorização, ultrapassar seus limites. Ademais, o ato será viciado sempre que visar a outra finalidade que não o atendimento do interesse público.

6.2.3 Finalidade

O requisito *finalidade* tem como conteúdo e alcance o objetivo de interesse que se busca alcançar com a edição do ato administrativo.

Note-se que mesmo nos atos discricionários o requisito *finalidade* é vinculado. Quer dizer que o ato será inválido caso não tenha finalidade pública ou, ainda, se tiver sido editado em *desvio de finalidade específica* (o ato não coincide com o tipo de finalidade pública a ser alcançado com sua edição). É por tal razão que mesmo nos atos discricionários o requisito *finalidade* é vinculado, ou seja, não confere ao agente a possibilidade de optar por uma ou outra *finalidade*, sendo movido por critérios de conveniência e oportunidade, ainda que ambas tenham cunho público.

Sobre o assunto registre-se o ensinamento de Rogério Ehrhardt Soares [1978:273] ao expressar que "interessa-nos assinalar a incidência autónoma e imediata do interesse público sobre o acto. Queremos com isto significar que o expediente em que o acto se traduz só tem sentido se for posto ao serviço dum interesse público real, se estiver apontando para uma situação concreta da vida que, na multiplicidade dos interesses de que se compõe, revele a tensão duma necessidade pública".

Não é demais ressaltar que a única justificativa para a existência da Administração Pública é o atendimento do interesse público. Caso se desvie desse objetivo – ou seja, da única diretriz que lhe é juridicamente outorgada –, a Administração Pública perde seu sentido, sua razão de ser.

6.2.3.1 *Finalidade e interesse público*

Pode-se investigar, agora, a noção *interesse público.* Isto no escopo de constatar em quais situações está presente no ato administrativo o requisito *finalidade*, essencial para que este seja válido.

Jean Rivero [1981:14] leciona que o fim da Administração é o *interesse público.*

Em seguida, diz o autor que o homem é um ser social e, por conseqüência, não basta a si mesmo. É certo que o livre jogo das iniciativas privadas atende a algumas de suas necessidades, graças à divisão de trabalho e às trocas. Outras necessidades, contudo – e das mais essenciais, já que comuns a todos os membros da coletividade –, estão fora dos limites de qualquer particular (segurança nacional, por exemplo). Isso em razão de a satisfação de tais necessidades ser, por natureza, desvinculada do lucro, de sorte que ninguém se oferecerá para atender a elas.

Prosseguindo, diz Rivero que as necessidades que não podem ser atendidas pela iniciativa privada são vitais para a comunidade, como um todo, e para cada um dos que a integram, e constituem a esfera da Administração, isto é, a esfera do *interesse público.*

O motivo da ação dos particulares é, como regra, o atingimento de vantagem pessoal: ganho material, realização humana ou, mesmo, busca de um ideal, no caso dos indivíduos mais altruístas. Pode até haver coincidência entre a prossecução de uma vantagem pessoal e o bem de todos. Todavia, "a coincidência não é de modo algum necessária e não consegue encobrir o carácter pessoal da actividade" [Rivero 1981:14].

Assim é que – exemplifica Rivero – o padeiro satisfaz a fundamental necessidade de pão, mas não é a preocupação desinteressada de alimentar os famintos que norteia sua atividade, e sim a intenção – legítima – de, vendendo pão, ganhar a vida. Já, no âmbito da *ação administrativa*, ao contrário, a preocupação é essencialmente desinteressada, pois busca atender ao *interesse geral*, ao *bem comum*.

Na mesma linha o magistério de Nuno Vasconcelos Sousa [2000:20]: "A actividade das entidades públicas e dos serviços públicos destina-se, em exclusivo, à concretização dos vários interesses públicos que as leis definiram como tarefas públicas essenciais (...). As administrações privadas perseguem interesses lucrativos, culturais, desportivos, filantrópicos, humanitários etc., mas são sempre interesses pessoais, particulares ou de grupos. Claro que um grande hipermercado dá emprego a milhares de pessoas e disponibiliza bens a milhares de clientes em condições de comodidade, bom preço etc.; porém, a finalidade primária desse grupo empresarial é a de obter lucros e repartir os dividendos".

Conforme Jean Rivero, por *interesse geral* entenda-se um interesse da comunidade, vista como algo distinto dos membros que a compõem, e superior a eles.

Trata-se de um conjunto de necessidades humanas, "aquelas a que o jogo das liberdades não provê de maneira adequada e cuja satisfação, todavia, condiciona a realização dos destinos individuais" [Rivero 1981:15].

Ainda segundo Jean Rivero, o conteúdo do que seja *interesse geral* varia de acordo com as épocas, as formas sociais, os dados psicológicos, as técnicas. Mas, a despeito de variar o conteúdo, o fim continua o mesmo. Equivale a afirmar que a ação administrativa objetiva ao *interesse geral*.

De se trazer a contexto, também, as observações de Eros Roberto Grau [1995:17] sobre *interesse público*: "Refiro-me ao princípio do *interesse público* não no sentido que o faz a doutrina antiga, como supremacia do interesse público (do Estado) sobre o privado. O conteúdo do princípio, conforma-o a noção de *interesse público primário*, tal como a expõe Alessi. Essa afirmação – de que *interesse público é o interesse coletivo primário* – exige reflexão, atividade pouco praticada, muito pouco, mesmo entre os estudiosos do Direito. Apenas na medida em que a respeito dela tenhamos suficientemente refletido seremos capazes de compreender a afirmação da *supremacia do interesse público sobre o privado*. Não se trata, aí, de conferir privilégio ou preferência ao interesse do Estado ou da Administração (interesses secundários), porém de preferir, privilegiar, o *social* (*coletivo*) em relação ao *individual* (*privado*)".

Importantes observações sobre o *interesse público* são, igualmente, deduzidas por Odete Medauar.

Segundo a autora, a expressão "interesse público" está sempre presente no direito administrativo, em especial como fundamento, fim e limite dos atos e das medidas do administrador público [Medauar 2001:163-164].

Há, entretanto, inúmeras dificuldades para se conceituar *interesse público*.

Um primeiro obstáculo é conseqüência do freqüente uso de expressões semelhantes, como "interesse geral", usada no Direito Francês com o mesmo sentido que no direito administrativo brasileiro é atribuído a "interesse público".

Por vezes a expressão "interesse coletivo" também é utilizada como sinônima de "interesse público", se bem que, neste caso, não raro assume amplitude menor, dizendo respeito a um grupo determinado de indivíduos.

Há, ainda, a expressão "interesses coletivos", utilizada em contraposição a "interesses difusos". Estes (os *interesses difusos*) não encontram apoio numa relação-base definida com clareza, já que o vínculo entre os indivíduos é conseqüente de fatores conjunturais e mutáveis. Os *interesses coletivos*, ao contrário, referem-se a interesses comuns a um grupo de pessoas (e apenas a ele), tendo por arrimo um vínculo jurídico definido, aglutinador dessas pessoas.

Anote-se que a expressão "interesse público" também guarda semelhança terminológica com "interesse social". *Interesse público* está associado às idéias de Administração e Estado; e *interesse social*, à sociedade.

Assim, a expressão "interesse social" seria mais abrangente que "interesse público" e denotaria uma distância da atividade estatal em relação às aspirações da sociedade. No direito administrativo positivo, *interesse social* é expressão usada como um dos fundamentos da desapropriação, significando, nesse caso, justa distribuição ou melhor aproveitamento da propriedade. Mais precisamente, uma especificação do *interesse público*, que justifica a intervenção do Estado na propriedade, mediante a desapropriação.

Ademais, a dificuldade para se delimitar a idéia de *interesse público* prende-se, segundo Odete Medauar, à pluralidade de significados que lhe são conferidos. Dentre eles, enumera a autora: "(a) consiste na soma dos interesses particulares; (b) vai além da soma dos interesses particulares; (c) é interesse específico da sociedade, distinto, por sua essência, dos interesses particulares; (d) é a soma, ao máximo, de bens e serviços; (e) o valor ético no padrão do interesse público significa que a ação ou ato administrativo é benéfico para todo mundo; (f) 'conjunto de necessidades humanas às quais o jogo dos direitos fundamentais não satisfaz de modo adequado e cujo atendimento, no entanto, condiciona a realização dos direitos individuais' (Rivero)" [Medauar 2001:164].

Apesar dos entraves para se conceituar com precisão *interesse público*, é certo ser possível associar tal idéia ao que deveria ser o bem de toda a população, a uma atuação que corresponda às exigências da sociedade, ainda que se tenha claro que o ato administrativo pode atender imediatamente a uma parcela da população e apenas de modo mediato a toda a população.

O mais importante para explicitar a *finalidade*, enquanto requisito de validade do ato administrativo, é perceber que a edição do ato não pode ter, como objetivo a ser alcançado, um objetivo privado. O objetivo há de ser sempre e necessariamente público, sob pena de o ato administrativo ser considerado como inválido. Mas não é só. Com efeito, conforme será exposto, a invalidade do ato estará presente inclusive nos casos em que, apesar de pública a *finalidade*, não ser a prevista em lei.

6.2.3.2 *Finalidade e a teoria do desvio de poder*

Importante considerar que a invalidade do ato administrativo não surge, apenas e tão-só, nos casos em que não se vislumbre tenha sua edição como objetivo o atendimento do interesse público. Como vimos repetindo, revela-se com a edição de ato em descompasso com a *finalidade* prevista em lei.

Conforme pensamento de Caio Tácito [1975:62], "a regra invariável é (...) a de que em nenhuma hipótese pode a autoridade substituir o fim previsto na lei por outro fim público ou privado, lícito ou ilícito". Com efeito – e não é demais frisar –, veda-se ao administrador a escolha de outra *finalidade* que não a prevista em lei, mesmo sendo, esta outra, também pública.

Agustín Gordillo, ao tratar do tema, manifesta-se no sentido de que o *desvio* também será ilegítimo caso o agente público atue com *desvio de poder*.

Relata como casos de *desvio de poder* os seguintes: (a) atuação com fim pessoal (vingança, favoritismo etc.); (b) com fim administrativo, porém não o querido pela lei. Se a lei autoriza a adotar determinada medida (exemplo: a cobrança de multas pelo cometimento de certas infrações), tendo em vista uma finalidade específica (no caso, evitar o cometimento de novas infrações), será *desviado* – e, com isto, ilegítimo – o ato que a adote com uma finalidade distinta (por exemplo: para tratar de arrecadar os maiores fundos possíveis para a realização de determinadas obras) [Gordillo 2000:X-33].

Evidencia-se *desvio* de *poder* naqueles casos em que, com a edição do ato, o objetivo não é o interesse público (a única diretriz possível no exercício da atividade administrativa), mas o interesse privado. Sob a aparência de motivo que atende ao interesse público, estará o agente adotando condutas particularizadas, tendentes a prejudicar ou a prestigiar alguém.

Nesse sentido, Themístocles Brandão Cavalcanti [1956:69] declara: "Consiste a teoria *[do desvio de poder]* na proteção contra o ato praticado por um motivo estranho ou contrário ao serviço público, ou ainda quando o motivo apresentado é apenas aparente, ocultando um interesse puramente privado".

Seja, pois, o ato dissonante em relação ao interesse público ou, então, objetivando só aparentemente atingir tal interesse, estará viciado – e, portanto, será inválido. Mais: estará configurado *desvio de poder* se o ato for editado objetivando *finalidade* alheia à finalidade a ele (ato) específica.

Noutras palavras, ocorre *desvio de poder* nos casos de mau uso da competência outorgada ao agente para praticar atos administrativos; mau uso que se configura na busca de uma *finalidade* a qual não pode ser buscada ou, ainda que o possa, tal não é possível mediante o ato administrativo utilizado.

De ser considerado, ainda, na abordagem da questão do *desvio de poder*, que a competência do agente, como ensina Caio Tácito [1975:80-81], "visa a um fim especial, presume um endereço, antecipa um alcance, predetermina o próprio alvo. Não é facultado à autoridade suprimir essa continuidade, substituindo uma finalidade legal do poder com que foi investida, embora pretendendo um resultado materialmente lícito".

Com efeito, decorre da lei o alvo a ser atingido, não havendo qualquer possibilidade jurídica de o agente público desviar para outra meta. Convém, aqui, mais uma vez, lembrar que, enquanto o particular pode fazer tudo o que a lei não proíbe, a Administração só pode fazer aquilo que a lei prescreve.

Também vem ao caso consignar o ensinamento de Seabra Fagundes [1967:72-73] pelo qual preceitua que "nada importa que a diferente finalidade com que tenha agido seja moralmente lícita, *[pois]* mesmo moralizada e justa, o ato será inválido, por divergir da orientação legal".

Será, portanto, inválido o ato administrativo editado com a *finalidade* de atingir um fim privado, como também o ato que, embora com fim público, não seja o ato adequado para o caso. Em ambas as hipóteses estará configurado o *desvio de poder*.

6.2.4 Forma

Forma, num sentido restrito, é o modo pelo qual o ato administrativo se exterioriza, revela sua existência; é o revestimento do ato administrativo.

Há, todavia, na doutrina um sentido mais amplo: *forma* abrange todas as providências necessárias para a produção do ato pelo qual o Estado manifesta sua vontade em matéria administrativa.

Para os atos jurídicos em geral (o ato administrativo é espécie de ato jurídico), e para os atos administrativos em particular, há exigência de um requisito comum – qual seja, a *forma* prescrita ou não-defesa em lei.

Note-se, todavia, que, conquanto na área do direito privado o formalismo tenha perdido terreno – podendo-se dizer ser regra, quanto à *forma*, a liberdade e, mais, o que prevalece, o que importa, é a intenção das partes –, tal não ocorre no campo do direito público, em que a observância da *forma* assume fundamental importância, isto para garantia dos particulares e do interesse público. Tanto é assim que a inobservância da *forma* pode acarretar a invalidade do ato administrativo.

Pode parecer descabido o apego à *forma*, já que revelador de *formalismo desnecessário*, incompatível com o princípio constitucional da eficiência, vetor da Administração Pública.

Não é assim, contudo. É sempre bom lembrar a lição de Ihering [1887:164, *apud* C. A. Bandeira de Mello 2007:114]: "'Inimiga jurada do arbítrio a forma é irmã gêmea da liberdade'". Com efeito, no Estado Democrático de Direito a *forma* assume importante papel para a garantia dos direitos individuais, não sendo, pois, aceitável que se olvide sua importância como requisito de validade do ato administrativo.

A *forma* para o ato administrativo é, como regra, a escrita. Raros são os casos em que a lei admite a forma oral. Mas a admite como exceção, do mesmo modo que admite, por vezes, que seja tácita, como anota Lúcia Valle Figueiredo [2006:207]:

"(...) *v.g.*, um sinal de trânsito, em que o vermelho significa 'Pare', com todas as implicações, o verde, 'Passe', com a permissão que isso significa, e o amarelo 'Atenção'. Cada uma dessas cores desencadeia seus efeitos, como, por exemplo, se o motorista passar com o sinal vermelho e acontecer um acidente, haverá presunção de sua culpa.

"Há, ainda, os atos orais, *v.g.*, as decisões de um colegiado. Deveras, as decisões singulares são orais, todavia serão documentadas por escrito, e o resultado constará da deliberação final ou voto (este, resultado das decisões singulares)".

Verifique-se, ainda que rapidamente, como o assunto é tratado na doutrina estrangeira. Rogério Ehrhardt Soares [1978:304], por exemplo, leciona: "A maneira pela qual o acto se exterioriza chama-se *forma*. Nisto consiste a questão da forma dos actos, ou seja, a forma da estatuição. A ordem jurídica só pode aceitar que seja instrumento de modificações das situações existentes qualquer coisa que assuma uma forma. Mas o relevo da forma manifesta-se, para além disto, em que, freqüentemente, para certo tipo de actos o Direito exige uma especial forma: que o acto seja, por exemplo, escrito; ou que a obrigatoriedade de recolher aos abrigos, em tempo de guerra, se exprima pelo toque duma sereia. Por outro lado, pode uma determinada forma resultar da própria natureza do acto: por exemplo, as deliberações dos órgãos colegiais assumem, por essência, a forma oral".

Sublinhe-se, inclusive, que a *forma escrita* (regra) nem sempre tem assinalado, pela lei, qual tipo deve assumir (portaria, ordem de serviço, resolução, etc.). Não havendo prescrição legal, é natural que não se cogite de adoção errônea de revestimento do ato, nem, por conseqüência, de invalidade do ato.

No estudo do requisito *forma* há uma dificuldade muito grande em torno da classificação.

Para Cretella Jr. (1992:261-262) é das mais difíceis a tarefa de classificar, completamente, as *formas* assumidas pelo ato administrativo "em razão do princípio de que o negócio jurídico não é um ato formal, do que resulta o uso das mais diversas formalidades, no silêncio da lei". Esse também é o motivo, para alguns autores, pelo qual a classificação seria não só impossível como, também, de pouco interesse, seja doutrinário, seja prático.

Enfatiza o autor que se há de trazer à tona, numa rápida referência, a classificação formulada por Meucci (*Istituzioni*, 1892, p. 590), para quem as *formas* podem ser divididas em *essenciais*, *integrais* e *complementares*, conforme sejam exigidas para *dar existência*, *aperfeiçoar a existência* ou para *completar* o ato.

Anota, ainda, Cretella Jr. que outros autores se referem às *formas internas* e *externas*, sendo as primeiras referentes às relações exclusivas dos órgãos da Administração Pública, e as segundas referentes às relações entre Administração e administrados.

Há também, segundo Cretella Jr., referência na doutrina às *formas gerais*, aquelas que afetam a todos os atos, e *especiais*, as relativas apenas a determinados atos. De acordo com o autor, para outros estudiosos as *formas* podem ser *intrínsecas* e *extrínsecas*, "conforme se referem a verdadeiros atos jurídicos cuja essência afetaria a validez do ato administrativo, enquanto são requisitos exigidos para ele, mas que não lhe atingem o fundo, ou, então, a solenidades rituais que hão de revestir o ato administrativo, como, por exemplo, a publicidade" [Cretella Jr. 1992:261-262].

A seguir, diz Cretella Jr, que, "não perdendo de vista tradicional classificação civilística, fazem alguns autores menção às *formas* exigidas *ad solemnitatem*, *ad substantiam* e *ad probationem*, conforme, respectivamente, tenham por finalidade *proteger* e *garantir* o público ou terceiros, *cooperar* como elemento essencial no negócio ou *valer como prova* futura da prática do ato". Declara, inclusive, que as *formas* podem ser solenes ou não-solenes, expressas ou tácitas.

Cabe assinalar que a adoção, pela Administração Pública, de *forma* inadequada torna o ato inválido, a menos que sejam vícios formais irrelevantes, que nenhum risco representem à segurança do particular. Nesse contexto, como adiante será melhor explicitado, o ato será irregular, e não inválido.

6.2.5 Motivo

Maria Sylvia Zanella Di Pietro [2001:195] conceitua *motivo* como "pressuposto de fato e de direito que serve de fundamento ao ato administrativo. Pressuposto de direito é o dispositivo legal em que se baseia o ato. Pressuposto de fato, como o próprio nome indica, corresponde ao conjunto de circunstâncias, de acontecimentos, de situações, que levam a Administração a praticar o ato".

Para Antônio Carlos de Araújo Cintra [1979:97] são *motivos* do ato administrativo "o conjunto de elementos objetivos de fato e de direito que lhe constitui o fundamento". Segundo o autor, "isto significa que (...) os motivos do ato administrativo compreendem, de um lado, a situação de fato, que lhe é anterior, e sobre a qual recai a providência adotada, e, de outro lado, o complexo de normas jurídicas por ele aplicado àquela situação de fato".

Adiante, relaciona o autor os requisitos da *motivação*, dizendo que, além das premissas de direito e de fato, há de constar da *motivação* "a interpretação das normas legais aplicadas, a razão da não-aplicação de outras; e, com referência aos fatos, inclusive a avaliação das provas examinadas pelo agente público. (...) deve justificar as regras de inferência através das quais passou das premissas à conclusão, se houver necessidade. (...) quanto aos atos discricionários, deve o agente público justificar as opções que tenha exercido, em função das alternativas que lhe estavam abertas, demonstrando, assim, que realmente apreciou as questões de conveniência e oportunidade" [Cintra 1979:135-137].

Segundo Maria Sylvia Zanella Di Pietro não se confundem *motivo* e *motivação*. Prossegue em seu ensinamento, dizendo entender que "a motivação é, em regra, necessária, seja para os atos vinculados, seja para os atos discricionários, pois constitui garantia de legalidade, que tanto diz respeito ao interessado como à própria Administração Pública; a motivação é que permite a verificação, a qualquer momento, da legalidade do ato, até mesmo pelos demais Poderes do Estado" [Di Pietro 2001:195].

Mesmo aceitando-se o entendimento no sentido de que são diferentes *motivo* e *motivação*, convém abordá-los no mesmo tópico, dado estarem relacionados.

Rafael Bielsa [1955:33] assevera que um ato é motivado, em Direito, quando a parte dispositiva ou resolutiva é precedida de uma exposição de razões ou fundamentos que justificam a decisão relativa aos efeitos jurídicos.

Celso Antônio Bandeira de Mello [2007:389] trata do dever de motivar e das conseqüências de sua violação. Indica a importância da questão de saber se a enunciação dos motivos do ato (a *motivação*), contemporânea ou, ao menos, anterior à edição do ato, é obrigatória (ou quando será) e, de conseqüência, se, faltando a *motivação*, isto acarretará a invalidade do ato.

Dando prosseguimento, faz Celso Antônio Bandeira de Mello referência à doutrina – por ele considerada mais retrógrada – que tem por obrigatória a *motivação* apenas e tão-só quando a lei a prescreva.

Refuta o autor tal doutrina, dizendo que a necessidade de *motivação* dos atos administrativos deve ser tida como regra geral e ser contemporânea a estes ou, pelo menos, anterior. Isso porque "os agentes administrativos não são 'donos' da coisa pública, mas simples gestores dos interesses de toda a coletividade, esta, sim, senhora de tais interesses, visto que, nos termos da Constituição, 'todo o poder emana do povo (...)' (art. 1º, parágrafo único)".

Assim é que, para o autor, afigura-se "óbvio que, praticado o ato em um Estado onde tal preceito é assumido e que, ademais, qualifica-se como 'Estado Democrático de Direito' (art. 1º, *caput*), proclamando, ainda, ter como um de seus fundamentos a 'cidadania' (inciso II), os cidadãos e em particular o interessado no ato têm o *direito* de saber *por quê* foi praticado, isto é, que fundamentos o justificam" [Celso Antônio Bandeira de Mello 2007:390].

Neste ponto, verifica-se que existem no ordenamento jurídico brasileiro normas disciplinando o assunto.

Mesmo assim, continua válido tudo o que aqui foi exposto, pois as normas estão ligadas às competências constitucionais dos entes da Federação, e muitos desses entes não juspositivaram o dever de motivar.

São exemplos de normas que prescrevem o dever de motivar: a Constituição paulista (art. 111);[4] a Lei federal 9.784/1999;[5] e a Lei paulista 10.177/1988.[6]

Todavia, independentemente de tais normas, *motivar* é, sem qualquer sombra de dúvida, medida obrigatória.

Porque a obrigatoriedade de *motivação* expressa decorre de mandamento constitucional, ou seja, do regramento que se encontra no ápice da estrutura escalonada das normas jurídicas.

4. Constituição paulista: "Art. 111. A Administração Pública direta, indireta ou fundacional, de qualquer dos Poderes do Estado, obedecerá aos princípios de legalidade, impessoalidade, moralidade, publicidade, razoabilidade, finalidade, *motivação* e interesse público" (grifamos).

5. Lei 9.784/1999, art. 50: "Os atos administrativos deverão ser *motivados*, com indicação dos fatos e dos fundamentos jurídicos, quando: I – neguem, limitem ou afetem direitos ou interesses; II – imponham ou agravem deveres, encargos ou sanções; III – decidam processos administrativos de concurso ou seleção pública; IV – dispensem ou declarem a inexigibilidade de processo licitatório; V – decidam recursos administrativos; VI – decorram de reexame de ofício; VII – deixem de aplicar jurisprudência firmada sobre a questão ou discrepem de pareceres, laudos, propostas e relatórios oficiais; VIII – importem anulação, revogação, suspensão ou convalidação de ato administrativo" (grifamos).

6. Lei paulista 10.177/1998, art. 4º: "A Administração Pública atuará em obediência aos princípios da legalidade, impessoalidade, moralidade, publicidade, razoabilidade, interesse público e *motivação* dos atos administrativos" (grifamos); "Art. 8º. São inválidos os atos administrativos que desatendem os pressupostos legais e regulamentares de sua edição, ou os princípios da Administração, especialmente nos casos de: (...) VI – falta ou insuficiência de *motivação*" (grifamos).

De fato, a Constituição da República, em seu art. 93, X, prescreve que as decisões administrativas dos tribunais deverão ser motivadas. Pois bem, se, ao exercer atipicamente função administrativa, devem os tribunais expor os *motivos* da decisão tomada, com muito mais razão deverá o Executivo fazê-lo, já que a função administrativa lhe é típica.

De se trazer a contexto, também, a lição de Benedicto Porto Neto sobre a obrigação de motivar, extraída da própria Constituição. Escreve o autor: "A Administração está obrigada a motivar o ato por força da própria noção de função pública (art. 1º, parágrafo único, da CF), que faz com que sua atuação seja voltada para fora. A cidadania, que importa controle do poder pelo particular, também é erigida em fundamento do Estado Brasileiro pelo art. 1º, II, da Carta do país. Não é possível exercer esse controle sem a verificação das razões que levam a Administração a praticar o ato. O texto constitucional faz, ainda, referência expressa à motivação como requisito da função administrativa, embora disciplinando a atuação do Poder Judiciário" [Porto Neto 2006:124].

Celso Antônio Bandeira de Mello também aborda a questão dos *atos vinculados* e dos *atos discricionários*. Quanto aos *atos vinculados* ("nos quais, portanto, já está predefinida na lei, perante situação objetivamente identificável, a única providência qualificada como hábil e necessária para atendimento do interesse público"), mais importante é que tenha ocorrido o *motivo* diante do qual o comportamento se impunha, era obrigatório, passando para segundo plano a *motivação*. "Assim, se o ato não houver sido motivado, mas for possível demonstrar ulteriormente, de maneira indisputavelmente objetiva e para além de qualquer dúvida ou entredúvida, que o motivo *exigente* do ato preexistia, dever-se-á considerar *sanado o vício do ato*". Tratando-se, no entanto, de *ato discricionário*, salvo alguma hipótese excepcional, há de ser tido como irremediavelmente viciado, e, por conseqüência, inválido o ato não-motivado (C. A. Bandeira de Mello 2007:391).

Devem ser expostas, ainda, as palavras de Sérgio Ferraz e Adilson Abreu Dallari [2007:76], que, ao escreverem sobre o processo administrativo (Lei federal 9.784/1999 e Lei paulista 10.177/1998), averbam que, no passado, certa doutrina sustentava ser a *motivação* dispensável nos casos de atos discricionários. Dizem os autores que tal doutrina é, atualmente, insustentável, não só com base na evolução doutrinária como, também, com base na evolução jurisprudencial a respeito do conteúdo e do alcance do vocábulo "discricionariedade". Com efeito, *discricionariedade* não se confunde com arbitrariedade. Ademais, a *discricionariedade* nunca é absoluta, na medida em que se sujeita a controle jurisdicional, o qual é exercido, no mínimo, para que seja apreciado se o ato administrativo está dentro da moldura legal.

O certo é que sem a *motivação* fica impossível verificar a ocorrência, ou não, de *desvio* ou *abuso de poder*. Haverá dificuldade ou, mesmo, impossibilidade de efetivo controle judicial, voltado para a verificação dos requisitos de validade do ato administrativo, o que, a toda evidência, é incompatível com o Estado Democrático de Direito.

Outra interessante questão é a levantada por Adilson Abreu Dallari e Sérgio Ferraz ao afirmarem que não se deve confundir *motivação* com *fundamentação*. Sustentam que *fundamentação* é, simplesmente, a indicação da norma jurídica que serviu de fundamento ao ato. *Motivar* é muito mais que *fundamentar*, pois se constitui numa exigência do Estado Democrático de Direito, ao qual é inerente, dentre outros, o direito que têm os administrados a uma decisão, com exposição dos motivos à vista dos quais foi tomada [Dallari e Ferraz 2007:76-77].

Analisando-se as normas supracitadas, vê-se que outro ponto digno de nota está no fato de a Lei 9.784, de 29.1.1999, ter arrolado, no art. 50, os atos que devem ser motivados, "com a indicação dos fatos e fundamentos jurídicos": os que (I) neguem, limitem ou afetem direitos e interesses; (II) imponham ou agravem deveres, encargos ou sanções; (III) decidam processos administrativos de concurso ou seleção pública; (IV) dispensem ou declarem a inexigibilidade de processo licitatório; (V) decidam recursos administrativos; (VI) decorram de reexame de ofício; (VII) deixem de aplicar jurisprudência firmada sobre a questão ou discrepem de pareceres, laudos, propostas e relatórios oficiais; (VIII) importem anulação, revogação, suspensão ou convalidação de ato administrativo.

Apesar da abrangência da enumeração dos atos administrativos que devem ser motivados, melhor seria afirmar a *motivação* como regra geral, exigida sempre. De todo modo, a lista é de ser tida como meramente exemplificativa, não-taxativa. Isto porque – não é demasiado insistir – a *motivação* é dever que decorre da Constituição da República.

A propósito do *motivo* e da *motivação* (mais especificamente do *motivo*), Celso Antônio Bandeira de Mello traz à baila a *teoria dos motivos determinantes*. E expõe que, consoante tal teoria, os motivos determinantes da vontade do agente – ou seja, os fatos nos quais o agente se fundamentou para decidir – integram a validade do ato. Assim é que, se invocados motivos falsos, inexistentes ou, ainda, incorretamente qualificados, viciado estará o ato. Mesmo nos casos em que a lei não tenha estabelecido, antecipadamente, os motivos que ensejariam a prática do ato. Noutras palavras, se o agente enunciou os motivos nos quais se calçou para a prática do ato, e ainda que a lei não tivesse exigido que o fizesse, o ato só será válido se os motivos efetivamente ocorreram [C. A. Bandeira de Mello 2007:392].

Em síntese, a *teoria dos motivos determinantes* fundamenta-se na necessidade de os atos administrativos, motivadas suas edições, ficarem vinculados aos fatos expostos.

Todo ato administrativo deve ser motivado – não importando se é vinculado ou discricionário, se há, ou não, lei prescrevendo a necessidade de motivação –, sob pena de invalidade.

Nesse sentido a lição de Agustín Gordillo [1969:313]: "A explicação das razões pelas quais se fez algo é um elemento mínimo a exigir-se de uma conduta racional do Estado de Direito: não cremos, em conseqüência, que a motivação seja exigível só nos atos que afetam direitos ou interesses dos administrados, resolvam recursos etc., como sustenta alguma doutrina restritiva; todos os atos administrativos, a nosso modo de ver, necessitam ser motivados".

Entende-se, por fim, que todo e qualquer ato administrativo deve ser motivado, uma vez que, não expostos os motivos que permitem aferir a subsunção dos fatos à hipótese legal, resta impossível sindicar o ato, controlá-lo – o que, em absoluto, não se coaduna com a idéia de Estado Democrático de Direito.

6.2.6 Objeto

Todo ato administrativo objetiva criar, modificar ou, mesmo, atestar situações jurídicas relativas a pessoas, bens e atividades sujeitos ao controle estatal. Uma dessas ações é o objeto do ato administrativo, o seu conteúdo. Tanto assim que há autores que tratam as duas expressões, "objeto" e "conteúdo" (enquanto designadoras de requisitos de validade do ato administrativo), como sinônimas.

Odete Medauar [2001:161] discorre sobre o assunto, sublinhando que "o objeto há de ser *lícito* – isto é, o resultado pretendido deve ser aceito pelo ordenamento porque pautado na lei; *moral* – conforme a princípios éticos e a todas as regras de conduta extraídas da disciplina geral da Administração; *possível* – referente a algo realizável de fato e de direito".

Cabe, aqui, mais uma vez, frisar que *objeto* é o *conteúdo* do ato. E mais: constata-se na doutrina que tais vocábulos são tidos como sinônimos.

Segundo Diogo de Figueiredo Moreira Neto [1996:101], o *objeto* representa a eficácia jurídica, ou seja, o resultado visado pelo ato administrativo. Explica o autor que o *objeto* do ato administrativo "tem sempre e apenas um conteúdo jurídico". Mais: do mesmo modo que o *motivo*, o *objeto* do ato "terá sempre e apenas um conteúdo jurídico" e, assim como o *motivo*, poderá o *objeto* estar vinculado à lei. Neste caso, da atuação da Administração só poderá ser obtido um resultado jurídico determinado, ou, de outra parte, poderá ter ficado, explícita ou implicitamente, à escolha do agente, hipótese em que será determinável. Estamos, então, no plano do *objeto* vinculado ou discricionário, conforme o caso [Moreira Neto 1996:101].

Verifica-se que Odete Medauar faz referência à *licitude* e à *moralidade* do ato. Diogo de Figueiredo Moreira Neto, por sua vez, fala em *objeto vinculado* ou *discricionário* do ato.

De todo conveniente, por conseguinte, para se firmar a idéia de *objeto* do ato administrativo, a leitura sobre os princípios da *legalidade* e da *moralidade* e, também, sobre *discricionariedade* e *vinculação*.

6.3 Atributos do ato administrativo

6.3.1 Notas preliminares

Como já foi visto, o *ato administrativo* é espécie do gênero *ato jurídico*. Quer dizer: ato jurídico é uma categoria jurídica, uma proposição genérica, abstrata, não comprometida, ainda, nem com o direito público, nem com o direito privado.

Temos, pois, o ato jurídico privado e o ato jurídico público, este último que se convencionou designar *ato administrativo*. Cada qual com suas peculiaridades, submetidos, respectivamente, a regime jurídico próprio, de direito privado ou de direito público.

Nesse passo, é necessário verificar o que particulariza o ato administrativo, porque é de direito público. Enfim, quais são, doutrinariamente, seus atributos. São os seguintes: *presunção de legitimidade*, *imperatividade* e *auto-executoriedade*.

6.3.2 Presunção de legitimidade

A *presunção de legitimidade* dos atos administrativos é decorrência lógica do princípio da legalidade (vetor do direito administrativo). Pressupõe-se que, no Estado Democrático de Direito, a Administração Pública pauta sua conduta em estrita consonância com o Direito.

Alexandre de Moraes [2002:124] aponta como fundamentos desse atributo do ato administrativo os seguintes (a) manifestação da soberania estatal; (b) necessidade de garantir o pleno cumprimento do ato administrativo em virtude do interesse público almejado; e (c) existência de controles administrativos e jurisdicionais sobre a veracidade e a legalidade do ato.

A *presunção de legitimidade* – presente em todo ato administrativo – autoriza que a execução dos atos administrativos se dê de imediato. Noutras palavras, não se leva em conta a possibilidade de conterem vícios. Até que seja declarada a nulidade do ato – com o conseqüente expurgo da ordem jurídica –, este produz efeitos, tanto para a Administração quanto para o particular.

O ato, portanto, tem eficácia até que quem o impugne demonstre e prove eventuais vícios de que padece o ato administrativo impugnado. O ônus de demonstrar a existência de alguma anomalia no ato é do particular. Isto é, não cabe à Administração demonstrar que o ato é legítimo, até porque ele é, diante deste atributo, presumivelmente legítimo.

A *presunção de legitimidade* decorre, ainda, da necessidade de a Administração atuar com celeridade. Não pode, para executar seus atos, ficar na dependência da conclusão quanto a terem, ou não, razão os particulares que impugnam atos administrativos editados. Isso praticamente inviabilizaria o exercício da atividade administrativa.

Não significa, por óbvio, que eventualmente não possam ser sustados os efeitos do ato administrativo, seja por decisão da própria Administração, seja por decisão do Judiciário, ao decidir liminarmente em, por exemplo, mandado de segurança e ação popular.

No que se refere a esse atributo, vemos na doutrina, também, que a presunção, por assim dizer, se desdobra em *presunção de legitimidade* e *presunção de veracidade.*

A *presunção de veracidade* diz respeito aos fatos. Presume-se que sejam verdadeiros os fatos considerados pela Administração Pública para a edição do ato administrativo. Noutras palavras, diz respeito aos fatos determinantes da edição do ato.

Já, quanto à *presunção de legitimidade*, tem-se que, presumivelmente, a Administração Pública edita atos em conformidade com a Constituição e com a lei. Melhor explicando, presume-se que, ao editar o ato administrativo, a Administração Pública observou todos os princípios vetores do direito administrativo, verificou se o ato preenche todos os requisitos de validade de um ato administrativo.

Trata-se, por óbvio, de uma presunção *juris tantum*, ou seja, é admitida demonstração em contrário, no sentido de que o ato administrativo contém alguma patologia, sendo, portanto, inválido, e que, em razão disso, deve ser expurgado do ordenamento jurídico.

6.3.3 Imperatividade

O atributo da *imperatividade* tem por conteúdo ser irrelevante a vontade do destinatário (particular) para que o ato administrativo surta efeito. Está presente naqueles casos nos quais é necessário que o Estado acione sua força coercitiva (normalmente, no exercício do poder de polícia).

O Poder Público age unilateralmente ao ingressar no âmbito jurídico dos particulares, e impõe, coercitivamente, o cumprimento dos termos do ato administrativo. Trata-se do que Renato Alessi [1968:80] chama de "poder extroverso" do ato administrativo, ou seja, aquele que permite, segundo lição de Celso Antônio Bandeira de Mello [2007:407] "ao Poder Público editar provimentos que vão além da esfera jurídica do poder emitente, ou seja, que interferem na esfera jurídica de outras pessoas, constituindo-as, unilateralmente, em obrigações".

Esse atributo, por óbvio, não está presente em todos os atos administrativos, dada a existência em alguns de interesse do particular. É o caso, por exemplo, das certidões expedidas pelo Poder Público.

6.3.4 Auto-executoriedade

Em razão desse atributo, a Administração Pública pode agir por seus próprios meios, sendo dispensável a intervenção do Poder Judiciário. A execução do ato pode, conforme o caso, dar-se mediante o uso da força.

A Administração pode, por exemplo, interditar edifícios, apreender mercadorias, destruir alimentos impróprios para o consumo, sem que, para tanto, necessite de prévio aval do Poder Judiciário. Não significa, obviamente, que o ato administrativo não possa ser, depois, sindicado pelo Judiciário. Até porque nenhuma lesão ou ameaça de lesão de direito pode ser subtraída, nem mesmo por lei, de apreciação do Poder Judiciário.

6.4 Classificação dos atos administrativos

6.4.1 Notas preliminares

Não há na doutrina uniformidade quanto à *classificação dos atos administrativos*.

Será adotada aqui a classificação concebida por Odete Medauar [2001:164-172], a qual estabelece critérios para classificar os atos administrativos, os quais facilitam bastante a compreensão do tema.

6.4.2 Critério do objeto

Adotando-se esse critério, leva-se em conta o objetivo pelo qual o ato foi editado. Naturalmente, os tipos que serão a seguir relacionados não têm limites rígidos, muitas vezes podendo mesclar-se em seus resultados. São eles: (1) *atributivos de funções*; exemplos: nomeação, designação, reintegração de servidores públicos; (2) *terminativos de funções*; exemplo: demissão e exoneração de servidores; (3) *consentidores de atividades*; exemplos: autorização, permissão e licença para funcionamento de um estabelecimento; (4) *restritivos de atividades*; exemplos: cassação de licença, fechamento de um estabelecimento; (5) *reconhecedores de direito a uso de serviço público*; exemplo: admissão a um hospital ou estabelecimento de ensino públicos; (6) *informativos de situações*; exemplos: atestados e certidões; (7) *sancionadores*; exemplos: advertência, suspensão de servidor; multa aplicada ao contratante particular, em contrato administrativo; (8) *confirmativos de outros atos*; exemplo: homologação, no processo licitatório; (9) *extintivos de outros atos*; exemplos: anulação e revogação; (10) *comunicativos*; exemplo: edital de licitação; (11) *desencadeadores de processos*; exemplo: instauração de sindicância; (12) *controladores*; exemplo: "habite-se"; (13) *normativos*; exemplo: regulamentos tributários.

6.4.3 Critério da forma de expressão

À luz desse critério, temos que para cada ato administrativo existe uma *forma* mediante a qual seu conteúdo será exteriorizado. E essa forma é prescrita pela lei.

O conteúdo do ato poderá, pois, ser exteriorizado mediante a edição de *decreto*, *portaria*, *resolução* etc.

Assim, por exemplo, temos o Decreto-lei 3.365/1941 (que dispõe sobre desapropriações por utilidade pública), o qual, em seu art. 6º, prescreve que a declaração de utilidade pública se fará por *decreto*.

Acontece, no entanto, que nem sempre a lei prescreve, explicitamente, a forma a ser adotada. Nesse caso, como ensina Odete Medauar [2001:166], "é a prática reiterada que leva à adoção de certa forma na tomada de determinada decisão".

Quanto ao modo de formalização das decisões administrativas, temos:[7]

(1) *Decreto* – ato cuja edição é de competência exclusiva do chefe do Executivo (presidente, governador ou prefeito).

7. De ser anotado que a lista não é exaustiva, certamente existindo outras formas, aqui não relacionadas.

No direito administrativo brasileiro o decreto tanto pode ser individual (exemplo: *decreto* de utilidade pública, para desapropriação) como pode ter caráter normativo, sendo dotado dos atributos da generalidade e da abstração.

São exemplos de decretos normativos os regulamentos tributários, todos baixados mediante a edição de *decreto*: Regulamento do Imposto de Renda (RIR), Regulamento do Imposto sobre Produtos Industrializados (RIPI), Regulamento do Imposto sobre Operações Relativas à Circulação de Mercadorias e sobre Prestações de Serviços de Transporte Interestadual e Intermunicipal e de Comunicação (RICMS) etc.

(2) *Regimento* – é ato administrativo normativo, cuja finalidade é disciplinar o funcionamento de órgãos colegiados do Poder Executivo. De ser mencionada, ainda, a existência de regimentos tanto no Legislativo quanto no Judiciário. E, mais, que é de competência exclusiva desses órgãos do poder do Estado editá-los.

No Legislativo o regimento estabelece normas para o desenvolvimento dos trabalhos legislativos, o funcionamento das comissões temáticas e, ainda, para as atividades administrativas. No Judiciário os regimentos internos estabelecem normas para o funcionamento dos tribunais.

(3) *Resolução* – é ato administrativo normativo, editado por autoridades de alto escalão do Executivo ou por dirigentes de órgãos – como, por exemplo, o ministério da educação. O conteúdo das *resoluções* é a fixação de normas pertinentes a matérias de competência do órgão. Muito embora, geralmente, a *resolução* tenha caráter normativo, ela é editada, muitas vezes, tendo destinatário determinado, ou seja, sem se revestir dos atributos da generalidade e da abstração.

(4) *Deliberação* – tem caráter normativo e resulta de decisão de órgão colegiado (que *delibera* sobre determinado assunto de sua competência). Pode, contudo, tal como a resolução, ter caráter individualizado.

(5) *Portaria* – é ato administrativo editado, como regra, por dirigentes de órgãos da Administração direta e, também, por dirigentes de autarquias. No plano municipal, prefeitos também a editam, em alguns casos.

Quanto ao âmbito de repercussão, tanto pode ser interno quanto externo, afetando, pois, neste caso, os particulares.

Seus efeitos podem ser genéricos (ato administrativo normativo) ou individuais. Neste caso (ato administrativo individual) a *portaria* é comumente utilizada para nomeação, designação, aposentadoria, formação de grupos de trabalho etc.

(6) *Circular* – seu conteúdo é consubstanciado por ordens ou diretrizes a serem observadas. É editada por um superior hierárquico aos agentes que lhe são subordinados.

Muito embora a doutrina tenha concebido essa espécie para que surtisse efeito apenas internamente, no Brasil não são raros os casos em que seus efeitos atingem os particulares, notadamente no que tange a assuntos econômicos, financeiros ou tributários.

(7) *Ordem de serviço* – é, em regra, ato administrativo mediante o qual um superior hierárquico estabelece regras a serem observadas por seus subordinados na execução dos trabalhos administrativos. Pode, ainda, ser instrumento mediante o qual se determina sejam iniciadas execuções de contratos administrativos. Neste segundo caso, todavia, não pode ser confundida com a *ordem de execução de serviço* (art. 62 da Lei 8666/1993), que é admitida como instrumento de ajustes não-decorrentes de *concorrências* e *tomadas de preços.*

(8) *Alvará* – são autorizações dadas pela Administração Pública para o exercício de determinadas atividades. Atividades que, embora lícitas, dependem, para seu exercício, de prévia análise da Administração, objetivando verificar se presentes, ou não, os requisitos necessários. É exemplo o alvará de localização e funcionamento.

6.4.4 Critério da margem de escolha

À luz deste critério, os atos administrativos podem ser *discricionários* ou *vinculados.*

Ocorre, todavia, que nem todos os autores adotam esta classificação.

Encontramos, com efeito, na doutrina, menção a *poder discricionário* e *poder vinculado.*

Tendo esta obra cunho estritamente didático, decidiu-se por tratar da *discricionariedade* e da *vinculação* em item específico. Isto propiciará ao leitor saber do que se está falando, uma vez diante das expressões "poder discricionário", "poder vinculado", "ato discricionário" e "ato vinculado".

6.4.5 Critério do âmbito de repercussão

Por este critério temos que existem *atos administrativos internos* e *atos administrativos externos*.

Há atos que produzem efeitos apenas internos; ou, por outras palavras, no âmbito interior da Administração Pública. Por exemplo: ato que constitui uma comissão de licitação.

Os atos *externos*, todavia, atingem os particulares, na medida em que os têm como destinatários. É o caso, por exemplo, de um decreto que disciplina a coleta de lixo.

6.4.6 Critério dos destinatários

Tomando como base o critério dos *destinatários*, temos os atos individuais e os gerais. *Individuais* são os atos que atingem pessoas determinadas. *Gerais*, aqueles que têm por destinatário qualquer um que se encontre em situação prevista no ato.

Assim, é, por exemplo, *ato individual* aquele que nomeia um servidor público. E *ato geral* aquele que disciplina a coleta de lixo.

6.5 Discricionariedade e vinculação

Para o adequado entendimento da questão é extremamente útil, para iniciar este tema, trazer à tona a lição de Vladimir da Rocha França sobre a *vinculação* e a *discricionariedade* nos atos administrativos.

Segundo o autor, competências são estabelecidas pela lei para que os agentes públicos possam desempenhar suas funções de molde a atingir os fins nela (lei) prescritos e atuar objetivando atender, de forma concreta e efetiva, aos interesses coletivos.

Nos casos em que as circunstâncias e a matéria objeto de disciplina o permitem, a lei procura prever o mais precisamente possível as necessidades e os problemas a serem enfrentados pelos agentes públicos, impondo a conduta a ser tomada por eles, bem assim as soluções a serem adotadas [França 2000:91-92].

Observa o autor, contudo, que é conseqüente dos preceitos norteadores do Estado de Direito "o princípio de que as normas integrantes do sistema jurídico devem pugnar por conceitos gerais e abstratos, haja vista a repulsa à exceção, ao favoritismo, às perseguições e à tutela de interesses individuais em detrimento aos interesses da coletividade".

Assim, é impossível ao legislador editar normas que prevejam todos os elementos de fato dos problemas a serem enfrentados pelos agentes públicos. "E causa temeridade à sociedade que se estabeleçam normas por demais específicas, enfim, riscos aos direitos e garantias individuais da própria coletividade" [França 2000:91].

De modo que – segundo Vladimir da Rocha França –, se for possível que a lei defina comandos específicos sem que isto represente ameaça aos princípios básicos do Estado de Direito, a lei terá tal característica. Caso contrário deixará o necessário espaço para que a Administração Pública atue com eficiência.

Não bastassem os riscos apontados pelo autor, é de ser lembrado que se a atividade administrativa estivesse, toda ela, presa aos preceitos legais, engessada, por assim dizer, ou, noutro falar, sempre estivessem de antemão previstos os elementos e requisitos para a edição de atos administrativos (principal manifestação da atividade administrativa), o certo é que a atividade administrativa seria mecânica, não restando qualquer iniciativa, qualquer possibilidade de apreciação, a quem viesse a exercê-la.

Nesse sentido a lição de Jean Rivero [1981:93]: "Se as exigências da legalidade se estendessem a todos os elementos da actividade administrativa, esta seria puramente passiva; o papel da Administração reduzir-se-ia à elaboração mecânica dos actos particulares impostos pela norma geral; toda a liberdade de apreciação, toda a iniciativa, lhe estariam proibidas. Na realidade, não é assim; a submissão da Administração ao Direito deixa subsistir a seu favor uma zona de liberdade; é o *poder discricionário*".

A *discricionariedade* tem como fundamento político o melhor atendimento, pelo administrador, do interesse público.

Isto porque é enorme o terreno fático no qual a Administração Pública se movimenta. De modo que seria impossível prever (no plano do dever-ser) todas as possíveis ocorrências no mundo fenomênico.

Não haveria como o legislador prever todas as hipóteses que pudessem vir a ocorrer no dia-a-dia da Administração e, além disso, a solução mais adequada para cada caso.

É bem por isto que, com respaldo na lei – até porque toda atividade administrativa é infralegal –, o administrador age *discricionariamente*.

Há consenso na doutrina no sentido de que *vinculação* e *discricionariedade* traduzem a idéia de liberdade da Administração Pública quando da edição do ato administrativo. Nenhuma liberdade, no primeiro caso, e alguma, no segundo.

Sobre o tema a lição do professor Celso Antônio Bandeira de Mello [2007:412], ao classificar os atos administrativos quanto ao *grau de liberdade da Administração em sua prática*:

"(1) Atos ditos *discricionários* e que melhor se denominariam *atos praticados no exercício de competência discricionária* – os que a Administração pratica dispondo de certa margem de liberdade para decidir-se, pois a lei regulou a matéria de modo a deixar campo para uma apreciação que comporta certo subjetivismo. Exemplo: autorização de porte de arma.

"(2) Atos *vinculados* – os que a Administração pratica sem margem alguma de liberdade para decidir-se, pois a lei previamente tipificou o único possível comportamento diante de hipótese prefigurada em termos objetivos. Exemplo: licença para edificar; aposentadoria, a pedido, por completar-se o tempo de contribuição do requerente."

Tratando-se de *atos vinculados*, a lei prescreve todos os elementos, requisitos e condições para a edição do ato.

No caso dos *discricionários* é possível que sua edição se dê consoante um dos comportamentos que a lei prescreve.

É o que ensina Caio Tácito [1975:59]: "Nos atos vinculados o objeto estará predeterminado na norma legal; na competência discricionária deverá se enquadrar nos limites legais da liberdade de apreciação concedida à Administração".

Ao tratar do significado do *poder discricionário*, assim se pronuncia Hartmut Maurer [2001:48]: "O poder discricionário concerne (...), ao lado da conseqüência jurídica de uma regulação legal. Ele está, então, dado quando a autoridade, na existência de um tipo legal, pode escolher entre conseqüências jurídicas diferentes e, com isso, tem um espaço de atuação próprio. O poder discricionário de resolução concerne à questão se a autoridade, no fundo, deve intervir e tornar-se ativa; o poder discricionário de seleção relaciona-se, ao contrário, à questão quais das medidas possíveis e admissíveis devem ser tomadas no caso concreto".

Vê-se na literatura jurídica que, ao atuar discricionariamente, pode o agente optar por um ou outro comportamento previsto em lei, respaldado em critérios de *conveniência* e *oportunidade*.

Considerando que, no plano da *discricionariedade*, ao optar por uma das alternativas legalmente possíveis, a Administração o faz respaldada em critérios de *conveniência* e *oportunidade*, convém verificarmos qual o sentido jurídico desses vocábulos.

Diogo de Figueiredo Moreira Neto [1991:89] define tais critérios do seguinte modo: "Diz-se que há conveniência quando o conteúdo jurídico de um ato convém à produção de um resultado que, em tese, está adequado ao atendimento de sua finalidade" e "que há oportunidade quando, considerados os pressupostos de fato e de direito, o momento da ação é o adequado à produção desse resultado que, em tese, atende à sua finalidade".

Embora já se tenha acenado nesse sentido, é importante frisar que toda atuação do administrador público é pautada pela lei. Seja quando este não tem liberdade para edição do ato (*vinculação*), seja no caso de ter certa liberdade, podendo agir com base em critérios de *conveniência* e *oportunidade* (*discricionariedade*).

Não é demais ressaltar que *discricionariedade* não se confunde com *arbitrariedade*. É o que ensina Celso Antônio Bandeira de Mello [2007:420]: "Não se confundem discricionariedade e arbitrariedade. Ao agir *arbitrariamente* o agente estará agredindo a ordem jurídica, pois terá se comportado fora do que lhe permite a lei".

Discrição é atribuição conferida ao agente público para que este, norteado por critérios de *conveniência* e *oportunidade*, exerça sua competência, optando por duas ou mais alternativas possíveis – alternativas inseridas dentro de uma moldura legal. Saindo dos limites dessa moldura o agente público estará agindo arbitrariamente.

Ao agir discricionariamente o administrador público não pode exercer sua competência acima ou além da lei, mas, como ocorre em toda atividade administrativa, a edição do ato deverá ser norteada pelo *princípio da legalidade*.

O administrador público tem – é relevante ressaltar – maior liberdade de ação ao agir discricionariamente.

Mas há, para essa liberdade, limites fixados pela lei. Ou, como sublinha Afonso Rodrigues Queiró [1940:45], "o poder discricionário da Administração nunca é uma *livre* escolha, uma *livre* actividade. É, pelo menos, sempre limitado, dirigido, regulado, ligado pelo *fim* da lei, pela *ratio legis* (...)".

No mesmo sentido, anota Carlos S. de Barros Jr. [1954:79] que "a atividade administrativa realiza-se segundo o direito existente (atividade vinculada) ou nos limites por este fixados (atividade discricionária)".

A diferença existente entre *discricionariedade* e *vinculação* está na maior liberdade dada ao agente no exercício de sua competência.

Enquanto no âmbito da *vinculação* o agente está completamente preso aos ditames legais, no âmbito da *discricionariedade* há possibilidade de escolha por esta ou aquela conduta, segundo a *conveniência* e a *oportunidade*.

Convém anotar, todavia, que mesmo nos chamados *atos discricionários* a *vinculação* estará presente em três dos requisitos de validade do ato administrativo: *competência*, *forma* e *finalidade*.

Sobre o assunto, eis as palavras de Miguel Reale [1969:263-264]: "Enquanto cada um de nós, em sua vida particular, colima a obtenção de *fins próprios*, livremente propostos, tendo como limite o seu ser pessoal, na relatividade de suas circunstâncias, já o agente administrativo tem por dever realizar *fins da sociedade e do Estado, na forma objetivada pela lei, e no uso de poderes transpessoais que a lei lhe confere* para a escolha dos meios de ação mais *convenientes* e *oportunos*, ou, mais amplamente, para a livre determinação *in concreto* dos objetivos legais, em que consiste, em última análise, a *discricionariedade*. Daí ter-se declarado, com finura, que, em virtude do *princípio da legalidade*, não podem existir *atos discricionários* quimicamente puros (...)".

Por fim, tem-se que o objeto do ato administrativo, seja *vinculado* ou *discricionário*, haverá de – sempre e necessariamente – manter (como já foi dito) compasso com a lei, sob pena de invalidade.

Tratando-se de ato *vinculado*, a lei prescreve todos os elementos e requisitos para sua edição. Em outras palavras, não resta para o agente público outra opção de conduta que não aquela (única) prescrita na lei. Já, no caso de ato *discricionário* o agente encontra, dentro da moldura legal, duas ou mais opções, sendo-lhe possível optar por uma delas, respaldado em critérios de *conveniência* e *oportunidade*.

6.6 Invalidação e convalidação dos atos administrativos

6.6.1 Invalidade

A questão da *invalidade* – e dos aspectos a ela relativos – será tratada com base na doutrina do direito administrativo.

No entanto, algumas vezes terá base em normas processuais administrativas (Lei paulista 10.177/1998 e Lei federal 9.784/1999, aplicáveis nos âmbitos do Estado de São Paulo e da União).

Embora não se pretenda analisá-las com maior profundidade, é conveniente trazer a contexto normas processuais administrativas específicas, ao lado da doutrina, já que, da mesma forma que o enfoque doutrinário terá valia para o deslinde de questões no âmbito de unidades da Federação que não editaram normas processuais, será também (a doutrina) de grande importância para melhor compreensão de dispositivos das Leis 10.177/1998 e 9.784/1999.

Há na doutrina do direito administrativo brasileiro três diferentes posições quanto à *invalidade* dos atos administrativos. A questão é, pois, controvertida.

Hely Lopes Meirelles [2007:175], embora diga ter revisto sua posição sobre a convalidação do ato administrativo, continua não aceitando o *ato administrativo anulável*. É o que se extrai de seu ensinamento: "A Lei federal 9.784/1999 admite a *convalidação* do ato administrativo, dizendo: 'Em decisão na qual se evidencie não acarretarem lesão ao interesse público nem prejuízo a terceiros, os atos que apresentarem defeitos sanáveis poderão ser convalidados pela própria Administração' (cf. art. 55). Essa norma, ao exigir a preservação do interesse público para a convalidação, leva-nos a rever a posição adotada em edições anteriores sobre a convalidação. Todavia, continuamos a não aceitar o chamado *ato administrativo anulável* no âmbito do direito administrativo, justamente pela impossibilidade de preponderar o interesse privado sobre o público e não ser admissível a manutenção de atos *ilegais*, ainda que assim o desejem as partes, porque a isto se opõe a exigência da *legalidade* administrativa".

Outros autores, como narra Celso Antônio Bandeira de Mello [2007:452], entendem que a tradicional distinção entre atos *nulos* e *anuláveis* tem aplicabilidade no âmbito do direito administrativo. É o caso de Tito Prates da Fonseca e de Oswaldo Aranha Bandeira de Mello.

Sobre o tema, Tito Prates da Fonseca [1939:388-389] tece as seguintes considerações: "A invalidade do ato jurídico administrativo pode, ainda, constituir – e esta é a classificação mais importante – uma nulidade ou uma anulabilidade. O Código Civil brasileiro simplificou a complexa teoria das nulidades, estabelecendo a distinção fundamental entre atos nulos e anuláveis. (...). Se faltar ao ato requisito necessário à sua existência, se houve ofensa a princípios básicos da ordem jurídica, o ato será *nulo*, quer dizer, juridicamente não produz efeitos. Se falhar apenas requisito necessário à eficácia normal do ato, se os preceitos violados se destinam mais de perto à proteção de interesses individuais, o ato será *anulável*, isto é, tem eficácia enquanto o interessado, com quem o defeito se relaciona, não lhe promover, dentro de certo prazo, a anulação".

Oswaldo Aranha Bandeira de Mello [2007:656], por sua vez, assim se pronuncia: "A distinção entre atos nulos e anuláveis, embora objeto de sistematização pelos civilistas, não envolve matéria jurídica de direito privado, mas da Teoria Geral do Direito, pertinente à ilegitimidade dos atos jurídicos, e, portanto, perfeitamente adaptável ao direito público, especialmente ao direito administrativo. Não se trata, por conseguinte, de transplantação imprópria de teoria do direito privado para o direito público, inconciliável com os princípios informadores do ato administrativo.

"Os atos administrativos ora padecem de vícios que os tornam juridicamente insanáveis – e, destarte, não se admite a sua convalidação –, ora de vícios sanáveis – e, então, suscetíveis de convalidação."

Há, também, o entendimento de Seabra Fagundes, exposto por Celso Antônio Bandeira de Mello [2007:452-453], nos termos seguintes: "Seabra Fagundes defende uma divisão tricotômica: nulos, anuláveis e irregulares; ressalvando, todavia, que as duas primeiras espécies não correspondem às do Código Civil, nem quanto aos tipos de vício nem quanto aos efeitos deles.

"(...).

"Seabra Fagundes, ante a distinta função da teoria das nulidades nos dois ramos do Direito, também rejeita a dicotomia encontradiça no direito privado. Observa que neste a finalidade é sobretudo 'restaurar o equilíbrio individual violado'; daí serem limitados os interesses atingidos pela fulminação do ato. Pelo contrário, no direito público são afetados múltiplos sujeitos e interesses. Então, o interesse público ferido por ato ilegítimo às vezes sê-lo-ia mais gravemente com a fulminação retroativa do ato ou até mesmo com sua supressão.

"Aduz que os casos de nulidade e de anulabilidade previstos no Código Civil, pelas próprias razões expostas, são inadaptáveis ao direito administrativo e que as conseqüências dos tipos de vício também não podem ser transpostas. Conclui que a gravidade do vício deve ser apurada *concretamente* em face da repercussão sobre o *interesse público* – o que impede a catalogação *a priori* cogitada no direito civil. À luz destas observações, indica que os atos se apresentarão no direito administrativo como absolutamente inválidos (ou nulos), relativamente inválidos (ou anuláveis) ou apenas irregulares (defeitos leves), geralmente com defeito de forma. Os primeiros são fulmináveis com supressão total dos efeitos. Nos segundos ressalvam-se os efeitos passados ou alguns deles. Os terceiros perduram."

Importante ressaltar que todos os estudiosos citados negam relevância jurídica aos chamados *atos inexistentes*, colocando-os na categoria dos *atos nulos*.

Celso Antônio Bandeira de Mello – cuja posição aqui se adota – diz que não nega as premissas das duas últimas correntes expostas.

Significa, então, que aceita a existência de atos *nulos* e *anuláveis*.

Observa, todavia, que lhe parece haver, além dos atos *nulos* e dos atos *anuláveis*, uma outra categoria de atos viciados, cuja gravidade é de tal ordem que jamais podem ser objeto de "conversão" e que nunca prescrevem. Acrescenta que há, há em relação a tais atos, o *direito de resistência*.[8]

Esses atos são designados pelo autor de *atos inexistentes*, e "consistem em comportamentos que correspondem a condutas criminosas ofensivas a direitos fundamentais da pessoa humana, ligados à sua personalidade ou dignidade intrínseca e, como tais, resguardados por princípios gerais de Direito que informam o ordenamento jurídico dos povos civilizados" [C. A. Bandeira de Mello 2007:454].

A seguir, Celso Antônio Bandeira de Mello diz que esses atos, por ele denominados "inexistentes", "encontram-se fora do possível jurídico e radicalmente vedados pelo Direito", razão pela qual merecem catalogação à parte.

Prosseguindo, o autor cita exemplos destes atos, no direito privado: um contrato de exploração de lenocínio ou o ajuste para que alguém mate determinado indivíduo.

No direito administrativo servem de exemplo "ordem de uma autoridade para que seu subordinado torture um preso, autorização para que alguém explore trabalho escravo, licença para que um estabelecimento funcione como casa de lenocínio, autorização para que sejam saqueadas casas de devedores do Fisco etc." [C. A. Bandeira de Mello 2007:455].

Diante do exposto, tem-se que, na lição de Celso Antônio Bandeira de Mello, os atos *inválidos* podem ser catalogados em três categorias: *nulos*, *anuláveis* e *inexistentes*.

Registra, ainda, Celso Antônio Bandeira de Mello a existência de atos que não podem ser considerados *inválidos*. São por ele chamados "atos irregulares", ou seja, atos "padecentes de vícios materiais irrelevantes, reconhecíveis de plano, ou incursos em formalização defeituosa consistente em transgressão de normas cujo real alcance é meramente o de impor a padronização interna dos instrumentos pelos quais se veiculam os atos administrativos". É, por exemplo, o caso de a lei prescrever que determinado ato seja veiculado mediante a expedição

8. Sobre o *direito de resistência*, v. Maria Garcia [1994], Norberto Bobbio [1992:143-160] e Cláudia de Resende Machado de Araújo [2002].

de "portaria" e o ato ter sido expedido por meio de "aviso" [C. A. Bandeira de Mello 2007:455].

Tais regras, segundo o autor, cumprem, tão-só, funções internas de uniformização, não tendo, destarte, relevância alguma no que tange à segurança e ao conteúdo do ato, à sua publicidade ou às garantias do administrado.

"Servem apenas à metodização dos instrumentos pelos quais se veiculam os *atos administrativos*, isto é, à qualificação das diversas 'fórmulas' expressivas dos distintos atos administrativos" [C. A. Bandeira de Mello 2007:456].

Assim, as regras relativas a tal aspecto não têm relevância jurídica externa, mas tão-só interna – razão pela qual violá-las pode apenas acarretar, aos agentes que não as cumpriram, sanção administrativa, não acarretando invalidade do ato.

Ressalte-se, porém, que só pode ser considerado ato meramente *irregular* aquele no qual houve a substituição de uma fórmula por outra, não afetando a publicidade do ato, os prazos para impugnação ou quaisquer aspectos que digam respeito à garantia de direitos dos administrados.

Maria Sylvia Zanella Di Pietro [2001:225] também faz referência aos *atos irregulares*: "Atos irregulares são os que apresentam defeitos irrelevantes, quase sempre de forma, não afetando ponderavelmente o interesse público, dada a natureza leve da infringência das normas legais; os seus efeitos perduram e continuam, posto que constatado o vício; é o caso em que a lei exige portaria e se expede outro tipo de ato".

Note-se, entretanto, que Celso Antônio Bandeira de Mello não desconsidera a *forma* como um dos requisitos de validade do ato administrativo. Assim é que, noutra passagem de seu *Curso*, bem expõe sua posição e reforça o que acima foi dito. Com efeito, observa existirem aspectos da *formalização* que podem se afigurar como irrelevantes para que o ato seja considerado válido. Tais aspectos têm apenas o condão de tornar o ato *irregular*, não podendo, contudo, torná-lo *inválido*.

Ademais, a seguir torna mais claro seu entendimento, anotando:

"Há um aparente contra-senso entre o reconhecimento de que um ato desatendeu ao previsto em lei, quanto à maneira pela qual devia ser expressado, e a afirmação de que tal defeito não lhe afeta a validade.

Não nos furtamos a dizer que sempre sentimos um grande desconforto ao sufragar o ponto de vista de que pode haver ato veiculado em descompasso com a previsão normativa, por defeito de formalidade, e, a despeito disto, não ser invalidável pelo vício destarte reconhecido. Meditando sobre a questão, acabamos por concluir que o problema, aparentemente insolúvel, tem, entretanto, solução simples.

"É que, em muitos casos, a indicação legal de que o ato deve ser expressado por 'portaria' ou por algum outro modelo instrumental de enunciação do ato não interfere para nada com as garantias do administrado ou com a segurança e certeza em relação ao conteúdo do ato. Assim, *a função única e específica da formalização prevista, em hipóteses que tais, é apenas a de 'uniformizar', ou seja, 'padronizar' o instrumento de veiculação dos distintos atos administrativos.* Cumpre, portanto, um objetivo meramente organizatório interno, sem qualquer relevo externo. Trata-se, em rigor, de uma simples metodização das 'fórmulas' de veiculação dos atos" [C. A. Bandeira de Mello 2007:400].

Prosseguindo, insiste Celso Antônio Bandeira de Mello que só é possível considerar mera *irregularidade* do ato administrativo, no que tange à *forma*, se estiver em descompasso com o prescrito legalmente, nos casos em que a falha se mostre absolutamente irrelevante em relação às garantias do administrado.

É dizer: naqueles casos em que da inobservância do padrão prescrito em lei não decorrer qualquer diferença suficiente para afetar o administrado. Noutras palavras, não pode haver qualquer mudança no que tange à publicidade, às vias recursais, aos prazos para que o administrado se insurja contra o ato administrativo etc. [C. A. Bandeira de Mello 2007:401].

Visto que os atos *inválidos* podem ser catalogados em três categorias – quais sejam: *nulos*, *anuláveis* e *inexistentes* – e tendo em conta as observações e ressalvas feitas por Celso Antônio Bandeira de Mello quanto aos atos meramente *irregulares*, o próximo passo deve consistir na investigação relativa a aspectos pertinentes à *invalidação* dos atos administrativos em conseqüência da não-observância dos requisitos de validade. É de se verificar, outrossim, em que casos os atos administrativos inválidos podem ser *convalidados*.

6.6.2 Invalidação

Invalidação é a retirada de um ato administrativo do mundo jurídico como conseqüência de tal ato revelar desconformidade com as prescrições legais.

É este o ensinamento de Lúcia Valle Figueiredo e de Maria Sylvia Zanella Di Pietro.

Lúcia Valle Figueiredo [2006:250] anota que "a invalidação de ato administrativo consiste em sua desconstituição, suprimindo-se seus efeitos típicos, por motivo de incompatibilidade com a ordem jurídica, com atribuição de efeitos *ex tunc*".

Logo adiante, escreve a autora: "A invalidação, inserida na competência controladora (...), visa a suprimir os efeitos do ato para o futuro, bem como à reconstituição do *statu quo ante*. Vale dizer: pretende apagar os efeitos produzidos pelo ato até o momento da desconstituição, bem como coartá-lo de continuar produzindo efeitos" [Figueiredo 2006:251].

Para Maria Sylvia Zanella Di Pietro [2001:217]: "Invalidação é o desfazimento do ato administrativo por razões de ilegalidade".

No direito positivo brasileiro há a Lei paulista 10.177/1998 (que regula o processo administrativo no âmbito da Administração Pública paulista), prescrevendo, em seu art. 10, que "a Administração anulará seus atos inválidos, de ofício ou por provocação de pessoa interessada, salvo quando: I – ultrapassado o prazo de 10 (dez) anos contado de sua produção; II – da irregularidade não resultar qualquer prejuízo; III – forem passíveis de convalidação". Dispondo sobre o assunto há, também, o art. 53 da Lei 9.784/1999 (que regula o processo administrativo no âmbito da Administração Pública Federal), prescrevendo que "a Administração deve anular[9] seus próprios atos, quando eivados de vício de legalidade (...)".

Repare-se que, à luz de um ou de outro diploma processual-administrativo, a *invalidação* é um dever, não uma faculdade ou prerrogativa da Administração Pública.

Cabe lembrar que a *invalidação* do ato não se relaciona com questões de *conveniência* e *oportunidade*; ou seja, com o chamado *mérito* do ato administrativo.

9. O vocábulo "anular" tem, aqui, o mesmo sentido dado à expressão "invalidar".

Assim, ato administrativo que se afigure inconveniente ou inoportuno há de ser *revogado*, não *invalidado*. Nesse sentido o art. 53 da Lei 9.784/1999: "(...) pode *[a Administração]* revogá-los *[seus próprios atos]* por motivo de conveniência e oportunidade, respeitados os direitos adquiridos".

A *invalidação* pode ser levada a efeito tanto pela própria Administração Pública como pelo Poder Judiciário. Aquela, de ofício ou mediante provocação. Este, já que não age de ofício, apenas quando provocado.

A verificação concernente aos *sujeitos ativos* (Administração Pública e Poder Judiciário) reforça a idéia de que são diferentes os institutos da *revogação* e da *invalidação*.

Isto porque o ato pode ser *revogado* ou *invalidado* pela Administração, dependendo de se tratar de questão de mérito ou de ilegalidade. Já, a competência do Poder Judiciário restringe-se à *invalidação* do ato.

Quer dizer: pode analisar o ato (e – se for o caso – invalidá-lo) tão-só no que tange à sua legalidade. Não lhe compete verificar a conveniência (ou inconveniência), nem a oportunidade (ou inoportunidade) do ato administrativo.

Por fim, deve ser apreciada, neste tópico, a questão dos *efeitos da invalidação*.

Os *efeitos da invalidação* são retroativos; assim, fulminam desde o início o ato inválido, bem como seus efeitos (*ex tunc*).

Neste ponto se detecta mais uma diferença entre *invalidação* e *revogação*. É que a *revogação* opera efeitos *ex nunc* – ou seja, a partir da edição do ato revogador; enquanto a *invalidação* tem efeito retroativo.

6.6.3 Convalidação

Conforme Celso Antônio Bandeira de Mello [2007:458-459], "a *convalidação* é o suprimento da invalidade de um ato com efeitos retroativos. Este suprimento pode derivar de um ato da Administração ou de um ato do particular afetado pelo provimento viciado".

Ao definir *convalidação*, assim se expressa Antônio Carlos Cintra do Amaral [1978:70]: "Sustentamos que, mediante convalidação, se torna válido o ato administrativo inválido".

Manoel de Oliveira Franco Sobrinho [1979:149], por seu turno, escreve:

"Pela convalidação, sem dúvida, pode a Administração fazer desaparecer os vícios de invalidez contidos na origem de um ato administrativo. A questão, na sua tônica jurídica, exclui a necessidade da revogação, identifica o ato convalidado com a vontade administrativa, apaga irregularidades e vícios, segundo direitos ou interesses afetados.

"Melhor dizendo, pela convalidação salvam-se os atos administrativos passíveis de anulação, afastam-se os vícios de ilegitimidade, sustenta-se a manifestação de vontade convalidada especificamente num tipo de declaração que passa então a legitimar o próprio ato administrativo considerado inválido."

Para Celso Antônio Bandeira de Mello, se o defeito promanar da Administração Pública, esta o corrige, mediante a edição de um segundo ato, sendo que este produz, em conformidade com o Direito, o que antes foi feito sem tal conformidade.

Há, no entanto, uma particularidade a se considerar: o alcance específico desse segundo ato consiste em ter efeito retroativo.

Assim, o ato convalidador remete-se ao ato inválido e, com isto, legitima seus efeitos pretéritos. Em outras palavras, "a providência corretamente tomada no presente tem o condão de valer para o passado" [C. A. Bandeira de Mello 2007:459].

Diante dos ensinamentos trazidos a contexto, observa-se que um ato administrativo inválido perde tal condição, já que é editado um novo ato e, assim, o ato inicial se torna válido.

E isto acontece não a partir do segundo ato, mas desde a edição do primeiro (inválido). Isto porque o segundo ato tem efeito retroativo, ou seja, remete-se ao ato inicial e inválido, legitimando seus efeitos.

É importante notar, todavia, que nem sempre o ato administrativo pode ser *convalidado*. Com efeito, a *convalidação* só é admitida nos casos em que o vício detectado não tenha o condão de impedir a reprodução válida do ato. Noutras palavras, só são passíveis de *convalidação* atos que no presente possam ser legitimamente produzidos, como adiante será abordado.

6.6.4 *Atos convalidáveis*

De Weida Zancaner [2001:68] a lição no sentido de que são *convalidáveis* atos administrativos nos quais se verifica os seguintes vícios: (a) de *competência*; (b) de *formalidade*; e c) de *procedimento*.

A Lei federal 9.784/1999 (art. 55)[10] limita-se a fazer referência a "atos que apresentarem defeitos sanáveis" como passíveis de *convalidação*, com a condição de "não acarretarem lesão ao interesse público nem prejuízo a terceiros". É, portanto, lícito concluir – e é essa a conclusão que aqui se adota – serem sanáveis os atos nos quais se constatem os defeitos relacionados pela doutrina mais credenciada.

A Lei paulista 10.177/1998 (art. 10)[11] dispõe – de modo idêntico ao da lei federal – ser impeditivo da *convalidação* o "prejuízo à Administração ou a terceiros", acrescentando não se tratar "de ato impugnado", e, mais, que a *convalidação* "será sempre formalizada por ato motivado". Todavia, diferentemente da lei federal, relaciona os vícios diante dos quais a *convalidação* se impõe: (a) de competência; (b) de formalidade; e (c) de procedimento. Detalha aspectos em que tais vícios deverão ser verificados: "I – na hipótese de vício de competência, a convalidação seja feita pela autoridade titulada para a prática do ato, e não se trate de competência indelegável; II – na hipótese de vício formal, este possa ser suprido de modo eficaz".

Como dito no início, para Weida Zancaner [2001:68] são passíveis de *convalidação* atos viciados num dos seguintes aspectos: (a) competência; (b) formalidade; e (c) procedimento.

Quanto à *competência*, observa a autora que os vícios dizem respeito ao sujeito que editou o ato.

10. Lei 9.784/1999, art. 55: "Em decisão na qual se evidencie não acarretarem lesão ao interesse público nem prejuízo a terceiros, os atos que apresentarem defeitos sanáveis poderão ser convalidados pela própria Administração".

11. Lei paulista 10.177/1998, art. 11:

"A Administração poderá convalidar seus atos inválidos quando a invalidade decorrer de vício de competência ou de ordem formal, desde que: I – na hipótese de vício de competência, a convalidação seja feita pela autoridade titulada para a prática do ato, e não se trate de competência indelegável; II – na hipótese de vício formal, este possa ser suprido de modo eficaz.

"§ 1º. Não será admitida a convalidação quando dela resultar prejuízo à Administração ou a terceiros ou quando se tratar de ato impugnado.

"§ 2º. A convalidação será sempre formalizada por ato motivado."

Ressalta Weida Zancaner, reproduzindo ensinamentos de Celso Antônio Bandeira de Mello, que sob o tópico "competência" deve-se ter em conta não só o agente público que editou o ato, como também se poderiam tê-lo produzido a pessoa jurídica e o órgão público. Mais: no que tange ao agente público, se havia, ou não, óbices à sua atuação no caso concreto.

Prosseguindo, escreve a autora, com base em Carlos Ary Sundfeld, não ser correto firmar distinção entre *incompetência absoluta* e *incompetência relativa* como critério da *convalidação* do ato administrativo.

Isto, em face de tal distinção, decorre de um transplante – que não se adapta à questão da *convalidação* – das categorias *incapacidade absoluta* e *relativa*, tal como previstas no Código Civil brasileiro. E exemplifica, dizendo entender que nada impede que o ato de interdição de fábrica poluente, emanado de secretário de Estado alheio à matéria, venha (tal ato) a ser convalidado pelo secretário competente.

Em seguida, assevera Weida Zancaner que, dada sua posição no sentido de que a *convalidação* é um dever, não mera faculdade, nos casos de vício de *competência* o dever de convalidar só existe tratando-se de atividades vinculadas.

Noutras palavras, cuidando-se de *ato vinculado*, o dever de convalidar (havendo vício quanto à competência) se impõe, inexistindo diferença se o agente produtor do ato é absoluta ou relativamente incompetente. Isto porque a questão da vontade não se impõe, no caso. É dizer: a vontade já se encontra prevista e determinada na lei.

De outro lado – prossegue Weida Zancaner –, nos casos de exercício de atividade discricionária a questão se inverte. Não há, com efeito, obrigatoriedade de se convalidar o ato viciado. Isto porque, no âmbito da discricionariedade, a possibilidade de aplicação da norma decorre de juízo subjetivo do administrador.

Assim, este não está obrigado a acatar o juízo subjetivo de outro administrador, quando da edição do ato viciado.

No tocante à obrigatoriedade, ou não, de se convalidar o ato administrativo padecente de vício quanto à competência, calha trazer a contexto ensinamento de Maria Sylvia Zanella Di Pietro. Observa a doutrinadora que em edições anteriores de seu livro *Direito Administrativo* manifestou entendimento no sentido de a *convalidação* ser ato discricionário. Isto em razão de a Administração dever, à vista do caso concreto, avaliar o que melhor atende ao interesse público: a *convalidação* ("para assegurar validade aos efeitos já produzidos") ou a *invalidação* (nos casos em que os efeitos já produzidos se mostrarem contrários ao interesse público).

Diz, todavia, haver evoluído em seu pensamento, adotando a posição de Weida Zancaner, no sentido de que a *convalidação* é ora ato vinculado, ora ato discricionário. E que em apenas uma hipótese é ato discricionário: no caso de um ato discricionário haver sido editado por autoridade incompetente.

Isto porque, consoante dito acima, não se pode exigir do agente a quem caberia convalidar o ato que tenha o mesmo juízo subjetivo de valor externado pelo agente incompetente, que editou o ato [Di Pietro 2001:227].

É de ser anotado, contudo, não ter sido essa a orientação da lei federal (n. 9.784/1999), já que, nos termos do art. 55, os atos cujos efeitos sejam sanáveis, não havendo lesão ao interesse público nem prejuízo a terceiros, *poderão* ser convalidados. A lei paulista (n. 10.177/1998) adota a mesma orientação.

Bem de ver, todavia – e como já assinalado –, que referidas leis só têm aplicabilidade, num caso, no âmbito federal e, noutro, no âmbito estadual paulista.

Mesmo nesses âmbitos não se há de aceitar que a *convalidação* seja sempre *discricionária.*

Com efeito, tendo-se em conta o *princípio da segurança jurídica*, a *convalidação* há de ser, como regra, compulsória.

Nessa direção a lição de Celso Antônio Bandeira de Mello [2007:508] no sentido de que a *mera possibilidade*, não o *dever* de convalidar, "estaria a contrariar um princípio superior, básico no ordenamento jurídico, isto é, o da *segurança jurídica*, o qual tem que prevalecer, não havendo nisto discrepância com o princípio da legalidade, pois a convalidação também é forma de restaurá-la".

Quanto à *formalidade*, averba Weida Zancaner [2001:70] que vícios dela decorrentes não oferecem problemas.

É de ser ressalvado que, no tangente aos requisitos do ato administrativo, a autora adota a sistematização e a terminologia de Celso Antônio Bandeira de Mello.

Aliás, o autor já não se vale do vocábulo "formalidade", substituindo-o por "formalização".

E explica o motivo da mudança: "Havíamos sempre usado a expressão 'formalidade', ao invés de 'formalização'. Preferimos, entretanto, substituí-la por esta segunda maneira de dizer. Isto porque a expressão 'formalidade' sugere algo sem importância, de pouco relevo, o que certamente não é o caso" [C. A. Bandeira de Mello 2007:383, rodapé 24].

Observe-se que neste estudo, adotados os preceitos da Lei da Ação Popular e os ensinamentos de doutrinadores, não foi estabelecida diferença entre *forma* e *formalização* (ou *formalidade*, no dizer de Weida Zancaner) do ato administrativo.

De toda sorte, aqui se sustenta que os atos administrativos padecentes de vício quanto à *forma* podem, por vezes, ser convalidados.

Isto porque, consoante anota Maria Sylvia Zanella Di Pietro [2001:192], são encontráveis na doutrina duas concepções da *forma* como requisito de validade: "(1) uma concepção restrita, que considera forma como a exteriorização do ato, ou seja, o modo pelo qual a declaração se exterioriza: nesse sentido, fala-se que o ato pode ter a forma escrita ou verbal, de decreto, portaria, resolução etc.; (2) uma concepção ampla, que inclui no conceito de forma não só a exteriorização do ato, mas também todas as formalidades que devem ser observadas durante o processo de formação da vontade da Administração, e até os requisitos concernentes à publicidade do ato".

Bem se vê, pois, que o aspecto designado por Weida Zancaner de "formalidade" se iguala à "forma", em sua concepção ampla.

Assim, quando se constata no ato administrativo vício pertinente à *forma*, é possível, por vezes, a *convalidação*. Seja nos casos em que o vício diz respeito ao procedimento – ou "uma dada solenização requerida para o ato" – segundo Celso Antônio Bandeira de Mello [2007:383], o que a seguir será exposto, seja naqueles casos – referidos pelo mesmo autor – em que "a função única e específica da formalização prevista, em hipóteses que tais, *[utilização de portaria, resolu-*

ção etc.] é apenas a de 'uniformizar", ou seja, 'padronizar' o instrumento de veiculação dos distintos atos administrativos" [C. A. Bandeira de Mello 2007:400].

Aliás, tendo-se em conta que Celso Antônio Bandeira de Mello, conforme já anotado, considera a existência de atos administrativos incursos em defeitos de *forma* irrelevantes, considerando-os *irregulares*, não *inválidos*, afigura-se – a rigor – mais adequado designar a sanatória do ato de *regularização*, não de *convalidação*.

No que se refere aos vícios de *procedimento*, é bem de ver, de início, qual o sentido desse vocábulo.

Celso Antônio Bandeira de Mello [2007:429] diz que "procedimento administrativo é uma sucessão itinerária e encadeada de atos administrativos tendendo todos a um resultado final e conclusivo".

Noutra passagem de seu *Curso*, anota que requisitos procedimentais "são os atos que devem, por imposição normativa, preceder a um determinado ato" [C. A. Bandeira de Mello 2007:392].

Assim, e tendo presente que ao vocábulo "forma" pode ser atribuída acepção ampla, que engloba não só a exteriorização do ato administrativo como, também, todas as formalidades a serem observadas para sua formação, é possível dizer que também o *procedimento* pode ser visto como inserido na idéia de *forma*, neste trabalho eleita como requisito de validade do ato administrativo.

Feita a ressalva, o próximo passo deve ser verificar quando pode e quando não pode o ato administrativo ser *convalidado* nos casos em que contenha defeito pertinente ao *procedimento* (ou *forma*).

Assinala Weida Zancaner [2001:71] haver casos em que a ausência de um ato, dentro daquela série de atos interligados – que se convencionou chamar *procedimento administrativo* –, de modo algum desvirtua o procedimento, devendo, pois, ser levada a efeito a *convalidação*.

Assim, segundo a autora, sempre que a Administração Pública puder convalidar ato que, encadeado com os demais, forme um *procedimento*, deve fazê-lo. Não pode, contudo, convalidar o ato se da *convalidação* decorrer desvirtuamento da finalidade determinante da instauração do procedimento.

Weida Zancaner traz à tona outro aspecto, de singular relevância, no *procedimento*: a ausência de ato do particular.

Equaciona a questão com base nos ensinamentos de Carlos Ari Sundfeld, expondo que se ausente, no procedimento, ato do particular (exigido para a validade do procedimento), o ato poderá ser convalidado, desde que o interessado concorde com a *convalidação* e, por não ferir interesses de terceiros, seja possível a retroação [Zancaner 2001:71-72].

Weida Zancaner sublinha, no entanto, ser óbvio que o particular não está obrigado à prática do ato saneador. Trata-se de uma faculdade. Faculdade que, se exercida pelo particular, há de sê-lo com o inequívoco propósito de fazer com que o ato retroaja.

6.6.5 Atos inconvalidáveis

Da mesma maneira que não se pode aceitar a *convalidação* dos atos administrativos viciados como sendo uma faculdade, uma prerrogativa, da Administração Pública, mas, ao contrário, como sendo compulsório tal comportamento, quando presentes os requisitos, é bem de ver que mesmo nos âmbitos da Administração Pública Federal e da Administração Pública do Estado de São Paulo (entes da Federação nos quais há normas processuais-administrativas) não se pode esquecer da ampla construção doutrinária relativa aos *atos inconvalidáveis*.

Impõe-se tal alerta, na medida em que tanto a lei federal quanto a estadual tratam da questão de modo – por assim dizer – lacônico. E isso pode dar ensejo a que intérprete menos avisado adote tais diplomas na literalidade ou atribuindo-lhes "interpretações extensivas", com o quê estarão sendo abertas as portas para *convalidações* sem qualquer suporte em princípios maiores do direito administrativo.

Em reforço a tal observação, cabe se traga à tona o que ensinam Sérgio Ferraz e Adilson Abreu Dallari [2007:254]:

"Reclama, na matéria, grande interesse – até mesmo por força de inúmeras apreciações anteriormente expendidas – a temática da *convalidação*. Em verdade, muitas vezes o prejuízo decorrente da invalidação se revelará maior, para o interesse público, que o defluente da sobrevivência do ato.

"Se bem é verdade que os princípios da instrumentalidade das formas, da utilidade (*utile per inutile non vitiatur*) e da segurança jurídica inspiram a possibilidade de convalidação, doutra parte, a sanatória será sempre de direito estrito, não comportando interpretações liberalizantes ou elastecedoras."

Feita a ressalva, tem-se que, segundo a Lei 9.784/1999 (art. 55): "Em decisão na qual se evidencie não acarretarem lesão ao interesse público nem prejuízo a terceiros, os atos que apresentarem defeitos sanáveis poderão ser convalidados pela própria Administração". A Lei paulista 10.177/1998, por sua vez, reza, no art. 11, que "a Administração poderá convalidar seus atos inválidos, quando a invalidade decorrer de vício de competência ou de ordem formal, desde que: I – na hipótese de vício de competência, a convalidação seja feita pela autoridade titulada para a prática do ato, e não se trate de competência indelegável; II – na hipótese de vício formal, este possa ser suprido de modo eficaz".

Mostram-se totalmente aplicáveis aos dispositivos legais acima transcritos os ensinamentos que passarão a ser expostos. Isto em face de, como já anotado, decorrerem de princípios maiores do direito administrativo.

As lições trazidas a contexto nesta parte do trabalho são, em sua maior parte, as esposadas por Weida Zancaner.

Servem de aval para a conduta adotada as palavras de Sérgio Ferraz e Adilson Abreu Dallari [2007:255]: "Ratificando posição expressa em capítulo inicial (...), temos por valiosíssima na temática da convalidação a contribuição monográfica já indicada da professora Weida Zancaner *[Da Convalidação e da Invalidação dos Atos Administrativos, 1990]*. Iremos, pois, seguir suas linhas diretivas, delas só nos afastando quando as peculiaridades do processo administrativo assim determinem (não nos esqueçamos de que o trabalho de Weida Zancaner tinha como endereço o ato administrativo, e não o processo administrativo). Cumpre, porém, antes de examinar os casos de convalidação, assentar conceitos básicos"

A esta altura, é importante notar que, segundo Weida Zancaner, não podem ser *convalidados* atos que apresentem os seguintes vícios: (1) *de motivo*; (2) *de conteúdo*; (3) *de procedimento* (se a produção do ato faltante implicar desvirtuamento da finalidade pela qual foi o procedimento instaurado); (4) *de causa*; e (5) *de finalidade*.

No que tange ao *motivo*, é tido como o pressuposto fático que autoriza, ou determina, a edição de ato administrativo.

Destarte, um ato administrativo só pode ser editado diante da existência de suporte fático autorizador ou determinante de sua edição.

Sobre o assunto, diz Weida Zancaner [2001:74]: "Nos atos emanados no exercício de competências vinculadas, há necessidade de que o motivo descrito na hipótese da regra de Direito realmente se verifique no mundo fenomênico, para que possa haver a perfeita subsunção entre o conceito descrito na hipótese normativa, que exigiu a prática do ato, e o conceito do suposto de fato ocorrido no mundo do ser".

Assim, a ausência de *motivo* implica a impossibilidade de se convalidar o ato, pois não é possível fazê-lo retroagir à data da edição, já que continuaria inexistente o suporte fático. Os atos vinculados portadores de vício quanto ao *motivo* não podem, pois, ser convalidados.

Acentua Weida Zancaner que "nem há por que falar que a ocorrência tardia do motivo, no plano temporal, propiciaria a convalidação, pois a data da ocorrência do motivo de fato não coincidiria com a data do motivo no ato elencado".

No caso de atos discricionários a situação não se modifica. Conforme a autora, apesar de a norma conferir ao administrador a faculdade de eleger o pressuposto fático do ato. Isto porque "a real existência do suposto de fato, elencado pelo administrador como sendo aquele no qual se embasou para edição do ato, é condição indispensável à validade do mesmo" [Zancaner 2001:74].

Prossegue Weida Zancaner, dizendo que a *teoria dos motivos determinantes* demonstra que o administrador fica vinculado ao *motivo* a que se referiu para a edição do ato. Isto evidencia que o refazimento do ato, com efeito retroativo, mostra-se impossível.

No tocante ao *conteúdo* uma observação se impõe, qual seja, a de que neste trabalho foi feita referência ao *objeto* do ato como requisito de validade deste.

Trata-se apenas de diferença terminológica, já que na doutrina se verifica que "objeto" e "conteúdo" são expressões que podem ser tomadas como sinônimas para se designar um dos requisitos de validade do ato administrativo.

A distinção entre *objeto* e *conteúdo* não é relevante para se determinar que o ato administrativo padecente de vício no que tange ao *objeto* não pode ser convalidado.

Nesse sentido, escreve a autora [Zancaner 2001:75]:

"Quanto ao vício de conteúdo, é mister distinguirmos os vícios que se referem ao objeto daqueles que se referem à própria enunciação da modificação pretendida pelo ato, na ordem jurídica, conforme distinção por nós efetuada.

"Contudo, em ambos os casos, tanto os atos que se referem a objeto ilícito ou impossível quanto aqueles em que a modificação pretendida pela ordem jurídica for defeituosa não podem ser reproduzidos validamente, já que o erro se repetirá quantas vezes tentarmos reproduzi-los."

Quanto ao *procedimento*, já foi objeto de anotações quando da verificação dos atos que podem ser convalidados. Dessa maneira, basta registrar que, não sendo possível enquadrar um ato nas hipóteses arroladas quando da análise da convalidação, os atos são inconvalidáveis.

No que tange à *causa* arrolada, sendo, conforme Weida Zancaner, um dos tipos de vício que tornam o ato administrativo *inconvalidável*, merece realce o fato de neste trabalho não terem sido considerados diferentes "causa" e "motivo". De sorte que, quanto à *causa*, válidas as anotações feitas acima, relativas ao vício do ato administrativo no que tange ao *motivo*.

No tocante à *finalidade*, bem de ver que, consoante anotado no tópico em que foi tratada como requisito de validade do ato administrativo, há de ser, sempre e necessariamente, uma *finalidade pública*.

Mais: ainda que pública a *finalidade*, caso não seja aquela prevista em lei, fica configurado o *desvio de poder* – e, portanto, o ato administrativo é inválido.

Aponte-se ser irrelevante tenha o agente buscado, quando da edição do ato, uma *finalidade privada* ou outra *finalidade pública* que não aquela prevista em lei. Objetivamente, em qualquer dos casos o ato é inconvalidável.

6.6.6 Limites à convalidação

Quanto às barreiras existentes para *convalidação* do ato administrativo, tem-se, em primeiro lugar, a *impugnação do interessado*.

Tal óbice, aliás, não é fruto apenas da doutrina. A ele faz referência a Lei 9.784/1999 (que regula o processo administrativo no âmbito da Administração Pública Federal), em seu art. 11, § 1º: "Não será admitida a convalidação quando dela resultar prejuízo à Administração ou a terceiros ou se tratar de ato impugnado".

Não importa se a *impugnação do interessado* é expressa ou se manifesta pela *resistência*. Em qualquer dos casos constitui – no dizer de Weida Zancaner [2001:60] –, barreira ao dever de convalidar.

Dito de outro modo, fica a Administração Pública impedida de convalidar ato inválido caso o particular o impugne.

De se ressalvar, contudo, aqueles atos que, como já anotado, padecem de defeito irrelevante, pertinente à formalidade. No caso, o administrador público é obrigado a proceder à sanatória do ato, sendo irrelevante tenha, ou não, sido impugnado.

Argumenta Weida Zancaner [2001:60] que, se fosse possível convalidar ato viciado após a impugnação (administrativa ou judicial) do particular, ou mesmo por *resistência*, afigurar-se-ia inútil a argüição do vício, já que dependeria da vontade da Administração Pública a extinção dos defeitos, não do dever de obediência à ordem jurídica. Daí o fato de a impugnação ser obstáculo, óbice, à *convalidação*.

Outro obstáculo ao dever de convalidar é o *decurso de tempo*. Ensina Weida Zancaner [2001:60] que o *decurso de tempo* pode, "só por si, gerar a estabilidade do ato, fazendo prescindível a convalidação, pois já tê-lo-á sanado pela via chamada 'prescricional'".

No direito processual-administrativo há, no âmbito federal, a Lei 9.784/1999 prescrevendo (art.54) como impeditivo à *anulação* de atos administrativos o decurso do prazo de 5 anos. No âmbito da Administração Pública do Estado de São Paulo há preceito (Lei 10.177/1998, art. 10, I) no sentido de que, transcorridos 10 anos, a Administração não poderá anular seus atos.

Note-se que tais dispositivos falam em "anulação" (ou *invalidação*, na terminologia adotada neste trabalho).

Por que não pode a Administração anular seus atos, decorrido determinado lapso de tempo? Porque tal tempo teve o condão de saná-los pela via "prescricional". De igual modo, não há falar em *convalidação* do que o tempo se encarregou de validar.

6.6.7 Limites à invalidação

No que se refere aos limites existentes para *invalidação* de atos viciados, tem-se que a *invalidação*, mesmo sendo um dever, decorrente do princípio da legalidade, não pode ser sempre levada a efeito; há relações que, embora inválidas e não-passíveis de *convalidação*, não podem ser invalidadas, diante das barreiras à *invalidação*.

Invalidar atos que não comportem *convalidação* é dever decorrente do princípio constitucional da legalidade, um dos princípios vetores da Administração Pública. Sem embargo, por vezes a *invalidação* não pode ser levada a efeito, já que ao administrador se apresentam situações que, embora inválidas, apresentam barreiras à *invalidação*, como mais adiante se verá.

Calha, aqui, mencionar que, nos termos do art. 11 da Lei paulista 10.177/1998, não poderão ser invalidados os atos inválidos nos casos em que: ultrapassado o prazo de 10 anos, contados de sua produção; da irregularidade não resultar prejuízo; e forem passíveis de convalidação.

Já da Lei 9.784/1999 (art. 53) consta: "A Administração deve anular seus próprios atos, quando eivados de vício de legalidade (...)".

E reza o art. 54 da mesma lei: "O direito da Administração de anular os atos administrativos de que decorram efeitos favoráveis para os destinatários decai em 5 (cinco) anos contados da data em que foram praticados, salvo comprovada má-fé".

Em sentido quase igual a Lei paulista 10.177/1998: "A Administração anulará seus atos inválidos, de ofício ou por provocação da pessoa interessada, salvo quando: I – ultrapassado o prazo de 10 (dez) anos contado de sua produção; II – da irregularidade não resultar qualquer prejuízo; III – forem passíveis de convalidação".

Não é demais ressaltar que tais preceitos – notadamente os relativos aos prazos – haverão de ser observados nos âmbitos da Administração Pública Federal e da Administração Pública do Estado de São Paulo, conforme o caso.

Observe-se, contudo, que mesmo nos casos de tais esferas (federal e paulista), para as quais há lei processual-administrativa, de se ter em conta preciosas observações doutrinárias sobre o tema.

É, por exemplo, o caso da lição de Clarissa Sampaio Silva [2001:83]: "Mesmo diante do poder-dever de invalidar, a desconstituição de todos os efeitos do ato viciado em algumas situações envolve alguns aspectos a serem considerados, como, por exemplo, prejuízos causados a terceiros de boa-fé. Por outro lado, a questão temporal também se coloca, sendo necessário perquirir se a Administração pode, a qualquer tempo, invalidar seus atos, uma vez que em se tratando de atos de direito privado a lei civil estabelece prazos prescricionais".[12]

Pondera Weida Zancaner [2001:60] que os limites ao dever de invalidar decorrem do próprio sistema jurídico-positivo. Isto em razão de o princípio da legalidade coexistir com outros princípios, que devem ser considerados quando se estuda o tópico relativo à *invalidação* dos atos administrativos.

Prosseguindo, averba a autora ser evidente que o princípio da legalidade é basilar para o exercício da atividade administrativa.

Todavia, é de se ter em conta a existência de outros princípios a serem respeitados. Ou por dizerem respeito ao Direito como um todo (o princípio da segurança jurídica, por exemplo), ou por serem protetores dos cidadãos (por exemplo, o princípio da boa-fé).

Assim é que, conforme a autora [Zancaner 2001:61], em nome do princípio da segurança jurídica, o decurso de prazo pode, por si só, constituir causa suficiente para, estabilizando determinadas situações, torná-las intocáveis.

Sobre este aspecto calha trazer à tona a forma pela qual Odete Medauar [1986:121] equaciona a questão: "Conquanto seja ilimitado o prazo para anular ato ilegal, cabe ao administrador examinar cada caso concreto em que o longo fluir do tempo sacramentou efeitos, verificando se o administrado concorreu ou não para a edição do ato ilegal; na primeira hipótese, a ausência de dolo e o interesse público podem levar à manutenção do ato, pois se do princípio da autotutela advém a faculdade de anular, dele também decorre o dever de zelar para que os atos administrativos ingressem no mundo jurídico integralmente válidos; na segunda, impõe-se a anulação".

Hely Lopes Meirelles [2007:205] também relaciona o decurso de prazo com o princípio da segurança jurídica, ao escrever: "Atualmente, a doutrina sustenta a necessidade de haver um prazo para a anula-

12. Nas leis de processo administrativo citadas foram previstos prazos de 10 anos (lei federal) e 5 anos (lei paulista).

ção do ato administrativo. Pouco a pouco, a jurisprudência vem adotando entendimentos que mantêm atos ilegítimos praticados e operantes há longo tempo e que já produziram efeitos perante terceiros de boa-fé. Esse entendimento jurisprudencial arrima-se na necessidade de segurança e estabilidade jurídica na atuação da Administração, (...)".

Dando seqüência à sua exposição, grafa Weida Zancaner que, além do princípio da segurança jurídica, assume especial relevo no âmbito do direito administrativo o princípio da boa-fé.

Isto como conseqüência da presunção de legitimidade, atributo dos atos administrativos. É bem de ver que tal presunção só cessa quando o particular deduz contestação ao ato, o que coloca a Administração Pública em posição de supremacia em relação aos administrados [Zancaner 2001:61].

Argumenta, ainda, Weida Zancaner que a intervenção exercida pelo Estado Moderno na vida dos cidadãos, em múltiplas áreas, bem assim a "tecnicização da linguagem jurídica" fizeram com que se tornassem extremamente complexos o caráter regulador do Direito e a verificação no sentido de estarem, ou não, compatíveis com a lei os atos editados pela Administração Pública.

Assim, ganhou especial relevância a boa-fé dos administrados, constituindo, ao lado da segurança jurídica, requisito inafastável para a distribuição da justiça material [Zancaner 2001:61].

O exposto remete à conclusão no sentido de que, em síntese, os limites à *invalidação* dos atos administrativos residem no decurso de tempo ou, segundo Weida Zancaner [2001:62], "nos casos em que o ato inválido produziu situação jurídica ampliativa de direito ou concessiva de benefício ainda não sanada pela completude do prazo dito prescricional, do preenchimento cumulativo dos seguintes requisitos: haver decorrido um certo lapso de tempo desde a instauração da relação viciada; existência de uma regra ou princípio de Direito que lhe teria servido de amparo se houvesse sido validamente constituída; e boa-fé por parte do beneficiário".

Bibliografia

ALESSI, Renato [1968]. *La Revoca degli Atti Amministrativi.* 2ª ed. Milão, Giuffrè Editore.

AMARAL, Antônio Carlos Cintra do [1978]. *Extinção do Ato Administrativo*. São Paulo, Ed. RT.

ARAÚJO, Cláudia de Resende Machado de [2002]. *O Direito Constitucional de Resistência*. Porto Alegre, Sérgio Antônio Fabris Editor.

BANDEIRA DE MELLO, Celso Antônio [1981]. *Ato Administrativo e Direitos dos Administrados*. São Paulo, Ed. RT.

_________ [2007]. *Curso de Direito Administrativo*. 24ª ed. São Paulo, Malheiros Editores.

BANDEIRA DE MELLO, Oswaldo Aranha [2007]. *Princípios Gerais de Direito Administrativo*. 3ª ed., vol. I ("Introdução"). São Paulo, Malheiros Editores.

BARROS JR., Carlos S. de [1954]. *Introdução ao Direito Administrativo*. São Paulo, Leia.

BIELSA, Rafael [1955]. *Derecho Administrativo*. t. II. Buenos Aires, Depalma.

BOBBIO, Norberto [1992]. *A Era dos Direitos*. Rio de Janeiro, Campus.

CAETANO, Marcello [1966]. *Princípios Fundamentais do Direito Administrativo*. Coimbra, Livraria Almedina.

CAVALCANTI, Themístocles Brandão [1956]. *Curso de Direito Administrativo*. 4ª ed. Rio de Janeiro, Freitas Bastos.

CINTRA, Antônio Carlos de Araújo [1979]. *Motivo e Motivação do Ato Administrativo*. São Paulo, Ed. RT.

CRETELLA JR., José [1977]. *Do Ato Administrativo*. 2ª ed. São Paulo, José Bushatsky Editor.

_________ [1992]. *Curso de Direito Administrativo*. 11ª ed. Rio de Janeiro, Forense.

DALLARI, Adilson Abreu, e FERRAZ, Sérgio [2007]. *Processo Administrativo*. 2ª ed. São Paulo, Malheiros Editores.

DI PIETRO, Maria Sylvia Zanella [2001]. *Direito Administrativo*. 13ª ed. São Paulo, Atlas.

FERRAZ, Sérgio, e DALLARI, Adilson Abreu [2007]. *Processo Administrativo*. 2ª ed. São Paulo, Malheiros Editores.

FIGUEIREDO, Lúcia Valle [2006]. *Curso de Direito Administrativo*. 8ª ed. São Paulo, Malheiros Editores.

FONSECA, Tito Prates da [1939]. *Direito Administrativo*. Rio de Janeiro, Freitas Bastos.

FRANÇA, Vladimir da Rocha [2000]. *Invalidação Judicial da Discricionariedade Administrativa*. Rio de Janeiro, Forense.

FRANCO SOBRINHO, Manoel de Oliveira [1979]. *Curso de Direito Administrativo*. São Paulo, Saraiva.

GARCIA, Maria [1994]. *Desobediência Civil – Direito Fundamental*. São Paulo, Ed. RT.

GORDILLO, Agustín [1969]. *El Acto Administrativo*. 2ª ed., Buenos Aires, Abeledo-Perrot.

_________ [2000]. *Tratado de Derecho Administrativo*. 5ª ed., t. I. Buenos Aires, Fundación de Derecho Administrativo.

GRAU, Eros Roberto [1995]. *Licitação e Contrato Administrativo (Estudos sobre a Interpretação da Lei)*. São Paulo, Malheiros Editores.

IHERING [1887]. *L'Esprit du Droite Romain*. 3ª ed., t. 3º. Paris, Librarie Marescq Ainê.

MAURER, Hartmut [2001]. *Elementos de Direito Administrativo Alemão*. Trad. de Luiz Afonso Heck. Porto Alegre, Sérgio Antônio Fabris Editor.

MEDAUAR, Odete [1986]. *Da Retroatividade do Ato Administrativo*. São Paulo, Max Limonad.

_________ [2001]. *Direito Administrativo Moderno*. 5ª ed. São Paulo, Ed. RT.

MEIRELLES, Hely Lopes [2007]. *Direito Administrativo Brasileiro*. 33ª ed. São Paulo, Malheiros Editores.

MORAES, Alexandre de [2002]. *Direito Constitucional Administrativo*. São Paulo, Atlas.

MOREIRA NETO, Diogo de Figueiredo [1991]. *Constituição e Revisão*. Rio de Janeiro, Forense.

_________ [1996]. *Curso de Direito Administrativo*. 11ª ed. Rio de Janeiro, Forense.

MUNÕZ, Guillermo Andrés, e SUNDFELD, Carlos Ari (coords.) [2006]. *As Leis de Processo Administrativo*. 1ª ed., 2ª tir. São Paulo, Malheiros Editores.

OLIVEIRA, Régis Fernandes de [1980]. *Ato Administrativo*. 2ª ed. São Paulo, Ed. RT.

PEREIRA, André Gonçalves [1962]. *Erro e Ilegalidade do Ato Administrativo*. Lisboa, Ática.

PORTO NETO, Benedicto [2006]. "Pressupostos do ato administrativo nas leis de procedimento administrativo". In: SUNDFELD, Carlos Ari, e MUNÕZ, Guillermo Andrés (coords.). *As Leis de Processo Administrativo*. 1ª ed., 2ª tir. São Paulo, Malheiros Editores.

QUEIRÓ, Afonso Rodrigues [1940]. *Reflexões sobre a Teoria do Desvio de Poder em Direito Administrativo*. Coimbra, Coimbra Editora.

_________ [1946]. "A teoria do 'desvio de poder' em direito administrativo". In: *RDA* VI. Rio de Janeiro, Fundação Getúlio Vargas.

REALE, Miguel [1969]. *Direito Administrativo (Estudos e Pareceres)*. Rio de Janeiro, Forense.

_________ [1980]. *Revogação e Anulamento do Ato Administrativo*. Rio de Janeiro, Forense.

RIVERO, Jean [1981]. *Direito Administrativo*. Trad. de Rogério Ehrhardt Soares. Coimbra, Livraria Almedina.

SEABRA FAGUNDES, Miguel [1967]. *O Controle dos Atos Administrativos pelo Poder Judiciário*. 4ª ed. Rio de Janeiro, Forense.

SILVA, Clarissa Sampaio [2001]. *Limites à Invalidação dos Atos Administrativos*. São Paulo, Max Limonad.

SOARES, Rogério Ehrhardt [1978]. *Direito Administrativo*. Apostila. Coimbra.

SOUSA, Nuno Vasconcelos [2000]. *Direito Administrativo*. vol. 1. Porto, Almeida & Leitão.

SUNDFELD, Carlos Ari, e MUNÕZ, Guillermo Andrés (coords.) [2006]. *As Leis de Processo Administrativo*. 1ª ed., 2ª tir. São Paulo, Malheiros Editores.

TÁCITO, Caio [1975]. *Direito Administrativo*. São Paulo, Saraiva.

ZANCANER, Weida [2001]. *Da Convalidação e da Invalidação dos Atos Administrativos*. 2ª ed., 3ª tir. São Paulo, Malheiros Editores.

ZANOBINI, Guido [1954]. *Curso de Derecho Administrativo*. t. I, trad. de Héctor Masnatta. Buenos Aires, Ediciones Arayú.

Capítulo 7

PROCESSO ADMINISTRATIVO

FULVIA HELENA GIOIA PAOLI

7.1 Conceito

7.1.1 "Processo" e "procedimento". Distinção

Ao adentrar o estudo do *processo administrativo* é importante, inicialmente, fixar os contornos do instituto, delimitar sua abrangência e identificar sua natureza, a fim de enquadrá-lo no sistema jurídico em que se insere.

"Processo" e "procedimento" são termos distintos, e a fixação de suas diferenças tem sido objeto de preocupação doutrinária, tanto por parte dos processualistas quanto por parte dos administrativistas.

Como se sabe, as classificações prestam-se a separar, numa mesma classe, figuras, objetos e institutos que guardem pontos em comum, quer pelas semelhanças, quer pelas dessemelhanças, segundo critério predeterminado. Ou seja, há uma correlação lógica e necessária entre o critério classificatório estabelecido e o resultado a ser obtido em decorrência dele.

Dessa forma, as teorias desenvolvidas para diferençar "processo" e "procedimento" administrativos aproximam-se ou se distanciam em conformidade com o pressuposto adotado.

Etimologicamente, o vocábulo "processo" traz a idéia de movimento, marcha, sucessão de estados, evolução (*Novo Dicionário Aurélio*, São Paulo, Nova Fronteira, p. 1.395); enquanto o vocábulo "procedimento" traduz o efeito ou a forma de proceder, implicando, portanto, o modo de exteriorização de algo (idem, ibidem).

Juridicamente, a tradicional doutrina processualista conceitua "processo" como a seqüência de atos desenvolvidos pelo Poder Judiciário com a finalidade de solucionar litígios; e "procedimento" como a forma de exteriorização desses mesmos atos. Toma-se, portanto, como referencial a atuação de um dos Poderes de Estado no exercício de sua função típica: a de decidir conflitos de interesse.

Todavia, é sabido que o exercício das funções estatais de forma tripartida, tal como concebida por Montesquieu,[1] porque imprescindí-

1. Sobre a divisão bipartida das funções estatais manifestaram-se os ilustres doutrinadores pátrios Oswaldo Aranha Bandeira de Melo e Seabra Fagundes, não obstante de modo diverso. Para o primeiro as funções estatais se subdividem em "função integrativa" (incluindo a legislativa e executiva) e "função reintegradora"

vel ao controle, não se dá com exclusividade, sendo certo que algumas vezes uns exercem as funções dos outros, o que se admite nos limites e condições para isto previstos no ordenamento. No entanto, a característica específica de cada órgão de Poder é dada pelo exercício de uma atividade de forma "preponderante", ou seja, pelo exercício de "função típica", na expressão de Renato Alessi.[2]

Por essa razão, a visão extremamente restritiva das atividades estatais foi, aos poucos, dando lugar ao reconhecimento de que não somente não há exclusividade no exercício das funções exercidas nas diversas esferas de Poder, como também de que todo resultado de sua atuação é, necessariamente, precedido de uma seqüência de atos intermediários, os quais devem ser praticados com base na lei, bem como precisam e devem ser identificados, fiscalizados e controlados, tanto quanto o ato final.

Assim, já nos meados do século XIX surgiram doutrinadores que propugnavam a *processualização* no seio de todas as esferas de poder estatal, inclusive no âmbito da Administração Pública.

Na doutrina estrangeira o pioneirismo é atribuído a Adolf Merkel, em sua obra *Teoria Geral do Direito Administrativo* (1927), na qual ressaltava a importância da compreensão do processo no seio da Administração Pública dentro dos limites da legalidade.[3] Na mesma linha Aldo Sandulli [1964], Alberto Xavier [1975] e outros.

(judicial), enquanto para o segundo a função legislativa se traduziria em "função de formação", ao lado da "função de execução", que englobava a administrativa e judicial [O. A. Bandeira de Mello 2007:49 e ss.].

2. A noção de funções "típicas" e "atípicas" foi desenvolvida pelo doutrinador italiano Renato Alessi. Segundo o autor, "típica" é a função para a qual foi criado o órgão, e por este exercida em caráter de preponderância; "atípica", aquela exercida ocasionalmente [Alessi 1971:1-30].

3. Na referida monografia, Merkel assim se manifestara: "(...) em sentido rigoroso e técnico, se fala de processo jurídico somente quando o caminho que leva a um ato estatal não está na livre escolha do órgão competente para o ato, mas está previsto juridicamente (...). O direito processual administrativo é um caso particular do direito processual (...) e o processo administrativo é um caso particular do processo jurídico em geral". E, ainda: "Todas as funções estatais e, em particular, todos os atos administrativos são metas que não podem ser alcançadas senão por determinados caminhos. Assim, a lei é a meta a que nos leva a via legislativa e os atos judiciais e administrativos são metas a que nos conduzem o procedimento judicial e o administrativo". Mais adiante: "A teoria processual tradicional considerava o 'processo' como propriedade da Justiça, identificando-o com o procedimento judicial (...) não é sustentável esta redução, porque o 'processo', por sua própria natureza, pode dar-se em todas as funções estatais (...)" [Merkel 1975:278-280].

No Brasil, Themístocles Brandão Cavalcanti, em 1938, no seu *Tratado de Direito Administrativo*, escreveu sobre o processo administrativo como instrumento para o atingimento da finalidade pública. José Cretella Jr., Maria Silvia Zanella Di Pietro, Carlos Ari Sundfeld e Odete Medauar, dentre outros doutrinadores pátrios, endossam a presença da processualidade no âmbito da Administração Pública.

Maria Silvia Zanella Di Pietro [2004:530] ressalta a distinção entre "processo" e "procedimento", ao lecionar que: "O primeiro existe sempre como instrumento indispensável para o exercício de função administrativa; tudo o que a Administração Pública faz, operações materiais ou atos jurídicos, fica documentado em um processo; cada vez que ela for tomar uma decisão, executar uma obra, celebrar um contrato, editar um regulamento, o ato final é sempre precedido de uma série de atos materiais ou jurídicos, consistentes em estudos, pareceres, informações, laudos, audiências, enfim, tudo o que for necessário para instruir, preparar e fundamentar o ato final objetivado pela Administração. O procedimento é o conjunto de formalidades que devem ser observadas para a prática de certos atos administrativos; equivale a rito, a forma de proceder; o procedimento se desenvolve dentro de um processo administrativo".

A relevância da compreensão de que o ato administrativo, resultado final do exercício da função administrativa, desenvolve-se pela prática de inúmeros atos, seqüencialmente praticados e voltados à finalidade de atender ao interesse público, está no reconhecimento da possibilidade e, mais que isso, da imprescindibilidade de seu controle. Isto significa que não somente o ato final deve exteriorizar-se estribado na observância dos princípios e regras que devem nortear o exercício da função administrativa e, conseqüentemente, que os vícios dos atos precedentes comprometem o resultado.

O desenvolvimento da teoria da processualidade conduz à ampliação do espectro de controle dos atos da Administração Pública, não somente no aspecto formal mas, principalmente, no aspecto substancial.

De outro lado, é importante ter presente que o exercício da função administrativa pode resultar em atos que nem sempre se destinam a solucionar conflitos de interesse entre Administração e administrados. Assim, por exemplo, os atos destinados à expedição de licenças e os praticados para contratação pela Administração Pública – licitação.

Por essa razão, alguns autores entendem por bem destacar as diferenças entre a seqüência de atos praticados tendo em vista uma ou outra dessas finalidades, denominando-as distintamente.

Nesse sentido, Massimo Severo Giannini [1993:102 e 105], que prefere a utilização do termo "procedimento" para o conjunto dos atos desenvolvidos pela Administração Pública, a fim de diferenciá-los daqueles desenvolvidos pelo Poder Judiciário – os processos –, subdivide-os em duas espécies: a primeira, denominada "procedimento de primeiro grau", como a seqüência de atos não-destinados à solução de conflitos e a segunda, dos "procedimentos de segundo grau", como aqueles cujo resultado visa a pôr fim a controvérsia entre Administração e administrados.

Na mesma linha, Lúcia Valle Figueiredo [2006:437] destaca duas acepções do termo "procedimento", que é palavra polissêmica, ao afirmar: "Ora refere-se ao conjunto de formalidades necessárias para emanação de atos administrativos, ora como a seqüência de atos administrativos, cada qual *per se* desencadeando efeitos típicos (como, no exemplo citado, procedimentos concorrenciais, concurso, licitação), porém todos tendentes ao ato final, servindo-lhe de suporte de validade". E reserva a utilização do termo "processo" para os casos em que a atuação se destina à solução de controvérsias, chamando a atenção para o tratamento constitucional que, expressamente, assegura a ampla defesa e o contraditório aos "litigantes" e "acusados em geral" (inciso LV do art. 5º da CF) [Figueiredo 2006:438].

7.1.2 Acepções

Como vimos, os termos "processo" e "procedimento" são utilizados pela doutrina e pela jurisprudência em diferentes acepções, a depender do contexto em que se inserem ou do pressuposto adotado.

Quanto ao primeiro, é possível identificar, pelo menos, quatro acepções: (1) "processo" como a seqüência de atividades ou atos que se movimentam para consecução de um resultado, qualquer que seja ele; (2) "processo" como instrumento de atuação do Poder Judiciário na solução de conflitos de interesses; (3) "processo" como o conjunto de peças e documentos que materializam a atuação jurisdicional; (4) "processo" como o próprio litígio ou pleito judicialmente deduzido.

Já, no que diz respeito ao segundo, temos: (1) "procedimento" como a seqüência de atos destinados à consecução de um resultado que não implique a solução de litígios;[4] (2) "procedimento" como a seqüência de atos e formalidades que compõem o "processo"; (3) "procedimento" como o modo de exteriorização dos atos do "processo".

Importante salientar que tanto a Constituição quanto a legislação infraconstitucional se utilizam do termo "processo" na primeira acepção, ou seja, sem vinculá-lo ao resultado final. Fala-se, assim, em "devido processo legal" (art. 5º, LIV, da CF), "processo de licitação" (Lei 8.666/1993), processo administrativo federal (Lei 9.784/1999), "processo administrativo disciplinar" (Lei 8.112/1990).

Não obstante, a despeito da polissemia dos vocábulos e das posições doutrinárias distintas no que diz respeito à sua aplicação no direito administrativo, o importante é que, independentemente do termo adotado para sua designação, toda seqüência de atos desenvolvidas no âmbito da Administração Pública – processo ou procedimento –, seja ou não destinada à solução de controvérsias, deve observar os princípios constitucionais regentes de sua atuação.

7.1.3 Nossa posição

De nossa parte, apesar de, por razões de ordem prática (uma vez que o legislador não distingue), endossarmos a utilização da expressão "processo administrativo" no âmbito da Administração Pública,[5] entendemos importante – na esteira das lições de Lúcia Valle Figueiredo – ter presente que há peculiaridades que decorrem das duas formas de exercício da função administrativa que não podem ser desconhecidas; ou seja, o exercício da função administrativa típica, destinada à expedição de atos administrativos voltados ao atendimento do interesse público, e a função administrativa judicante (atípica), destinada à solução de controvérsias. Há, sim, alguns princípios e regras que direcionam apenas o exercício da função atípica, como adiante veremos.

4. Ressalvada a teoria de Giannini, já citada, que o subdivide em graus, admitindo, portanto, o procedimento de segundo grau para a solução de conflitos de interesse entre Administração e administrados.

5. Ressalvamos posição anteriormente adotada, na esteira dos ensinamentos de M. S. Giannini.

Para fins didáticos, portanto, adotamos as expressões "processo administrativo" para aquele decorrente do exercício de função administrativa típica (não-contencioso) e "processo administrativo contencioso" para o último.

7.2 Princípio

7.2.1 Noções gerais

O sistema jurídico, enquanto conjunto normativo ordenado, coerente e harmônico, estrutura-se pela hierarquia dos elementos (normas) que o compõem e tem como base a Constituição Federal, de onde se deve extrair o delineamento fundamental do Estado de Direito que constitui, os valores priorizados e os fins a serem por ela buscados, a estruturação das funções estatais, seus limites e formas de controle, os direitos e garantias individuais assegurados, bem como a forma de seu exercício.

Por essa razão, o conhecimento de todo e qualquer instituto de Direito deverá ter, sempre e necessariamente, como ponto de partida o conhecimento dos princípios e regras constitucionais a ele direcionados.

É importante ter presente que a essência do Estado de Direito está no fato de ser regido por normas que, indistintamente, submetem todos os seus integrantes – ou seja, governantes e governados.

O estudo das normas demonstra que há diferentes níveis de abrangência, bem como de incorporação de valores, o que não pode ser olvidado.

Princípios são normas de maior amplitude, que traduzem os valores consagrados pelo sistema jurídico que fundam e, por isso, direcionadores de todas as atividades da sociedade que organizam – de todas as esferas de poder e da coletividade.

Geraldo Ataliba [2007:34], nosso inesquecível Mestre, asseverava que:

"Os princípios são linhas mestras, os grandes nortes, as diretrizes magnas do sistema jurídico. Apontam os rumos a serem seguidos por toda a sociedade e obrigatoriamente perseguidos pelos órgãos do governo (poderes constituídos).

"Eles expressam a substância última do querer popular, seus objetivos e desígnios, as linhas mestras da legislação, da administração e da jurisdição. Por estas não podem ser contrariados; têm que ser prestigiados até as últimas conseqüências."

Para Celso Antônio Bandeira de Mello [2007:932-933] *princípio* é "mandamento nuclear de um sistema, verdadeiro alicerce dele, disposição fundamental que se irradia sobre diferentes normas compondo-lhes o espírito e servindo de critério para sua exata compreensão e inteligência exatamente por definir a lógica e a racionalidade do sistema normativo, no que lhe confere a tônica e lhe dá sentido harmônico. É o conhecimento dos princípios que preside a intelecção das diferentes partes componentes do todo unitário que há por nome sistema jurídico positivo".

Os princípios, como espelho dos valores consagrados pelo ordenamento, já vimos, apresentam diferentes gradações e podem ser expressos ou implícitos, isto é, inferíveis pela conjugação de outros.

J. J. Gomes Canotilho [1993:171-172], constitucionalista português, alertando para a importância do estudo dos princípios não só para o conhecimento, como para a aplicação, interpretação e integração do direito positivo, destaca seus "níveis de gradação" e ressalta sua dupla função: (a) uma, *positiva*, consistente na fixação da diretriz, conteúdo e limites a serem observados pelos demais subprincípios e normas jurídicas; (b) outra, *negativa*, consistente na impossibilidade de se introduzir no sistema qualquer norma que entre em confronto com sua diretriz.

Na análise dos princípios constitucionais, segundo o ilustre autor, há os "princípios estruturantes", fornecedores das diretrizes básicas de organização estrutural do sistema constitucional. Tais princípios são densificados por outros princípios ou subprincípios – os princípios constitucionais gerais. Por sua vez, os "princípios constitucionais gerais", informadores dos princípios estruturantes, densificam-se pelos "princípios constitucionais especiais", que são informados e densificados pelas "regras constitucionais" [Canotilho 1993:165-183].

Transportando estas noções para nosso sistema jurídico, temos como princípios estruturantes o Estado de Direito, o princípio republicano, o princípio democrático e o princípio federativo (arts. 1º e 3º da CF), densificados pelos princípios gerais da legalidade, isonomia e do devido processo legal, dentre outros (art. 5º, I, II e LIV, da CF).

No tocante à Administração Pública, são especiais os princípios estabelecidos nos arts. 37, *caput* e § 6º, e 93, X, da CF,[6] a serem informados pelas demais regras constitucionais regentes da função administrativa.

Da mesma forma, há princípios especiais que direcionam o conjunto seqüencial de atos que, desenvolvidos perante quaisquer das esferas de Poder, são ou não destinados à solução de controvérsias. Trata-se dos princípios especiais norteadores do "processo".

Assim, o estudo do processo administrativo passa, necessariamente, pelo conhecimento e compatibilização dos princípios que limitam a atuação da Administração Pública com aqueles direcionadores do processo – relembrando que, neste ponto, é preciso apartar aqueles que se destinam à solução de conflitos, de outros.

7.2.2 Princípios constitucionais direcionadores da Administração Pública

Inicialmente é preciso lembrar que nenhuma Constituição deve ser lida ou interpretada de forma tópica, em partes, como se independentes e isoladas fossem. Por isso, apesar de a atual Constituição concentrar no Capítulo VII as principais diretrizes para a Administração Pública, nele não se esgotam.

Assim, o estudo dos princípios norteadores da Administração Pública, portanto, não pode estar dissociado dos princípios estruturantes, dos princípios gerais, bem como daqueles que, implicitamente, se pode extrair do ordenamento constitucional.

Dentre os últimos, parece-nos importante lembrar a boa-fé, a razoabilidade e a proporcionalidade.

Dos princípios gerais aplicáveis à Administração Pública, especialmente no que diz respeito mais diretamente ao tema em estudo, os princípios da certeza e segurança jurídica e do devido processo legal merecem tratamento mais aprofundado.

Ademais, os princípios e regras insertos no art. 37 do texto constitucional comandam a atuação da Administração Pública, direta e in-

6. Legalidade, impessoalidade, moralidade, publicidade, eficiência, responsabilidade e motivação.

direta, em quaisquer esferas de poder (federal, estadual, municipal ou distrital). São eles: legalidade, impessoalidade, moralidade, publicidade, eficiência e responsabilidade.

Vejamos, sinteticamente, a essência de cada um deles.

7.2.2.1 *Princípio da segurança jurídica*

A *segurança jurídica* implica, no mínimo, a existência de confiabilidade, certeza e não-arbitrariedade da conduta do Estado. *Confiabilidade*, no sentido de que os cidadãos estejam seguros de que os postulados básicos do ordenamento serão cumpridos; *certeza*, revelada pelo conhecimento prévio das normas jurídicas, dos meios pelos quais são produzidas e dos recursos que garantam seu cumprimento; e *não-arbitrariedade*, assegurada pela proteção dos direitos, eventualmente violados, por meio de órgão independente e preexistente, cuja atuação se faça por regras *a priori*, estabelecidas e conhecidas.

Surpresa e instabilidade, de fato, não se coadunam com os postulados do Estado de Direito. Por isso, como ressalta Roque Antônio Carrazza, "o princípio da segurança jurídica ajuda a promover os valores supremos da sociedade, inspirando a edição e a boa aplicação das leis, dos decretos, das portarias, das sentenças, dos atos administrativos etc.". E, lembrando Alfredo Augusto Becker, afirma que "uma das funções mais relevantes do Direito é 'conferir certeza à incerteza das relações sociais' (Becker), subtraindo do campo de atuação do Estado e dos particulares qualquer resquício de arbítrio. Como o Direito é a 'imputação de efeitos a determinados fatos' (Kelsen), cada pessoa tem elementos para conhecer previamente as conseqüências de seus atos" [Carrazza 2007:420-421].

Não obstante correntemente tratado como implícito, o princípio da segurança jurídica está previsto expressamente pelo texto constitucional, em seu art. 5º, *caput*, ao dispor que "todos são iguais perante a lei, (...) garantindo-se aos brasileiros (...) o direito à vida, à liberdade, à igualdade, à segurança e à propriedade, (...)".

Destarte, *certeza* e *segurança* são metas do sistema jurídico no Estado de Direito, viabilizadas, principalmente, pelos princípios da legalidade e igualdade.

7.2.2.2 *Princípio do devido processo legal*

Tratamos o *devido processo legal* (na expressão originária, *due process of law*) como princípio constitucional geral, dada a amplitude com que, segundo pensamos, deve ser entendido à luz do texto constitucional de 1988, que pela primeira vez o adotou expressamente, em seu art. 5º, LIV.[7]

Nas Constituições anteriores inferia-se o *devido processo legal* como corolário dos princípios da legalidade e da igualdade, fruto de construção doutrinária e jurisprudencial que, durante anos, defendeu sua observância, nos moldes dos ensinamentos colhidos no Direito Norte-Americano, que o absorveu do Direito Anglo-Saxônico, onde nasceu, desenvolvendo-o e ampliando-o.

Originalmente aparece no Direito Inglês do século XIII,[8] como obrigatoriedade de obediência à denominada *law of the land*, isto é, à "lei da terra", visando, tão-somente, a limitar a atuação arbitrária da Monarquia. Nesta fase representava garantia a um processo judicial ordenado em conformidade com a lei do local, sem implicar qualquer limitação à atuação do Parlamento ou proteção aos direitos individuais do cidadão.

Posteriormente foi incorporado pelas colônias inglesas na América, antes mesmo da sua libertação, como fruto da reação contra a supremacia das normas da Coroa Britânica. Introduzido, pela primeira vez, com a Emenda V, ampliou-se, posteriormente, com a Emenda XIV.[9]

Na América do Norte, portanto, o princípio deixou de ser uma garantia estritamente processual, passando a servir como limite à atuação do Congresso, constituindo-se, ao lado do princípio da isono-

7. CF, art. 5º, LIV: "ninguém será privado da liberdade ou de seus bens sem o devido processo legal; (...)".

8. Ainda na Idade Média foi introduzido pela Magna Carta, em 1215, como uma conquista dos barões feudais ingleses perante o rei João Sem Terra, representando uma limitação às ações reais.

9. A Emenda V introduziu o *devido processo legal* como proibição à atuação do Governo Federal desvinculada de lei. Mas foi com a Emenda XIV, agregando-se a outras proteções de direitos e garantias fundamentais, que tomou consistência, configurando uma limitação à atuação do Estado, restringindo o arbítrio legislativo Sobre o assunto, consultem-se San Tiago Dantas [1953] e Carlos Roberto de Siqueira Castro [1989].

mia, num importante instrumento de controle de legalidade e assumindo, assim, sua feição substancial.

Ademais, ao se afastar do conceito de garantia eminentemente processual, a cláusula do *devido processo legal* presta-se também a cumprir um papel de instrumentalização hermenêutica, guiando e limitando a atividade dos intérpretes para a observância dos princípios e direitos sistematicamente consagrados, especialmente no controle da interferência estatal na vida dos cidadãos.[10]

Em nosso ordenamento, o princípio do *devido processo legal*, introduzido no inciso LIV do art. 5º da CF, é diretriz a toda seqüência de atos desenvolvidos no âmbito de quaisquer dos três Poderes estatais (Legislativo, Executivo e Judiciário), no exercício de suas respectivas funções (típicas ou atípicas), seja a destinada à produção normativa, seja à sua execução ou à solução de controvérsias, sempre que o resultado possa implicar privação de bens ou da liberdade de alguém.

Especificamente no âmbito da Administração Pública, o princípio do devido processo legal cumpre o papel de direcionador do exercício da função administrativa em sentido amplo, ou seja, voltada ao atendimento dos interesses públicos, visando ou não à solução de litígios.

7.2.2.3 *Princípio da legalidade*

O *princípio da legalidade* é traço distinto do exercício da função administrativa, uma vez que, diferentemente dos demais integrantes da coletividade, o administrador público, cuja atuação é voltada ao atendimento dos interesses e necessidades públicas, só pode e deve fazer o que está expressamente previsto em lei.

10. Neste sentido as palavras de Carlos Roberto de Siqueira Castro [1989:69], *in verbis*: "(...) é certo que a partir da terceira década do século em curso, com a consagração do 'Estado Social' e a retração da interferência judicial na organização do domínio econômico e social, a cláusula *due process of law* passa ser cada vez mais aplicada em *non-economic matters*, experimentando uma magnífica revitalização como instrumento de controle das invasões estatais nas faculdades ditas personalistas e de caráter não-econômico, quais sejam aquelas reputadas essenciais ao exercício da personalidade humana e, ainda, da cidadania. Dentre essas, pode-se mencionar a liberdade de pensamento e de opinião, o direito à informação, as chamadas liberdades de 'participação política', como o direito de votar e ser votado, bem como o de representar e de fiscalizar os atos do Poder Público".

Hely Lopes Meirelles [2007:87-88], sintetizando as características da atuação administrativa, afirmava ser aquela em que "não há liberdade nem vontade pessoal. Enquanto na administração particular é lícito fazer tudo que a lei não proíbe, na Administração Pública só é permitido fazer o que a lei autoriza. A lei para o particular significa 'pode fazer assim'; para o administrador público significa 'deve fazer assim'".

Para Seabra Fagundes [1982:81], "onde há lei escrita, não pode haver arbítrio. Por outro lado, sendo a função administrativa, que constitui o objeto das atividades da Administração Pública, essencialmente realizadora do Direito, não se pode compreender seja exercida sem que haja texto legal autorizando-a ou além dos limites deste".

No campo da atuação administrativa a observância da legalidade não se restringe apenas à sua forma, mas, sobretudo, há que se guiar pela finalidade a ser atingida – qual seja, a realização do interesse público.

Celso Antônio Bandeira de Mello [2007:52-84], ressaltando a importância da finalidade inerente à legalidade da atuação administrativa, afirma que o regime jurídico administrativo está assentado sobre duas pilastras básicas, embora implícitas no sistema, quais sejam: a "supremacia do interesse público sobre o interesse privado" e a "indisponibilidade, pela Administração, dos interesses públicos".

Não resta dúvida de que no Estado Democrático de Direito a legalidade deve estar lastreada à legitimidade do seu conteúdo, cujos interesses consagrados devem encontrar ressonância nos reais anseios da coletividade.

A aferição do cumprimento da legalidade não se satisfaz com a simples verificação do "veículo" por meio do qual se introduzem as regras no ordenamento, requerendo, ainda, tanto a análise do cumprimento das finalidades impulsionadoras da atuação administrativa como dos meios utilizados para sua consecução.

A finalidade será, sempre, a busca dos interesses públicos, predeterminados pelo ordenamento jurídico. Os meios serão os adequados e proporcionais à finalidade buscada. Isto significa que ser *legal* não quer dizer fazer parte de lei, e sim respeitar o ordenamento, suas diretrizes e finalidades representativas do "povo", e não a serviço do poder.

O princípio da legalidade, especificamente direcionador da atuação da Administração Pública, implica o respeito ao *devido processo legal* (art. 5º, LIV, da CF), também em sentido amplo e substancial.

7.2.2.4 *Princípio da impessoalidade*

A *impessoalidade* visa a afastar a personalização no exercício do poder, característica essencial do Estado de Direito e da República, onde a função administrativa só pode estar voltada aos interesses públicos, que sempre se sobrepõem aos interesses particulares e são indisponíveis, pois não pertencem ao titular do poder, mas, sim, a toda a coletividade.

O fundamento do princípio da impessoalidade está na busca da neutralidade da atividade administrativa, traduzindo-se por dois conteúdos: um positivo, outro negativo. *Positivamente*, significa que a neutralidade e a objetividade devem estar presentes sempre em todos os comportamentos da Administração Pública. *Negativamente*, revela a proibição da prática de comportamentos subjetivos e pessoais, afastados da finalidade de consecução dos interesses públicos.

Sintetizando, Lúcia Valle Figueiredo define [2006:63]: "A impessoalidade caracteriza-se, pois, na atividade administrativa pela valoração objetiva dos interesses públicos e privados envolvidos na relação jurídica a se formar, independentemente de qualquer interesse político".

Enquanto dever da Administração, é direito do administrado que a atuação administrativa seja impessoal, afastando-se do subjetivismo dos atos em razão de interesses particulares, da busca de vantagens pessoais, facilitadas, inclusive, pela proximidade com o poder.

José Afonso da Silva ressalta como característica do princípio da impessoalidade a distinção entre os atos dos agentes administrativos e o órgão que os emana, como decorrência da tripartição dos Poderes. Em outras palavras, toda e qualquer atividade administrativa está atrelada ao seu órgão prolator, e não ao agente por meio do qual se exterioriza e materializa. Nas palavras do autor: "(...), as realizações administrativo-governamentais não são do funcionário ou autoridade, mas da entidade pública em nome de quem as produzira" [Silva 2007:667-668].

Neste sentido, a regra constitucional que impede a promoção pessoal das autoridades administrativas pela publicidade dos atos e serviços realizados pelos órgãos públicos – aliás, minimamente lembrada – é norma densificadora da impessoalidade.[11]

11. CF, art. 37, § 1º: "A publicidade dos atos, programas, obras, serviços e campanhas dos órgãos públicos deverá ter caráter educativo, informativo ou de orientação social, dela não podendo constar nomes, símbolos ou imagens que caracterizem promoção pessoal de autoridades ou servidores públicos".

7.2.2.5 *Princípio da moralidade*

No que concerne à Administração Pública, o *princípio da moralidade* foi introduzido pelo jurista francês Hauriou, isto em 1927, na obra *Précis Élémentaire de Droit Administratif*. Para o autor a moralidade administrativa está relacionada aos princípios básicos da boa administração, segundo uma disciplina interna, e não referida ao conceito de moral comum.

A moralidade da atuação administrativa será aferida, portanto, com olhos voltados a todo o conjunto normativo integrante do ordenamento, donde se extraem os fundamentos e as finalidades por ele buscadas, representativos dos anseios da coletividade.

Pelo princípio da moralidade, pois, repugnam-se os atos de excesso de poder, de desvio das finalidades públicas, de corrupção e destinados à obtenção de proveito pessoal.

Sintetizando, nas sempre precisas palavras de Cármen Lúcia Antunes Rocha [1994:195]: "A obrigação jurídica de conduzir-se segundo os parâmetros de moralidade administrativa não apenas submete o administrador público, mas também o legislador, como antes salientado, pois, no Estado de Direito, é este que elabora, em geral, a norma segundo a qual aquele se deverá conduzir. Assim, o Direito elaborado e positivado não poderá ser validado se não se acatar aquele princípio. O que se constata, então, é que o princípio da moralidade administrativa não apenas tem o sentido da moralidade da Administração Pública segundo o Direito, mas a moralidade do Direito para o aperfeiçoamento das atividades da Administração. A moralidade não está apenas no Direito. O Direito legítimo traz o grão e produz o fruto da moralidade".

Em desdobramento ao estabelecido no *caput* do art. 37, o legislador constituinte estabelece a punição dos atos de improbidade administrativa (§ 4º do art. 37) e dá aos cidadãos a ação popular, como instrumento de defesa de seus direitos diante de atos lesivos à moralidade administrativa (art. 5º, LXXIII).

Destarte, a moralidade, erigida a princípio constitucional, ao lado da legalidade e da finalidade pública, fornece o dimensionamento às atividades estatais, que devem ser exercidas com os padrões éticos e sociais consagrados pelo ordenamento jurídico global. Dá substância à legalidade, incorporando conceitos como boa-fé, lealdade, honestidade, atrelando-os à finalidade buscada.

7.2.2.6 *Princípio da publicidade*

A exigência da *publicidade* dos atos da Administração Pública decorre da própria natureza do Estado Republicano e Democrático. Não obstante, o retrospecto histórico retrata períodos nos quais a publicidade foi desrespeitada no exercício da função administrativa. Talvez seja essa a razão pela qual a Constituição de 1988 erigiu-a princípio expresso.

O objetivo precípuo da publicidade é possibilitar ou facilitar as formas de controle da Administração Pública previstas constitucionalmente, respeitando-se os direitos fundamentais decorrentes da cidadania. Trata-se de imperativo para a implementação da transparência na atuação administrativa, uma vez que as finalidades a serem alcançadas são públicas – o que afasta, necessariamente, os interesses pessoais e individualizados. É, portanto, imprescindível o conhecimento da forma, dos meios e do conteúdo de todos os atos praticados na esfera da Administração.

Advirta-se que a publicidade não deve estar a serviço de campanhas promocionais para os agentes públicos, sob pena de se configurar desvirtuamento e representar, ainda, afronta ao princípio da impessoalidade.

Em decorrência do princípio da publicidade, a Constituição prevê o direito dos cidadãos de receber, dos órgãos públicos, informações de seu interesse particular ou coletivo (art. 5º, XXXIII), o direito de petição em defesa de direito ou contra ilegalidade ou abuso de poder e o direito de obtenção de certidões em repartições públicas, para defesa de direitos e esclarecimento de situações de interesse pessoal, independentemente de pagamento de taxas (art. 5º, XXXIV), a necessidade de concurso público para investidura em cargo ou emprego públicos (art. 37, II), a obrigatoriedade do processo de licitação pública para contratação de obras e serviços públicos, bem como para aquisições e alienações (art. 37, XXI), a publicidade dos julgamentos do Poder Judiciário, bem como a motivação das decisões administrativas e judiciais (art. 93, IX e X), dentre outros.

7.2.2.7 *Princípio da eficiência*

O *princípio da eficiência*, como norteador da Administração Pública, foi expressamente introduzido no *caput* do art. 37 pela Emenda

Constitucional 19, de 4.6.1998, não obstante já pudesse ser considerado como implícito no próprio regime jurídico de qualquer atuação estatal.

Entende-se por "eficiência" a virtude de produzir os efeitos desejados; razão pela qual, quando relacionada ao exercício de função administrativa, tais efeitos devem estar atrelados às finalidades públicas.

A função administrativa, já vimos, destina-se à "gerência das coisas públicas" e à conquista dos interesses e finalidades de todos. Por essa razão, a prestação do serviço público é um dever, a ser cumprido com a maior presteza possível para o atingimento do objetivo almejado, de forma qualitativamente adequada aos interesses comuns. Com efeito, de nada adiantaria um resultado de alta qualidade, porém inútil, diante do atraso em sua produção; ou, por outro lado, um resultado rapidamente obtido, porém errado, incompleto ou inadequado à sua finalidade.

Ademais, considerando-se que os fins públicos se distinguem daqueles buscados pelos particulares, toda e qualquer atuação da Administração realizada para atendimento das necessidades de um administrado que, diretamente, a provocou deve conciliar os interesses deste com os interesses da coletividade.

Portanto, a medida da eficiência do serviço público deve levar em conta o resultado alcançado por essa conciliação de interesses, aferida numa relação de proporcionalidade entre a qualidade do serviço prestado e o tempo utilizado para sua prestação.

7.2.2.8 *Princípio da responsabilidade objetiva*

O *princípio da responsabilidade objetiva* foi pela primeira vez veiculado na Constituição brasileira de 1946, e posteriormente repetido pela Constituição de 1967 e também pela atual Constituição.

Trata-se da imputação da responsabilidade independentemente da perquirição da culpa ou dolo, consagração do resultado de um processo de evolução e ampliação da noção da responsabilidade estatal, fruto de árduo trabalho doutrinário e jurisprudencial, coincidente com a mudança de concepção do Estado, que, basicamente, é retratada por três teorias: a teoria da irresponsabilidade total, a teoria civilista e as teorias publicistas da culpa do serviço e do risco administrativo. É o reconhecimento de que a atuação estatal voltada ao atendimento das necessidades e interesses públicos pode, algumas vezes, provocar dano na esfera dos direitos individuais. Isto ocorre quer sejam lícitos (atos estatais estribados na legalidade) ou ilícitos (atos estatais praticados sem prévia previsão legal ou com violação à lei) os atos praticados, bem como sejam eles decorrentes de atos positivos (comissivos) ou de omissão (ausência da prática de ato).

Nessa situação, ainda que se reconheça a supremacia do interesse público sobre o privado, impõe-se que o dano causado em prol do interesse coletivo seja suportado pelos beneficiários da prática do ato danoso. Vale dizer, a reparação do ato, em face da responsabilidade objetiva imposta ao Estado, recai sobre a mesma coletividade em benefício da qual o ato danoso foi praticado, e decorre da simples atuação do Estado.

Celso Antônio Bandeira de Mello [2007:967] define a *responsabilidade extracontratual do Estado* como "a obrigação que lhe incumbe de reparar economicamente os danos lesivos à esfera juridicamente garantida de outrem e que lhe sejam imputáveis em decorrência de comportamentos unilaterais, lícitos ou ilícitos, comissivos ou omissivos, materiais ou jurídicos".

Assim, basta a existência de um *nexo de causalidade* para fazer nascer a *imputabilidade* do Estado e, conseqüentemente, o dever de reparação, desde que seja a causa idônea, suficiente e, direta ou indiretamente, relacionada com o efeito produzido – o dano. Todavia, nem todo dano provocado pelo exercício da atividade estatal é passível de indenização, uma vez que em determinadas circunstâncias sua ocorrência é conseqüência inevitável da convivência social, sendo unânime a doutrina em reconhecer, sinteticamente, como indenizável o *dano injusto*.[12]

É importante ter presente que no caso dos atos lícitos, com a responsabilização do Estado, cuja finalidade é reparar o dano, se protege o direito individual, preservando-se a igualdade assegurada pelo sistema, visando ao restabelecimento das condições anteriores à sua ocorrência. Tem, então, natureza compensatória e busca o reequilíbrio jurídico entre o particular e o Estado, abalado pela conduta danosa deste

12. Sobre as características do dano indenizável, recomendamos a leitura da obra de Weida Zancaner [1981].

último.[13] De outro lado, os atos estatais ilícitos, por configurarem violação do princípio da legalidade, ou seja, dos *direitos subjetivos dos administrados*, geram um dever de ressarcimento de natureza reparatória.

A responsabilidade objetiva do Estado, entretanto, não afasta o dever do Estado de perquirir a existência de culpa ou dolo na ação que é praticada pelos seus agentes e, se for o caso, buscar, via ação de regresso, o ressarcimento dos cofres públicos. Isto porque cabe ao Estado zelar e fiscalizar os atos praticados por seus agentes, punindo-os adequadamente, quando necessário. Ademais, a responsabilidade objetiva decorrente da teoria do risco administrativo implica a atuação do Estado com a finalidade de atendimento do interesse público. Se, de um lado, o indivíduo não está sujeito a arcar, sozinho, com um dano decorrente de sua atuação em prol do interesse público, de outro lado, não se pode conceber que a coletividade suporte o ônus ocasionado pela prática de um ato cujo dano só foi ocasionado porque cometido com culpa ou dolo do agente público, cuja atuação está sujeita ao controle estatal. Por essa razão, ainda que responda, objetiva e diretamente, perante o particular, a regressão do Estado contra o agente causador do dano, segundo pensamos, é obrigatória, e não facultativa. Primeiro porque afronta o interesse público a manutenção de maus funcionários, e segundo porque os recursos financeiros utilizados na reparação do dano são patrimônio público.[14]

13. Nas lições do mestre Celso Antônio Bandeira de Mello [2007:981]: "No caso de comportamentos *lícitos*, assim como na hipótese de danos *ligados a situação criada pelo Poder Público* – mesmo que não seja o Estado o próprio autor do ato danoso –, entendemos que o fundamento da responsabilidade estatal é garantir uma equânime repartição dos ônus provenientes de atos ou efeitos lesivos, evitando que alguns suportem prejuízos ocorridos por ocasião ou por causa de atividades desempenhadas no interesse de todos. De conseguinte, seu fundamento é o princípio da igualdade, noção básica do Estado de Direito".

14. Nesse sentido J. J. Gomes Canotilho [1974:104-105]: "A figura do ilícito culposo não pode nem deve ser absorvida pela responsabilidade objectiva. Em primeiro lugar, o elemento culpa, normativamente entendido, contribui salutarmente para um efeito preventivo na actuação danosa dos agentes públicos, obrigando-os a precisar as ações que devem ser adotadas e os comportamentos censuráveis que se terão de evitar. Só a culpa do agente permite delimitar os casos de direito de regresso e só um sistema de responsabilidade por culpa fornece expediente idôneo para soluções materialmente justas ao possibilitar a conotação do grau da culpa do funcionário em face das dificuldades e necessidades do serviço. E os administrados, embora lhes

Finalmente – lembramos, à luz do atual § 6º do art. 37 da CF –, a responsabilidade objetiva abarca as pessoas jurídicas de direito público e de direito privado prestadoras de serviço público.[15]

7.2.2.9 *Princípio da motivação*

Muito embora inserido, formalmente, em outro capítulo do texto constitucional,[16] o *princípio da motivação* rege toda a atividade administrativa, como corolário necessário do Estado Democrático de Direito.

A motivação das decisões visa a assegurar a confiabilidade e a transparência em todas as esferas da atuação administrativa e é imprescindível para seu controle, assegurado constitucionalmente.

Não se sustenta o entendimento de que a motivação deva ser obedecida exclusivamente pelo Judiciário, porque o inciso IX encontra-se no capítulo reservado à estrutura do Poder Judiciário. Tampouco é razoável defender que, nos termos do inciso X, a motivação, na esfera administrativa, está restrita às decisões proferidas pelos órgãos colegiados (tribunais administrativos). Primeiramente porque a localização formal das normas jurídicas não lhes retira a essência, afastando-as de sua finalidade dentro do ordenamento. Ademais, as normas constitucionais devem ser interpretadas sistematicamente e em conformidade com os princípios e finalidades que permeiam todo o contexto no qual se inserem, sob pena de não se lhes dar aplicabilidade suficiente e adequada.

importe a reparação, não deixam de ter interesse na legalidade ou regularidade da actuação administrativa".

15. Observe-se que, apesar de o art. 43 do CC de 2002, posterior à Constituição Federal de 1988, não se referir expressamente à responsabilidade objetiva das pessoas jurídicas de direito privado, prevalece, por óbvio, o disposto na norma constitucional, que lhe é hierarquicamente superior.

16. Título IV ("Da Organização dos Poderes"), Capítulo III ("Do Poder Judiciário"), art. 93: "IX – todos os julgamentos dos órgãos do Poder Judiciário serão públicos, e fundamentadas todas as decisões, sob pena de nulidade, podendo a lei limitar a presença, em determinados atos, às próprias partes e a seus advogados, ou somente a estes, em casos nos quais a preservação do direito à intimidade do interessado no sigilo não prejudique o interesse público à informação; X – as decisões administrativas dos tribunais serão motivadas e em sessão pública, sendo as disciplinares tomadas pelo voto da maioria absoluta de seus membros; (...)".

De fato, não é razoável, e nenhum sentido teria, inclusive em face do *devido processo legal* (art. 5º, LIV), admitir que somente da atuação administrativa implementada por meio dos tribunais administrativos (no exercício de função atípica, como já estudado) seria exigível a motivação, sendo certo que todo e qualquer ato administrativa está sujeito ao controle de legalidade.

Lúcia Valle Figueiredo [1996a:98], na análise do disposto pelo inciso X do art. 93 da CF, assim se pronunciou: "A lume da interpretação sistemática não seria de se supor que os tribunais devessem motivar suas decisões administrativas e não fossem a isso obrigados os administradores, a quem cabe expressamente a função administrativa – portanto, de maneira típica".

Ademais, não haveria Estado Democrático se aos cidadãos não fosse dado o conhecimento dos motivos que levam a Administração a tomar determinadas decisões, possibilitando o controle e acesso ao Judiciário, nos termos do assegurado pelo próprio texto constitucional, em seu art. 5º, XXXV;[17] faltariam, no mais das vezes, elementos para aferição do devido processo legal em seu aspecto substancial – e, portanto, da própria justiça das decisões.

Entretanto, não se deve confundir *motivação* com *fundamento legal*, ou seja, a mera indicação do dispositivo de lei no qual se embasou o administrador para a prática do ato. A motivação requer a explicitação das razões que o levaram a praticá-lo, diante de determinadas situações fáticas, desta ou daquela maneira, de onde colherá o administrado os dados necessários ao controle, indicando, inclusive, os caminhos para a revisibilidade na própria esfera administrativa ou perante o Poder Judiciário.

7.2.3 Princípios específicos direcionadores do processo administrativo

O estudo dos princípios que regem o processo administrativo pressupõe o conhecimento das distinções tratadas no primeiro tópico deste capítulo.

17. CF, art. 5º, XXXV: "a lei não excluirá da apreciação do Poder Judiciário lesão ou ameaça a direito; (...)".

Em suma, apenas para relembrar, o processo administrativo é a seqüência de atos desenvolvidos perante a Administração Pública, no exercício de sua função típica ou atípica (judicante), com a finalidade de atender aos interesses públicos, cujo resultado é a produção de ato destinado ou não à solução de controvérsias (contencioso).

É óbvio que, por se inserir no âmbito de atuação da Administração Pública, o processo administrativo sujeita-se também a todos aqueles princípios que, diretamente, devem ser por ela observados, conforme já visto.

Há, entretanto, princípios específicos, e que se prestam ao direcionamento da atividade processual propriamente dita, sendo alguns aplicáveis apenas na hipótese de controvérsia.

Vamos tratá-los separadamente.

7.2.3.1 *Princípios direcionadores do processo administrativo não-contencioso*

7.2.3.1.1 Princípio da audiência do interessado ou direito de petição

O *direito de petição*, previsto no art. 5º, XXXIV, "a", da CF,[18] assegura ao cidadão a possibilidade de reivindicar ou defender seus direitos perante quaisquer das esferas de atuação do Poder Público. Portanto, todos têm o direito de ser ouvidos em seus pleitos.

Diante do direito de petição, assegurado a qualquer cidadão, cumpre à Administração Pública receber o pedido e lhe dar o devido encaminhamento até decisão final, que deverá obrigatoriamente ser produzida. Ou seja, o direito de resposta é inerente ao princípio de que ora se trata, o que não significa, entretanto, que o pleito deve ser necessariamente aceito ou deferido. Vale dizer, o direito à obtenção de resposta não se confunde com o direito à obtenção de uma resposta favorável ao interesse do administrado, no caso de não haver fundamento legal para tanto, cabendo-lhe, se o caso, o direito à revisão, do qual trataremos adiante.

18. CF, art. 5º, XXXIV, "a":"são a todos assegurados, independente do pagamento de taxas: a) o direito de petição aos Poderes Públicos em defesa de direito ou contra ilegalidade ou abuso de poder; (...)".

Ademais, até a obtenção da resposta final, durante todo o transcorrer do processo, deve ser assegurado ao administrado o direito de se manifestar, para, por exemplo, esclarecer ocorrências intercorrentes.

O exercício deste direito não implica controvérsia – e, portanto, não caracteriza processo contencioso, pelo menos de início. Pode, entretanto, transformar-se, exatamente nas hipóteses em que haja o inconformismo com a decisão final ou a ausência desta.

7.2.3.1.2 Princípio do informalismo a favor do administrado

O processo administrativo, cuja finalidade última é o atendimento ao interesse público, ao contrário do processo judicial, em regra norteia-se pelo *princípio do informalismo*. Isto porque visa a facilitar o acesso aos órgãos da Administração Pública a todos os administrados.

Note-se que *informalismo* não significa ausência total de formas ou ritos procedimentais, mas, sim, a simplificação dos mesmos – como, por exemplo, a possibilidade de pleitear, em alguns casos, diretamente perante a Administração Pública, independentemente da presença de advogado. Por essa razão, Odete Medauar prefere falar em "formalismo moderado".[19]

Não obstante, há alguns processos aos quais o princípio não se aplica, como, por exemplo, o processo de licitação, o que se justifica pela necessidade de assegurar a legalidade, lisura e transparência dos atos praticados, garantindo a igualdade a todos os participantes.

7.2.3.1.3 Princípio inquisitório ou busca da verdade material

Toda atividade da Administração Pública está alicerçada na indisponibilidade e supremacia do interesse público, como já dito. Por essa

19. Para a autora: "Há ritos e formas, inerentes a todo procedimento. Na verdade, o princípio do formalismo moderado consiste, em primeiro lugar, na previsão de ritos e formas simples, suficientes para propiciar um grau de certeza, segurança, respeito aos direitos dos sujeitos, o contraditório e a ampla defesa; em segundo lugar, se traduz na exigência de interpretação flexível e razoável quanto a formas, para evitar que estas sejam vistas como um fim em si mesmas, desligadas das verdadeiras finalidades do processo" [Medauar 1993:121-122].

razão, o processo administrativo deve perseguir a *busca da verdade*, independentemente do que lhe foi carreado pelo administrado.

O princípio inquisitório, regente do processo administrativo bem como do processo penal, contrapõe-se ao princípio dispositivo, regente dos processos civis, em que se discutem interesses particulares e individuais.

7.2.3.1.4 Princípio da oficialidade

Uma vez iniciado o processo administrativo, cumpre à Administração Pública dar-lhe prosseguimento, independentemente da provocação do administrado.

Trata-se de uma decorrência do princípio da busca verdade material e da natureza da função administrativa, que, em última instância, está voltada ao atendimento das finalidades públicas.

Não obstante, nos casos em que o interesse seja exclusivamente do administrado e o curso do processo não implique reflexos aos interesses públicos, o *princípio da oficialidade* não será aplicável.

7.2.3.1.5 Princípio da gratuidade

A *gratuidade* é forma de garantir e viabilizar o exercício do direito de petição, assegurado constitucionalmente, sem que isto implique ônus econômico a ser suportado pelo administrado, inibindo-o de exercitá-lo.

O princípio da gratuidade, entretanto, admite temperamentos, e deve ser interpretado sempre em face de sua finalidade precípua, qual seja, não impedir o acesso dos administrados à Administração Pública. Dessa forma, há exceções quanto a sua aplicabilidade no processo administrativo contencioso, especialmente na fase recursal, que, contudo, não o invalidam, mas implicam, necessariamente, a observância da razoabilidade e proporcionalidade de eventual cobrança como condição de sua procedibilidade.

7.2.3.1.6 Princípio da revisibilidade (ou pluralidade de instâncias)

O *princípio da revisibilidade* das decisões administrativas encontra fundamento no escalonamento hierárquico dos órgãos internos da

Administração Pública e na obrigatoriedade de controle dos atos dos subordinados pelos seus superiores hierárquicos.

Em face do princípio da legalidade, a criação da estrutura administrativa, seus órgãos internos e respectivos plexos de competências incumbe à lei. A hierarquia impõe a supervisão ou revisibilidade.

É certo que quando o processo se desenvolve no mais alto grau da estrutura administrativa não há mais que se falar em revisibilidade. Todavia, sempre restará ao administrado o acesso ao Poder Judiciário, caso entenda que a decisão do processo lhe afronta direito constitucional ou legalmente assegurado (art. 5º, XXXV, da CF).

O princípio da revisibilidade, que decorre do inconformismo do administrado com a decisão proferida no processo administrativo, leva à transformação da natureza do processo, que, *a priori*, era de cunho não-contencioso.

Maria Sylvia Zanella Di Pietro [1998:402-403], denominando-o de "princípio da pluralidade de instâncias", ressalta: "Levando em conta que é dado ao superior hierárquico rever sempre os atos dos seus subordinados, como poder inerente à hierarquia e independente de previsão legal, haverá tantas instâncias administrativas quantas forem as autoridades com atribuições superpostas na estrutura hierárquica. O administrado que se sentir lesado em decorrência de decisão administrativa pode ir propondo recursos hierárquicos até chegar à autoridade máxima da organização administrativa".

7.2.3.2 *Princípios direcionadores do processo administrativo contencioso*

O *processo administrativo contencioso*, que envolve o confronto de interesses controversos entre Administração e administrado – ou seja, aquele que, nas palavras do constituinte, envolve "litigantes" –, deve respeitar o direito ao contraditório e à ampla defesa.

A Constituição de 1988 pela primeira vez estendeu a obrigatoriedade da observância de tais princípios ao curso do processo administrativo.

7.2.3.2.1 Princípio da ampla defesa

O direito à *ampla defesa* no processo administrativo, sem dúvida, implementa o *devido processo legal* em seu aspecto substancial. Visa a assegurar aos litigantes o direito de expor suas razões, prová-las por todos os meios legalmente permitidos e se manifestar em face das alegações do outro.

Dessa forma, a implementação do princípio implica assegurar o direito à: (a) *defesa técnica*, por profissional habilitado, dando ao administrado maior garantia do conhecimento e defesa de seus eventuais direitos; (b) *produção probatória* de todas as formas permitidas, o que se faz necessário sempre, para a demonstração do direito do administrado.

É evidente a intenção do legislador constituinte ao utilizar a expressão "ampla defesa", de sorte a não deixar qualquer margem à limitação do exercício do direito probatório e de defesa, independentemente de sua maior ou menor complexidade – afastadas, por óbvio, as provas meramente protelatórias ou inúteis.

Geraldo Ataliba explicita o sentido que deve ser atribuído à expressão constitucional na seguinte passagem: "*Ampla* significa lata, extensa, aberta, irrestrita. É causa de nulidade dos procedimentos qualquer tipo de constrangimento ou restrição que reduza, de qualquer forma, a possibilidade que têm os acusados de deduzir as suas razões em juízo, assim como produzir todas as provas testemunhais, documentais, periciais e outras, em seu benefício, em defesa de seus direitos". E, continuando: "Fazendo a Constituição referência aos recursos inerentes à ampla defesa, deve-se entender que há necessidade não só da previsão de possibilidade de recurso, como da existência de mais de um recurso" [Ataliba 1975:30-31].

7.2.3.2.2 Princípio do contraditório

Ao lado da ampla defesa, introduzido pela Carta atual como princípio do processo administrativo, o *princípio do contraditório* configura mais uma faceta do *devido processo legal* e implica o dever de permitir ao administrado rebater todas as afirmações e constatações contrapostas às suas, facultando-se-lhe o conhecimento ou exame de todas as peças e documentos que compõe o procedimento.

Para tanto, ao administrado, no processo administrativo, deve ser assegurado: (a) o *direito de vista* dos autos do procedimento, para conhecimento de todas as peças instrutórias ali contidas, viabilizando seu pronunciamento sobre elas (ampla defesa); (b) o *direito ao silêncio*, caso lhe seja mais conveniente. Aliás, não se pode olvidar que o direito ao silêncio é garantia constitucional de proteção tanto contra a auto-incriminação como quanto ao sigilo profissional (CF, art. 5º, XIV e LXIII).

7.3 Classificação

A separação das diferentes classes de processo administrativo é decorrência lógica e necessária do critério adotado como pressuposto da classificação. O diferencial entre as várias espécies estará, sempre, diretamente relacionado ao ponto de partida estabelecido.

Vamos tomar os principais critérios diferenciadores, sem a pretensão de esgotar o tema.

Assim, temos:

7.3.1 Quanto à finalidade

Quanto à finalidade, subdivide-se o processo administrativo, como já estudado, em: (1) *processo administrativo não-contencioso* – como a sucessão de atos praticados pela Administração Pública com a finalidade de obtenção de um resultado final não destinado à solução de conflitos. Por exemplo, o processo administrativo para obtenção de licença para construir; (2) *processo administrativo contencioso* – como a sucessão de atos praticados pela Administração Pública com a finalidade de obtenção de um resultado final que visa à solução de conflitos. Por exemplo: processo administrativo tributário ou disciplinar.

7.3.2 Quanto à competência para decidir

Quanto à competência para decidir – ou seja, tendo em vista a esfera da Administração Pública na qual se desenvolve –, subdivide-se o processo administrativo em: (1) processo administrativo *federal*; (2) processo administrativo *estadual*; (3) processo administrativo *distrital*; (4) processo administrativo *municipal*.

7.3.3 Quanto ao órgão prolator da decisão

Quanto ao órgão prolator da decisão, subdivide-se o processo administrativo em: (1) *simples* – quando a decisão é de competência de um único agente decididor; (2) *colegiado* – quando a decisão é prolatada por órgãos colegiados (Tribunal de Impostos e Taxas, Conselho de Contribuintes, Conselho de Recursos da Previdência Social).

7.3.4 Quanto à natureza competitiva

Quanto à natureza competitiva, os processos subdividem-se em: (1) *simples ou não-concorrenciais* – que não envolvem a disputa entre vários participantes, como, por exemplo, o pedido de autorização ou permissão para uso de um bem público; (2) *concorrenciais* – que envolvem disputa entre vários participantes. É o caso do processo de licitação.

Competitividade – lembre-se – não se confunde com *litigiosidade*.

A competitividade caracteriza-se pela participação de várias pessoas com a mesma finalidade, sem, entretanto, haver – pelo menos de início – controvérsias entre os participantes que justifique a busca pela decisão administrativa deflagrada pelo início do processo.

A litigiosidade, de seu turno, implica a preexistência de interesses em confronto, e esta é a mola propulsora do processo, desde o início.

7.3.5 Quanto ao resultado produzido ou efeito

Quanto ao resultado produzido ou efeito, os processos subdividem-se em: (1) *declaratórios* – aqueles cujo efeito é a obtenção de uma certeza, de natureza jurídica, quanto a determinado fato ou situação preexistente. Por exemplo, o processo, de iniciativa do administrado, com a finalidade de obter a emissão de certidão de regularidade fiscal; (2) *constitutivos* – cujo efeito é a criação de uma situação jurídica nova.

Estes, por sua vez, podem ser de natureza ampliativa, restritiva ou sancionadora. Subdividem-se, portanto, em: (1) *ampliativos* – quando a situação jurídica nova criada tiver como efeito o aumento da esfera de direitos do destinatário. São exemplos desses processos o pedido, de iniciativa do administrado, de permissão para uso de bem público. Assim também o processo de licitação para aquisição de bens, obras ou serviços, de iniciativa da Administração, com a finalidade de atender a interesse público; (2) *restritivos (ou ablativos)* – quando a situação jurídica nova criada tiver como efeito a diminuição da esfera de direitos do destinatário; como, por exemplo, o processo de revogação de um ato administrativo por razões de conveniência e oportunidade; (3) *sancionadores* – quando a situação jurídica nova criada tiver como efeito a imposição de uma sanção, legalmente prevista, em decorrência de ato infracional praticado pelo destinatário. O processo disciplinar que culmina com a aplicação de uma sanção ao agente público insere-se na modalidade.

7.4 Fases

O processo administrativo, em sua estrutura interna, divide-se em *fases*, representativas de momentos distintos da progressão de toda a sucessão de atos desenrolados rumo ao ato final e concludente.

Muito embora as fases do processo administrativo não devam ser entendidas como compartimentos estanques, a natureza dos atos praticados em cada momento permite a identificação das peculiaridades de cada fase, de suma importância para o controle a que estão sujeitos todos os atos praticados no âmbito da Administração Pública.

A doutrina – com algumas variações de denominação – identifica, basicamente, cinco fases do processo administrativo. São elas:

7.4.1 Fase deflagratória ou propulsiva

É o momento de instauração do processo, tanto pela Administração quanto pelo administrado.

A *fase deflagratória* deverá conter os elementos necessários à finalidade almejada, observando-se as exigências legais previstas para cada espécie de processo.

É importante ter presente que, uma vez deflagrado um processo administrativo, a Administração Pública tem a obrigação de lhe dar continuidade até decisão final, em decorrência da natureza e finalidade da função administrativa.

7.4.2 Fase instrutória

Onde serão apresentados todos os elementos necessários para subsidiar a análise e a decisão do processo.

A *fase instrutória* nos processos administrativos contenciosos é mais dilatada, em face da lide e da aplicação do devido processo legal, da ampla defesa e do contraditório.

Não obstante, também nos processos de natureza não-contenciosa deve ser dada a oportunidade ao administrado de instruir seu pleito com todos os argumentos e documentos que entenda relevantes para fundamentar ou justificar a plausibilidade do pleito deduzido perante a Administração Pública.

Se for o caso, a depender da natureza do processo administrativo, é nessa fase que devem ser apresentadas provas, pareceres e perícias, bem como deve ser ouvido o interessado.

7.4.3 Fase decisória

É o momento final do processo, quando será emanada a decisão ou provimento, que é seu último ato.

A *decisão* ou *provimento* pode advir de órgão singular (agente administrativo) ou de órgão colegiado, conforme o processo. No último caso, embora a decisão seja proveniente de órgão colegiado, o provimento exarado é único, retratando uma unanimidade ou um consenso deliberativo, com maioria de votos dentre seus componentes.

Em face do princípio da motivação, já estudado, a decisão deve ser necessariamente motivada, com a explicitação das razões, de fato e de direito, que a justificaram. Trata-se de requisito indispensável, sob pena de descumprimento do devido processo legal, pois é da motivação que se colhem os elementos que permitem constatar se há (ou não) coerência lógica entre o pedido formulado e a decisão proferida, bem como se está (ou não) em estrita observância às normas (constitucionais e legais) aplicáveis ao caso concreto no mérito (devido processo legal substancial) e ao curso do desenvolvimento do processo administrativo (devido processo legal formal).

7.4.4 Fase integrativa

Também denominada *fase de controle* ou *fase integrativa de eficácia*. Está presente nos processos cuja lei regente exija a prática de determinados atos, de controle, como requisito de validade do provimento adotado.

Os atos de controle podem consubstanciar-se em controle de legalidade (ato de homologação, no processo de licitação) ou controle de mérito, a ser efetivado por autoridade superior (controle hierárquico condicionante de validade do ato autorizatório).

7.4.5 Fase de comunicação ou publicidade[20]

É o momento em que se dá a notícia da decisão na forma legalmente prevista.[21]

A *fase de comunicação* é um marco importante, pois é o termo de início dos direitos e obrigações constituídos pela decisão proferida. É o momento de aperfeiçoamento do processo administrativo.

7.5 Questões correlatas

O exame aprofundado das várias espécies de processo administrativo – tais como processo administrativo de licitação, processo administrativo disciplinar, processo administrativo federal – foge ao espectro do presente, cuja finalidade é tratar dos princípios e regras genericamente aplicáveis ao processo administrativo.

Não obstante, algumas observações se fazem imprescindíveis no que diz respeito a dois institutos relacionados ao processo administrativo disciplinar, a *sindicância* e a *verdade sabida*, espécies do denominado *processo administrativo sumário*.

Ademais, os limites e efeitos das decisões proferidas nos processos administrativos merecem reflexão.

20. Alguns autores inserem na *fase integrativa* os atos de comunicação ou publicidade.

21. Nas palavras de Celso Antônio Bandeira de Mello [2007:486], é a fase na qual "a providência conclusiva é transmitida pelos meios que o Direito houver estabelecido".

7.5.1 Sindicância e devido processo legal

A *sindicância*, prevista no art. 143 da Lei 8.112/1990, que disciplina o Regime Jurídico dos Servidores Públicos Civis da União, Autarquias e Fundações Públicas Federais, caracteriza-se como fase preliminar e destinada à apuração de fatos que possam culminar na instauração do processo administrativo disciplinar. Equipara-se ao inquérito policial que precede o processo penal.

Ressalte-se que, ainda como fase preliminar, a sindicância não afasta a obrigatoriedade de contraditório, devendo-se assegurar, ao agente, a ampla defesa. O referido dispositivo legal é expresso nesse sentido. Todavia, ainda que não fosse, a obrigatoriedade decorre do já examinado art. 5º, LIV e LV, da CF.

Por certo, a obrigatoriedade de observância do *devido processo legal* decorre do efeito que resulta desta espécie de processo administrativo, que necessariamente representará privação de direitos para o agente público envolvido.

Sendo assim, não se admite a imposição de sanção com base apenas no conhecimento da infração – o que se costuma denominar de *verdade sabida* –, ainda que pela pessoa competente para fazê-lo, sem facultar ao infrator a ampla defesa, conforme previsto no atual texto constitucional.[22]

7.5.2 Efeitos das decisões proferidas nos processos administrativos – limites formais e materiais – e a (im)possibilidade de anulação, por iniciativa da Administração Pública, da decisão de mérito proferida pelo Conselho de Contribuintes

Os *limites das decisões proferidas nos processos administrativos*, contenciosos ou não, devem ser analisados à luz do disposto no art. 5º, XXXV, da CF, que garante a apreciação, pelo Poder Judiciário, de qualquer lesão ou ameaça a direito do cidadão.

22. Neste sentido Celso Antônio Bandeira de Mello [2007:834], *in verbis*: "Anote-se, por fim, que a exigência do devido processo legal se incompatibiliza inteiramente com a aplicação de sanções com base na chamada 'verdade sabida', que seria o conhecimento pessoal e direto da infração por parte de quem deva proceder à imposição da sanção, ou a notoriedade de determinado fato".

Destarte, se do exercício da função administrativa, típica ou atípica, resultar lesão ou ameaça a direito de alguém, a atuação do Poder Judiciário, se provocada, é inafastável, com base no referido dispositivo constitucional.

As decisões administrativas, por princípio, têm caráter vinculante tanto para o administrado quanto para a Administração Pública. Todavia, somente serão definitivas e terão o *status* da imutabilidade para o administrado se este as acatar. Caso discorde, poderá buscar, pelas vias de acesso à Justiça, a mutação da decisão proferida pela Administração Pública, a fim de lhe afastar os efeitos. Isto vale para decisões simples, ou seja, provenientes de autoridade administrativa, e para decisões de órgão colegiado.

O mesmo não se aplica, por óbvio, à Administração Pública, que, no exercício de sua legítima competência judicante, ao decidir favoravelmente a interesse ou direito do administrado, está definitivamente vinculada aos efeitos produzidos pela decisão. Não é lógico nem razoável, e se apresenta incompatível com a repartição de funções constitucionalmente estabelecida, admitir que, após proferir decisão favorável ao administrado, a autoridade administrativa ou o órgão colegiado devesse submetê-la à apreciação do Poder Judiciário. Isto representaria, a toda evidência, o esvaziamento da razão de existência dos órgãos judicantes no âmbito da Administração Pública.

Ademais, não se pode esquecer que, no exercício do autocontrole, é dever da Administração Pública a anulação de atos ilícitos, produzidos com violação à lei ou aos princípios norteadores de sua função. Vale dizer que a impossibilidade de submeter à reapreciação do Poder Judiciário não afasta o poder-dever de autocontrole, imposto à Administração Pública como decorrência do regime jurídico ao qual se submete.[23]

23. Não obstante, em agosto/2004 o Ministro da Fazenda publicou despacho aprovando o Parecer PGFN/CRJ-1.087, de 19.7.2004, pelo qual ficou esclarecido que existe, sim, a possibilidade jurídica de as decisões do Conselho de Contribuintes do Ministério da Fazenda que lesarem o patrimônio público serem submetidas ao crivo do Poder Judiciário, pela Administração Pública, quanto à sua legalidade, juridicidade ou diante de erro de fato; podem ser intentadas ação de conhecimento, mandado de segurança, ação civil pública ou ação popular; a ação de rito ordinário e o mandado de segurança podem ser propostos pela Procuradoria-Geral da Fazenda Nacional, por meio de sua unidade do foro da ação; a ação civil pública pode ser proposta pelo órgão competente; já a ação popular somente pode ser proposta por cidadão, nos termos da Constituição Federal.

7.5.3 A (im)possibilidade de exame, pelos Tribunais Administrativos, da inconstitucionalidade das leis

Outra importante questão é saber se, no processo administrativo, os órgãos administrativos podem examinar e decidir as *alegações de inconstitucionalidade das leis*.

Ora, a atividade administrativa está norteada pelo princípio da legalidade estrita, ou seja, o administrador público só pode agir se, quando e na medida em que a lei determinar. Por isso, não lhe é permitido, no exercício da função administrativa, deixar de aplicá-la.

De outro lado, como já visto, quando a Administração Pública é chamada a decidir conflitos de interesse, o faz no exercício de função administrativa judicante – e, portanto, atípica. Caberia, aqui, avaliar se a admissibilidade da atribuição da função judicante para a Administração Pública justificaria, conseqüentemente, a admissibilidade para que se pronunciasse acerca da inconstitucionalidade de lei.

Parece-nos inegável a importância de, inicialmente, distinguir as duas esferas de atuação administrativa (típica ou atípica), como premissa para a análise.

No exercício de função típica sequer se coloca a questão, a nosso ver. Já, no que concerne ao exercício da função atípica a questão se põe, em face dos princípios que regem o processo administrativo contencioso (ampla defesa e contraditório).

De fato, afastar a possibilidade do exame da inconstitucionalidade da lei implica cercear, limitar, o espectro de defesa do administrado. Equivale ao fechamento das portas da esfera administrativa para a discussão – o que é questionável, em face do disposto no art. 5º, LV, da CF.

Por outro lado, é o diploma constitucional que, ao atribuir competências e dividir funções, dá ao STF, órgão integrante do Poder Judiciário, a tarefa de se pronunciar definitivamente sobre a matéria.

Entretanto, não se pode esquecer que as normas constitucionais devem ser interpretadas sistematicamente, para que delas se possa extrair a melhor e mais adequada aplicabilidade, que preserve a unidade, integração, eficiência e máxima efetividade [Moraes 2005:9-11].

Endossamos o pensar de Lúcia Valle Figueiredo [2006:463], que, no que diz respeito aos tribunais administrativos que desempenham função judicante, assim se manifestou:

"Afigura-se-nos possível a não-aplicação de lei inconstitucional, considerando-se que tais órgãos, como o Tribunal de Impostos e Taxas de São Paulo (TIT) ou o Conselho de Contribuintes, estão a exercitar função administrativa *atípica* (é dizer, 'judicante'). A assertiva é coerente em face do art. 5º, LV, da Constituição (conseqüência do amplo contraditório e defesa).

"De outra parte, a situação não seria a mesma na hipótese de o administrador estar exercendo sua função típica – concreção da utilidade pública. Nesta hipótese entendemos possível, apenas, ao chefe do Executivo determinar o não-cumprimento da lei desde que argúa sua inconstitucionalidade (princípio da segurança jurídica)".

De seu turno, Odete Medauar [1993:237] observa que: "Cogitando-se de argumentação jurídica, nada obsta à invocação de inconstitucionalidade inclusive no processo administrativo tributário; isso porque a Constituição norteia o exercício de todos os Poderes estatais, e, portanto, tais Poderes devem zelar pelo seu cumprimento; por outro lado, o nosso sistema de constitucionalidade apresenta-se predominantemente difuso, o que implica a atuação de todos os Poderes na sua realização".

As Câmaras Reunidas do Tribunal de Impostos e Taxas (órgão administrativo de segunda e última instância na esfera estadual) já decidiram reconhecendo sua competência para deixar de aplicar lei inconstitucional ou decreto ilegal em casos concretos,[24] mas o entendimento não é unanimemente consolidado.

O Conselho de Contribuintes posiciona-se também sobre sua incompetência para decidir sobre matéria constitucional.

7.6 Conclusão

O processo administrativo, enquanto produto do exercício de função administrativa, típica ou atípica, deve, durante seu desenvolvimento e no resultado, pautar-se nos fundamentos constitucionais estudados, em quaisquer das esferas da Administração Pública e em quaisquer instâncias.

24. Decisão no Processo SF-2713/95, Câmaras Reunidas, *DOE* 25.7.1995.

Sendo assim, os pontos abordados servem de importante instrumento para direcionar o estudo das diferentes espécies de processo administrativo legalmente estabelecidas no ordenamento jurídico pátrio.

Bibliografia

ALESSI, Renato [1955]. *La Responsabilità della Pubblica Amministrazione*. 3ª ed. Milão, Giuffrè Editore.

_________ [1971]. *Principi di Diritto Ammnistrativo*. vols. I e II. Milão, Giuffrè Editore.

ASSIS, Alexandre C. de. "Excesso de poder e discricionariedade. Controle judicial". In: *RDP* 92. São Paulo, Ed. RT.

ATALIBA, Geraldo [1975]. "Princípios de procedimento tributário". In: VV. AA. *Novo Processo Tributário*. São Paulo, Resenha Tributária.

_________ [2007]. *República e Constituição*. 2ª ed., 4ª tir. São Paulo, Malheiros Editores.

BALEEIRO, Aliomar [1974]. *Limitações Constitucionais ao Poder de Tributar*. Rio de Janeiro, Forense.

BANDEIRA DE MELLO, Celso Antônio [2007]. *Curso de Direito Administrativo*. 24ª ed. São Paulo, Malheiros Editores.

_________ [2007a]. *Discricionariedade e Controle Jurisdicional*. 2ª ed., 8ª tir. São Paulo, Malheiros Editores.

_________ [2007b]. *O Conteúdo Jurídico do Princípio da Igualdade*. 3ª ed., 15ª tir. São Paulo, Malheiros Editores.

BANDEIRA DE MELLO, Oswaldo Aranha [2007]. *Princípios Gerais de Direito Administrativo*. 3ª ed., vol. I ("Introdução"). São Paulo, Malheiros Editores.

BASTOS, Celso Ribeiro [1991]. *Curso de Direito Constitucional*. 12ª ed. São Paulo, Saraiva.

BOBBIO, Norberto [1996]. *Teoria do Ordenamento Jurídico*. 7ª ed. Brasília, UnB.

BOTTALLO, Eduardo Domingos [1997]. *Procedimento Administrativo Tributário*. São Paulo, Ed. RT.

CANOTILHO, J. J. Gomes [1974]. *O Problema da Responsabilidade do Estado por Actos Ilícitos*. Coimbra, Livraria Almedina.

_________ [1982]. *Constituição Dirigente e Vinculação do Legislador*. Coimbra, Livraria Almedina.

_________ [1993]. *Direito Constitucional*. 6ª ed. Coimbra, Livraria Almedina.

CARRAZZA, Roque Antônio [2007]. *Curso de Direito Constitucional Tributário*. 23ª ed. São Paulo, Malheiros Editores.

CARVALHO, Paulo de Barros. "O princípio da segurança jurídica em matéria tributária". In: *RDTributário* 61. São Paulo, Malheiros Editores.

CASTRO, Carlos Roberto de Siqueira [1989]. *O Devido Processo Legal e a Razoabilidade das Leis na Nova Constituição do Brasil*. Rio de Janeiro, Forense.

COSTA, Regina Helena. "Conceitos jurídicos indeterminados e discricionariedade administrativa". In: *RDP* 95. São Paulo, Ed. RT.

CUNHA, Paulo Ferreira da [1987]. *O Procedimento Administrativo*. Coimbra, Livraria Almedina.

DALLARI, Adilson de Abreu. "Administração Pública no Estado de Direito". In: *RTDP* 5. São Paulo, Malheiros Editores.

DANTAS, San Tiago [1953]. "Igualdade perante a lei e *due process of law*". In: *Problemas de Direito Positivo*. Rio de Janeiro, Forense.

DI PIETRO, Maria Sylvia Zanella [1991]. *Discricionariedade Administrativa na Constituição de 1988*. São Paulo, Atlas.

__________ [1998]. *Direito Administrativo*. 9ª ed. São Paulo, Atlas.

__________ [2004]. *Direito Administrativo*. 17ª ed. São Paulo, Atlas.

DINAMARCO, Cândido Rangel [2005]. *A Instrumentalidade do Processo*. 12ª ed. São Paulo, Malheiros Editores.

DINIZ, Maria Helena, FERRAZ JR., Tércio Sampaio, e GEORGAKILAS, Ritinha A. Stevenson [1989]. *Constituição de 1988 – Legitimidade, Vigência e Eficácia – Supremacia*. São Paulo, Atlas.

DROMI, José Roberto [1987]. *Manual de Derecho Administrativo*. vol. 1. Buenos Aires.

ENGISH, Karl [1988]. *Introdução ao Pensamento Jurídico*. 6ª ed. Lisboa, Fundação Calouste Gulbenkian.

ENTERRÍA, Eduardo García de [1983]. *La Lucha Contra las Inmunidades del Poder*. Madri, Cuadernos Civitas.

__________, e FERNÁNDEZ, Tomás Ramón [1991]. *Curso de Direito Administrativo*. São Paulo, Ed. RT.

FERNÁNDEZ, Tomás Ramón, e ENTERRÍA, Eduardo García de [1991]. *Curso de Direito Administrativo*. São Paulo, Ed. RT.

FERRAZ JR., Tércio Sampaio. "Segurança jurídica e normas gerais". In: *RDTributário* 17-18. São Paulo, Ed. RT.

__________ [1976]. *Conceito de Sistema no Direito*. São Paulo, Ed. RT.

__________, DINIZ, Maria Helena, e GEORGAKILAS, Ritinha A. Stevenson [1989]. *Constituição de 1988 – Legitimidade, Vigência e Eficácia – Supremacia*. São Paulo, Atlas.

FERREIRA FILHO, Manoel Gonçalves [1995]. *Curso de Direito Constitucional*. 22ª ed. São Paulo, Saraiva.

FIGUEIREDO, Lúcia Valle [1996a]. "Devido processo legal e fundamentação das decisões". In: *Estudos de Direito Tributário*. São Paulo, Malheiros Editores.

_________ [1996b]. *Estudos de Direito Tributário*. São Paulo, Malheiros Editores.

_________ [1996c]. "O devido processo legal e a responsabilidade do Estado por dano decorrente do planejamento". In: *Revista do TRF-3ª Região* 28. São Paulo, IMESP.

_________ [1997]. "Estado de Direito e devido processo legal". In: *Revista do TRF-3ª Região* 32. São Paulo, Lejus.

_________ [2006]. *Curso de Direito Administrativo*. 8ª ed. São Paulo, Malheiros Editores.

GARRIDO FALLA, Fernando [1982]. *Tratado de Derecho Administrativo*. vol. 1. Madri, Cuadernos Civitas.

GASPARINI, Diógenes [1995]. *Direito Administrativo*. 4ª ed. São Paulo, Saraiva.

GEORGAKILAS, Ritinha A. Stevenson, DINIZ, Maria Helena, e FERRAZ JR., Tércio Sampaio [1989]. *Constituição de 1988 – Legitimidade, Vigência e Eficácia – Supremacia*. São Paulo, Atlas.

GIANNINI, Massimo Severo [1993]. *Diritto Ammnistrativo*. Milão, Giuffrè Editore.

GORDILLO, Agustín A. [1971]. *Procedimiento y Recursos Administrativos*. 2ª ed. Buenos Aires, Ediciones Macchi.

_________ [1979]. *Tratado de Derecho Administrativo*. 3ª ed. Buenos Aires, Ediciones Macchi.

_________ [1981]. "Legalidad y urgencia en el derecho administrativo". In: *Revista del Seminario Internacional de Derecho Administrativo*. San Jose, Colegio de Abogados de Costa Rica.

LARENZ, Karl [1993]. *Metodologia da Ciência do Direito*. 5ª ed., trad. de José Lamego. Lisboa, Fundação Calouste Gulbenkian.

MACHADO, Hugo de Brito [1995]. "O devido processo legal administrativo tributário e o mandado de segurança". In: *Processo Administrativo Fiscal*. São Paulo, Dialética.

MAXIMILIANO, Carlos [1993]. *Hermenêutica e Aplicação do Direito*. 13ª ed. Rio de Janeiro, Forense.

MEDAUAR, Odete [1993]. *A Processualidade no Direito Administrativo*. São Paulo, Ed. RT.

_________ [1994]. "As garantias do devido processo legal, do contraditório e da ampla defesa no processo administrativo tributário". In: *Repertório IOB de Jurisprudência* 12. Caderno 1.

_________ [1995]. "Processualização e publicidade dos atos do processo administrativo fiscal". In: *Processo Administrativo Fiscal*. São Paulo, Dialética.

MEIRELLES, Hely Lopes [2007]. *Direito Administrativo Brasileiro*. 33ª ed. São Paulo, Malheiros Editores.

MELO, José Eduardo Soares de [1995]. "Processo administrativo tributário". In: *Processo Administrativo Fiscal*. São Paulo, Dialética.

_________ [1996]. "O princípio da moralidade no direito tributário". In: *Pesquisas Tributárias, Nova Série 2*. São Paulo, Ed. RT.

MERKEL, Adolfo [1975]. *Teoría General del Derecho Administrativo*. México, Nacional.

MICHELI, Gian Antonio [1978]. *Curso de Direito Tributário*. São Paulo, Ed. RT.

MORAES, Alexandre de [2005]. *Direito Constitucional*. 17ª ed. São Paulo, Atlas.

ROCHA, Cármen Lúcia Antunes [1994]. *Princípios Constitucionais da Administração Pública*. Belo Horizonte, Del Rey.

SANDULLI, Aldo [1957]. "Procedimento ammnistrativo". In: *Novissimo Digesto Italiano*. 3ª ed., vol. XIII. Turim, UTET.

_________ [1964]. *Il Procedimento Ammnistrativo*. Milão, Giuffrè Editore.

SEABRA FAGUNDES, M. [1982]. *O Controle dos Atos Administrativos pelo Poder Judiciário*. São Paulo, Saraiva.

SIQUEIRA CASTRO, Carlos Roberto de [1989]. *O Devido Processo Legal e a Razoabilidade das Leis na Nova Constituição do Brasil*. Rio de Janeiro, Forense.

SILVA, José Afonso da [2007]. *Curso de Direito Constitucional Positivo*. 29ª ed. São Paulo, Malheiros Editores.

SUNDFELD, Carlos Ari. "A importância do procedimento administrativo". In: *RDP* 84. São Paulo, Ed. RT.

XAVIER, Alberto [1975]. *Do Procedimento Administrativo*. São Paulo, José Bushatsky Editor.

_________ [1978]. *Os Princípios da Legalidade e da Tipicidade da Tributação*. São Paulo, Ed. RT.

ZANCANER, Weida [1981]. *Da Responsabilidade Extracontratual da Administração Pública*. São Paulo, Ed. RT.

_________ [2001]. *Da Convalidação e da Invalidação dos Atos Administrativos*. 2ª ed., 3ª tir. São Paulo, Malheiros Editores.

Capítulo 8

LICITAÇÃO

ANTÔNIO CECÍLIO MOREIRA PIRES

8.1 Conceito

A Administração Pública, por força do regime jurídico a que se submete, diferentemente dos particulares, não tem liberdade para realizar suas contratações, haja vista que o art. 37, XXI, da CF obriga o Poder Público a instaurar o denominado *procedimento licitatório* para a celebração de contratos de obras, serviços, compras e alienações, salvo as excepcionalidades previstas em lei.

Quanto ao aspecto conceitual, a doutrina oferta as mais diversas definições para o processo de contratação da Administração Pública. Para Hely Lopes Meirelles [2007:272-273]: "*Licitação* é o procedimento administrativo mediante o qual a Administração Pública seleciona a proposta mais vantajosa para o contrato de seu interesse".

Por sua vez, Adilson de Abreu Dallari [1997] entende que: "Licitação é um procedimento administrativo unilateral, discricionário, destinado à seleção de um contratante com a Administração Pública para a aquisição ou alienação de bens, a prestação de serviços e a execução de obras".

Não é o caso, aqui, de trazermos à baila as diversas conceituações doutrinárias acerca da licitação, mas, tão-somente, colher subsídios nos ensinamentos dos Mestres precitados, de sorte a ofertar algumas conclusões que nos parecem preponderantes para a exata compreensão do instituto jurídico em comento.

Com efeito, não temos dúvidas de que a licitação é um procedimento administrativo, posto que composto de uma sucessão de atos administrativos, cuja validade do último ato depende dos anteriores.

Nesse sentido – e considerando a licitação como um procedimento, que implica uma atividade regrada –, ousamos divergir da lição prelecionada por Adilson de Abreu Dallari quando o ilustre autor classifica a licitação como *procedimento discricionário*. No nosso entender – e acompanhando a doutrina majoritária –, temos que o procedimento licitatório é de caráter vinculado.

Ora, se existe discricionariedade no procedimento licitatório, esta encontra-se cingida ao momento da instauração da licitação, definição de seu objeto e condições de execução etc., sendo que os atos subseqüentes se caracterizam pela vinculação.

De outra parte, no que diz respeito à finalidade da licitação, vislumbramos, de plano, dois objetivos distintos: selecionar a melhor proposta para o contrato de interesse da Administração e ofertar ao particular iguais chances para contratar com o Poder Público, em obediência aos princípios da isonomia e impessoalidade.

É de lapidar clareza, portanto, que a licitação é um instrumento obrigatório para a Administração com vistas a realizar suas contratações e, nesse mesmo passo, também se constitui em instrumental capaz de possibilitar aos particulares chances igualitárias para, eventualmente, celebrar um contrato com o Poder Público.

Assim é que, para nós, a licitação é um procedimento administrativo vinculado, pelo qual a Administração oferta iguais chances ao particular, com vistas a escolher a proposta mais vantajosa para o contrato de seu interesse, observadas as disposições da lei.

8.2 Normas gerais

O art. 22, XXVII, da CF estabeleceu a competência legislativa privativa da União para legislar sobre normas gerais de licitação e contratação, em todas as modalidades, para as Administrações Públicas diretas, autárquicas e fundacionais da União, Estados, Distrito Federal e Municípios, obedecido o disposto no art. 37, XXI, e para as empresas públicas e sociedades de economia mista, nos termos do art. 173, § 1º, III.

Considerando os dispositivos sobreditos, imperioso se torna estabelecer os contornos constitucionais do instituto da licitação. A Constituição Federal, ao estabelecer que cabe à União editar normas gerais de licitação e contratos, abre para os demais entes da Administração Pública a possibilidade da edição de normas específicas sobre a matéria.

Entretanto, um rápido perpassar de olhos pela Lei 8.666/1993 é suficiente para se concluir que o legislador ordinário foi taxativo ao dizer: "Esta Lei estabelece normas gerais sobre licitações e contratos administrativos (...)". Ora, em razão de tal afirmação, temos um impasse: todos os dispositivos constantes da Lei de Licitações devem ser considerados como normas gerais? Se assim entendermos, teremos que concluir que muito pouco, ou quase nada, remanesce para os demais entes da Administração Pública no que concerne a licitações e contratos.

Em razão disso, a doutrina pátria muito tem discutido a questão, posicionando-se das mais diversas maneiras. Cabe, aqui, externar nossa posição, sem, obviamente, ter a intenção de esgotar a questão.

Um exame mais detalhado do art. 22, XXVII, de nossa Carta Magna é suficiente para concluir que a competência privativa da União para legislar sobre licitações e contratos diz respeito, unicamente, às chamadas *normas gerais*. Com isto, não são necessários maiores esforços de interpretação para concluir que Estados, Municípios e Distrito Federal poderão legislar sobre aspectos específicos da matéria, respeitadas, por óbvio, as regras nucleares e gerais da licitação e contratos, de competência exclusiva da União.

Conseqüentemente, é impossível aceitar que todos os dispositivos da Lei de Licitações e Contratos são de cunho geral. Aceitar essa hipótese seria, em última análise, dizer que uma lei ordinária (no caso a Lei de Licitações e Contratos Administrativos) poderia alterar uma regra constitucional – o que é impossível. Sobremais disso, uma interpretação mais atenta leva-nos a asseverar que se encontra implícita no dispositivo constitucional em comento a competência legislativa dos demais entes da Administração Pública para a edição de normas específicas de licitações e contratos, haja vista que a competência da União se restringe às normas gerais.

Pensar de outra maneira seria deitar por terra a autonomia dos entes políticos compreendidos na União, posto que estaríamos a conceber uma alteração do Federalismo Brasileiro, que se compõe da União e *de ordem parciais autônomas*, constituídas pelos Estados, Distrito Federal e Municípios. Em outras palavras, as cláusulas pétreas da Constituição Federal, constantes do art. 60, estariam indiretamente alteradas.

Com acerto, é de se concluir que nem tudo na Lei 8.666/1993 pode ser considerado como normas gerais. Aliás, neste ponto chegamos a um outro impasse: o que são *normas gerais*?

Diogo de Figueiredo Moreira Neto [1988:149-150], sintetizando o entendimento de diversos autores, indica que normas gerais são institutos que: "(a) estabelecem princípios, diretrizes, linhas mestras e regras jurídicas gerais (Bühler, Maunz, Burdeau, Pontes, Pinto Falcão, Cláudio Pacheco, Sahid Maluf, José Antînio da Silva, Paulo de Barros Carvalho, Marco Aurélio Greco); (b) não podem entrar em pormenores ou detalhes nem, muito menos, esgotar o assunto legislado (Matz, Bühler, Maunz, Pontes, Manoel Gonçalves Ferreira Filho, Paulo de Barros Carvalho e Marco Aurélio Greco); (c) devem ser regras nacionais, uniformemente aplicáveis a todos os entes públicos (Pinto Falcão, Souto Maior Borges, Paulo de Barros Carvalho, Carvalho Pinto e Adilson de Abreu Dallari); (d) devem ser regras uniformes para todas as situações homogêneas (Pinto Falcão, Carvalho Pinto e Adilson de Abreu Dallari); (e) só cabem quando preencham lacunas constitucionais ou disponham sobre áreas de conflito (Paulo de Barros Carvalho e Geraldo Ataliba); (f) devem referir-se a questões fundamentais (Pontes e Adilson de Abreu Dallari); (g) são limitadas, no sentido de não poderem violar a autonomia dos Estados (Pontes, Manoel Gonçalves Ferreira Filho, Paulo de Barros Carvalho e Adilson de Abreu Dallari); (h) não são normas de aplicação direta (Burdeau e Cláudio Pacheco)".

Ao lume das lições em comento, temos que concluir pela existência de elementos comuns a todos os autores: a idéia de uma limitação, que impede a edição de normas de conteúdo particularizante.

Meditando sobre tudo isso, parece-nos acertado dizer que *normas gerais* são aquelas de caráter genérico, sobranceiramente mais abstrato, desprovidas de maiores detalhes e minúcias, destinadas a estabelecer uma diretriz para os demais entes políticos da Federação.

Tendo por norte os elementos balizadores ora expendidos, cumpre-nos apontar na Lei 8.666/1993, sem qualquer pretensão de ofertamos um rol taxativo, as normas que, ao nosso ver, são de cunho eminentemente geral. Assim, os dispositivos relativos à obrigatoriedade da licitação, aos princípios norteadores do procedimento, bem como aqueles que estatuem as modalidades, tipos e prazos, devem ser considerados normas de cunho geral.

8.3 Princípios norteadores da licitação

Inexiste uniformidade entre os doutrinadores acerca dos princípios que norteiam o procedimento licitatório. A doutrina não se posiciona de maneira uniforme. A exemplo, José Roberto Dromi [1977:134] indica apenas dois princípios como informadores da licitação: o da livre concorrência e o da igualdade entre os concorrentes. Celso Antônio Bandeira de Mello [2007:521], por sua vez, concebe cinco princípios cardeais para a licitação: competitividade, isonomia, publicidade, respeito às condições prefixadas no edital e possibilidade de o disputante fiscalizar o atendimento aos princípios anteriores.

Em que pese às divergências doutrinárias acerca da matéria, é certo dizer que o art. 3º da Lei 8.666/1993 estabelece, explicitamente, que a licitação deverá obedecer ao princípio constitucional da isonomia e selecionar a proposta mais vantajosa para a Administração, impondo como princípios típicos de licitação a legalidade, impessoalidade, moralidade, igualdade, publicidade, probidade administrativa, vinculação ao instrumento convocatório e julgamento objetivo.

Neste contexto, passemos, pois, a examinar cada um dos princípios insculpidos no diploma legal das licitações e sua interface com o procedimento licitatório.

8.3.1 Princípio da legalidade

O *princípio da legalidade* é de grande relevância no procedimento licitatório, tendo em vista que a licitação deve estar estritamente vinculada aos ditames da legislação que rege a matéria.

Em outro dizer, isso significa que a lei define as condições de atuação da Administração, de sorte a estabelecer uma seqüência lógica dos atos administrativos que integram o procedimento licitatório, ressalvada a competência discricionária das definições específicas da contratação desejada.

Destarte, em razão dessa competência discricionária remanesce, portanto, à Administração certa margem de liberdade, circunscrita, tão-somente, aos aspectos específicos da licitação, tais como o momento de realizá-la, seu objeto, as condições de execução etc., ficando o procedimento por conta da estrita vinculação à lei.

Maria Sylvia Zanella Di Pietro [2006:354], exortando o leitor quanto à importância da legalidade em matéria de licitação, traz a pêlo o art. 4º da Lei de Licitações. Por esse dispositivo, todos aqueles que participam do certame têm direito subjetivo público à fiel observância do pertinente procedimento licitatório.

De se ver, os ensinamentos da autora reforçam a nossa tese sobre a incidência do princípio da legalidade na licitação. A legalidade encontra-se circunscrita à questão do procedimento, podendo a Administração estabelecer, em edital, requisitos específicos para a contratação, observados os demais princípios norteadores do instituto em exame.

É de relevância, ainda, assinalar que o princípio da legalidade, nos expressos termos do art. 5º, II, de nossa Lei maior, estabelece que "ninguém será obrigado a fazer ou deixar de fazer alguma coisa senão em virtude de lei". De conseguinte, não pode o edital de licitações, como mero ato administrativo que é, criar obrigações para o licitante sem expressa previsão legal.

Claro está, todavia, que o atendimento ao princípio da legalidade não mais pode ficar limitado à velha afirmação de que *o administrador só pode fazer aquilo que está previsto em lei*. A legalidade, antes de tudo, implica o atendimento das disposições do Direito como um todo. Implica, pois, o atendimento ao nosso sistema jurídico, devendo, portanto, ser concebida na sua forma extensiva.

8.3.2 Princípio da impessoalidade

Se a Administração Pública, em razão da isonomia, está obrigada a tratar a todos no mesmo pé de igualdade, temos que o *princípio da impessoalidade* vem, em última análise, a concretizar a imposição constitucional trazida no conteúdo da isonomia. Isso porque, pelo princípio da impessoalidade, a Administração está obrigada a pautar seus atos única e exclusivamente com vistas ao cumprimento do interesse público, sendo vedado, portanto, o estabelecimento de cláusulas ou condições que imponham privilégios ou prejuízos a quem quer que seja, de modo a permitir que todos sejam tratados de forma igualitária.

Logo, a impessoalidade impede a existência de distinções fundadas no caráter pessoal do interessado, sem qualquer relevância para a licitação.

8.3.3 Princípio da moralidade

Pelo *princípio da moralidade*, não é suficiente que a Administração Pública revista seus atos da mais completa licitude; é preciso, ainda, que esses mesmos atos estejam consoante a moral.

Note-se, todavia, que não estamos a falar da moral comum, mas, sim, da moralidade administrativa. Rodolfo de Camargo Mancuso [1993:73], com esteio em Hariou, ensina: "A moralidade administrativa, que nos propomos a estudar, não se confunde com a moralidade comum, ela é composta por regras da boa administração, ou seja: pelo conjunto de regras finais e disciplinares suscitadas não só pela distinção entre o bem e o mal, mas também pela idéia geral de administração e pela idéia de função administrativa".

É fato que o princípio da moralidade impõe ao intérprete uma maior dificuldade para alcançar o sentido de seu conteúdo. Entretanto, é possível asseverar que a observância da moralidade em matéria de licitação veda à Administração a edição de procedimentos licitatórios pautados por critérios outros que não aqueles tendentes a realizar o interesse público, sustentado por padrões de ética, de honestidade e de justiça.

8.3.4 Princípio da igualdade

Por sua vez, a *igualdade* também integra o rol dos princípios basilares da licitação. Seu conteúdo impede o estabelecimento de cláusulas ou condições que frustrem o objetivo maior da licitação, que é a escolha da melhor proposta para o contrato de interesse da Administração.

Assim é que todos aqueles que com a Administração desejem contratar devem ter iguais chances de participação no certame licitatório. Salientamos, por pertinente, que a isonomia não pode ser entendida de forma absoluta. Em outro giro, estamos a dizer que não configura inobservância à isonomia o estabelecimento de requisitos mínimos para participação do interessado no certame, desde que estritamente necessários e observadas a razoabilidade e a proporcionalidade.

É de se notar, portanto, que o atendimento ao princípio da isonomia não veda o estabelecimento de discriminações, desde que estas tenham um nexo de pertinência lógica com o objeto da licitação, e observadas as disposições da lei.

8.3.5 Princípio da publicidade

O *princípio da publicidade* obriga a Administração a divulgar não somente a licitação propriamente dita, como, também, todos os atos inseridos no contexto do procedimento licitatório, atingindo, inclusive, a própria execução do contrato administrativo.

Melhor dizendo, todos os atos compreendidos no âmbito do processo licitatório podem ser conhecidos por todos quantos se interessarem pelo certame, de modo a propiciar sua fiscalização.

É evidente, portanto, que não pode mais a Administração ficar arraigada a práticas de passado não tão longínquo, quando ocorria um verdadeiro apossamento de papéis, expedientes e processos administrativos, a que se imputava sempre um caráter sigiloso. Hodiernamente, a abrangência do princípio da publicidade obriga a Administração a se pautar pela transparência, podendo o interessado ter vistas do processo licitatório a qualquer momento, inclusive no que diz respeito aos atos que compreendem a fase interna da licitação.

Doutra parte, fazemos apenas uma exceção à publicidade em matéria de licitação: o conteúdo dos envelopes será de caráter sigiloso. Entretanto, com sua abertura, em ato público, perde-se a característica de sigilo, ficando ao alcance de todos os interessados.

Outro aspecto que deve ser salientado é a íntima relação entre a publicidade e a necessária competição que deve existir nos procedimentos licitatórios. Quanto maior for a publicidade, maiores as chances de a Administração atingir um maior número de interessados e, portanto, maiores as chances de obter a melhor proposta para o contrato de seu interesse.

8.3.6 Princípio da probidade administrativa

A *probidade administrativa* encontra-se intimamente ligada com o princípio da moralidade. Saliente-se que a probidade administrativa tem contornos mais definidos que a moralidade. Note-se que nossa Lei Fundamental, em seu art. 37, § 4º, estabelece que "os atos de improbidade administrativa importarão a suspensão dos direitos políticos, a perda da função pública, a indisponibilidade dos bens e o ressarcimento ao erário, na forma e gradação previstas em lei, sem prejuízo da ação penal cabível". Por sua vez, a Lei 8.429/1992 traz em seu bojo as hipóteses em que a frustração da licitude do processo licitatório ou sua dispensa indevida importam ato de improbidade administrativa.

8.3.7 Princípio da vinculação ao instrumento convocatório

Importa dizer que a *vinculação ao instrumento convocatório* se revela em princípio dos mais essenciais na licitação. Deveras, o princípio da vinculação ao instrumento convocatório, além de se encontrar explicitamente mencionado no art. 3º, *caput*, da Lei 8.666/1993, encontra-se gizado também em seu art. 41, *caput*, estabelecendo que "a Administração não pode descumprir as normas e condições do edital, ao qual se acha estritamente vinculada".

O dispositivo legal em foco traz como condição basilar da licitação a necessária observância das normas contidas no edital. Aliás, nem poderia ser de outro modo. Seria inconcebível que a Administração fixasse em edital as regras que devem pautar a licitação e, depois, a seu exclusivo talante, as alterasse.

Claro está que não estamos a dizer que o edital ou convite não possa ser alterado ou corrigido na hipótese de verificação da existência de qualquer irregularidade. Neste caso, poderá a Administração providenciar as alterações necessárias, com a conseqüente republicação e reabertura de prazo, desde que a alteração implique mudança das condições de apresentação de documentos e propostas. Em outras palavras, estamos a dizer que, na hipótese de a reforma do instrumento convocatório implicar alteração das condições de apresentação dos documentos e das propostas, deve a Administração republicar o edital, devolvendo o prazo na integralidade aos licitantes, em observância ao princípio da isonomia.

Há de se observar, ainda, que a vinculação ao edital se dirige tanto à Administração quanto ao licitante proponente. Se a Administração se afastar das regras do edital, estará a cometer flagrante ilegalidade, que poderá ensejar a anulação da licitação. Quanto ao licitante, deve ele atender a todos os requisitos dispostos em edital, sob pena de ser alijado do conclave, seja por meio de inabilitação, seja mediante sua desclassificação, conforme o caso.

Anote-se, por oportuno, que observar o princípio da vinculação ao edital não significa atender a meras formalidades sem qualquer conteúdo ou finalidade – que, aliás, nem deveriam constar do instrumento convocatório. O atendimento ao princípio da vinculação ao edital importa atender aos condicionantes relativos à apresentação dos documentos e da proposta, sendo inválidas todas as demais condições que frustrem o caráter competitivo da licitação.

8.3.8 Princípio do julgamento objetivo

O julgamento da licitação implica a escolha da melhor proposta para o contrato de interesse da Administração. Certo é asseverar que esta escolha não poderá ocorrer norteada pela vontade pessoal do agente ou, ainda, impregnada por critérios de ordem subjetiva. O *julgamento objetivo* impõe à Administração a obrigatoriedade de escolher a melhor proposta, de acordo com o critério determinado no edital, sem qualquer subjetividade ou discricionariedade.

A Lei de Licitações, em seu art. 45, I a IV, estabeleceu, para fins de julgamento objetivo, os tipos de licitação, a saber: menor preço, melhor técnica, técnica e preço e maior lance ou oferta – a que nos reportaremos oportunamente.

8.3.9 Princípios correlatos à licitação

Outros princípios também podem ser elencados como imanentes ao procedimento licitatório, tais como *contraditório* e *ampla defesa* e *competitividade*, dentre outros, embora não constem expressamente do art. 3º da Lei de Licitações, sobre o qual nos propusemos discorrer.

No decorrer desse capítulo, e conforme a necessidade, estaremos, em outra oportunidade, examinaNdo os princípios remanescentes.

8.4 As modalidades de licitação

Cinco são as *modalidades de licitação* previstas no art. 22 da Lei de Licitações, a saber: concorrência, tomada de preços, convite, concurso e leilão. Por conta da Medida Provisória 2.026/2000, posteriormente convertida na Lei 10.520/2002, foi introduzido o *pregão* como nova modalidade de licitação, que objetiva a contratação de bens e serviços comuns, independentemente de seu valor. Portanto, modernamente, temos seis modalidades de licitação.

8.4.1 Concorrência

A Lei 8.666/1993, conforme expressa previsão do art. 22, § 1º, define a *concorrência* como "modalidade de licitação entre quaisquer interessados que, na fase inicial de habilitação preliminar, comprovem possuir os requisitos mínimos de qualificação exigidos no edital para execução de seu objeto". A concorrência é modalidade de licitação própria para as contratações de maior vulto, em que se admite a participação de quaisquer interessados, cadastrados ou não, desde que atendam a todas as condições do edital, convocados com a antecedência mínima prevista na lei.

A concorrência é obrigatória para obras e serviços de engenharia de valor superior a R$ 1.500.000,00 e para compras e serviços que não sejam de engenharia de valor superior a R$ 650.000,00, na forma do disposto no art. 22, I, "c", e II, "c", da Lei 8.666/1993.[1]

A publicidade da concorrência deve ser ampla, devendo o edital ser publicado ao menos uma vez no *Diário Oficial* dos respectivos entes federados a que pertencer o órgão licitante e também em jornal de grande circulação no Estado e, ainda, se houver, em jornal de circulação no Município onde será realizada a obra, prestado o serviço ou fornecido, alienado ou alugado o bem. Devemos lembrar também que, dependendo do vulto da licitação, poderão ser utilizados outros meios de comunicação, com vistas a aumentar a necessária competitividade do procedimento licitatório.

Quanto ao prazo de publicação do edital de concorrência, a Administração deverá providenciá-lo com um mínimo de 30 dias para as concorrências do tipo menor preço (art. 21, § 2º, II, "a", da Lei 8.666/1993) e um mínimo de 45 dias para as concorrências do tipo melhor técnica ou técnica e preço, bem assim para os contratos que objetivam a denominada empreitada integral (art. 21, § 2º, I, "b", da Lei 8.666/1993).

8.4.2 Tomada de preços

Por sua vez, a *tomada de preços* é definida no art. 22, § 2º, da Lei 8.666/1993 como "modalidade de licitação entre interessados devida-

1. Hoje, por força da Lei 10.520/2002, regulamentada pelos Decretos 3.555/2000 e 5.450/2005, os bens e serviços considerados comuns deverão ser licitados mediante pregão, preferencialmente na forma eletrônica, independentemente de seu valor. Assim, as licitações que objetivam a aquisição de bens ou a contratação de serviços que não sejam de engenharia, ainda que se encontrarem com valor correspondente às modalidades de concorrência, tomada de preços ou convite, mas sejam considerados bens ou serviços comuns, deverão se realizar mediante pregão.

mente cadastrados ou que atenderem a todas as condições exigidas para cadastramento até o terceiro dia anterior à data do recebimento das propostas".

Com efeito, a atual Lei de Licitações, diferentemente da legislação precedente, estabeleceu dois condicionantes distintos para o interessado participar dessa modalidade de licitação, a saber: licitantes previamente cadastrados e outros não-cadastrados mas que atendam a todos os condicionantes exigidos para o cadastramento até o terceiro dia anterior à data do recebimento das propostas.

Com isso, a tomada de preços desnaturou-se em relação à legislação anterior, que permitia tão-somente a participação de licitantes previamente cadastrados. Verifica-se, portanto, que se ampliou a competição, na medida em que essa modalidade de licitação não mais está restrita unicamente aos licitantes cadastrados – fato, este, que, sem dúvida alguma, terminou por gerar uma série de controvérsias sobre a questão.

Para solver essa questão, muitos entendem que o interessado não-cadastrado deverá apresentar a documentação perante a comissão de cadastro, no prazo determinado na última parte do art. 22, § 2º, da Lei 8.666/1993.[2] Entretanto, esse não nos parece ser o melhor entendimento, tendo em vista que seria impossível ao licitante que atendeu ao condicionante da lei – ter toda documentação necessária para cadastro até o terceiro dia anterior à data do recebimento das propostas – ficar ao sabor de um procedimento paralelo, que, eventualmente, não chegaria a ser concluído a tempo e a hora de se participar no conclave licitatório. Isso sem falar da inexistência de obrigatoriedade de os órgãos públicos manterem registros cadastrais próprios.

Marçal Justen Filho [2004:198] muito bem observa:

"Como interpretar a regra do § 2º, alusiva a 'atenderem a todas as condições exigidas para o cadastramento até o terceiro dia anterior à data do recebimento das propostas'?

2. Toshio Mukai adverte que "qualquer empresa não-cadastrada poderá participar da tomada de preços, desde que apresente junto à comissão de cadastro toda a documentação necessária ao cadastramento até o terceiro dia anterior à data designada para o recebimento das propostas". Mais à frente o autor acrescenta, ainda: "Se no curso do procedimento licitatório a comissão de cadastro vier a indeferir o cadastramento, a empresa deverá ser desqualificada por fato superveniente" [Mukai 1999:282-283].

"O dispositivo poderia ser interpretado no sentido de que os interessados estariam sujeitos, para participar da tomada de preços, à obtenção do cadastramento até o terceiro dia anterior. Ou seja, deveriam requerer sua inscrição no cadastro com antecedência suficiente para estar concluída até o terceiro dia anterior. Essa interpretação é inadmissível, por ser impossível estimar, de antemão, o prazo necessário para processar-se a inscrição no cadastro."

Avulta registrar que, atualmente, a tomada de preços se tornou uma modalidade de licitação mais complexa, em face da disposição relativa aos não-cadastrados. Outrora, a grande vantagem da modalidade de licitação em exame era que a comissão se limitava a examinar o Certificado de Registro Cadastral, emitido previamente pela Administração.

Entretanto, em razão da alteração dos condicionantes da tomada de preços, entendemos que a melhor interpretação é a de que os interessados em participar do certame deverão entregar toda a documentação necessária para o cadastro, em envelope fechado, até três dias antes da data prevista para a entrega das propostas, que deverá ser aberto no dia da licitação; e, a partir daí, o procedimento em tudo se assemelhará à concorrência.

De outra parte, a tomada de preços, segundo o art. 23, I, "b", da Lei 8.666/1993, deverá ser adotada para obras e serviços de engenharia até o valor de R$ 1.500.000,00 e para compras e serviços outros, que não de engenharia, até o valor de R$ 650.000,00, conforme o art. 23, II, "b", da Lei de Licitações.[3]

Quanto à publicidade, a tomada de preços deverá seguir as mesmas regras já elencadas para a concorrência, salvo no que diz respeito ao prazo mínimo de publicação, que é de 15 dias para menor preço (art. 21, III, da Lei 8.666/1993) e 30 dias para melhor técnica ou técnica e preço (art. 21, § 2º, II, "b", da Lei 8.666/1993).

Por fim, os registros cadastrais – que, no dizer de Hely Lopes Meirelles [2007:320], "são assentamentos que se fazem nas repartições administrativas que realizam licitações, para fins de qualificação dos interessados em contratar com a Administração, no ramo de suas atividades" – devem ser atualizados anualmente, nos termos do art. 34 da Lei 8.666/1993.

3. V., acima, nota de rodapé 1.

De qualquer sorte, a função do cadastro é substituir os documentos de habilitação, na forma do que dispõe o art. 32, § 2º, da Lei 8.666/ 1993.

8.4.3 Convite

O art. 21, § 3º, da Lei 8.666/1993, por sua vez, define que "convite é a modalidade de licitação entre interessados do ramo pertinente ao seu objeto, cadastrados ou não, escolhidos e convidados em número mínimo de 3 (três) pela unidade administrativa, a qual afixará, em local apropriado, cópia do instrumento convocatório e o estenderá aos demais cadastrados na correspondente especialidade que manifestarem seu interesse com antecedência de até 24 (vinte e quatro) horas da apresentação das propostas".

Consoante se percebe, a sistemática do convite em muito se diferencia da concorrência e da tomada de preços. Isso porque a Administração deverá convidar no mínimo três empresas do ramo do objeto da licitação, cadastradas ou não, para participar do certame. Nesse mesmo passo, e em atendimento ao princípio da publicidade, a Administração deverá afixar uma cópia do instrumento convocatório em seu mural, de sorte a permitir que licitantes não-convidados, mas cadastrados, tenham acesso ao teor do convite, propiciando, assim, maior competição, observado o prazo de 24 horas de antecedência para manifestação do interesse em participar do conclave.

Note-se que o licitante não-convidado deve, necessariamente, ser cadastrado. Uma interpretação desatenta poderia levar à errônea conclusão de que o princípio da isonomia não estaria sendo observado, tendo em vista que o licitante convidado não precisa constar, de regra, dos registros cadastrais da Administração.

Entretanto, é nosso entendimento que a Administração está obrigada a verificar as condições do licitante não-cadastrado, no ato de expedição do convite. Em outras palavras, o ato de convidar um não-cadastrado, em razão do princípio da motivação, deve necessariamente ser justificado. Decorrente disso, a necessária isonomia estaria observada.

Por sua vez, o licitante não-convidado, no ato de sua manifestação de interesse em participar do certame, deve apresentar a prova do cadastramento, mediante a exibição e entrega de uma cópia do Certificado de Registro Cadastral.

Outro aspecto de relevância, que não podemos nos furtar de discutir, é a questão do número mínimo de partícipes, considerando o entendimento de nossas Cortes de Contas, que insistem em apontar a necessidade de três propostas válidas. Em verdade, o cerne da questão é o seguinte: uma vez convidadas no mínimo três empresas do ramo do objeto da licitação, estariam essas empresas obrigadas a comparecer ao conclave, com propostas consideradas válidas, sob pena de repetição do certame?

A resposta à nossa indagação reside na interpretação do art. 22, § 7º, da Lei 8.666/1993, que, inclusive, permite a formulação de outros questionamentos. Para melhor entendimento da questão, vale examinar o dispositivo em apreço, que reza: "Quando, por limitações do mercado ou manifesto desinteresse dos convidados, for impossível a obtenção do número mínimo de licitantes exigidos no § 3º deste artigo, essas circunstâncias deverão ser devidamente justificadas no processo, sob pena de repetição do certame".

Há, pois, duas situações distintas: a inexistência do número mínimo de empresas a serem convidadas, em razão da limitação de mercado, e o manifesto desinteresse dos convidados. Na primeira hipótese, se, por limitações de mercado, a Administração não conseguir o número mínimo de empresas para efeito de encaminhamento do convite, deverá justificar tal fato nos autos do processo licitatório e, ainda, com vistas a tentar solver essa questão, nada impede que providencie publicação na Imprensa Oficial, objetivando sanar qualquer dúvida sobre as necessárias lisura e competitividade da licitação.

Quanto ao manifesto desinteresse dos convidados, vislumbramos duas possibilidades distintas. Se nenhum dos convidados comparecer ao certame e a Administração demonstrar, mediante justificativa circunstanciada, que a licitação não pode ser repetida, nada obsta a que se proceda à contratação direta, em razão de licitação deserta, nos termos do art. 24, V, da Lei 8.666/1993. Em outras palavras, a Administração só estará obriga a repetir a licitação se isso não prejudicar o interesse público.

Por outro lado – e agora respondendo à nossa indagação inicial –, se a questão ficar restrita à inexistência de três propostas válidas, é impossível conceber que a lei subordine a validade da licitação ao interesse dos licitantes de participar ou não do certame ou, ainda, que apresentem propostas adequadas. Admitir tal possibilidade significaria colocar o interesse público à livre disposição do particular – o que é inadmissível.

Marçal Justen Filho [2004:202], examinando duas situações hipotéticas, conclui:

"(...). Se os particulares não desejarem apresentar proposta ou se o fizerem em termos inadequados, não se pode atribuir a conseqüência da automática invalidação do certame.

"Depois, a interpretação sistemática evidencia a improcedência do raciocínio. Trata-se de conjugar o art. 22, § 3º, com o art. 48, § 3º. Este último dispositivo estabelece que, desclassificadas todas as propostas, poderá abrir-se o prazo para os licitantes renovarem-nas, escoimando-as de seus defeitos. (...). Suponha-se que três propostas sejam apresentadas e, no curso do convite, uma delas seja desclassificada. Aplicando-se a interpretação ora combatida para o art. 22, § 3º, o resultado seria a necessidade de repetir a licitação: afinal, haveria apenas duas propostas válidas e consideráveis. Imagine-se, porém, que todas as três propostas fossem inválidas. Por força do art. 48, § 3º, bastaria reabrir o prazo para renovação das propostas. Ou seja, a lei teria tratado mais beneficamente a existência de três propostas defeituosas. (...). Em suma, a expressa referência à figura do convite, contida no art. 48, § 3º, impõe o raciocínio de que a licitação deverá continuar normalmente quando existir pelos uma proposta validada e formalmente aceitável."

Diante dessas considerações, parece-nos impossível admitir que um procedimento licitatório na modalidade de convite seja considerado inválido ou fracassado em razão da inexistência de três propostas válidas.

Posto isso, há que se assinalar, ainda, que o convite, nos termos do art. 21, I, "c", da Lei 8.666/1993, é indicado para a contratação de obras e serviços de engenharia até o valor de R$ 150.000,00 e para compras e serviços que não sejam de engenharia até o valor de R$ 80.000,00, consoante as disposições do art. 21, II, "c", da Lei 8.666/1993.[4]

4. V., acima, nota de rodapé 1.

Por fim, o convite deve ser julgado pela comissão de licitações, sendo admissível sua substituição nas pequenas unidades administrativas, em caráter excepcional, por servidor formalmente designado para esse fim, em face da exigüidade do pessoal disponível (art. 51, § 1º, da Lei 8.666/1993).

8.4.4 Concurso

O *concurso*, conforme as disposições do art. 22, § 4º, da Lei 8.666/1993, "é a modalidade de licitação entre quaisquer interessados para escolha de trabalho técnico, científico ou artístico, mediante a instituição de prêmios ou remuneração aos vencedores, conforme critérios constantes de edital (...)".

De se ver, o concurso não é uma modalidade de licitação que propicie a contratação de bens ou serviços. Ao contrário, seu objetivo é escolher determinado trabalho, seja ele de cunho científico, técnico ou artístico, pelo qual o vencedor receberá da Administração um prêmio ou remuneração.

O art. 52 da Lei 8.666/1993 determina, ainda, que o concurso deverá ser precedido de regulamento próprio, devendo conter a qualificação exigida dos participantes, as diretrizes e forma de apresentação do trabalho e, por último, as condições de realização e os prêmios a serem concedidos.

Eventualmente, tratando-se de projeto, a Administração poderá desejar executá-lo, devendo o vencedor autorizá-la, se assim entender conveniente, e observadas as disposições do art. 111 da Lei 8.666/1993, relativo aos direitos patrimoniais.

Por derradeiro, quanto à publicação, o prazo mínimo é de 45 dias, nos termos do já aludido art. 21, § 4º, da Lei 8.666/1993.

8.4.5 Leilão

O *leilão*, nos termos do art. 21, § 5º, da Lei 8.666/1993, "é a modalidade de licitação entre quaisquer interessados para a venda de bens móveis inservíveis para a Administração ou de produtos legalmente apreendidos ou penhorados, ou para a alienação de bens imóveis prevista no art. 19, a quem oferecer o maior lance, igual ou superior ao valor da avaliação".

Verifique-se que o dispositivo legal em comento estabeleceu duas hipóteses para a utilização do leilão. Uma primeira para a venda de bem móveis inservíveis para a Administração ou de produtos legalmente apreendidos ou penhorados; e uma segunda hipótese que, ao nosso ver, se constitui em uma exceção à regra do leilão, que diz respeito à venda de bem imóveis, desde que sua aquisição seja decorrente de procedimento judicial ou de dação em pagamento, nos termos do art. 19, *caput*, da Lei 8.666/1993.

Por fim, o prazo mínimo de publicação é de 15 dias, nos termos do art. 21, § 2º, III, da Lei 8.666/1993.

8.4.6 Pregão

O *pregão* é modalidade de licitação que foi inicialmente instituída pela Medida Provisória 2.026/2000, posteriormente convertida na Lei 10.520/2002, regulamentada pelos Decretos federais 3.555/2000 e 5.450/2005, que tem por finalidade a contratação de bens e serviços comuns, independentemente de seu valor estimado.

Em linhas gerais, o pregão pode ser conceituado como modalidade de licitação para a contratação de bens e serviços comuns, mediante a apresentação, pelos licitantes, de propostas escritas, seguidas de lances verbais em sessão pública.

Em princípio, para melhor entendermos o pregão, impõe-se verificar o conceito de "bens e serviços comuns". O parágrafo único do art. 1º da Lei 10.520/2002 estabelece o conceito: "aqueles cujos padrões de desempenho e qualidade possam ser objetivamente definidos pelo edital, por meio de especificações usuais no mercado".

O exame do dispositivo legal invocado leva-nos a concluir que o conceito de "bens e serviços comuns", ainda que determinado na lei do pregão, muito pouco ou quase nada traz de resolutivo para se determinar que esse ou aquele objeto esteja no âmbito de abrangência do parágrafo único do art. 1º da Lei 10.520/2002.

Entretanto, ainda que fluido o conceito em exame, isso não significa que a Administração estará livre para realizar todas as suas contratações mediante pregão. Se assim o legislador o desejasse, bastaria estabelecer que ficaria ao cargo da Administração utilizar pregão quando bem quisesse.

Assim é que do exame da legislação, notadamente o parágrafo único do art. 1º da Lei 10.520/2002, se extrai que o conceito de "bens e serviços comuns" não pode ultrapassar o limite daquilo que encontramos usualmente no mercado, de forma corriqueira e padronizada.[5]

Ainda no contexto da questão do bem e serviço comum, imperioso se faz assinalar que o pregão não mais se constitui em uma faculdade para a União Federal. Hoje, por força do art. 4º do Decreto federal 5.450/2005, nas licitações para aquisição de bens e serviços comuns será obrigatória a utilização da modalidade pregão, preferencialmente na forma eletrônica.

No que diz respeito ao prazo de publicidade, o edital do pregão deverá ser publicado com um mínimo de oito dias úteis de antecedência, conforme o art. 4º, V, da Lei 10.520/2002.

Releva assinalar que o pregão trouxe algumas novidades quanto ao procedimento, notadamente no que diz respeito à inversão das fases da licitação – exame da proposta comercial e, posteriormente, exame da documentação do licitante classificado em primeiro lugar –, bem como à abertura do envelope de habilitação unicamente do licitante classificado em primeiro lugar, objetivando maior celeridade.

8.5 O procedimento da licitação

Devemos entender o procedimento administrativo como uma sucessão encadeada de atos que visa a atender a uma finalidade, em que a validade do último ato estará intimamente ligada aos anteriores.

No que concerne ao *procedimento da licitação*, para fins de melhor compreendê-lo, podemos dividi-lo em dois momentos distintos, a saber: fase interna, que contempla uma série de atos preparatórios para a ocorrência da licitação propriamente dita, e fase externa.

5. Marçal Justen Filho [2005:30] entende que "bem ou serviço comum é aquele que se apresenta sob a identidade e características padronizadas e que se encontra disponível, a qualquer tempo, num mercado próprio".

Em apertada síntese, temos como atos preparatórios – e, portanto, integrantes da *fase interna* – a autuação do processo, a definição do objeto licitado, a estimativa de seu custo, a reserva de recursos orçamentários, a elaboração do instrumento convocatório (edital ou convite), o exame desse instrumento pela assessoria jurídica, a autorização para licitar e, ao final, a publicação do edital.

Com a publicação do edital se inicia a *fase externa* da licitação, compreendendo habilitação, classificação, homologação e adjudicação – salvo algumas exceções, que serão anotadas no decorrer de nossa exposição.

8.5.1 Edital

O *edital* nada mais é que um ato administrativo unilateral; e, para efeito de licitação, pode ser conceituado como ato administrativo indispensável, que vem a fixar as regras do certame e do futuro contrato, tendo por objetivo convocar todos os interessados em contratar com a Administração a ofertarem a documentação e a proposta, de acordo com os termos estabelecidos em seu bojo.

Atente-se, portanto, a que as regras estabelecidas no edital, conforme já dito anteriormente, devem ser rigorosamente obedecidas pela Administração e pelos licitantes, em razão do princípio da vinculação ao edital.

Quanto ao conteúdo do edital, o art. 40 da Lei de Licitações estabelece, de modo feliz e minucioso, suas disposições, dentre as quais vale destacar: a definição do objeto, condições de participação, condições de apresentação de documentos e proposta e critérios de julgamento. Constituem anexos do edital, dele fazendo parte integrante, o projeto básico e/ou executivo, com todas as suas partes, desenhos, especificações e outros complementos, o orçamento estimado em planilhas de quantitativos e preços unitários, a minuta do contrato a ser firmada entre a Administração e o licitante vencedor e, por fim, as especificações complementares e as normas de execução pertinentes à licitação.[6]

6. O art. 6º, IX, da Lei 8.666/1993 conceitua *projeto básico* como "conjunto de elementos necessários e suficientes, com nível de precisão adequado, para caracteri-

Em razão de tudo isso, afirmamos, sem medo de errar, que o edital se constitui em um dos mais importantes instrumentos da licitação, pelo quê deve obedecer rigorosamente à lei, além de ofertar aos licitantes proponentes todos os subsídios necessários relativos às regras da licitação propriamente dita, bem como do futuro contrato.

Por conta disso, edital em desconformidade com a lei, omisso ou, mesmo, controverso reputamos por ilegal.

8.5.2 A impugnação

O ato administrativo tem por característica intrínseca o atendimento ao princípio da legalidade; e, por conseqüência, presume-se sua legitimidade. Em outro dizer: pelo princípio da presunção de legitimidade ou veracidade, considera-se que todos os atos emanados da Administração Pública trazem consigo a observância da lei.

Porém, nesse contexto, surge a questão: perante um ato ilegal, qual deve ser o procedimento para retirar a presunção de legalidade inerente a todo e qualquer ato administrativo? A resposta encontra-se no art. 5º, XXXIV, "a", da CF, que assegura a todos o "direito de petição aos Poderes Públicos em defesa de direitos ou contra ilegalidade ou abuso de poder".

Assim, foi nesse sentido que o art. 41 da Lei 8.666/1993 estabeleceu o direito de *impugnação* do edital, que pode ser formulado pelo cidadão e pelo licitante. A impugnação, em verdade, funda-se no direito de petição, albergado pelo art. 5º, XXXIV, "a", da nossa Lei Fundamental, onde o licitante ou o cidadão, expondo suas razões, objetivam a reforma ou a anulação do edital, em razão de sua ilegalidade.

Para tanto, o cidadão deve protocolar a impugnação em até cinco dias úteis antes da data fixada para a abertura dos envelopes de habili-

zar a obra ou serviço, ou complexo de obras ou serviços objeto da licitação, elaborado com base nas indicações dos estudos técnicos preliminares, que assegurem a viabilidade técnica e o adequado tratamento do impacto ambiental do empreendimento, e que possibilite a avaliação do custo da obra e a definição dos métodos e do prazo de execução, (...)". Por sua vez, o inciso X do dispositivo supramencionado conceitua *projeto executivo* como "o conjunto dos elementos necessários e suficientes à execução completa da obra, de acordo com as normas pertinentes da Associação Brasileira de Normas Técnicas/ABNT".

tação, devendo a Administração julgar e responder em até três dias úteis, nos termos do art. 41, § 1º, da Lei de Licitações.

O licitante, por sua vez, deverá protocolar a impugnação em até dois dias úteis antes da data fixada para a abertura dos envelopes de habilitação, inexistindo prazo específico para a resposta da Administração, salvo no que diz respeito ao pregão, haja vista que o art. 12 do Decreto federal 3.555/2000 estabelece o prazo de 24 horas para resposta.

De qualquer modo, nas demais modalidades de licitação, afora o pregão, é certo dizer que a inexistência de prazo específico para a Administração responder ao pleito do interessado não o impede de participar do certame, podendo o Poder Público se pronunciar no decorrer do procedimento. Porém, ainda que inexistam óbices jurídicos para que o pronunciamento da Administração aconteça durante o processo licitatório, é de bom alvitre que isso ocorra antes do início do procedimento, posto que, na hipótese de a impugnação restar provida, muito provavelmente acabará ensejando a anulação do certame.

Anote-se, ainda, que o prazo de impugnação do licitante, *perante a Administração*, é decadencial. Entretanto, o fato de o licitante se quedar inerte perante a Administração não o desautoriza a, posteriormente, requerer em juízo a anulação do certame, seja pela via mandamental ou ordinária, conforme o caso.

De outra parte, deve-se ainda considerar a hipótese de uma impugnação ser protocolada de forma intempestiva. Mesmo nessa hipótese, é nosso entendimento que a Administração, reconhecendo a eventual ilegalidade apontada, pode/deve, pelo princípio da autotutela e em razão da economia processual, reconhecer o vício e tomar as providências de reforma do edital ou anulação do ato, conforme o caso.

8.5.3 Habilitação

Superada a questão do edital e sua eventual impugnação, temos o início do certame propriamente dito, que ocorre com a fase de *habilitação*, salvo no que diz respeito ao convite, ao concurso e ao leilão, que podem ter esta fase preliminar dispensada, conforme determina o art. 32, § 1º, da Lei 8.666/1993. Além disso, não podemos olvidar, ainda, o pregão, que, em razão de sua sistemática, se inicia com a classificação e posterior habilitação.

Cumpre-nos, em um primeiro momento, examinar as exigências relativas à fase de habilitação para, posteriormente, nos debruçarmos sobre a questão procedimental propriamente dita.

Com efeito, os documentos exigíveis na fase de habilitação são aqueles previstos no art. 27 da Lei 8.666/1993, que, naquilo que diz respeito à licitação, podem ser considerados como gêneros documentais. Posteriormente, os dispositivos seguintes – arts. 28 a 31 – trazem, em espécie, quais os documentos passíveis de serem exigidos pela Administração Pública.

Destarte, o *caput* do art. 27 dispõe que, para efeito de habilitação, exigir-se-á dos interessados, exclusivamente, os documentos relativos a habilitação jurídica, qualificação técnica, qualificação econômico-financeira, regularidade fiscal e cumprimento do disposto no inciso XXXIII do art. 7º da CF, que diz respeito à "proibição de trabalho noturno, perigoso ou insalubre a menores de 18 (dezoito) e de qualquer trabalho a menores de 16 (dezesseis) anos, salvo na condição de aprendiz, a partir de 14 (quatorze) anos".

O exame do dispositivo legal em tela, bem como dos subseqüentes, revela ao intérprete que o rol de documentos estabelecido em lei é de caráter taxativo, e não exemplificativo, não podendo, portanto, a Administração exigir outros que não aqueles estabelecidos na Lei de Licitações e Contratos.

Não é o caso, aqui, de discorrer de forma exaustiva acerca de cada um dos documentos exigidos para efeito de habilitação dos licitantes. Todavia, não podemos passar ao largo dessa questão, pelo quê vamos examiná-los, ainda que de forma sintética.

O art. 28 da Lei 8.666/1993, ao estabelecer a habilitação jurídica, outra coisa não fez senão exigir do licitante a prova de sua existência, pelo quê, tratando-se de pessoa jurídica, deverão ser apresentados os atos constitutivos da licitante e suas eventuais alterações. Tratando-se de pessoa física, exigir-se-á a cédula de identidade.

No art. 29 da Lei 8.666/1993, que trata da regularidade fiscal, reside a obrigatoriedade de o licitante apresentar prova de inscrição no Cadastro de Pessoas Físicas/CPF ou no Cadastro Geral de Contribuintes/CNPJ, prova de inscrição no cadastro de contribuintes estadual ou municipal, se houver, prova de regularidade para com as Fazendas Federal, Estadual e Municipal e certidão negativa do INSS e FGTS.

Por sua vez, o art. 30 da Lei 8.666/1993, que dispõe sobre a qualificação técnica, obriga ao licitante apresentar a prova de registro ou inscrição na entidade profissional competente, bem como os denominados atestados de regular desempenho, dentre outros.

Ao final, temos o art. 31 da Lei 8.666/1993, que determina a apresentação do balanço patrimonial, já exigível, e certidão negativa de falência ou concordata, ou de execução patrimonial, dentre outras exigências.

Não é demais repetir – dada a relevância do tema – que somente poderão ser exigidos os documentos estabelecidos na Lei de Licitações e Contratos, à qual remetemos o leitor, posto que não foi nosso objetivo fazer um acurado exame dos dispositivos que estabelecem as exigências de ordem documental, mas, tão-somente, citar um ou outro que nos parecem assumir maior relevo. É conveniente que se diga, ainda, que o rol de documentos, embora exaustivo, não significa que a Administração não possa fazer exigência menor nas licitações por ela instauradas, de acordo com sua complexidade.

Ainda no que concerne à fase de habilitação, outro aspecto que deve ser observado é a possibilidade de participação de empresas em consórcio, desde que expressamente previsto no edital de licitação. A Administração, discricionariamente, verificando que, para determinada licitação, poucas empresas, talvez nenhuma ou quase nenhuma, teriam condições de, sozinhas, atender às exigências editalícias, admite o consórcio, respeitadas as disposições do art. 33 da Lei 8.666/1993.

Enfatize-se que o consórcio é uma reunião de empresas que, na fase habilitação, além de apresentarem, cada uma delas, os documentos previstos nos arts. 28 a 31, deverão também comprovar, mediante compromisso público ou particular, a constituição do consórcio, indicando a empresa-líder, e respeitadas as demais disposições editalícias.

Deveras, como reunião de empresas, o art. 33, III, da Lei 8.666/1993 admite ainda, para efeito de qualificação técnica, o somatório dos quantitativos de cada consorciado, e, para efeito de qualificação econômico-financeira, o somatório dos valores de cada consorciado, na proporção de sua respectiva participação.

Feitas estas rápidas considerações acerca da questão documental, passemos ao procedimento propriamente dito, lembrando que será na fase de habilitação que a Administração irá medir a capacidade e a idoneidade do licitante para, eventualmente, celebrar o futuro contrato. Para tanto, todos os licitantes partícipes deverão entregar em ato público, previamente designado no edital, os envelopes contendo a documentação, relativos à fase de habilitação, e suas propostas, concernentes à fase de classificação.

A comissão de licitações iniciará o procedimento com a abertura do envelope que contém os documentos, habilitando aqueles que atenderem a todas as exigências documentais estabelecidas no instrumento convocatório e inabilitando aqueles que desatenderem.

Após isso, e julgados os recursos administrativos eventualmente interpostos – a que nos reportaremos mais adiante –, passa-se ao julgamento das propostas, com a participação das empresas habilitadas. As demais, inabilitadas, terão suas propostas comerciais devolvidas às respectivas empresas.

8.5.4 Classificação

Será na fase de *classificação* que a comissão de licitações conhecerá o conteúdo das propostas apresentadas pelos licitantes que se sagraram habilitados. Após exame e julgamento, as empresas serão classificadas, conforme as regras dispostas no edital.

O ato de julgar as propostas impõe à Administração observar o fator de julgamento adotado para aquela licitação, que deverá estar expresso no edital, em consonância com o art. 45, § 1º, da Lei 8.666/1993, que estabelece os tipos de licitação, a saber: I – de menor preço; II – de melhor técnica; III – de técnica e preço; IV – a de maior lance ou oferta.

Passando ao exame dos tipos de licitação, temos que, em razão da adoção do critério do menor preço, sagrar-se-á vencedora da licitação a empresa que ofertar a proposta mais vantajosa para a Administração, desde que atendidas as especificações do edital ou convite e ofertado o menor preço.

Quanto ao critério de melhor técnica, a Administração, ao utilizar essa tipologia licitatória, deverá exigir três envelopes: Envelope-Habilitação, Envelope-Proposta Técnica e Envelope-Proposta Comercial. Uma vez abertos os Envelopes-Proposta Técnica de todas as empresas habilitadas, a comissão de licitações fará uma avaliação, providenciando a classificação daquelas de acordo com os critérios pertinentes e adequados ao objeto licitado, definidos com clareza e objetividade no instrumento convocatório e que considerem a capacitação e a experiência do proponente, a qualidade técnica da proposta, compreendendo metodologia, organização, tecnologias e recursos materiais a serem utilizados nos trabalhos, e a qualificação das equipes técnicas a serem mobilizadas para sua execução.

Providenciada a classificação das propostas técnicas, proceder-se-á à abertura das propostas de preço dos licitantes que tenham atingido a valorização mínima estabelecida no instrumento convocatório e à negociação das condições propostas com a proponente melhor classificada, com base nos orçamentos detalhados apresentados e respectivos preços unitários e tendo como referência o limite representado pela proposta de menor preço entre os licitantes que obtiveram a valorização mínima.

Finalmente, no caso de impasse na negociação anterior, procedimento idêntico será adotado, sucessivamente, com os demais proponentes, pela ordem de classificação, até a consecução de acordo para a contratação.

Por sua vez, nas licitações tipo técnica e preço, uma vez conhecido o conteúdo da proposta técnica e providenciadas sua avaliação e classificação, consoante a forma disposta para a licitação tipo melhor técnica, será aberto o Envelope-Proposta Comercial. A proposta de preços será avaliada e valorizada, de acordo com critérios objetivos preestabelecidos no instrumento convocatório.

A seguir, a classificação dos proponentes far-se-á de acordo com a média ponderada das valorizações das propostas técnicas e de preço, de acordo com os pesos preestabelecidos no instrumento convocatório.

Não podemos deixar de registrar, ainda, que as licitações tipo melhor técnica ou técnica e preço, por força do art. 46, *caput*, da Lei 8.666/1993, serão utilizadas exclusivamente para serviços de natureza predominantemente intelectual, em especial na elaboração de projetos, cálculos, fiscalização, supervisão e gerenciamento e de engenharia consultiva em geral, e em particular para a elaboração de estudos técnicos preliminares e projetos básicos e executivos.

Afora isso, há que se aduzir, ademais, que para a contratação de bens e serviços de Informática a licitação tipo melhor técnica deve ser utilizada (art. 45, § 4º, da Lei 8.666/1993). Doutra parte, excepcionalmente, os tipos de licitação melhor técnica e técnica e preço poderão ser adotados, por autorização expressa e mediante justificativa circunstanciada da maior autoridade da Administração promotora constante do ato convocatório, para fornecimento de bens e execução de obras ou prestação de serviços de grande vulto majoritariamente dependentes de tecnologia nitidamente sofisticada e de domínio restrito, atestado por autoridades técnicas de reconhecida qualificação, nos casos em que o objeto pretendido admitir soluções alternativas e variações de execução, com repercussões significativas sobre sua qualidade, produtividade, rendimento e durabilidade concretamente mensuráveis, e estas puderem ser adotadas à livre escolha dos licitantes, na conformidade dos critérios objetivamente fixados no ato convocatório.

Para finalizar a questão das tipologias licitatórias, observamos que o maior lance ou oferta deverá ser utilizado nos casos de alienação de bens ou concessão de direito real de uso.

Tratando-se, pois, de critérios de julgamento, não é difícil imaginar a possibilidade de empate de duas ou mais propostas. A lei, em face da hipótese em comento, e após obedecido o disposto no § 2º do art. 3º da Lei 8.666/1993, determina que a classificação se fará, obrigatoriamente, por sorteio, em ato público, para o qual todos os licitantes serão convocados, vedado qualquer outro processo, na forma do que dispõe o art. 45, § 2º, da Lei 8.666/1993.

No caso da licitação do tipo menor preço, entre os licitantes considerados habilitados, a classificação se dará pela ordem crescente dos preços propostos, prevalecendo, no caso de empate, o critério acima explicitado, ressalvadas as disposições relativas ao Estatuto da Microempresa, a que mais à frente nos reportaremos.

Do julgamento das propostas caberá recurso administrativo, na forma da lei – que será examinado oportunamente.

8.5.5 O procedimento do pregão

Em razão da sistemática prevista pela Lei 10.520/2002, vamos examinar o *procedimento do pregão*, que traz grandes inovações em relação às demais modalidade licitatórias, pelo quê merece ter enfoque especial.

O pregão, como modalidade de licitação que é, também tem uma fase interna e outra externa. No que concerne à fase interna, muito pouco ou quase nada se altera em relação às demais modalidades. Assim, interessa-nos mais de perto a fase externa do pregão, que se iniciará após o prazo mínimo de publicação de oito dias úteis, conforme o art. 4º, V, da Lei 10.520/2002.

Na sessão pública, previamente designada no edital, o licitante proponente deverá identificar-se, comprovando os necessários poderes para formular propostas, bem com praticar todos os demais atos inerentes ao procedimento licitatório.

Em seguida entregará ao pregoeiro e à sua equipe de apoio uma declaração dando ciência de que cumpre plenamente os requisitos de habilitação e entregará os Envelopes-Proposta Comercial e documentos.

A seguir, o pregoeiro providenciará a abertura de todas as propostas comerciais apresentadas, fazendo uma classificação preliminar, por ordem crescente de preços. Posto isso, terá início a fase de lances verbais. O autor da oferta de valor mais baixo e os das ofertas com preços até 10% superiores àquela poderão fazer novos lances verbais e sucessivos, até a proclamação do vencedor.

Na hipótese de não existirem pelo menos três ofertas no intervalo de 10% em relação à proposta de menor preço, poderão os autores das melhores propostas, até o máximo de três, oferecer novos lances verbais e sucessivos, até a proclamação do vencedor.

Claro está, portanto, que o critério de julgamento é o de menor preço, observadas as condições editalícias. De qualquer modo, uma vez encerrada a fase competitiva, o pregoeiro deverá decidir motivadamente sobre a aceitabilidade do preço ofertado. Assevere-se, nesse sentido, que o pregoeiro não está obrigado a aceitar o preço decorrente dos lances verbais. Se, eventualmente, entender, em razão dos elementos que constam do processo administrativo, que há condições de se ofertar um preço melhor, negociará, com o autor da melhor oferta, conforme o determinado no art. 4º, XVII, da Lei 10.520/2002, na tentativa de obter um menor preço.

Uma vez aceito o preço ofertado, o pregoeiro providenciará a abertura do envelope-habilitação unicamente do licitante primeiro classificado. Se a documentação estiver formalmente em ordem, de acordo com o edital, será a empresa declarada vencedora da licitação. Caso contrário, se inabilitada, será aberto o envelope-habilitação do segundo colocado, e assim sucessivamente, até se chegue a uma proposta de preços aceitável, com documentação formalmente em ordem, de acordo com o edital.

Ainda que não seja nosso objetivo fazer um exame crítico do pregão – mas, unicamente, ofertar ao leitor um panorama dessa peculiar modalidade licitatória –, não podemos deixar de tecer comentários, de forma a trazer à baila um dos maiores problemas do pregão: a *inexeqüibilidade dos preços ofertados*.

Ao dizer que o preço inexeqüível é fator que inexiste no pregão estaremos, em última análise, desconsiderando a Lei 8.666/1993, que, por força do art. 9º da Lei 10.520/2002, rege supletivamente o pregão.

Logo, considerando que a lei do pregão é omissa quanto ao preço inexeqüível, certo é dizer que devemos, em face dessa lacuna, nos socorrer da Lei de Licitações, que, em seu art. 48, II, é clara ao estabelecer a inexeqüibilidade como condicionante de desclassificação de proposta comercial.

Note-se, portanto, que a desclassificação por inexeqüibilidade de preços é ato vinculado. Uma vez verificada sua incidência, conforme os parâmetros constantes do processo licitatório, em especial o orçamento prévio, deve o pregoeiro, na fase de classificação das propostas, desclassificar o licitante partícipe que ofertou proposta de preços inexeqüível.

Sobremais disso, é fato que a sistemática do pregão, por ser mais célere e também desprovida de muitas das formalidades normalmente encontradas nas demais modalidades de licitação, implica presunção de boa-fé do licitante. Por essa razão, as penas impostas pela Lei 10.520/2002 são bastante rígidas, implicando, ao final, impedimento de licitar e contratar com a Administração pelo período de até cinco anos, sem prejuízo de outras sanções.

8.5.6 O Estatuto Nacional da Microempresa e da Empresa de Pequeno Porte e a licitação

A Lei Complementar 123, de 14.9.2006, regulamentada pelo Decreto federal 6.204, de 5.9.2007, instituiu o *Estatuto Nacional da Microempresa e da Empresa de Pequeno Porte*, de modo a estabelecer normas gerais relativas ao tratamento diferenciado e favorecido a ser dispensado às microempresas e empresas de pequeno porte no âmbito dos Poderes da União, dos Estados, do Distrito Federal e dos Municípios.

Não é nosso objetivo trazer a pêlo todas as disposições do diploma legal em comento, mas, unicamente, trazer à baila as normas que dizem respeito à licitação propriamente dita, que se encontram a partir dos arts. 42 e ss. da Lei Complementar 123/2006.

Cumpre-nos, em um primeiro momento – e levando em consideração que a legislação em exame tem por objetivo, dentre outros, possibilitar tratamento diferenciado e favorecido às microempresas e empresas de pequeno porte quando partícipes de licitação –, verificar se há, ou não, quebra do princípio da isonomia. Melhor dizendo, a discriminação positivada no estatuto é constitucional, ou não?

Em nosso entender, a discriminação é legítima, posto que fundada nos arts. 170, IX, e 179, ambos de nossa Lei Fundamental. O art. 170, IX, estabelece "tratamento diferenciado para as empresas de pequeno porte constituídas sob as leis brasileiras e que tenham sua sede e administração no país". Por sua vez, o art. 179 determina que a União, os Estados, o Distrito Federal e os Municípios dispensarão às microempresas e às empresas de pequeno porte, assim definidas em lei, tratamento jurídico diferenciado, visando a incentivá-las pela simplificação de suas obrigações administrativas, tributárias, previdenciárias e creditícias, ou pela eliminação ou redução destas por meio de lei".

No mais, quanto à edição de lei complementar pela União, de sorte a prever normas gerais em matéria tributária, financeira, comercial e até mesmo no âmbito das licitações e contratos, também não nos parece haver óbices jurídicos, pelo quê reputamos constitucional o diploma legal em exame.

Quanto às disposições relativas à licitação, temos que, a partir da publicação da Lei Complementar 123/2006 e de seu decreto regulamentador, o Poder Público deve prever em seus editais o tratamento diferenciado e favorecido às microempresas e empresas de pequeno porte, que, em apertada síntese, se constituem nas seguintes regras:

(1) A comprovação de regularidade fiscal das microempresas e das empresas de pequeno porte somente poderá ser exigida para efeito de assinatura do contrato. Assim, se as certidões fiscais apresentadas na licitação apresentarem apontamentos (certidão positiva), não pode-

rão ensejar a inabilitação das microempresas e empresas de pequeno porte. Nessa hipótese, a licitante que se enquadrar nas disposições do Estatuto, quando vencedora da licitação, a partir desse momento terá um prazo de dois dias úteis, prorrogável por igual período, a critério da Administração, para regularizar as certidões fiscais (arts. 42 e 43).

(2) Na habilitação em licitações para o fornecimento de bens para pronta entrega ou para a locação de materiais não será exigido da microempresa ou da empresa de pequeno porte a apresentação de balanço patrimonial do último exercício social (art. 3º do Decreto federal 6.204/2007).

(3) Conferiu-se às microempresas e às empresas de pequeno porte direito de preferência nas situações em que ocorrer empate na licitação. Saliente-se que o empate não pressupõe que as propostas apresentadas por microempresas ou empresas de pequeno porte expressem exatamente o mesmo valor nominal ofertado por outras empresas. A lei determina que há empate nos casos em que as propostas apresentadas pelas microempresas ou empresas de pequeno porte não sejam superiores a 10% da proposta de melhor classificação e, no caso de licitação promovida sob a modalidade pregão, que não sejam superiores a 5% da proposta com o menor preço. Nesta hipótese, a microempresa ou a empresa de pequeno porte com a melhor classificação poderá oferecer proposta de preço inferior à proposta até então considerada vencedora da licitação (art. 44, §§ 1º e 2º).

Afora isso, a microempresa e a empresa de pequeno porte titulares de direitos creditórios decorrentes de empenhos liquidados por órgãos e entidades da União, Estados, Distrito Federal e Município não pagos em até 30 dias, contados da data de liquidação, poderão emitir cédula de crédito microempresarial (art. 46, *caput*).

Todavia, é bom que se diga, desde logo, que a emissão de cédula de crédito microempresarial depende de regulamentação, dispondo a lei caber ao Poder Executivo tomar essa providência no prazo de 180 dias a contar da publicação da Lei Complementar 123/2006 (art. 46, parágrafo único). No caso da União tal providência já foi tomada, mediante a publicação do já citado decreto regulamentador, cabendo aos demais entes federados providenciar seus próprios instrumentos normativos.

Por sua vez, o art. 47 do Estatuto determina que nas contratações públicas da União, dos Estados e dos Municípios poderá ser concedido tratamento diferenciado e simplificado para as microempresas e empresas de pequeno porte, objetivando a promoção do desenvolvimento econômico e social no âmbito municipal e regional, a ampliação da eficiência das políticas públicas e o incentivo à inovação tecnológica, desde que previsto e regulamentado na legislação do respectivo ente.

Para tanto, e uma vez regulamentada a matéria no âmbito do ente federado, a Administração Pública poderá realizar procedimento licitatório: (a) restrito às microempresas e às empresas de pequeno porte, desde que os valores envolvidos não superem R$ 80.000,00 (art. 48, I); (b) em que seja exigida a subcontratação de microempresas e de empresas de pequeno porte, desde que o percentual máximo do objeto a ser contratado não exceda a 30% do total licitado (art. 48, II); (c) em que se estabeleça uma cota de 25% para as microempresas e empresas de pequeno porte nas licitações de bens e serviços de natureza divisível (art. 48, III).

Vale dizer, ainda, que o valor licitado por meio do disposto no art. 48 da Lei Complementar 123/2006 não poderá exceder a 25% do total licitado em cada ano civil e que, na hipótese do inciso II do dispositivo em exame, os empenhos e pagamentos do órgão ou entidade da Administração Pública poderão ser destinados diretamente às microempresas e empresas de pequeno porte subcontratadas.

Por derradeiro, não se aplicam as disposições dos arts. 47 e 48 da Lei Complementar 123/2006: quando os critérios de tratamento diferenciado e simplificado para as microempresas e empresas de pequeno porte não forem expressamente previstos no instrumento convocatório; não houver um mínimo de três fornecedores competitivos enquadrados como microempresas ou empresas de pequeno porte sediados local ou regionalmente e capazes de cumprir as exigências estabelecidas no instrumento convocatório; o tratamento diferenciado e simplificado para as microempresas e empresas de pequeno porte não for vantajoso para a Administração Pública ou representar prejuízo ao conjunto ou complexo do objeto a ser contratado; e, por fim, quando a licitação for dispensável ou inexigível, nos termos dos arts. 24 e 25 da Lei 8.666/1993.

8.5.7 Recursos administrativos

A Lei de Licitações e Contratos, em seu art. 109, I, estabeleceu a hipótese de cabimento de *recurso administrativo* nos casos de habilitação ou inabilitação de licitante, julgamento das propostas, anulação ou revogação da licitação, indeferimento do pedido de inscrição do registro cadastral, sua alteração ou cancelamento, rescisão do contrato a que se refere o inciso I do art. 79 da Lei 8.666/1993 e aplicação das penas de advertência, suspensão temporária e de multa.

Nesse mesmo comando legal, no inciso II, estabeleceu-se, ainda, a representação no prazo de 5 dias úteis da intimação da decisão relacionada com o objeto da licitação ou do contrato de que não caiba recurso hierárquico, e o pedido de reconsideração, no inciso III, de decisão de ministro de Estado, ou secretário estadual ou municipal, conforme o caso, na hipótese do § 4º do art. 87 da Lei 8.666/1993, no prazo de 10 dias úteis da intimação do ato.

Interessa-nos mais de perto examinar o procedimento recursal na fase de habilitação e classificação das propostas.

De conseguinte, seja na fase de habilitação, em que a comissão habilita ou inabilita o licitante, seja na fase de julgamento das propostas, em que o licitante é classificado ou desclassificado, a comissão de licitações deverá abrir o prazo de cinco dias úteis para a interposição de recurso administrativo.

Uma vez interposto o recurso administrativo, deve a comissão, nos termos do art. 109, § 3º, da Lei 8.666/1993, comunicar aos demais licitantes este fato, abrindo o prazo de cinco dias úteis para impugnações.

Findo o prazo de impugnação, deverá a comissão proferir sua decisão, no prazo de cinco dias úteis, ou, nesse mesmo prazo, fazê-lo subir, devidamente informado, devendo, neste caso, a decisão ser proferida dentro do prazo de cinco dias úteis, contado do recebimento do recurso, sob pena de responsabilidade, conforme o art. 109, § 4º, da Lei 8.666/1993.

Registre-se, por oportuno, que na licitação na modalidade de convite o prazo de recurso será de dois dias úteis. No pregão também temos mais uma exceção quanto ao recurso administrativo: quando o pregoeiro declarar determinado licitante como vencedor, os demais, interessados em recorrer, deverão manifestar, motivadamente, essa intenção, sob pena de decair desse direito, quando lhes será assegurado o prazo de três dias para a apresentação das razões de recurso. Os demais licitantes ficam, desde logo, intimados para apresentar contrarrazões em igual número de dias, que começarão a correr do término do prazo do recorrente, conforme o art. 4º, XVIII, da Lei 10.520/2002.

8.5.8 Homologação e adjudicação

Após o julgamento das propostas e decorrido o prazo recursal, os autos do processo licitatório deverão ser remetidos para a autoridade superior, com vistas à *homologação* e à *adjudicação* da licitação, conforme dispõe o art. 43, VI, da Lei 8.666/1993.

Nesse momento processual, a autoridade competente, entendendo que a comissão agiu nos limites da lei, deverá homologar e adjudicar a licitação; ou, em caso de dúvida, retornar o processo à comissão de licitações, para esclarecimentos ou eventuais retificações.

Afora isso, haverá ainda a possibilidade de anulação ou revogação da licitação – mais à frente passaremos a tecer as considerações que nos parecem pertinentes.

De toda maneira, o ato de homologação expressa a concordância da autoridade superior com o trabalho da comissão, em razão de sua legalidade. Constitui-se, pois, em ato de controle da legalidade. Lúcia Valle Figueiredo [2006:515] ensina que "a homologação ou aprovação é condição de eficácia dos atos que devam ser submetidos a controle".

Uma vez homologada, deve o objeto da licitação ser adjudicado ao vencedor. Significa dizer que a autoridade superior atribui o objeto da licitação, nos termos da lei, ao vencedor do conclave, que a partir daí se denomina *adjudicatário*.

Do ato de adjudicação decorrem importantes efeitos. Em síntese, o efeito da adjudicação não obriga a Administração a celebrar o contrato. Ao contrário, trata-se de discricionariedade da Administração celebrar, ou não, o ajuste, implicando, pois, conveniência e oportunidade.

Enfatizamos, porém, que não estamos a dizer que essa discricionariedade implica simplesmente não celebrar a avença porque a Administração não deseja fazê-lo. Discricionariedade – sabemos nós – não se confunde com arbitrariedade. Portanto, a não-celebração do ajuste deve ser exaustivamente motivada, demonstrando que o interesse público não aconselha a concretização do ato de contratação por fato superveniente aos trâmites do processo licitatório, sob pena de flagrante ilegalidade, perpetrada mediante desvio de finalidade, e, logicamente, responsabilidade do administrador.

Por fim, cremos que o principal efeito da adjudicação, em relação ao vencedor, é o fato de a Administração, desejando celebrar o contrato, estar obrigada a celebrar o ajuste com o adjudicatário, e com ninguém mais.

8.5.9 Revogação da licitação

O art. 49, *caput*, da Lei 8.666/1993 é de cristalina clareza ao estabelecer que a *revogação da licitação* somente poderá ocorrer "por razões de interesse público decorrente de fato superveniente devidamente comprovado, pertinente e suficiente para justificar tal conduta (...)".

Despiciendos maiores esforços de interpretação para concluir que existem sérios e sólidos requisitos para a revogação. Com isso, a Administração não pode mais, como no passado, simplesmente revogar o procedimento alegando, de forma singela e sem maiores explicações, que a licitação não mais atende ao interesse público.

Ainda que o interesse público tenha a aparência de conceito fluido e muitos assim o considerem, é perfeitamente possível, perante o caso concreto, verificar aquilo que deve nortear a Administração, que, em última análise, só pode ser o interesse coletivo.

Em razão disso, não basta que a Administração, desejando revogar a licitação, se limite a dizer que tal ato se funda no interesse público. É preciso mais: é preciso dizer qual é esse interesse público.

De outra parte, é preciso, ainda, que tenha existido uma mudança de *status* com relação ao procedimento licitatório, de modo a se atender ao requisito do fato superveniente.

Ora, impende, pois, considerar que, se a Administração instaurou a licitação, chegando até seu regular término, isso ocorreu em razão de uma necessidade administrativa. Posteriormente, em razão da incidência de fato superveniente, algo aconteceu, de modo que o procedimento não mais está a atender às necessidades da Administração.

Para melhor explicarmos esses condicionantes, tomemos um exemplo de ordem prática. Suponhamos que a Administração instaurou licitação para aquisição de computadores. Após seu regular término, e quando submetida ao ato de controle pela autoridade superior, constata-se que a Administração recebeu uma doação de computadores. Ora, nessa situação, há que se perceber que o *status* da licitação se alterou. O procedimento nasceu fundado em uma necessidade administrativa, que hoje não mais existe, em razão da doação recebida. Por conta disso, impõe-se a revogação da licitação, devendo obrigatoriamente a Administração expor todas as suas razões de forma justificada e comprovada.

Anote-se, ainda, que se o ato revocatório, de alguma forma, implicar prejuízos ao licitante, cabível será a indenização, com sustentáculo no art. 37, § 6º, da CF.

Fácil é concluir, portanto, que a revogação não pode se realizar ao livre talante do administrador, na medida em que rígidos e sérios são seus pressupostos.

8.5.10 Anulação da licitação

A parte final do art. 49, *caput*, da Lei 8.666/1993 determina, ainda, que a licitação deve ser anulada em razão de ilegalidade, de ofício ou mediante provação de terceiros.

Em outro giro, perante uma ilegalidade impõe-se a anulação do ato ou do procedimento.

Faz-se necessário esclarecer, nesse contexto, que não é a existência de qualquer vício que estará a ensejar a *anulação da licitação*. É preciso que a autoridade competente examine a natureza do vício, de sorte a verificar se houve realmente prejuízo ao interesse público ou a terceiros.

Mais uma vez temos que nos socorrer de um exemplo, de sorte a melhor expor nossa opinião. Suponhamos que determinado licitante apresentou sua proposta em desconformidade com o edital. Todavia, a comissão não percebeu tal fato, e terminou por considerá-lo classificado. Providenciada a classificação final, por ordem crescente de preços, esse licitante, erroneamente classificado, não se sagrou vencedor da licitação. Ainda que a classificação errônea do licitante configure ilegalidade, a nosso ver, o vício em exame não poderia ser considerado insanável, de sorte a ensejar a anulação do certame. Nada impede que posteriormente esse licitante seja declarado desclassificado, sanando-se o vício existente e dando-se o procedimento por convalidado.

Tudo isso nos leva a asseverar que anular ou não uma licitação implica examinar a natureza do vício existente. Se sanável, nada obsta à sua convalidação. Caso contrário, a licitação deverá se anulada.

Por último, gostaríamos de externar nossa posição acerca das disposições do art. 49, § 1º, que dispõe sobre a inexistência de indenização em razão da anulação da licitação. No nosso sentir, tal disposição revela-se da mais flagrante inconstitucionalidade, na medida em que, se o ato anulatório implicar prejuízos para o licitante, não pode a Administração se eximir de recompor os prejuízos a que tiver dado causa, por força da teoria da responsabilidade objetiva, nos moldes preconizados pelo art. 37, § 6º, de nossa Lei Fundamental.

8.5.11 O contraditório e a ampla defesa no desfazimento da licitação

O art. 49, § 3º, da Lei 8.666/1993 dispõe que no desfazimento da licitação ficam assegurados o contraditório e a ampla defesa.

Devemos entender por "desfazimento da licitação" a hipótese de revogação ou anulação contemplada no *caput* do dispositivo legal invocado. Como já visto, nada impede, observados os requisitos da lei, que a licitação seja revogada ou anulada.

Porém, não pode mais a Administração anular ou revogar seus procedimentos sem ouvir previamente o licitante, por força do art. 5º, LV, de nossa CF, que trouxe – mais que em boa hora – a necessidade de imperiosa observância do princípio do contraditório e da ampla defesa nos processos administrativos, inclusive na licitação.

O STJ há muito já decidiu, no ROMS 1998/0033377-0: "A anulação ou revogação de processo licitatório deve ser precedida de oportunidade de defesa, exigindo-se plena justificação, sob pena de ferimento às garantias constitucionais de ampla defesa e do contraditório – Recursos providos".

É de hialina clareza que contraditório e ampla defesa não se confundem com direito a recurso administrativo. O exercício da ampla defesa deve ser prévio, antes do ato revocatório ou anulatório. Após a decisão, na hipótese de anulação ou revogação, caberá o competente recurso administrativo, na forma do que dispõe o art. 109, I, "c", da Lei 8.666/1993.

Conveniente se faz salientar, ainda, que a observância do princípio do contraditório e da ampla defesa não pode se resumir ao cumprimento de mera formalidade. O princípio do contraditório e da ampla defesa impõe à Administração o dever de ofertar ao licitante reais chances de expor seu ponto de vista, de modo a exercitar plenamente seu direito de defesa, como uma das formas de concretização do Estado Democrático de Direito.

8.6 As excludentes da licitação

Por expressa disposição do art. 37, XXI, de nossa Carta Política, a Administração Pública direta e indireta de qualquer dos Poderes da União, dos Estados, do Distrito Federal e dos Municípios está obrigada a promover licitação, ressalvados os casos especificados na legislação vigente.

Com isso, temos que a licitação é regra inafastável para a contratação de obras, serviços, compras e alienações promovidas pelo Poder Público, ressalvadas as hipóteses de dispensa e inexigibilidade previstas. Assim, caso a Administração Pública deseje celebrar um contrato, impõe-se a observância da regra da licitação, salvo as excepcionalidades previstas em lei.

Nesse passo, a Lei 8.666/1993 arrola os casos em que a licitação é desnecessária, sendo possível a denominada *contratação direta*. Saliente-se, que isso não significa que a Administração possa realizar contratações aleatórias. Ainda que a contratação direta não exija os formais trâmites do procedimento licitatório, a Administração estará obrigada a observar todas as regras e princípios relativos à escolha da melhor proposta para o contrato de seu interesse.

Feitas essas considerações, ainda que em rápidas pinceladas, passemos a examinar as hipóteses de licitação *dispensada*, *dispensável* e *inexigível*.

8.6.1 Licitação dispensada

O art. 17 da Lei 8.666/1993 é de péssima técnica legislativa, cuidando de dois assuntos distintos, consistentes nos requisitos para a alienação de bens e direitos e arrolando, também, as hipóteses de licitação dispensada para a alienação. Se isso não bastasse, com a alteração do dispositivo em questão pela Lei 11.196/2005, mais difícil ainda se tornou seu entendimento.

De toda maneira, a licitação dispensada, para efeito de alienação, vem disposta no art. 17, I e II, da Lei 8.666/1993. A própria lei declarou-a como tal, inexistindo qualquer outra possibilidade para a Administração. Trata-se de norma de regramento vinculado, onde inexiste margem de liberdade para o administrador agir de modo diferente.

Assim, nos casos de *bens imóveis*, estará dispensada a licitação para as seguintes hipóteses: (a) dação em pagamento; (b) doação, permitida exclusivamente para outro órgão ou entidade da Administração Pública, de qualquer esfera de governo, ressalvado o disposto nas alíneas "f" e "h" do art. 17 da Lei 8.666/1993; (c) permuta por outro imóvel que atenda aos requisitos constantes do inciso X do art. 24 da Lei 8.666/1993; (d) investidura; (e) venda a outro órgão ou entidade da Administração Pública, de qualquer esfera de governo; (f) alienação gratuita ou onerosa, aforamento, concessão de direito real de uso, locação ou permissão de uso de bens imóveis residenciais construídos, destinados ou efetivamente utilizados no âmbito de programas habitacionais ou de regularização fundiária de interesse social desenvolvidos por órgãos ou entidades da Administração Pública; (g) procedimentos de legitimação de posse de que trata o art. 29 da Lei 6.383/1976, mediante iniciativa e deliberação dos órgãos da Administração Pública em cuja competência legal se inclua tal atribuição; (h) alienação gratuita ou onerosa, aforamento, concessão de direito real de uso, locação ou permissão de uso de bens imóveis de uso comercial de âmbito local com área de até 250m^2 e inseridos no âmbito de programas de regularização fundiária de interesse social desenvolvidos por órgãos ou entidades da Administração Pública.

No que concerne aos *bens móveis* também estará dispensada a licitação nos casos de: (a) doação, permitida exclusivamente para fins e uso de interesse social, após avaliação de sua oportunidade e conveniência sócio-econômica relativamente à escolha de outra forma de alienação; (b) permuta, permitida exclusivamente entre órgãos ou entidades da Administração Pública; (c) venda de ações, que poderão ser negociadas em Bolsa, observada a legislação específica; (d) venda de títulos, na forma da legislação pertinente; (e) venda de bens produzidos ou comercializados por órgãos ou entidades da Administração Pública, em virtude de suas finalidades; (f) venda de materiais e equipamentos para outros órgãos ou entidades da Administração Pública, sem utilização previsível por quem deles dispõe; (g) procedimentos de legitimação de posse de que trata o art. 29 da Lei 6.383/1976, mediante iniciativa e deliberação dos órgãos da Administração Pública em cuja competência legal se inclua tal atribuição.

Por sua vez, o § 2º do art. 17 da Lei 8.666/1993 dispõe, ainda, que a Administração também poderá conceder título de propriedade ou de direito real de uso de imóveis, dispensada licitação, quando o uso se destinar "a outro órgão ou entidade da Administração Pública, qualquer que seja a localização do imóvel", e "a pessoa física que, nos termos de lei, regulamento ou ato normativo do órgão competente, haja implementado os requisitos mínimos de cultura e moradia sobre área rural situada na região da Amazônia Legal, definida no art. 2º da Lei n. 5.173, de 27 de outubro de 1966, superior à legalmente passível de legitimação de posse referida na alínea "g" do inciso I do *caput* deste artigo, atendidos os limites de área definidos por ato normativo do Poder Executivo".

No mais deverão ser observadas as demais exigências e condicionantes estabelecidos na lei.

8.6.2 Licitação dispensável

A *licitação dispensável* encontra-se estatuída no art. 24 da Lei 8.666/1993. Trata-se, em princípio, de norma de regramento discricionário, devendo a Administração realizar juízo de valor, avaliando a conveniência e a oportunidade de se afastar, ou não, a licitação, com vistas a uma tomada de decisão quanto à melhor forma de atendimento ao interesse público. As hipóteses contempladas pela lei formam um rol taxativo, inexistindo possibilidade de, faticamente, serem criadas outras hipóteses que não aquelas contempladas no aludido art. 24.

Passemos, pois, a declinar as hipóteses de *licitação dispensável*: "I – para obras e serviços de engenharia de valor até 10% (dez por cento) do limite previsto na alínea 'a' do inciso I do artigo anterior, desde que não se refiram a parcelas de uma mesma obra ou serviço ou ainda para obras e serviços da mesma natureza e no mesmo local que possam ser realizadas conjunta e concomitantemente; II – para outros serviços e compras de valor até 10% (dez por cento) do limite previsto na alínea 'a' do inciso II do artigo anterior, e para alienações, nos casos previstos nesta Lei, desde que não se refiram a parcelas de um mesmo serviço, compra ou alienação de maior vulto que possa ser realizada de uma só vez; III – nos casos de guerra ou grave perturbação da ordem; IV – nos casos de emergência ou de calamidade pública, quando caracterizada urgência de atendimento de situação que possa ocasionar prejuízo ou comprometer a segurança de pessoas, obras, serviços, equipamentos e outros bens, públicos ou particulares, e somente para os bens necessários ao atendimento da situação emergencial ou calamitosa e para as parcelas de obras e serviços que possam ser concluídas no prazo máximo de 180 (cento e oitenta) dias consecutivos e ininterruptos, contados da ocorrência da emergência ou calamidade, vedada a prorrogação dos respectivos contratos; V – quando não acudirem interessados à licitação anterior e esta, justificadamente, não puder ser repetida sem prejuízo para a Administração, mantidas, neste caso, todas as condições preestabelecidas; VI – quando a União tiver que intervir no domínio econômico para regular preços ou normalizar o abastecimento; VII – quando as propostas apresentadas consignarem preços manifestamente superiores aos praticados no mercado nacional, ou forem incompatíveis com os fixados pelos órgãos oficiais competentes, casos em que, observado o parágrafo único do art. 48 desta Lei, e persistindo a situação, será admitida a adjudicação direta dos bens ou serviços, por valor não superior ao constante do registro de preços, ou dos serviços;[7] VIII – para a aquisição, por pessoa jurídica de direito público interno, de bens produzidos ou serviços prestados por órgão ou entidade que integre a Administração Pública e que tenha sido criado para esse fim específico em data anterior à vigência desta Lei, des-

7. O inciso VII do art. 24 da Lei 8.666/1993 faz expressa menção ao parágrafo único do art. 48, que não existe. A remissão correta é ao art. 48, § 3º, da Lei 8.666/1993.

de que o preço contratado seja compatível com o praticado no mercado; IX – quando houver possibilidade de comprometimento da segurança nacional, nos casos estabelecidos em decreto do Presidente da República, ouvido o Conselho de Defesa Nacional; X – para a compra ou locação de imóvel destinado ao atendimento das finalidades precípuas da Administração, cujas necessidades de instalação e localização condicionem a sua escolha, desde que o preço seja compatível com o valor de mercado, segundo avaliação prévia; XI – na contratação de remanescente de obra, serviço ou fornecimento, em conseqüência de rescisão contratual, desde que atendida a ordem de classificação da licitação anterior e aceitas as mesmas condições oferecidas pelo licitante vencedor, inclusive quanto ao preço, devidamente corrigido; XII – nas compras de hortifrutigranjeiros, pão e outros gêneros perecíveis, no tempo necessário para a realização dos processos licitatórios correspondentes, realizadas diretamente com base no preço do dia; XIII – na contratação de instituição brasileira incumbida regimental ou estatutariamente da pesquisa, do ensino ou do desenvolvimento institucional, ou de instituição dedicada à recuperação social do preso, desde que a contratada detenha inquestionável reputação ético-profissional e não tenha fins lucrativos; XIV – para a aquisição de bens ou serviços nos termos de acordo internacional específico aprovado pelo Congresso Nacional, quando as condições ofertadas forem manifestamente vantajosas para o Poder Público; XV – para a aquisição ou restauração de obras de arte e objetos históricos, de autenticidade certificada, desde que compatíveis ou inerentes às finalidades do órgão ou entidade; XVI – para a impressão dos diários oficiais, de formulários padronizados de uso da Administração, e de edições técnicas oficiais, bem como para prestação de serviços de Informática a pessoa jurídica de direito público interno, por órgãos ou entidades que integrem a Administração Pública, criados para esse fim específico; XVII – para a aquisição de componentes ou peças de origem nacional ou estrangeira, necessários à manutenção de equipamentos durante o período de garantia técnica, junto ao fornecedor original desses equipamentos, quando tal condição de exclusividade for indispensável para a vigência da garantia; XVIII – nas compras ou contratações de serviços para o abastecimento de navios, embarcações, unidades aéreas ou tropas e seus meios de deslocamento, quando em estada eventual de curta duração em portos, aeroportos ou localidades diferentes de suas sedes, por motivo de movimentação operacional ou de adestramento, quando a exigüidade dos prazos legais puder comprometer a normalidade e os propósitos das operações e desde que seu valor não exceda ao limite previsto na alínea 'a' do inciso II do art. 23 desta Lei; XIX – para as compras de material de uso pelas Forças Armadas, com exceção de materiais de uso pessoal e administrativo, quando houver necessidade de manter a padronização requerida pela estrutura de apoio logístico dos meios navais, aéreos e terrestres, mediante parecer de comissão instituída por decreto; XX – na contratação de associação de portadores de deficiência física, sem fins lucrativos e de comprovada idoneidade, por órgãos ou entidades da Administração Pública, para a prestação de serviços ou fornecimento de mão-de-obra, desde que o preço contratado seja compatível com o praticado no mercado; XXI – para a aquisição de bens destinados exclusivamente à pesquisa científica e tecnológica com recursos concedidos pela CAPES, FINEP, CNPq ou outras instituições de fomento à pesquisa credenciadas pelo CNPq para esse fim específico; XXII – na contratação de fornecimento ou suprimento de energia elétrica e gás natural com concessionário, permissionário ou autorizado, segundo as normas da legislação específica; XXIII – na contratação realizada por empresa pública ou sociedade de economia mista com suas subsidiárias e controladas, para a aquisição ou alienação de bens, prestação ou obtenção de serviços, desde que o preço contratado seja compatível com o praticado no mercado; XXIV – para a celebração de contratos de prestação de serviços com as organizações sociais, qualificadas no âmbito das respectivas esferas de governo, para atividades contempladas no contrato de gestão; XXV – na contratação realizada por Instituição Científica e Tecnológica/ICT ou por agência de fomento para a transferência de tecnologia e para o licenciamento de direito de uso ou de exploração de criação protegida; XXVI – na celebração de contrato de programa com ente da Federação ou com entidade de sua Administração indireta, para a prestação de serviços públicos de forma associada nos termos do autorizado em contrato de consórcio público ou em convênio de cooperação; XXVII – na contratação da coleta, processamento e comercialização de resíduos sólidos urbanos recicláveis ou reutilizáves, em áreas com sistema de coleta seletiva de lixo, efetuados por associações ou cooperativas formadas exclusivamente por pessoas físicas de baixa renda reconhecidas pelo poder público como catadores de materiais recicláveis, com o uso de equipamentos compatíveis com as normas técnicas, ambientais e de saúde pública; XXVIII – para o fornecimento de bens e serviços, produzidos ou prestados no País, que envolvam, cumulativamente, alta complexidade tecnológica e defesa nacional, mediante parecer de comissão especialmente designada pela autoridade máxima do órgão."

E, por fim, o parágrafo único do dispositivo em questão estabelece que "os percentuais referidos nos incisos I e II do *caput* deste artigo serão 20% (vinte por cento) para compras, obras e serviços contratados por consórcios públicos, sociedade de economia mista, empresa pública e por autarquia ou fundação qualificadas, na forma da lei, como agências executivas".

8.6.2.1 *Breves comentários sobre os principais casos de licitação dispensável*

Não é o caso, aqui, de discorrer e comentar todas as hipóteses de licitação dispensável previstas no art. 24 da Lei 8.666/1993. No entanto, não podemos nos furtar de examinar os principais casos que, em razão de sua relevância prática, são comumente utilizados pela Administração Pública, como o da dispensa de licitação em razão do valor, da emergência e da contratação fundada em licitação deserta.

8.6.2.1.1 Dispensa de licitação em razão do valor

Os incisos I e II do art. 24 da Lei 8.666/1993 dispõem sobre as dispensas de licitação, *em razão do valor*, para obras e serviços de engenharia e para compras e outros serviços, respectivamente.

Note-se que os dispositivos em comento vedam expressamente o parcelamento do objeto; ou seja: se determinada contratação deve ser feita mediante convite, tomada de preços ou concorrência, não pode a Administração, com o objetivo de fugir dos trâmites do processo licitatório, fracionar a compra, obra ou serviço, de modo a realizar uma contratação direta.

De qualquer modo, e levando-se em consideração os percentuais previstos em lei, pode a Administração contratar diretamente obra ou serviço de engenharia de até R$ 15.000,00 e compras e outros serviços até R$ 8.000,00.

Por oportuno, conveniente se faz assinalar que as obras e serviços de engenharia bem como as compras e outros serviços, quando contratados por sociedade de economia mista, empresa pública, bem assim por autarquia e fundação pública qualificadas como agências executivas terão os valores supramencionados dobrados, por força do art. 24, parágrafo único, da Lei 8.666/1993.

É válido, ainda, alertar ao leitor que a dispensa de licitação em razão do valor não significa que a Administração pode proceder a contratações aleatórias. Ao contrário, todos os princípios atinentes à licitação, naquilo que for aplicável à dispensa, devem ser observados, dentre os quais vale destacar a motivação, de sorte a se verificar quais os critérios que indicam a escolha da melhor proposta, e a impessoalidade.

8.6.2.1.2 Dispensa de licitação em razão de emergência

As contratações públicas submetem-se ao critério da necessidade. Isso quer dizer que a Administração, mediante planejamento, estabelece que esse ou aquele objeto, no decorrer do exercício financeiro, deverá ser contratado, via de regra, mediante a instauração de procedimento licitatório.

Por outro lado, é claro que nem tudo pode ser planejado ou previsto. Há situações excepcionais que, se não atendidas, podem comprometer o interesse público, com graves prejuízos para a própria Administração ou, mesmo, para os particulares.

Assim, na hipótese de situações excepcionais, completamente imprevistas, em que a Administração é chamada a tomar rápidas providências, com vistas a proteger o interesse público, fácil é concluir que impossível seria a sujeição aos prazos e trâmites do procedimento licitatório, configurando, pois, a *situação emergencial* delineada pelo art. 24, IV, da Lei 8.666/1993. Anote-se que o potencial dano deve ser concreto e efetivo, dependendo, para tanto, de rigorosa avaliação da Administração.

Em linhas gerais, configura-se tal hipótese, nos estritos termos da lei, nos casos de "emergência ou de calamidade pública, quando caracterizada urgência de atendimento de situação que possa ocasionar prejuízo ou comprometer a segurança de pessoas, obras, serviços, equipamentos e outros bens, públicos ou particulares".

Fique claro, todavia, que não se pode confundir *emergência* com a *urgência*, até porque tudo na Administração é urgente. O elemento diferenciador de um e de outro conceito reside no critério de imprevisibilidade pelo qual se pauta a emergência.

Não podem ser consideradas casos de emergência a desídia ou a omissão administrativa. Temos para nós que em casos de desídia ou omissão administrativa em que não reste outra alternativa senão a contratação direta, mediante a emergência, será o caso de instauração de procedimento administrativo, com vistas a apurar responsabilidades.

De outra parte, o mesmo inciso IV do art. 24 da Lei 8.666/1993 estabelece, ainda, que a contratação direta fundada na emergência somente poderá ocorrer para "os bens necessários ao atendimento da situação emergencial ou calamitosa e para as parcelas de obras e serviços que possam ser concluídas no prazo máximo de 180 (cento e oitenta) dias consecutivos e ininterruptos, contados da ocorrência da emergência ou calamidade, vedada a prorrogação dos respectivos contratos".

Vale dizer, portanto, que a contratação emergencial não poderá ocorrer *lato sensu*, mas, sim, restritivamente, apenas para o atendimento da situação emergencial, e observado o prazo máximo da contratação, de 180 dias, em caráter improrrogável.

No mais, assim, como na dispensa de licitação em razão do valor, a principiologia da licitação deverá ser atendida, naquilo que couber.

8.6.2.1.3 Contratação direta fundada em licitação deserta

O art. 24, V, da Lei 8.666/1993 estabelece a contratação direta em razão de *licitação deserta*. Com efeito, a licitação deserta configura-se a partir do momento em que no dia da licitação propriamente dita, e após a necessária publicidade, de acordo com a modalidade licitatória escolhida, ninguém comparece ao certame, de modo a apresentar propostas perante a comissão de licitação ou pregoeiro.

A partir desse momento a Administração poderá contratar diretamente, desde que cumpridos dois pré-requisitos, a saber: (1) que a licitação, justificadamente, não possa ser repetida sem prejuízos para a Administração; (2) que o interessado na contratação direta atenda a todos os requisitos preestabelecidos no edital.

É de curial relevância deixar claro, no que diz respeito ao primeiro requisito, que, em princípio, se a licitação restou deserta, deve a Administração repeti-la, posto que a regra será sempre a instauração de procedimento licitatório. A Administração somente poderá deixar de fazer a licitação se, mediante justificativa pormenorizada e circunstanciada, demonstrar que isso poderia causar franco prejuízo ao interesse público.

Por derradeiro, quanto à necessidade de o interessado cumprir todas as exigências constantes do edital de licitação que restou deserta, dúvidas não há de que o legislador quis proteger – como, de fato, protegeu – o princípio da isonomia. Seria incompreensível que se admitisse que a contratação direta acontecesse com disposições outras que não aquelas determinadas originariamente pela Administração.

8.6.3 Inexigibilidade de licitação

A *inexigibilidade de licitação*, regulada pelo art. 25 da Lei de Licitações, tem como condicionante a ausência de competição. Logo, qualquer situação, independentemente de expressa previsão legal, que caracterize a inviabilidade de competição pode afastar a licitação e, conseqüentemente, ensejar a contratação direta.

Isto se dá em decorrência da intelecção do art. 25, *caput*, da Lei de Licitações, que estabelece que "é inexigível a licitação quando houver inviabilidade de competição, *em especial*: (...)". Logo, o rol do art. 25 não é *numerus clausus*, mas, sim, exemplificativo, havendo, portanto, a possibilidade de configuração de outras possibilidades de inexigibilidade de licitação.

Dentre as hipóteses contempladas expressamente no dispositivo em comento temos o fornecedor exclusivo, a notória especialização e a contratação de artistas, que passaremos a expor a seguir.

8.6.3.1 *O fornecedor exclusivo*

O inciso I do art. 25 da Lei 8.666/1993 contempla a hipótese do chamado *fornecedor exclusivo*. Logo, se verificada a hipótese em que um único produto ou serviço atende às necessidades da Administração, e este somente poderá ser fornecido por produtor, empresa ou representante comercial exclusivo – inexistindo, pois, pluralidade de alternativas –, não há que se falar em licitação.

A questão ora enfrentada coloca-se no âmbito da inviabilidade de competição em razão do denominado fornecedor exclusivo, vedada a preferência por marca. A exclusividade deve ocorrer em razão do produto ou do serviço propriamente dito.

A comprovação de ser o interessado fornecedor exclusivo se dá através da apresentação da chamada *carta de exclusividade*, emitida pelo órgão de Registro de Comércio do local em que deve ser realizada a licitação, ou a obra ou o serviço, pelo sindicato, federação ou confederação patronal ou, ainda, pelas entidades equivalentes.

8.6.3.2 *A notória especialização*

O inciso II do art. 25 da Lei 8.666/1993 consagra a contratação de serviços técnicos enumerados no art. 13, de natureza singular, com profissionais ou empresas de *notória especialização*, vedada a inexigibilidade para serviços de publicidade e divulgação.

Para a contratação mediante notória especialização necessário se faz o cumprimento de alguns requisitos. Primeiramente, o serviço deve encontrar-se no rol estatuído pelo art. 13 da Lei de Licitações, a saber: (1) estudos técnicos, planejamentos e projetos básicos ou executivos; (2) pareceres, perícias e avaliações em geral; (3) assessorias ou consultorias técnicas e auditorias financeiras ou tributárias; (4) fiscalização, supervisão ou gerenciamento de obras ou serviços; (5) patrocínio ou defesa de causas judiciais ou administrativas; (6) treinamento e aperfeiçoamento de pessoal; (7) restauração de obras de arte e bens de valor histórico.

Entretanto, é bom que se diga que não é só pelo fato de esses serviços se encontrarem no rol do sobredito art. 13 que a Administração estará autorizada a contratar diretamente, em razão da notória especialização. É preciso, ainda, que esse mesmo serviço seja de natureza singular, ou seja, que se revista de características tais, como complexidade e relevância, de modo a ensejar a contratação de um profissional notoriamente especializado.

Por último, temos, ainda, os requisitos em razão da pessoa do profissional notoriamente especializado, assim entendido aquele "cujo conceito no campo de sua especialidade, decorrente de desempenho anterior, estudos, experiências, publicações, organização, aparelhamento, equipe técnica, ou de outros requisitos relacionados com suas atividades, permita inferir que o seu trabalho é essencial e indiscutivelmente o mais adequado à plena satisfação do objeto do contrato" – nos termos do art. 25, § 1º, da Lei 8.666/1993.

Note-se, portanto, que a escolha de profissional ou empresa notoriamente especializados não implica uma única opção. Nada obsta à existência de um ou mais notórios, sendo que a escolha desse ou daquele profissional ou empresa, desde que atendidos os requisitos da lei, implicará discricionariedade da Administração, mediante exaustiva justificativa, que deverá constar dos autos da contratação.

8.6.3.3 *A contratação de profissional de qualquer setor artístico*

Por último, temos ainda estatuída pela Lei de Licitações a "contratação de profissional de qualquer setor artístico, diretamente ou através de empresário exclusivo, desde que consagrado pela crítica especializada ou pela opinião pública", nos termos do art. 25, III.

O dispositivo em exame parece-nos ser de fácil compreensão, posto que, ainda que permitida a contratação de profissional de qualquer setor artístico, em razão de tal necessidade, ficou estabelecido o critério de o artista ser necessariamente consagrado pela crítica especializada ou pela opinião pública, de modo a evitar escolhas arbitrárias.

8.7 A tutela penal das licitações

A Lei 8.666/1993, em seus arts. 89 a 98, estabeleceu os comportamentos passíveis da aplicação de sanção penal, específica e ampla, para a matéria de licitações e contratos, conforme segue:

"Art. 89. Dispensar ou inexigir licitação fora das hipóteses previstas em lei, ou deixar de observar as formalidades pertinentes à dispensa ou à inexigibilidade: (...).

"(...).

"Art. 90. Frustrar ou fraudar, mediante ajuste, combinação ou qualquer outro expediente, o caráter competitivo do procedimento licitatório, com o intuito de obter, para si ou para outrem, vantagem decorrente da adjudicação do objeto da licitação: (...).

"Art. 91. Patrocinar, direta ou indiretamente, interesse privado perante a Administração, dando causa à instauração de licitação ou à celebração de contrato, cuja invalidação vier a ser decretada pelo Poder Judiciário: (...).

"Art. 92. Admitir, possibilitar ou dar causa a qualquer modificação ou vantagem, inclusive prorrogação contratual, em favor do adjudicatário, durante a execução dos contratos celebrados com o Poder Público, sem autorização em lei, no ato convocatório da licitação ou nos respectivos instrumentos contratuais, ou, ainda, pagar fatura com preterição da ordem cronológica de sua exigibilidade, observado o disposto no art. 121 desta Lei: (...).

"(...).

"Art. 93. Impedir, perturbar ou fraudar a realização de qualquer ato de procedimento licitatório: (...).

"Art. 94. Devassar o sigilo de proposta apresentada em procedimento licitatório, ou proporcionar a terceiro o ensejo de devassá-lo: (...).

"Art. 95. Afastar ou procurar afastar licitante, por meio de violência, grave ameaça, fraude ou oferecimento de vantagem de qualquer tipo: (...).

"(...).

"Art. 96. Fraudar, em prejuízo da Fazenda Pública, licitação instaurada para aquisição ou venda de bens ou mercadorias, ou contrato dela decorrente: I – elevando arbitrariamente os preços; II – vendendo, como verdadeira ou perfeita, mercadoria falsificada ou deteriorada: III – entregando uma mercadoria por outra; IV – alterando substância, qualidade ou quantidade da mercadoria fornecida; V – tornando, por qualquer modo, injustamente, mais onerosa a proposta ou a execução do contrato: (...).

"Art. 97. Admitir à licitação ou celebrar contrato com empresa ou profissional declarado inidôneo: (...).

"(...).

"Art. 98. Obstar, impedir ou dificultar, injustamente, a inscrição de qualquer interessado nos registros cadastrais ou promover indevidamente a alteração, suspensão ou cancelamento de registro do inscrito: (...)."

Percebe-se que a preocupação do legislador foi em reprimir condutas dolosas que, de alguma forma, causem dano à Administração. Nesse sentido, estabeleceu sanções de seis meses de detenção a seis anos, com aplicação de pena de multa de forma concomitante.

Por sua vez, os arts. 100 a 108 trazem as normas acerca do processo penal relativo aos crimes previstos nos arts. 89 a 98, todos de ação pública incondicionada, de competência do Ministério Público. Ressalve-se a possibilidade de ação penal privada subsidiária da pública, na hipótese de não-ajuizamento dessa última.

Bibliografia

BANDEIRA DE MELLO, Celso Antônio [2007]. *Curso de Direito Administrativo*. 24ª ed. São Paulo, Malheiros Editores.

DALLARI, Adilson de Abreu [1997]. *Aspectos Jurídicos da Licitação*. 4ª ed. São Paulo, Saraiva.

DI PIETRO, Maria Sylvia Zanella [2006]. *Direito Administrativo*. 19ª ed. São Paulo, Atlas.

DROMI, José Roberto [1977]. *La Licitación Pública*. Buenos Aires, Astrea.

FIGUEIREDO, Lúcia Valle [2006]. *Curso de Direito Administrativo*. 8ª ed. São Paulo, Malheiros Editores.

JUSTEN FILHO, Marçal [2004]. *Comentários à Lei de Licitações e Contratos Administrativos*. 10ª ed. São Paulo, Dialética.

__________ [2005]. *Pregão – Comentários à Legislação do Pregão Comum e Eletrônico*. 4ª ed., revista e atualizada, de acordo com a Lei federal 10.520/2002 e os Decretos federais 3.555/2000 e 5.450/2005. São Paulo, Dialética.

MANCUSO, Rodolfo de Carmargo [1993]. *Ação Popular*. São Paulo, Ed. RT.

MEIRELLES, Hely Lopes [2007]. *Direito Administrativo Brasileiro*. 33ª ed., atualizada por Eurico de Andrade Azevedo, Délcio Balestero Aleixo e José Emmanuel Burle Filho. São Paulo, Malheiros Editores.

MOREIRA NETO, Diogo de Figueiredo [1988]. "Competência concorrente limitada – O problema da conceituação de normas gerais". Separata da *Revista de Informação Legislativa* 100. Ano 25. Outubro-dezembro/1988.

MUKAI, Toshio [1999]. *Direito Administrativo Sistematizado*. São Paulo, Saraiva.

Capítulo 9

CONTRATO ADMINISTRATIVO

ANTÔNIO CECÍLIO MOREIRA PIRES

9.1 Conceito. 9.2 A licitação como requisito do contrato administrativo. 9.3 As peculiaridades do contrato administrativo: 9.3.1 A exigência de contrato escrito – 9.3.2 Prazo de vigência do contrato administrativo – 9.3.3 Garantias para a execução do contrato – 9.3.4 A publicação do resumo do contrato administrativo. 9.4 As demais condições do contrato administrativo. 9.5 O regime jurídico do contrato administrativo: 9.5.1 Alteração unilateral – 9.5.2 Rescisão unilateral – 9.5.3 Fiscalização – 9.5.4 Aplicação de penalidades – 9.5.5 Retomada do objeto – 9.5.6 Anulação do contrato administrativo – 9.5.7 A "exceptio non adimpleti contractus". 9.6 Os direitos do contratado: 9.6.1 O recebimento do preço ajustado – 9.6.2 O equilíbrio econômico-financeiro do contrato e a revisão de preços – 9.6.3 A alteração bilateral do contrato – 9.6.4 A observância do devido processo nas hipóteses de aplicação de sanção e rescisão contratual. 9.7 A teoria da imprevisão. 9.8 A extinção do contrato administrativo: 9.8.1 Formas naturais de extinção – 9.8.2 Formas excepcionais de extinção: 9.8.2.1 A rescisão unilateral do contrato – 9.8.2.2 Rescisão amigável – 9.8.2.3 Rescisão judicial – 9.8.2.4 Rescisão decorrente de fato externo – 9.8.3 A anulação do contrato. 9.9 Os contratos administrativos em espécie: 9.9.1 Contrato de gestão – 9.9.2 Convênio. 9.9.3 Ata de registro de preços.

O *contrato administrativo* é o conseqüente lógico do procedimento licitatório, na medida em que a Administração faz a licitação como meio de escolher a melhor proposta para o contrato de seu interesse, de modo a satisfazer o interesse público consubstanciado na alienação, obra ou serviço.

Muitas são as divergências doutrinárias acerca do instituto dos contratos administrativos. Há os que negam sua existência, tendo em vista que o contrato administrativo não observa o princípio da igualdade entre as partes, o da autonomia das vontades e da força obrigatória das convenções.

Realmente, a igualdade entre as partes é característica inexistente no contrato administrativo, tendo em vista que a Administração tem posição privilegiada em relação ao particular, decorrente das características do denominado regime jurídico administrativo. Impossível é, também, falar em autonomia das vontades, vez que a Administração é serva da lei. Por derradeiro, quanto à força obrigatória das convenções, este também é mais um elemento inexistente nos contratos administrativos, eis que o princípio da mutabilidade das cláusulas regulamentares atenua, significativamente, o princípio *pacta sunt servanda*.

Uma outra corrente doutrinária entende que todos os contratos celebrados pela Administração são contratos administrativos, posto que determinadas regras de direito público sempre se farão presentes. Segundo essa teoria, as regras de direito público relativas à forma, competência, finalidade e procedimento deverão ser necessariamente observadas.

Para essa corrente, pelo fato de serem escritas, de a competência ser aquela estabelecida em lei, de o procedimento depender, dentre outros, da instauração de licitação, sem prejuízo de outras exigências de caráter procedimental, e, ainda, de terem como finalidade o cumprimento do interesse público, todas as avenças celebradas pela Administração devem ser consideradas contratos administrativos.

Por último – a que nos parece ser a doutrina dominante – temos aqueles que admitem a existência do contrato administrativo, como espécie do *gênero* contrato, uma vez presentes determinadas características que o diferenciem dos demais ajustes regidos pelo direito privado.

Nós nos permitimos, aqui, tecer algumas considerações que nos parecem de relevância, até para, ao final, tomarmos nossa posição.

Acreditamos que negar a existência do contrato administrativo, em razão da inexistência de alguns dos caracteres do instituto jurídico do contrato, nos parece algo por demais radical. Não podemos esquecer que o direito público tem características próprias, que por vezes derrogam as regras de direito privado. Todavia, isto não pode descaracterizar o instituto do contrato administrativo, de modo a implicar negação de sua existência.

Quanto à segunda posição, que admite que todos os contratos celebrados com a Administração são contratos administrativos, também não nos parece ser o melhor entendimento. Afinal, o contrato administrativo tem características próprias, derivadas do regime jurídico administrativo a que se submete. Assim, não nos parece possível que um contrato regido pelo direito privado – como, por exemplo, o comodato ou a locação – se submeta, na integralidade, ao regime de direito público, de forma a se transformar em um *contrato administrativo*, na acepção jurídica da expressão.

Destarte, temos para nós que *contrato administrativo* é espécie do gênero *contrato*, uma vez que, independentemente da inexistência de alguns aspectos inerentes ao instituto jurídico dos ajustes, é certo dizer que o ato em comento é de natureza bilateral, ou seja, só se aperfeiçoa com a aceitação do contratado – fato, este, suficiente para caracterizar a existência do contrato administrativo.

9.1 Conceito

Para a difícil tarefa de conceituar o *contrato administrativo* impõe-se, pois, examinarmos com mais detença alguns de seus aspectos.

É certo que o contrato administrativo não pode ser definido como um acordo de vontades, da mesma forma que o contrato de direito privado, tendo em vista a fixação unilateral de suas cláusulas.

Entretanto, esta nossa observação, ainda que inaplicável ao contrato administrativo, leva-nos a concluir pela existência de um elemento deveras importante: a presença da Administração Pública.

Contudo, isto também não é suficiente para ofertarmos nosso conceito de *contrato administrativo*. A Administração pode celebrar contratos, e estes, necessariamente, não integrarem a espécie "contrato administrativo", como é o caso da compra e venda de imóveis, por exemplo. Disso deflui que o regime jurídico ao qual se submete o contrato também deve integrar o conceito pretendido.

Quanto ao objeto, o contrato administrativo geralmente tem por finalidade a consecução de uma obra, um serviço, uma aquisição, ou qualquer outra coisa que implique a existência de direitos e obrigações. Em última análise, podemos dizer que o contrato administrativo persegue o interesse público determinado em lei. Por fim, devemos lembrar, ainda, que essa mesma lei impõe a realização de um procedimento preambular para a concretização do contrato administrativo.

Com tudo isso, o contrato administrativo pode ser conceituado como *o ajuste celebrado pela Administração Pública, sob a égide do regime jurídico administrativo, que tem por objetivo a consecução do interesse público determinado em lei, mediante a instauração preliminar de procedimento licitatório, salvo as excepcionalidades previstas na legislação que rege a matéria.*

9.2 A licitação como requisito do contrato administrativo

Temos como requisito para a celebração do contrato administrativo a prévia exigência de instauração de *procedimento licitatório*, nos termos art. 37, XXI, da CF, que dispõe sobre a exigência de licitação para os ajustes que Administração deseja firmar, salvo as exceções previstas em lei.

Em síntese, estamos a dizer que a ocorrência de um procedimento licitatório de acordo com a lei é condição *sine qua non* para a celebração de um contrato administrativo válido.

Isto porque o contrato administrativo é o decorrente lógico da licitação; e, portanto, se encontra jungido às cláusulas e condições do edital, bem assim no que diz respeito também à proposta ofertada pela adjudicatário.

Doutra parte, as chamadas contratações diretas, de caráter excepcional, oriundas de dispensa ou inexigibilidade de licitação, cujo contrato fica vinculado aos termos do despacho autorizador do ajuste, bem como aos termos da proposta do interessado, também são requisitos de validade para a celebração do contrato.

Saliente-se, finalmente, que o fato de a lei contemplar hipóteses de contratações diretas não significa que a Administração está autorizada a não observar os princípios que regem a matéria, notadamente aqueles gizados no art. 37, *caput*, da CF – legalidade, impessoalidade, moralidade, publicidade e eficiência e, por fim, a motivação.

9.3 As peculiaridades do contrato administrativo

Diferentemente do direito privado, que prestigia, inclusive, as formas contratuais verbais, o contrato administrativo tem uma série de peculiaridades de ordem formal. Devemos lembrar que o administrador público está a gerir uma coisa que não é dele. Portanto, em razão disso, a qualquer momento poderá ser instado a dar conta de suas realizações – pelo quê a questão da forma no direito administrativo é medida que se impõe.

Logo, os contratos administrativos são instrumentos essencialmente formais, tendo, destarte, condicionantes que estão intimamente ligados com a questão de sua validade.

Posto isso, passemos, pois, a declinar os condicionantes de ordem formal das avenças públicas.

9.3.1 A exigência de contrato escrito

O contrato administrativo deve ser *escrito*, sendo nulo de pleno direito o contrato verbal com a Administração, salvo para as despesas de pronto pagamento, nos termos do art. 60, parágrafo único, da Lei 8.666/1993.

Entendam-se por "despesas de pronto pagamento" aquelas compreendidas em valor não superior a 5% do limite estabelecido no art. 23, II, "a", da Lei 8.666/1993, o que representa, atualmente, R$ 4.000,00.

Ainda que assim seja, imperioso se faz destacar que a declaração de nulidade do contrato não exonera a Administração do dever de indenizar o particular. Afinal, se o particular realizou o serviço ou a obra, ou entregou o material adquirido pela Administração, não pode esta, sob pena de enriquecimento ilícito, negar-se a pagar o contratado, a título de indenização. É o que se depreende do art. 59, parágrafo único, da Lei 8.666/1993, que estabelece a indenização ao particular, decorrente da nulidade do contrato, pelo que este houver executado até a data em que ela for declarada e por outros prejuízos regularmente comprovados.

Da parte final do dispositivo dessume-se, ainda, que a Administração estará exonerada de pagar o contratado, a título de indenização, na hipótese de este ter concorrido para a ocorrência da ilegalidade, tratando-se de contrato verbal.

Por sua vez, o art. 62 da Lei 8.666/1993 estabelece que o contrato se formaliza mediante "termo de contrato", obrigatório para as avenças decorrentes de concorrência e tomada de preços, bem como para as dispensas e inexigibilidades cujos preços estejam compreendidos nos valores dessas duas modalidades licitatórias, e facultativo nas demais, em que a Administração pode substituí-lo por outros instrumentos hábeis, tais como carta-contrato, nota de empenho de despesa, autorização de compra ou ordem de execução de serviço.

Por fim, o § 4º do art. 62 da Lei 8.666/1993 dispõe, ainda, que o "termo de contrato" pode ser substituído, a critério da Administração e independentemente de seu valor, nos casos de compra com entrega imediata e integral dos bens adquiridos dos quais não resultem obrigações futuras, inclusive assistência técnica.

9.3.2 Prazo de vigência do contrato administrativo

Conforme expressa previsão do art. 57, *caput*, da Lei 8.666/1993, a duração dos contratos administrativos ficará adstrita à vigência dos respectivos créditos orçamentários. Melhor dizendo, o contrato administrativo deve ter prazo determinado e sua vigência deve observar a duração dos créditos orçamentários.

Note-se que a regra relativa ao prazo do contrato administrativo, em princípio, é bastante rígida, posto que jungida ao aspecto da vigência do crédito orçamentário, que coincide com o ano civil, conforme determina o art. 34 da Lei 4.320/1964. Via de conseqüência, a regra do prazo contratual limita a vigência das avenças públicas ao dia 31 de dezembro de cada ano.

Entretanto, certo é observar que não haveria como a Administração cumprir suas funções se essa regra fosse aplicada sempre, em caráter absoluto. Forçoso é concluir, portanto, que há casos especiais de obras e serviços que não podem ser cumpridos única e exclusivamente em um único exercício financeiro.

Dentro dessa perspectiva, o art. 57 da Lei 8.666/1993, em seus incisos, abre importantes exceções à regra geral. Assim, não se aplica o regramento constante do *caput* do art. 57 da Lei 8.666/1993 quando se tratar de: (1) projetos cujos produtos estejam contemplados nas metas estabelecidas no Plano Plurianual, os quais poderão ser prorrogados se houver interesse da Administração e desde que isso tenha sido previsto no ato convocatório; (2) prestação de serviços a serem executados de forma contínua, que poderão ter sua duração prorrogada por iguais e sucessivos períodos, com vistas à obtenção de preços e condições mais vantajosos para a Administração, limitada a 60 meses. Admite-se, ainda, nesse caso, a excepcional prorrogação do prazo, por motivos de interesse público, por mais 12 meses, nos termos do § 4º do art. 57, já citado; (3) aluguel de equipamentos e utilização de programas de Informática, podendo a duração estender-se pelo prazo de até 48 meses após o início da vigência do contrato.

É importante dizer que a primeira exceção envolve aqueles projetos de longo prazo, que necessariamente devem estar previstos no Plano Plurianual, como condicionante estritamente necessário para que a contratação se realize em período superior ao da vigência do crédito orçamentário.

Quanto aos serviços de natureza contínua, a exceção refere-se àqueles contratos de prestação de serviços que não podem sofrer solução de continuidade. Tais serviços retratam aquelas necessidades públicas permanentes e indispensáveis.

Por fim, a última exceção, que diz respeito à locação de equipamentos e utilização de programas de Informática, que se justifica quando a Administração não quiser adquirir o objeto, tendo em vista que sua utilização acontecerá por período curto de tempo.

Registre-se, também, que não estão adstritos às regras ora examinadas aqueles contratos administrativos que venham a gerar receita para a Administração, como, por exemplo, o contrato de concessão, na medida em que o art. 57 da Lei 8.666/1993 está a estabelecer condicionantes em razão da previsão orçamentária; portanto, em relação àqueles ajustes que impliquem dispêndio para a Administração.

Lembramos, por oportuno, que o prazo do contrato pode ser prorrogado, mediante justificativa escrita e devidamente autorizada pela autoridade competente, nos termos do art. 57, § 2º, da Lei 8.666/1993.

9.3.3 Garantias para a execução do contrato

A Administração pode exigir a chamada *garantia para a execução do contrato*, também conhecida simplesmente por *caução contra-*

tual. Constituem modalidades de garantia contratual o dinheiro, títulos da dívida pública, fiança bancária e seguro-garantia, na forma do disposto no art. 56, I a III, da Lei 8.666/1993.

Esta exigência é de todo lícita desde que prevista no edital de licitação, conforme determina o art. 56, *caput*, da Lei 8.666/1993. Todas as vezes que o contratado se tornar inadimplente poderá a Administração operar os descontos necessários até o limite devido pelo contratado, por força da aplicação de multa contratual, ou cobrar do fiador ou do segurador as garantias por eles prestadas.

De acordo com a Lei de Licitações, não pode a Administração exigir essa ou aquela modalidade de garantia contratual. Por assim dizer, escolher qual a espécie de caução que deseja ofertar para a Administração constitui direito inarredável do contratado.

Quanto ao valor, a caução é de até 5% do valor estimado da contratação. Observe-se que para obras, serviços e fornecimentos de grande vulto, envolvendo alta complexidade técnica e riscos financeiros consideráveis, demonstrados através de parecer tecnicamente aprovado pela autoridade competente, a garantia poderá ser elevada para até 10 % do valor do contrato, a título de excepcionalidade.

Sua restituição deverá ocorrer ao final do contrato, devendo estar atualizada monetariamente, na hipótese de ter sido ofertada em dinheiro. De outra parte, quando ocorrer a rescisão por culpa do contratado, a caução deverá ser executada, para ressarcimento da Administração e dos valores das multas e indenizações, conforme determina o art. 80, III, da Lei 8.666/1993.

9.3.4 A publicação do resumo do contrato administrativo

O *resumo do contrato administrativo* e seus aditamentos, por força do art. 61, parágrafo único, da Lei 8.666/1993, devem ser publicados na Imprensa Oficial, publicação a ser providenciada pela Administração, até o quinto dia útil do mês seguinte ao de sua assinatura, para ocorrer no prazo de 20 dias daquela data, qualquer que seja seu valor, ainda que sem ônus.

Percebe-se, portanto, que a produção dos efeitos do contrato administrativo está condicionada ao atendimento do princípio da publicidade. Falando-se de condição de eficácia do contrato, há que se perquirir sobre a hipótese de a publicação não se realizar no prazo devido.

Maria Sylvia Zanella Di Pietro [2006:268] diz que, se "ultrapassado o prazo de 20 dias, sem publicação do extrato, o ajuste deixa de adquirir efeitos e perde, portanto, a sua validade".

Não é esse nosso entendimento. Para nós, a ausência de publicação ou a publicação defeituosa não viciam o contrato, de modo a comprometer sua validade. No nosso sentir, nada obsta a que a Administração, ainda que a destempo, tome as providências necessárias com vistas a regularizar a situação, convalidando o contrato.

9.4 As demais condições do contrato administrativo

O *contrato administrativo*, ainda que assim denominado, tem cláusulas e condições comuns a todo e qualquer contrato. Assim, o art. 55 da Lei 8.666/1993 estabeleceu um extenso rol de cláusulas que devem constar do contrato administrativo.

Com efeito, temos como cláusulas e condições do contrato administrativo as seguintes: (1) o objeto e seus elementos característicos; (2) o regime de execução ou a forma de fornecimento; (3) o preço e as condições de pagamento, os critérios, data-base e periodicidade do reajustamento de preços; os critérios de atualização monetária entre a data do adimplemento das obrigações e a do efetivo pagamento; (4) os prazos de início de etapas de execução, de conclusão, de entrega, de observação e de recebimento definitivo, conforme o caso; (5) o crédito pelo qual correrá a despesa, com a indicação da classificação funcional programática e da categoria econômica; (6) as garantias oferecidas para assegurar sua plena execução, quando exigidas; (7) os direitos e as responsabilidades das partes, as penalidades cabíveis e os valores das multas; (8) os casos de rescisão; (9) o reconhecimento dos direitos da Administração em caso de rescisão administrativa prevista no art. 77 da Lei 8.666/1993; (10) as condições de importação, a data e a taxa de câmbio para conversão, quando for o caso; (11) a vinculação ao edital de licitação ou ao termo que a dispensou ou a inexigiu, ao convite e à proposta do licitante vencedor; (12) a legislação aplicável à execução do contrato, e especialmente aos casos omissos; (13) a obrigação do contratado de manter, durante toda a execução do contrato, em compatibilidade com as obrigações por ele assumidas, todas as condições de habilitação e qualificação exigidas na licitação.

Não é o caso, aqui, de discutirmos, um a um, os condicionantes prescritos pelo sobredito art. 56 da Lei 8.666/1993. Nosso objetivo será examinar algumas dessas cláusulas e seu sentido jurídico no contexto do contrato, conforme faremos mais à frente.

9.5 O regime jurídico do contrato administrativo

Não é demais dizer que a Administração Pública se submete a um regime especial. De conseguinte, a Administração, com vistas a concretizar o interesse coletivo, tem uma série de prerrogativas em face do particular e, ao mesmo tempo, todas as suas atividades estão vinculadas à lei, que traz em seu bojo uma série de sujeições.

De rigor, as prerrogativas da Administração decorrem da supremacia do interesse público em face do interesse particular, estabelecendo-se, assim, uma relação de verticalização entre ambos. Com efeito, as peculiaridades do regime jurídico administrativo, que estabelece a prevalência do interesse público sobre o interesse particular, manifestam-se no contrato administrativo mediante as denominadas *cláusulas exorbitantes*.

Releva, neste ponto, externar nosso entendimento sobre a chamada *cláusula exorbitante*. Para nós, cláusula exorbitante outra coisa não é senão a própria manifestação do regime jurídico administrativo nas avenças públicas. Posto isso, preferimos falar em *regime jurídico do contrato administrativo*, e não em *cláusulas exorbitantes*.

Assim é que o regime jurídico dos contratos administrativos traz para a Administração uma série de prerrogativas, tais como as hipóteses de alteração e rescisão unilaterais, a fiscalização, aplicação de penalidades, anulação e a retomada do objeto – dentre outras.

9.5.1 Alteração unilateral

Já dissemos, anteriormente, que o contrato administrativo, em razão do interesse público, se norteia pelo princípio da mutabilidade, podendo a qualquer momento ser alterado. Claro está que esta alteração não é livre. Suas hipóteses de ocorrência e incidência encontram-se dispostas na Lei 8.666/1993.

De fato, o art. 58, I, da Lei 8.666/1993 estabelece que a Administração pode modificar unilateralmente o contrato administrativo, para melhor adequação às finalidades de interesse público, respeitados os direitos do contratado.

Por sua vez, o art. 65, I, do diploma legal precitado determina, em concreto, as possibilidades de alteração unilateral do contrato: (1) quando houver modificação do projeto ou das especificações, para melhor adequação técnica aos seus objetivos; (2) quando necessária a modificação do valor contratual em decorrência de acréscimo ou diminuição quantitativa de seu objeto, nos limites permitidos na Lei de Licitações

Cabe, aqui, assinalar que o dispositivo estabelece duas espécies de alteração unilateral: a primeira, de caráter qualitativo, decorrente da necessidade de alterar o projeto ou as especificações; e a segunda, de caráter quantitativo, que implica aumento ou diminuição de quantidades relativas ao objeto do contrato.

Verifique-se que as alterações de caráter qualitativo, expressadas no art. 65, I, "a", da Lei 8.666/1993, se cingem à questão de modificação do projeto ou especificações – e, portanto, encontram-se intimamente ligadas ao objeto do contrato, propriamente dito.

Isso não significa, sob qualquer hipótese, que objeto do contrato possa ser alterado. Todavia, nada impede que suas especificações ou o próprio projeto sejam alterados, em razão de fato superveniente à celebração da avença e ditado por motivos de ordem técnica que, em última análise, traduzem o interesse público perseguido no ajuste.

De outra parte, temos as alterações quantitativas, que implicam alteração de quantidades do objeto do contrato, nos limites estabelecidos em Lei. Tal limitação vem expressada no art. 65, § 1º, da Lei 8.666/1993, que determina a obrigatoriedade de o contratado aceitar, nas mesmas condições contratuais, os acréscimos ou supressões que se fizerem nas obras, serviços ou compras, até 25% do valor inicial atualizado do contrato; e, no caso particular de reforma de edifício ou de equipamento, até o limite de 50% para seus acréscimos.

Cabe, aqui, salientar, por pertinente, que a alteração unilateral quantitativa, embora incidente sobre o valor do contrato, diz respeito, conforme já falamos anteriormente, às quantidades do objeto do contrato. Observe-se, ainda, que, embora o dispositivo estabeleça percentuais distintos para obras, serviços e compras – 25% do valor do contrato – e para reforma de edifícios e equipamentos – 50% do valor do contrato –, a lei estabelece um único percentual para a supressão, no patamar de 25% de seu valor.

Caso a Administração deseje realizar uma supressão maior que 25%, isso somente será possível em face de expressa anuência do contratado, nos termos do art. 65, § 2º, II, da Lei 8.666/1993.

Devemos observar também que os limites máximos estabelecidos para as alterações dizem respeito, unicamente, àquelas de caráter quantitativo (art. 65, I, "b", da Lei 8.666/1993), ficando as de caráter qualitativo condicionadas apenas à incidência de fato superveniente, ditadas por motivos de ordem técnica. Veja-se, portanto, que as de caráter qualitativo não estão livres de condicionantes, que devem ser efetivamente demonstrados e justificados nos autos, sob pena de responsabilidade.[1]

Outro aspecto que merece ser abordado é o direito do contratado, posto que, ainda que a Administração possa alterar unilateralmente o contrato administrativo, deve, obrigatoriamente, respeitar o equilíbrio econômico-financeiro da avença, que será estudado mais adiante.

1. O TCU definiu a admissibilidade da modificação superior ao limite de 25% para as alterações qualitativas, a saber: I – não acarretar para a Administração encargos contratuais superiores aos oriundos de uma eventual rescisão contratual por razões de interesse público, acrescidos aos custos da elaboração de um novo procedimento licitatório; II – não possibilitar a inexecução contratual, à vista do nível de capacidade técnica e econômico-financeira do contratado; III – decorrer de fatos supervenientes que impliquem dificuldades não-previstas ou imprevisíveis por ocasião da contratação inicial; IV – não ocasionar a transfiguração do objeto originalmente contratado em outro de natureza e propósitos diversos; V – ser necessária à completa execução do objeto original do contrato, à otimização do cronograma de execução e à antecipação dos benefícios sociais e econômicos decorrentes; VI – demonstrar-se – na motivação do ato que autorizar o aditamento contratual que extrapole os limites legais mencionados na alínea "a", supra – que as conseqüências da outra alternativa (a rescisão contratual, seguida de nova licitação e contratação) importam sacrifício insuportável ao interesse público primário (interesse coletivo) a ser atendido pela obra ou serviço, ou gravíssimas a esse interesse, inclusive à sua urgência e emergência (Decisão 215/1999, *Informativo de Licitações e Contratos – ILC* 65/584-602, julho/1999).

9.5.2 Rescisão unilateral

A *rescisão unilateral* do contrato administrativo encontra-se contemplada no art. 58, II, da Lei 8.666/1993, que remete o intérprete para o art. 79 do mesmo diploma legal, que vem a estabelecer as diversas hipóteses de rescisão – de que trataremos mais à frente, quando nos debruçarmos sobre as formas extintivas do contrato administrativo.

Por ora, interessa-nos mais de perto a rescisão unilateral, constante do art. 78, incisos I a XII e XVIII, da Lei 8.666/1993. Um simples perpassar de olhos no comando legal em exame é suficiente para se concluir que a rescisão unilateral ocorre, fundamentalmente, em razão de falta do contratado (incisos I a XI e XVIII do art. 78) e por motivos de interesse público (inciso XII).

Há de se entender, portanto, que a rescisão unilateral do contrato, em razão de falta do contratado, poderá implicar, conforme o caso, a aplicação das prerrogativas determinadas no art. 80 da Lei 8.666/1993, quais sejam: assunção imediata do objeto do contrato, no estado e local em que se encontrar, por ato próprio da Administração; ocupação e utilização do local, instalações, equipamentos, material e pessoal empregados na execução do contrato, necessários à sua continuidade; execução da garantia contratual, para ressarcimento da Administração, e dos valores das multas e indenizações a ela devidos e retenção dos créditos decorrentes do contrato até o limite dos prejuízos causados à Administração.

De contrapartida, se a rescisão se operar por motivos de interesse público, nos termos do art. 78, XII, da Lei 8.666/1993, ou em razão de caso fortuito ou força maior, nos termos inciso XVII do dispositivo citado – e, portanto, sem culpa do contratado –, não há que se falar da aplicação de qualquer penalidade. Ao contrário, terá o contratado direito ao ressarcimento dos prejuízos regularmente comprovados, com devolução de garantia, pagamentos devidos pela execução do contrato até a data da rescisão e pagamento do custo da desmobilização, conforme o art. 79, § 2º, I a III, da Lei 8.666/1993.

Cumpre, ainda, deixar claro, curialmente claro, que a rescisão unilateral do contrato depende da instauração de regular processo administrativo, com observância do contraditório e da ampla defesa, conforme determinado no art. 79, parágrafo único, da Lei 8.666/1993.

Vale lembrar que a Lei 8.666/1993 não estabelece um rito específico para a observância do contraditório e da ampla defesa. Em razão disso, devem ser observadas, naquilo que lhe for aplicável, as disposições da Lei 9.784/1999, que dispõe sobre o processo administrativo federal, notadamente no que diz respeito à fase instrutória, de modo a permitir que o particular tenha reais chances de exercitar seu sagrado direito de defesa.

De qualquer forma, após a decisão proferida pela Administração caberá, ainda, o direito de recurso administrativo, nos termos do art. 109, I, "e", da Lei 8.666/1993.

9.5.3 Fiscalização

Assim como as demais prerrogativas, a *fiscalização* encontra-se prevista no art. 58, III, cuja disciplina encontra-se prevista no art. 67, ambos da Lei 8.666/1993. Da análise do texto legal percebe-se que a execução do contrato administrativo "deverá ser acompanhada e fiscalizada por um representante da Administração especialmente designado, permitida a contratação de terceiros para assisti-lo e subsidiá-lo de informações pertinentes a essa atribuição".

Anote-se que a fiscalização tem por objetivo assegurar que a execução do contrato ocorra nos moldes efetivamente avençados entre as partes, tanto no que diz respeito às especificações como naquilo que diz respeito aos prazos estipulados.

Todas as ocorrências deverão ser anotadas em livro próprio, inclusive as faltas cometidas pelo contratado, que poderão ensejar a rescisão do contrato, conforme o art. 78, VIII, da Lei 8.666/1993.

9.5.4 Aplicação de penalidades

A *aplicação de penalidades* em razão da inexecução parcial ou total do contrato é matéria prevista no art. 58, IV, disciplinada pelo art. 87, ambos da Lei 8.666/1993, e hoje, no que diz respeito aos contratos decorrentes do pregão, pelo art. 7º da Lei 10.520/2002.

O art. 87, I a IV, da Lei 8.666/1993 prevê a aplicação das penas de advertência, multa, na forma prevista no instrumento convocatório ou no contrato, suspensão temporária de participação em licitação e impedimento de contratar com a Administração, por prazo não superior a dois anos, e declaração de inidoneidade para licitar ou contratar com a Administração Pública enquanto perdurarem os motivos determinantes da punição ou até que seja promovida a reabilitação perante a própria autoridade que aplicou a penalidade, que será concedida sempre que o contratado ressarcir a Administração pelos prejuízos resultantes e após decorrido o prazo da sanção aplicada para a pena de suspensão temporária.

Quanto ao pregão, ficará impedido de licitar e contratar com a União, Estados, Distrito Federal ou Municípios, bem como descredenciado do SICAF, ou dos sistemas de cadastramento de fornecedores a que se refere o inciso XIV do art. 4º da Lei 10.520/2002, pelo prazo de até cinco anos, sem prejuízo das multas previstas em edital e no contrato e das demais cominações legais, aquele que, convocado dentro do prazo de validade da sua proposta, não celebrar o contrato, deixar de entregar ou apresentar documentação falsa exigida para o certame, ensejar o retardamento da execução de seu objeto, não mantiver a proposta, falhar ou fraudar na execução do contrato, comportar-se de modo inidôneo ou cometer fraude fiscal.

O § 2º do art. 87 da Lei 8.666/1993 permite a aplicação concomitante da pena de multa com as penas de advertência, suspensão e declaração de inidoneidade.

Quanto às penas de suspensão, declaração de inidoneidade e impedimento para licitar e contratar, faticamente, elas obstaculizam a participação do interessado nas licitações instauradas pelo Poder Público, bem como impedem a celebração de contratos administrativos, além de ensejarem a rescisão de contratos eventualmente já celebrados.

Entretanto, é perfeitamente possível, do ponto de vista estritamente jurídico, fazer algumas diferenciações entre as penas em comento. A declaração de inidoneidade, ao determinar a impossibilidade de licitar ou contratar com a "Administração Pública", concede uma abrangência maior que aquela determinada pela suspensão temporária do direito de licitar e contratar com a "Administração".

No nosso entender, há de se diferençar "Administração Pública" de "Administração". Um breve exame das disposições do art. 6º da Lei 8.666/1993, em seus incisos XI e XII, é suficiente para se chegar a essa conclusão. O primeiro inciso define "Administração Pública" como Administração direta e indireta da União, dos Estados, do Distrito Federal e dos Municípios, abrangendo inclusive as entidades com personalidade jurídica de direito privado sob controle do Poder Público e as fundações por ele instituídas ou mantidas. Por sua vez, o segundo inciso define "Administração" como órgão, entidade ou unidade administrativa pela qual a Administração Pública opera e atua concretamente.

Com sustentáculo nas considerações precedentes, parece-nos certo asseverar que a suspensão produzirá efeito perante a personalidade jurídica sancionadora, enquanto a pena de inidoneidade produzirá efeitos perante toda a Administração Pública, tal qual a pena decorrente do pregão.

Ainda com relação à aplicação das penas, o princípio do contraditório e da ampla defesa, assim como nas hipóteses de anulação ou revogação da licitação e de rescisão do contrato, é medida impositiva, nos termos do art. 87, *caput*, da Lei 8.666/1993, pelo quê válidas as considerações já anotadas em outra oportunidade.

Cabe-nos salientar, ainda, que após a aplicação da pena caberá o direito ao recurso administrativo, nos termos da lei.

9.5.5 Retomada do objeto

Por fim, o art. 58, V, Lei 8.666/1993 prevê a hipótese de a Administração, nos casos de serviços essenciais, ocupar provisoriamente bens móveis, imóveis, pessoal e serviços vinculados ao objeto do contrato na hipótese da necessidade de acautelar apuração administrativa de faltas contratuais pelo contratado, bem como na hipótese de rescisão do contrato administrativo.

9.5.6 Anulação do contrato administrativo

Decorre também do regime jurídico do contrato administrativo a possibilidade de a Administração, em face de flagrante ilegalidade, anular os ajustes eivados de vícios. Afinal, a Administração, submetida que está ao princípio da legalidade, por força do art. 37, *caput*, da CF, tem o dever de controlar seus atos, em decorrência do princípio da autotutela, que, inclusive, é encontrado na Súmula 473 do STF, que determina: "A Administração pode anular seus próprios atos, quando eivados de vícios que os tornem ilegais, porque deles não se originam direitos; ou revogá-los, por motivos de conveniência ou oportunidade, respeitados os direitos adquiridos, e ressalvada, em todos os casos, a apreciação judicial".

Deveras, a qualquer tempo, uma vez verificada a ilegalidade, poderá a Administração anular o contrato administrativo. É o que se depreende do art. 59 da Lei 8.666/1993, que prevê expressamente que a declaração de nulidade do contrato administrativo opera retroativamente, impedindo os efeitos jurídicos que ele, ordinariamente, deveria produzir, além de desconstituir os já produzidos. Isso sem falar que a nulidade da licitação induz à do contrato, tendo em vista que o procedimento licitatório é condição de validade das avenças públicas.

Mais uma vez fazemos observar que a anulação, ainda que ato unilateral do Poder Público, somente poderá ocorrer respeitado o princípio do contraditório e da ampla defesa, consignado no art. 5º, LV, da nossa rei Fundamental.

9.5.7 A "exceptio non adimpleti contractus"

A teoria da *exceptio non adimpleti contractus*, também conhecida como *teoria da exceção do contrato não-cumprido*, importa a possibilidade de uma parte descumprir sua obrigação desde que a outra parte tenha descumprido a dela. Essa regra decorre de nossa legislação civil, mais precisamente em razão das disposições do art. 477 do CC brasileiro.

Entretanto, em razão do regime jurídico do contrato administrativo, notadamente considerando os princípios da supremacia do interesse público e da continuidade do serviço público, firmou-se entendimento no sentido de que a teoria privatista em questão não poderia ser invocada no contexto do direito administrativo.

Evidentemente, a inoponibilidade absoluta da exceção do contrato não-cumprido termina por trazer ao particular uma série de prejuízos e, portanto, de injustiças, devendo ser, portanto, repelida pelo nosso Direito. Odete Medauar muito bem assinala que a impossibilidade de invocação, pelo particular, da exceção do contrato não-cumprido encontra-se sendo continuamente atenuada. A autora aponta que: "A Lei 8.666/1993 contempla casos em que o particular pode invocar a exceção do contrato não-cumprido. Possibilita que o particular solicite a rescisão do contrato ou suspenda seu cumprimento até a normalização da situação nos casos de: (a) suspensão da execução, por ordem escrita da Administração, por mais de 120 dias, salvo calamidade, guerra, grave perturbação da ordem, ou por repetidas suspensões que totalizem esse prazo; (b) atraso dos pagamentos, superior a 90 dias, salvo calamidade, guerra, grave perturbação da ordem; o particular também poderá pleitear a rescisão se a Administração não liberar a área, local ou objeto necessários à execução do contrato (art. 78, XIV, XV e XVI)" [Medauar 2006:214].

Concordamos com a autora, ao verificar que nosso direito administrativo positivo, em razão das disposições dos comandos legais precitados, albergou a exceção do contrato não-cumprido. Porém, cabe-nos, aqui, observar que não será em todos os contratos que a *exceptio non adimpleti contractus* poderá ser invocada. No nosso sentir, os contratos de concessão de serviços públicos, notadamente aqueles de natureza essencial, não podem ser alvo da exceção do contrato não-cumprido, em razão do princípio da continuidade do serviço público. Aliás, é bom salientar que a Lei 8.987/1995, que trata das concessões e permissões de serviços públicos, estabelece que a concessionária não poderá interromper ou paralisar os serviços, salvo mediante decisão judicial transitada em julgado.

Em suma, em nosso entendimento, a exceção do contrato não-cumprido não pode ser plenamente adotada nas avenças públicas.

9.6 Os direitos do contratado

Não temos dúvidas de que o contrato administrativo se revela um ajuste "licitamente leonino", haja vista as diversas prerrogativas da Administração decorrentes do regime jurídico especial a que se submete.

Por outro lado, seria inimaginável que o legislador concedesse prerrogativas à Administração sem, contudo, proteger o interesse do particular. Pensar dessa maneira seria dizer que o Estado Democrático de Direito, instituído por nossa Lei Fundamental, no que concerne ao contrato administrativo, se transformaria em um Estado autoritário.

Claro está, portanto, que o legislador não poderia se furtar de gizar na legislação que rege a matéria os direitos do contratado. De conseguinte, vislumbramos, basicamente, que o contratado tem como direitos basilares o direito ao recebimento do preço ajustado; ao equilíbrio econômico financeiro, e conseqüente revisão de preços, na hipótese de desequilíbrio da equação econômico-financeira; à alteração bilateral do contrato nas hipóteses previstas no art. 65, II, da Lei 8.666/1993; e, finalmente, o direito à observância do devido processo legal nas hipóteses de aplicação de sanção e rescisão contratual.

9.6.1 O recebimento do preço ajustado

A questão do *preço ajustado* é matéria de sobranceira importância, tanto no que diz respeito à licitação, propriamente dita, como também no que concerne ao contrato administrativo. Isso porque o particular, ao participar do certame, apresentando sua proposta comercial, torna certo e preciso o montante ajustado para a futura execução do contrato, caso se sagre vencedor do conclave.

Conseqüentemente, com a celebração do contrato cria-se o vínculo obrigacional, a ensejar o futuro pagamento do contratado. Logo, uma vez implementado o objeto da avença, surge para o particular o direito de perceber o preço contratado, na ordem cronológica de sua exigibilidade, salvo em razão de relevante interesse público, devidamente justificado, consoante o art. 5º, *caput*, da Lei 8.666/1993.

A questão do preço contratado foi matéria de grande preocupação do legislador. Tanto isso é verdade que a Lei 8.666/1993 é permeada por exigências relativas a atualização financeira, reajuste e revisão de preços (art. 5º, § 1º, art. 40, XI e XIV, art. 55, III – dentre outros).

Calha, aqui, lembrar, ainda, que, conforme já mencionamos em outra oportunidade, o art. 78, XV, da Lei 8.666/1993 permite, ainda, ao contratado rescindir o contrato, ou optar pela suspensão de sua execução, quando a Administração atrasar o pagamento por mais de 90 dias.

De outra parte, e à guisa de preservar o equilíbrio econômico-financeiro do contrato, além do reajuste, temos, ainda, a revisão de preços.

9.6.2 O equilíbrio econômico-financeiro do contrato e a revisão de preços

Entenda-se por *equilíbrio econômico-financeiro* a relação que as partes pactuaram, no momento da celebração do ajuste, entre os encargos do contratado e a contraprestação pecuniária de responsabilidade da Administração.

Em consonância com o princípio do equilíbrio econômico-financeiro do contrato, o art. 65, § 4º, da Lei 8.666/1993 prevê que. "no caso de supressão de obras, bens ou serviços, se o contratado já houver adquirido os materiais e posto no local dos trabalhos, estes deverão ser pagos pela Administração pelos custos de aquisição regularmente comprovados e monetariamente corrigidos, podendo caber indenização por outros danos eventualmente decorrentes da supressão, desde que regularmente comprovados".

Nesse mesmo passo, os §§ 5º e 6º do art. 65 da Lei 8.666/1993 também espelham o equilíbrio econômico-financeiro do contrato. O § 5º contempla a hipótese de que a criação, alteração ou extinção de tributos ou encargos, bem como a superveniência de disposições legais, quando ocorridos após a data da apresentação da proposta, de comprovada repercussão nos preços contratados implicarão a revisão destes. Finalizando, o § 6º estabelece que, havendo alteração unilateral do contrato que aumente os encargos do contratado, a Administração deverá restabelecer, por aditamento, o equilíbrio econômico-financeiro inicial do ajuste.

Em razão de tudo o que se disse, força é concluir que a equação econômico-financeira do contrato há de ser preservada. Por isso, uma vez rompido o equilíbrio financeiro do contrato, cabível a revisão de preços. O preço contratual há de ser mantido durante toda a execução do contrato. Seria descabido imaginar que, uma vez imposto maior encargo a uma das partes, esta devesse suportá-lo, independentemente do equilíbrio financeiro.

Desde logo está claro que todas as vezes que o contrato se tornar oneroso – portanto, desequilibrado financeiramente – deverá a Administração, de ofício ou provocadamente, promover a revisão de preços, de modo a restabelecer o binômio "serviço *vs.* preços" na forma originariamente pactuada.

Importante salientar que *revisão de preços* e *reajuste de preços* não se confundem. O *reajuste* é cláusula contratual que, após o decurso de tempo determinado em lei, deverá ser aplicada, recompondo as perdas inflacionárias. A *revisão de preços*, diferentemente do reajuste, deverá ser aplicada em face de situações anômalas, conforme o art. 65, II, "d", da Lei 8.666/1993.

É evidente que tanto o reajuste como a revisão de preços têm o mesmo fundamento – preservar o equilíbrio econômico-financeiro do contrato –, mas são de naturezas absolutamente distintas. A revisão de preços decorre de alteração do contato em razão de eventos posteriores que alterem substancialmente o conteúdo ou a extensão das obrigações do contratado. Por isso, inexiste obrigatoriedade de expressa menção da manutenção do equilíbrio econômico-financeiro no instrumento contratual ou, mesmo, no edital de licitação. Uma vez ocorrido o fato que desequilibra financeiramente o contrato, cabível será a recomposição dos preços.

9.6.3 A alteração bilateral do contrato

O art. 65, II, da Lei 8.666/1993 estabelece as hipóteses de alteração bilateral do contrato, que também se constituem em direito do contratado. Com efeito, o aludido dispositivo prevê alterações por mútuo acordo das partes nas seguintes hipóteses: "a) quando conveniente a substituição da garantia de execução; b) quando necessária a modificação do regime de execução da obra ou serviço, bem como do modo de fornecimento, em face de verificação técnica da inaplicabilidade dos termos contratuais originários; c) quando necessária a modificação da forma de pagamento, por imposição de circunstâncias supervenientes, mantido o valor inicial atualizado, vedada a antecipação do pagamento, com relação ao cronograma financeiro fixado, sem a correspondente contraprestação de fornecimento de bens ou execução de obra ou serviço; d) para restabelecer a relação que as partes pactuaram inicialmente entre os encargos do contratado e a retribuição da Administração para a justa remuneração da obra, serviço ou fornecimento, objetivando a manutenção do equilíbrio econômico-financeiro inicial do contrato, na hipótese de sobrevirem fatos imprevisíveis, ou previsíveis porém de conseqüências incalculáveis, retardadores ou impeditivos da execução do ajustado, ou, ainda, em caso de força maior, caso fortuito ou fato do príncipe, configurando álea econômica extraordinária e extracontratual".

No que concerne à garantia do contrato, nada obsta a que o particular pleiteie sua substituição, até porque, como já dissemos, a escolha da espécie de caução é direito do contratado. A única restrição que fazemos é que a substituição da garantia deve atender a todas as exigências estabelecidas, mormente quanto ao seu valor.

Quanto ao regime de execução, previsto no art. 6º, VIII, da Lei 8.666/1993 – empreitada por preço global, empreitada por preço unitário, tarefa e empreitada integral –, sua alteração poderá acontecer em razão da constatação da impossibilidade de se executar a avença na forma originariamente celebrada. Logo, se verificado que o regime de execução do contrato que, em princípio, deveria acontecer mediante empreitada por preço global não se revelar possível, deve a Administração promover a alteração para um regime de execução compatível com as exigências do contrato.

No que diz respeito à alteração da forma de pagamento, Marçal Justen Filho [2004:527-528], com peculiar maestria, faz importante observação, que não podemos nos furtar de trazer à baila: "A regra da alínea 'c' tem de ser interpretada restritivamente, sob pena de inconstitucionalidade. O art. 37, XXI, da CF determina que as contratações administrativas devem prever cláusulas que 'estabeleçam obrigações de pagamento, mantidas as condições efetivas da proposta (...)'. Logo, não se pode cogitar de uma alteração acerca da forma de pagamento (...). A modificação das 'circunstâncias', a que alude o texto legal, não significa a simples conveniência da Administração. Não pode invocar ausência de liberação de recursos ou eventos semelhantes para pleitear a alteração. A alteração da forma de pagamento deve ser acompanhada de soluções para assegurar a manutenção do equilíbrio econômico-financeiro da contratação. As circunstâncias, a que alude o texto legal, devem ser eventos que alterem as condições de execução ou de pagamento. A mutação na forma de pagamento corresponderá a essas outras alterações".

É de hialina clareza que a alteração da forma de pagamento esbarra em nosso ordenamento constitucional. Logo, a alteração somente será devida se o contratado demonstrar a completa inviabilidade da forma de pagamento originariamente avençada em razão, por exemplo, do próprio mercado ou em razão de desequilíbrio econômico-financeiro.

Por último, temos a revisão de preços, sobre a qual já tecemos as considerações pertinentes. Vale a pena acrescentar, ainda, que a revisão de preços implica alteração bilateral, não podendo, portanto, a Administração alterar unilateralmente o preço contratado.

9.6.4 A observância do devido processo nas hipóteses de aplicação de sanção e rescisão contratual

O art. 5º, LV, de nossa Lei Maior trouxe expressamente para o âmbito do direito administrativo a necessária observância do princípio do contraditório e da ampla defesa – como, aliás, já reportamos diversas vezes na presente obra.

Assim, ao lume do comando constitucional em comento, temos que todas as vezes que se estabelecer entre o particular e a Administração um litígio, uma lide, a instalação de processo administrativo, em que o administrado tenha reais chances de se defender, será medida impositiva para o Poder Público, sob pena do cometimento de flagrante inconstitucionalidade.

Com isso, uma vez instaurada uma lide, uma controvérsia, deve a Administração notificar o particular, para que este tome conhecimento do caso e oferte a defesa que tiver, antes de proferir sua decisão.

Agustín Gordillo [1969:21] é incisivo ao dizer que "em cada um dos aspectos dessa garantia, desde o ter acesso às atuações, apresentar alegações, produzir provas etc., insiste-se em que devam ser respeitados antes de se tomar decisão que possa afetar direitos do indivíduo".

De plano, deve-se concluir que a defesa há de ser prévia, antes de a Administração proferir qualquer decisão. Além disso, o que nos parece ser de curial importância é o fato de se encontrar ínsito no contraditório e na ampla defesa – como, aliás, não poderia deixar de ser – que o princípio em exame exige que o direito de defesa seja realmente efetivo.

A par disso, estamos a dizer que a observância do contraditório e da ampla defesa não significa, unicamente, que a Administração está obrigada apenas a cumprir uma formalidade, dando o prazo de defesa prévia. O que se exige, efetivamente, é que se dê ao particular o direito de produzir provas.

Todas essas considerações, por óbvio, constituem direito do contratado nas hipóteses de aplicação de sanção e rescisão unilateral do ajuste. Portanto, não pode a Administração simplesmente sancionar o contratado, ou rescindir o contrato, sem a prévia oitiva do interessado.

De qualquer sorte, releva, ainda, salientar que, embora o parágrafo único do art. 78 e o *caput* do art. 87, ambos da Lei 8.666/1993, assegurem a obediência ao contraditório e ampla defesa nas hipóteses de rescisão e aplicação de sanção, respectivamente, não se estabeleceu o rito processual.

De conseguinte – e finalizando a questão –, há que se aplicar para as hipóteses em foco, subsidiariamente, a Lei do Processo Administrativo Federal – Lei 9.784/1999 –, por força de seu art. 69. Em última análise, o art. 38 da Lei 9.784/1999 permite ao interessado, na fase instrutória e antes da tomada da decisão, juntar documentos e pareceres, requerer diligências e perícias, bem como aduzir alegações referentes à matéria objeto do processo, dentre outros. Não pode padecer de dúvidas que tal procedimento deverá ser observado pela Administração quando da eventual aplicação de sanção, como também para a rescisão e a anulação do contrato administrativo.

9.7 A teoria da imprevisão

É assente na doutrina que, no decorrer da execução do contrato administrativo, a incidência de eventos imprevisíveis, novos, não-esperados pelas partes, pode tornar o ajuste impossível de ser executado, exigindo, pois, uma revisão de suas cláusulas, sob pena de ser rescindido.[2]

Na realidade, a *teoria da imprevisão* é motivo de inexecução contratual sem culpa do contratado, porque esses eventos atuam como causas justificadoras para a não-realização das obrigações.

Segundo Lúcia Valle Figueiredo [2006:537] a teoria da imprevisão foi construída no Direito Francês, desenvolvida por Francis-Paul Bénoît, que concebeu três modalidades: o fato do príncipe, a sujeição a fatos imprevistos e a álea extraordinária.

Hely Lopes Meirelles [2007:238-241], por seu turno, concebe as seguintes modalidades para a teoria da imprevisão: força maior, caso

2. Hely Lopes Meirelles [2007:236-237] diz: "A *teoria da imprevisão* consiste no reconhecimento de que eventos novos, imprevistos e imprevisíveis pelas partes e a ela não imputáveis, refletindo sobre a economia ou a execução do contrato, autorizam sua revisão, para ajustá-lo às circunstâncias supervenientes". Celso Antônio Bandeira de Mello [2007:636] entende que: "Esforça-se em que a ocorrência de fatos imprevisíveis, anormais, alheios à ação do contratantes, e que tornam o contrato ruinoso para uma das partes, acarreta situação que não pode ser suportada unicamente pelo prejudicado".

fortuito, fato do príncipe, fato da administração, estado de perigo, lesão e interferências imprevistas.

Para nós – e adotando parcialmente a classificação proposta por Hely Lopes Meirelles –, parece mais acertado dizer que a teoria da imprevisão desdobra-se em: (1) *força maior* – todo evento humano que impede a regular execução do contrato. O exemplo clássico da doutrina é uma greve que venha a paralisar o transporte ou a fabricação de determinado produto; (2) *caso fortuito* – todo evento da Natureza que, em face de sua imprevisibilidade, torna impossível a regular execução do contrato. Como exemplo podemos citar inundação que inviabilize a continuidade de uma obra; (3) *fato do príncipe* – determinação estatal, imprevista e imprevisível, que venha a onerar a execução do contrato. Exemplo típico de fato do príncipe é o plano econômico, a criação ou majoração de tributos, que repercute na cláusula econômico-financeira do contrato; (4) *fato da administração* – toda conduta da Administração, seja ela uma ação ou omissão, de forma a retardar ou impedir a execução do contrato administrativo. Em outras palavras, a própria Administração Pública contratante age de modo a inviabilizar a execução do contrato. Como exemplo tempos a não-liberação do local destinado à realização de uma obra pública; (5) *interferências imprevistas* – interferências materiais não cogitadas pelas partes na celebração do ajuste, mas que surgem durante a execução do contrato, dificultando ou onerando o prosseguimento dos trabalhos. Exemplo de interferências imprevistas é a hipótese de se encontrar, em uma obra, um terreno rochoso originariamente não previsto.

9.8 A extinção do contrato administrativo

Importa dizer que a *extinção do contrato administrativo* implica cessação das obrigações decorrentes da celebração da avença pública. Várias são as possibilidades de extinção do contrato administrativo, cingidas, basicamente, a duas hipóteses: formas *naturais* e *excepcionais* de extinção.

9.8.1 Formas naturais de extinção

As *formas naturais de extinção* são aquelas previstas no próprio instrumento contratual, como condicionantes naturais da cessação da obrigação pactuada entre as partes. Temos como formas naturais de extinção: (1) a *conclusão do objeto* – uma vez executado o objeto do contrato, com seu regular recebimento, a avença estará automaticamente extinta. Neste caso o objeto do contrato deve constituir-se em algo certo e determinado, com começo, meio e fim. Exemplo seria a construção de uma escola pública; (2) o *término do prazo* – contratos administrativos que só possam ser celebrados em razão de prazo certo e determinado, como no caso dos serviços de natureza contínua, que terão no lapso temporal determinado o condicionante de sua extinção.

9.8.2 Formas excepcionais de extinção

Basicamente, temos duas formas de extinção do contrato administrativo em caráter excepcional: a *rescisão* e a *anulação*.

No que concerne à *rescisão do contrato*, a que já nos reportamos anteriormente, podemos classificá-la em rescisão *unilateral*, *amigável*, *judicial* e *decorrente de fator externo*.

9.8.2.1 *A rescisão unilateral do contrato*

A *rescisão unilateral* do contrato pode ocorrer por culpa do contratado, por motivos de interesse público e sem culpa do contratado, conforme segue: (1) rescisão unilateral do contrato *por culpa do contratado* – neste caso, em face de reiteradas faltas do contratado, cumprimento inexato de suas obrigações ou, mesmo, abandono das obras ou serviços, deve a Administração promover, observado o prévio direito de defesa e posterior recurso administrativo, a rescisão do contrato administrativo, com a aplicação das penalidades cabíveis; (2) rescisão unilateral do contrato *por razões de interesse público* – nesta hipótese a avença será extinta em razão de conveniência e oportunidade. Se por alguma razão o contrato celebrado não mais atender ao interesse público, este deverá ser rescindido, assegurada a devida indenização ao contratado, observado, ainda, o devido processo legal; (3) rescisão unilateral do contrato *sem culpa do contratado* – quando a Administração, após regular processo administrativo, verificar que a execução do contrato não mais é possível (como, por exemplo, nas hipóteses contempladas na teoria da imprevisão), a avença deverá ser extinta, mediante rescisão, e salvaguardados os direitos do contratado, inclusive no que diz respeito a eventual indenização, quando for o caso.

9.8.2.2 *Rescisão amigável*

A *rescisão amigável* do contrato realiza-se por mútuo acordo entre as partes. Normalmente ocorre nos casos de inadimplência sem culpa do contratado, ou mesmo em casos de interesse público em que o contratado expressa sua anuência ao distrato.

9.8.2.3 *Rescisão judicial*

A *rescisão judicial* pode ser intentada tanto pela Administração como pelo contratado. Saliente-se, todavia, que a rescisão judicial é opcional para a Administração, pois esta sempre tem a possibilidade de operacionalizar a rescisão pretendida mediante a instauração de regular processo administrativo.

9.8.2.4 *Rescisão decorrente de fato externo*

A *rescisão decorrente de fato externo* ocorre independentemente da manifestação da vontade de qualquer das partes. Temos como exemplo típico a morte do contratado, no caso de pessoa física, ou a falência, na hipótese de ser pessoa jurídica o contratado, e também o perecimento do objeto.

9.8.3 A anulação do contrato

A Administração Pública só pode agir *secundum legem*. Logo, tem, a princípio, o dever de anular atos proferidos em desconformidade com a lei, abrangendo, inclusive, o contrato administrativo, como já referimos anteriormente.

9.9 Os contratos administrativos em espécie

Diversas são as *espécies de contrato administrativo*. Não é nosso objetivo, nesse tópico, esgotar a questão, discorrendo sobre todas as tipologias contratuais. Até porque, a nosso ver, aplica-se aos contratos de fornecimento, de obras e de serviços a teoria geral dos contratos administrativos, que até aqui desenvolvemos.

Quanto aos contratos de concessão e permissão, inclusive aqueles celebrados sob a égide da Lei 11.079/2004, que trata das parcerias público-privadas, serão oportunamente estudados no capítulo relativo aos serviços públicos, bem como os consórcios públicos.

Todavia, não podemos nos furtar de tecer algumas considerações acerca do denominado *contrato de gestão*, do *convênio* e da *ata de registro de preços*, pelo quê passamos a examiná-los.

9.9.1 Contrato de gestão

O *contrato de gestão* foi mencionado pela primeira vez no Decreto federal 137/1991, revogado pelo Decreto 3.735/2001, que instituiu o Programa de Gestão das Empresas Estatais.

Celso Antônio Bandeira de Mello [2007:221] entende que os contratos de gestão permitem à Administração direta conceder às autarquias ou fundações uma maior liberdade de ação, de sorte a conceder maior autonomia, mediante o regular repasse de recursos, tendo como contrapartida o cumprimento de determinadas metas.

Maria Sylvia Zanella Di Pietro [2006:336], por sua vez, ensina que "o objetivo a ser alcançado pelos contratos de gestão é o de conceder maior autonomia à entidade da Administração indireta ou ao do órgão da Administração direta de modo a permitir a consecução de metas a serem alcançadas no prazo definido no contrato; para esse fim, o contrato deve prever um controle de resultados que irá orientar a Administração Pública quanto à conveniência ou não de manter, rescindir ou alterar o contrato".

Do exame das lições precitadas percebe-se que o *contrato de gestão* é instrumento que tem por objetivo conceder aos entes da Administração indireta ou mesmo aos órgãos integrantes da Administração direta uma maior liberdade na consecução das metas preestabelecidas no instrumento contratual.

Não temos como deixar de criticar a figura jurídica do contrato de gestão, na medida em que nos parece impossível que tal instrumento tenha o condão de conceder maior liberdade, maior autonomia, aos entes da Administração indireta ou aos órgãos da Administração direta, haja vista que a competência de uns e de outros foram determinadas mediante a edição de lei.

Admitir que um contrato, ainda que denominado de *contrato de gestão*, venha a alterar competências estabelecidas por lei é, em última análise, subverter todo o nosso sistema jurídico.

De qualquer modo, e com vistas a conceder maior respaldo ao contrato de gestão, a Emenda 19/1998 introduziu o § 8º no art. 37 da CF que reza: "A autonomia gerencial, orçamentária e financeira dos órgãos e entidades da Administração direta e indireta poderá ser ampliada mediante contrato, a ser firmado entre seus administradores e o Poder Público, que tenha por objeto a fixação de metas de desempenho para o órgão ou entidade, cabendo à lei dispor sobre: I – o prazo de duração do contrato; II – os controles e critérios de avaliação de desempenho, direitos, obrigações e responsabilidade dos dirigentes; III – a remuneração do pessoal".

Além da questão já suscitada, relativa à ampliação das competências dos diversos órgãos e entidades da Administração Pública indireta, temos, ainda, que o contrato de gestão não tem as características do instituto jurídico do contrato. Ora, a celebração de um contrato implica a existência de *interesses divergentes* entre uma parte e outra. Nesse sentido, e considerando que a finalidade da Administração Pública, de forma geral, deve ser o interesse público, torna-se impossível conceber a celebração de um contrato entre os órgãos da Administração Pública direta ou mesmo da indireta. Isso porque as partes, no caso, têm interesses convergentes, e não divergentes.

Por fim, releva registrar, ainda, que o contrato de gestão se encontra expressamente mencionado na Lei federal 9.637/1998, que dispõe sobre a qualificação de entidades como organizações sociais. No contexto do diploma legal em comento o contrato de gestão tem por objetivo estabelecer um vínculo entre as organizações sociais e a Administração Pública, fixando as metas a serem cumpridas por aquela, e, em troca, o Poder Público concede algumas benesses, tais como a transferência de recursos orçamentários, bens públicos e utilização de servidores públicos arcando com os respectivos ônus.

Verifique-se que o contrato de gestão previsto pela legislação atinente às organizações sociais, diferentemente do contrato de gestão celebrado entre os entes da Administração Pública, ao invés de conceder maior liberdade, termina por estabelecer restrições àquelas, posto que terão que se sujeitar às exigências previstas no instrumento de gestão.

9.9.2 Convênio

Os *convênios* não podem ser considerados contratos propriamente ditos, uma vez que têm por objetivo a consecução de interesses convergentes. Com efeito, podemos definir os convênios como ajustes celebrados entre o Estado e os entes da Administração Pública indireta, ou ainda com entes privados, objetivando uma cooperação, de modo a atingir interesses comuns.

Aplicam-se aos convênios, por força de seu art. 116, *caput*, da Lei de Licitações e Contratos, as normas nela contidas, naquilo que lhes for cabível. O mesmo dispositivo estabelece o rito necessário para a celebração do convênio, exigindo prévia aprovação do plano de trabalho proposto pela organização interessada em celebrar o ajuste, que deverá conter, no mínimo, as seguintes informações: "I – identificação do objeto a ser executado; II – metas a serem atingidas; III – etapas ou fases de execução; IV – plano de aplicação dos recursos financeiros; V – cronograma de desembolso; VI – previsão de início e fim da execução do objeto, bem assim da conclusão das etapas ou fases programadas; VII – se o ajuste compreender obra ou serviço de engenharia, comprovação de que os recursos próprios para complementar a execução do objeto estão devidamente assegurados, salvo se o custo total do empreendimento recair sobre a entidade ou órgão descentralizador".

Uma vez assinado o convênio, a entidade ou órgão repassador dará ciência do mesmo à Assembléia Legislativa ou à Câmara Municipal respectiva. Durante a execução do convênio as parcelas serão liberadas conforme o determinado no instrumento convenial, devendo ficar retidas até o saneamento de eventuais impropriedades.

O art. 116, § 3º, da Lei 8.666/1993 estabelece as hipóteses em que as parcelas do convênio ficarão retidas: "I – quando não tiver havido comprovação da boa e regular aplicação da parcela anteriormente recebida, na forma da legislação aplicável, inclusive mediante procedimentos de fiscalização local, realizados periodicamente pela entidade ou órgão descentralizador dos recursos ou pelo órgão competente do sistema de controle interno da Administração Pública; II – quando verificado desvio de finalidade na aplicação dos recursos, atrasos não justificados no cumprimento das etapas ou fases programadas, práticas atentatórias aos princípios fundamentais de administração pública nas contratações e demais atos praticados na execução do convênio, ou o inadimplemento do executor com relação a outras cláusulas conveniais básicas; III – quando o executor deixar de adotar as medidas saneadoras apontadas pelo partícipe repassador dos recursos ou por integrantes do respectivo sistema de controle interno".

Percebe-se que a Lei 8.666/1993 estabeleceu um rígido controle da execução do convênio no que diz respeito às parcelas de recursos repassadas ao executor. Isso tanto é verdade que, além dos condicionantes já mencionados, o § 4º do comando legal em exame estabelece que "os saldos de convênio, enquanto não utilizados, serão obrigatoriamente aplicados em cadernetas de poupança de instituição financeira oficial se a previsão de seu uso for igual ou superior a 1 (um) mês, ou em fundo de aplicação financeira de curto prazo ou operação de mercado aberto lastreada em títulos da dívida pública, quando a utilização dos mesmos verificar-se em prazos menores que 1 (um) mês".

De conseguinte, as receitas auferidas em razão de aplicação do saldo das parcelas recebidas serão obrigatoriamente computadas a favor do convênio e aplicadas no objeto de sua finalidade, constando de demonstrativo específico que integrará a prestação de contas do ajuste.

Por fim, quando da conclusão, denúncia, rescisão ou extinção do convênio, os saldos financeiros remanescentes, inclusive os provenientes das receitas obtidas das aplicações financeiras realizadas, serão devolvidos à entidade ou órgão repassador dos recursos, no prazo improrrogável de 30 dias do evento, sob pena da imediata instauração de tomada de contas especial do responsável, providenciada pela autoridade competente do órgão ou entidade titular dos recursos.

9.9.3 Ata de registro de preços

A *ata de registro de preços* é mencionada expressamente no art. 15, II, da Lei 8.666/1993 e disciplinada pelos seus §§ 1º e ss. Para a celebração da ata de registro de preços, também conhecida por "ata de RP", exige-se a abertura de processo licitatório, na modalidade de concorrência (art. 15, § 3º, I, da Lei 8.666/9193) ou mediante pregão (art. 11 da Lei 10.520/2002), precedido de ampla pesquisa de mercado.

O vencedor da licitação terá seu preço registrado, sendo necessária, para tanto, a celebração da denominada ata de registro de preços, cuja natureza é bastante controversa. Mais precisamente, há que se perquirir se o instrumento em exame seria uma espécie de contrato administrativo.

A resposta a este questionamento encontra-se no Decreto federal 3.931/2001, que veio a regulamentar o sistema de registro de preços. O art. 1º, I, estabelece que o Sistema de Registro de Preços/SRP é o conjunto de procedimentos para registro formal de preços relativos à prestação de serviços e aquisição de bens, para contratações futuras. Por sua vez, o inciso II do mesmo dispositivo conceitua a ata de registro de preços como documento vinculativo, obrigacional, com característica de compromisso para futura contratação, onde se registram os preços, fornecedores, órgãos participantes e condições a serem praticadas, conforme as disposições contidas no instrumento convocatório e propostas apresentadas.

Examinando o art. 1º, I e II, do Decreto 3.931/2001, trazidos à baila, temos que para a celebração da denominada ata de registro de preços se faz necessária a instauração de um procedimento, denominado *Sistema de Registro de Preços*. Em outras palavras: o Sistema de Registro de Preços depende de licitação na modalidade de concorrência ou pregão.

Quanto à ata de registro de preços, note-se que o decreto regulamentador a define como "documento vinculativo, obrigacional, com característica de compromisso para futura contratação". Ora, em razão disso, não podemos dizer que a ata de registro de preços é um contrato propriamente dito, na medida em que seu objetivo é a "futura contratação", implicando, portanto, a futura celebração de contratos.

Destarte, afigura-se-nos que a natureza jurídica da ata de registro de preços em muito se aproxima do contrato preliminar previsto nos arts. 462 e ss. do CC brasileiro. O art. 15, § 4º, da Lei 8.666/1993 vem corroborar nossa tese de que a ata de registro de preços se constitui em contrato de natureza preliminar, tendo em vista que a existência de preços registrados não obriga a Administração a firmar as contratações que deles poderão advir, ficando-lhe facultada a utilização de outros meios, respeitada a legislação relativa às licitações, sendo assegurada ao beneficiário do registro preferência em igualdade de condições.

Em suma, isso quer dizer que a Administração não está obrigada a adquirir o objeto constante da ata de registro de preços. Isso acontecerá conforme as necessidades administrativas, e observadas as disposições normativas que regem a matéria – como, aliás, se encontra explicitamente determinado no art. 7º do Decreto 3.391/2001, que prevê que a existência de preços registrados não obriga a Administração a firmar as contratações que deles poderão advir, facultando-se a realização de licitação específica para a aquisição pretendida, sendo assegurada ao beneficiário do registro a preferência de fornecimento em igualdade de condições.

Outro aspecto que ainda deve ser abordado é que o art. 15 da Lei 8.666/1993, em seus incisos e parágrafos, ao mencionar a ata de registro de preços o fez tão-somente para efeito de compra de material. Entretanto, o já mencionado Decreto 3.391/2001 já em seu art. 1º, *caput*, admite o registro de preços para serviços.

Em um primeiro momento se poderia dizer que o decreto regulamentador, ao dispor sobre tal possibilidade, estaria incorrendo em franca ilegalidade, uma vez que o já mencionado art. 15 da Lei 8.666/1993 faz menção única e exclusivamente à compra de material.

No entanto, um exame mais atento da Lei 8.666/1993 leva-nos a outra conclusão. Deveras, o art. 24, VII, da Lei 8.666/1993 dispõe, expressamente, que é dispensável a licitação "quando as propostas apresentadas consignarem preços manifestamente superiores aos praticados no mercado nacional, ou forem incompatíveis com os fixados pelos órgãos oficiais competentes, casos em que, observado o parágrafo único do art. 48 desta Lei, e persistindo a situação, será admitida a adjudicação direta dos bens ou serviços, *por valor não superior ao constante do registro de preços, ou dos serviços*" (grifamos).

Ainda que a técnica legislativa empregada na redação do dispositivo em comento não tenha sido a mais feliz, é de se notar que a lei faz expressa menção ao registro de preços, ou dos serviços, pelo quê concluímos pela possibilidade jurídica espelhada no Decreto 3.391/2001, no que concerne ao registro de preços de serviços.

Pacificada esta questão, no que diz respeito aos aspectos operacionais da ata de registro de preços, vale mencionar que o art. 6º do Decreto 3.391/2001 permite que ao preço do primeiro colocado sejam registrados tantos fornecedores quantos necessários para que, em função das propostas apresentadas, seja atingida a quantidade total estimada para o item ou lote. Em outras palavras, é perfeitamente possível que para determinado objeto a Administração registre os mais diversos preços ofertados pelos mais diversos fornecedores.

Futuramente, quando das contratações decorrentes do registro de preços deverá ser respeitada a ordem de classificação das empresas constantes da ata. Para tanto, os órgãos participantes do registro de preços deverão, quando da necessidade de contratação, recorrer ao órgão gerenciador da ata de registro de preços, para que este proceda à indicação do fornecedor e respectivos preços a serem praticados.

Bibliografia

BANDEIRA DE MELLO, Celso Antônio [2007]. *Curso de Direito Administrativo.* 24ª ed. São Paulo, Malheiros Editores.

DI PIETRO, Maria Sylvia Zanella [2006]. *Direito Administrativo.* 19ª ed. São Paulo, Atlas.

FIGUEIREDO, Lúcia Valle [2006]. *Curso de Direito Administrativo.* 8ª ed. São Paulo, Malheiros Editores.

GORDILLO, Agustín [1969]. "La garantía de defensa como principio de eficacia en el procedimiento administrativo". In: *RDP.* São Paulo, Ed. RT.

JUSTEN FILHO, Marçal [2004]. *Comentários à Lei de Licitações e Contratos Administrativos.* 10ª ed. São Paulo, Dialética.

MEDAUAR, Odete [2006]. *Direito Administrativo Moderno.* 10ª ed. São Paulo, Ed. RT.

MEIRELLES, Hely Lopes [2007]. *Direito Administrativo Brasileiro.* 33ª ed. (atualizada por Eurico de Andrade Azevedo, Délcio Balestero Aleixo e José Emmanuel Burle Filho). São Paulo, Malheiros Editores.

Capítulo 10

SERVIÇOS PÚBLICOS

ANTÔNIO CECÍLIO MOREIRA PIRES

10.1 A evolução histórica do serviço público. 10.2 Conceito de "serviços públicos". 10.3 Princípios norteadores dos serviços públicos: 10.3.1 Princípio da continuidade do serviço público – 10.3.2 Princípio da mutabilidade – 10.3.3 Princípio da igualdade do usuário – 10.3.4 Princípio da eficiência – 10.3.5 Princípio da modicidade das tarifas. 10.4 Classificação de serviços públicos. 10.5 As formas de prestação do serviço público: 10.5.1 Concessão de serviço público: 10.5.1.1 Fundamentação legal da concessão – 10.5.1.2 Características da concessão de serviços públicos: 10.5.1.2.1 A titularidade do serviço público – 10.5.1.2.2 A natureza jurídica da concessão – 10.5.1.2.3 Licitação – 10.5.1.2.4 Serviço adequado – 10.5.1.2.5 Fiscalização do serviço – 10.5.1.2.6 Intervenção – 10.5.1.2.7 Remuneração do concessionário – 10.5.1.2.8 Direitos do usuário – 10.5.1.2.9 Responsabilidade civil da concessionária – 10.5.1.2.10 Extinção da concessão: a) Advento do termo contratual – b) Rescisão – c) Encampação – d) Caducidade – e) Anulação – f) Outras formas de extinção – 10.5.1.2.11 Reversão – 10.5.2 Permissão de serviço público: 10.5.2.1 Conceito tradicional – 10.5.2.2 Permissão condicionada ou qualificada – 10.5.3 Autorização de serviço público – 10.5.4 Parceria público-privada: 10.5.4.1 Modalidades: 10.5.4.1.1 Concessão patrocinada – 10.5.4.1.2 Concessão administrativa – 10.5.5 Consórcios públicos.

Árdua é a tarefa de trazer à balia uma conceituação de "serviços públicos". Isto porque o tema em questão é fruto de uma evolução do Estado, que pode ser divido em Estado Liberal, Social e Democrático de Direito.

Em outro dizer, devemos lembrar que a sociedade como um todo não pode ser vista como algo estático. Ao contrário, a sociedade é algo dinâmico, variando seus anseios e valores em razão de contingências políticas, econômicas e culturais em dado contexto histórico. Nesse passo, fácil é concluirmos que para conceituar "serviços públicos" mister se faz examinar aquilo que o Estado concebe como uma atividade publicizada em determinado momento histórico. Dinorá Mussetti Grotti [2003:87] ensina: "Cada povo diz o que é serviço público em seu sistema jurídico. A qualificação de uma dada atividade como serviço público remete ao plano da concepção do Estado sobre o seu papel. É o plano de escolha política, que pode estar fixada na Constituição do país, na lei, na jurisprudência e nos costumes vigentes em dado tempo histórico".

Levando-se em consideração as questões até aqui aventadas, para uma melhor compreensão do serviço público, necessário se faz um breve perpassar de olhos na sua evolução histórica.

10.1 A evolução histórica do serviço público

Em apertada síntese, vale trazer a pêlo que nos idos do Estado Liberal ou Abstencionista se pregava um total distanciamento entre o Estado e o indivíduo. Nesse mesmo passo, também não se incentivava a criação de qualquer grupo ou associação de caráter cultural ou profissional, que de alguma forma pudesse fazer as vezes do Estado.

Note-se que a solidão do indivíduo perante o Estado, incentivada pelo Estado Liberal, terminou por propiciar que este, pouco a pouco, começasse a assumir algumas atividades que, inicialmente, não eram consideradas de caráter estatal.

Assim é que na história do direito administrativo, a noção do serviço público acontece sem a existência de um trabalho que levasse a uma conceituação de serviço público com sua perfeita caracterização. Em verdade as teorias acerca do serviço público só foram desenvolvidas nas primeiras décadas do século XX, pela Escola de Bordeaux, também conhecida como *Escola do Serviço Público*, encabeçada por Duguit e Jèze.

A partir de então, podemos dizer que o eixo do direito administrativo, que até então girava em torno do poder, passou a se articular em torno do serviço público.

Odete Medauar [2006:314], examinando as idéias trazidas pela Escola de Serviço Público, conclui que esta "concebia o serviço público como atividade prestada pelo Poder Público". Dinorá Mussetti Grotti [2006:42], por sua vez, afirma que a conceituação clássica do serviço público reunia três elementos: o *subjetivo* – em razão da pessoa jurídica prestadora do serviço público; o *material* – em razão da atividade exercida; e, por fim, o *formal* – em razão do regime jurídico de direito público derrogatório e exorbitante do direito comum.

De qualquer sorte, é fato que as concepções iniciais do serviço público abalaram-se a partir do momento em que o Estado, deixando definitivamente os ideais liberalistas, passou a assumir atividades industriais e comerciais que, em princípio, não eram consideradas como serviços públicos. Nesse mesmo contexto, e levando-se em consideração que o Estado não tinha condições de cumprir essas atividades de forma adequada, a execução do serviço público expandiu-se para os particulares.

Por tudo isso, na metade do século passado muito se falou sobre a crise da noção do serviço público. Não entendemos assim. Para nós, não se trata de uma crise na noção do serviço público, mas, tão-somente, de nova concepção, ditada – como não poderia deixar de ser –, por razões de ordem social.

10.2 Conceito de "serviços públicos"

De tudo o que se expôs até o presente momento, não nos é defeso concluir que o *serviço público* nada mais é que uma atividade exercida pelo Estado considerada a tal ponto relevante que não seria conveniente deixá-las à livre iniciativa.

De qualquer modo, a doutrina também não é uniforme no que diz respeito à conceituação do serviço público, oferecendo os mais diversos critérios para a consecução desse desiderato. Ora se utiliza do critério subjetivo, tendo por parâmetro apenas os órgãos públicos prestadores de serviços; ora se utiliza do critério formal, definindo o serviço público com sustentáculo em suas características extrínsecas; e, por fim, temos ainda o critério material, que se utiliza do objeto para efeito de definição.

Celso Antônio Bandeira de Mello [2007:656] conceitua o *serviço público* nos seguintes termos: "*Serviço público* é toda atividade de oferecimento de utilidade ou comodidade material destinada à satisfação da coletividade em geral, mas fruível singularmente pelos administrados, que o Estado assume como pertinente a seus deveres e presta por si mesmo ou por quem lhe faça as vezes, sob um regime de direito público – portanto, consagrador de prerrogativas de supremacia e de restrições especiais –, instituído em favor dos interesses definidos com públicos no sistema normativo".

De outra parte, Hely Lopes Meirelles [2007:330] oferta sua definição de *serviço público* como "aquele prestado pela Administração ou por seus delegados, sob normas e controles estatais, para satisfazer necessidades essenciais ou secundárias da coletividade ou simples conveniências do Estado".

Examinando o conceito prelecionado pelos autores sobreditos, temos que o âmbito de sua abrangência é bastante amplo, na medida em que toda e qualquer atividade prestada pelo Estado ou por seus delegatários deve ser considerada *serviço público.*

De qualquer sorte, as conceituações precitadas levam-nos a concluir que tanto um autor como o outro colocam a presença do Estado como titular do serviço público, sem prejuízo de sua prestação mediante a utilização de terceiros, como elemento de conceituação. A par disso, temos ainda como um segundo elemento as normas de direito público a reger a matéria e, por fim, a necessidade ou comodidade em se prestar o serviço para o administrado.

Posto isso, cremos nós que *serviço público* deve ser definido tendo por parâmetro os diversos critérios para sua conceituação, agregando-se a isto a necessidade de a lei definir determinado serviço como público.

Por essa perspectiva, *serviço público* – segundo nosso entendimento – é todo aquele definido em lei como tal, prestado pelo Estado ou por seus delegados, sob normas e controle estatal, para satisfazer necessidades consideradas coletivas ou, ainda, mera conveniência do Estado.

10.3 Princípios norteadores dos serviços públicos

Vários são os *princípios norteadores do serviço público.* Na doutrina alienígena temos Jean Rivero [1981:501-503], que coloca como princípios atinentes aos serviços públicos a *continuidade do serviço público*, a *mutabilidade* e a *igualdade dos usuários.*

Na doutrina pátria encontramos Diogo de Figueiredo Moreira Neto [2005:427], a elencar oito princípios vetores do serviço público: a *generalidade*, a *continuidade*, a *regularidade*, a *eficiência*, a *atualidade*, a *segurança*, a *cortesia* e a *modicidade* – que, em conjunto, atendem ao comando previsto no art. 175, parágrafo único, IV, da CF: serviço adequado.

Não é o caso, aqui, de trazermos à discussão os diversos entendimentos possíveis acerca da principiologia norteadora do serviço público. Todavia, acompanhando o sustentáculo constitucional de Diogo de Figueiredo Moreira Neto, temos como princípios vetoriais da matéria aqui tratada: *continuidade do serviço público*, *mutabilidade*, *igualdade do usuário*, *eficiência* e *modicidade das tarifas*.

10.3.1 Princípio da continuidade do serviço público

Por este princípio, o serviço público não pode sofrer solução de continuidade, de modo a que sua interrupção cause prejuízo aos administrados. Claro está que não estamos a dizer que o serviço prestado não possa ser paralisado. O art. 6º, § 3º, da Lei 8.987/1995 é claro ao dizer que não se caracteriza como descontinuidade do serviço sua interrupção em situação de emergência ou após prévio aviso, por razões de ordem técnica ou de segurança das instalações e por inadimplemento do usuário.

Há que se observar, ainda, que. decorrente do princípio da continuidade, é vedado ao particular, nos contratos administrativos de concessão, invocar a teoria da exceção do contrato não-cumprido – que, logo mais adiante, estudaremos com mais vagar.

10.3.2 Princípio da mutabilidade

Temos que o *princípio da mutabilidade* descende diretamente do princípio da supremacia do interesse Público. Sua observância propicia alterações no regime de execução dos serviços com vistas à consecução do interesse público. Se o interesse público pode variar no tempo, é lógico que o regime de execução também deverá variar, de forma a se atingir o interesse público colimado.

Desde logo assevere-se, portanto, que tanto os prestadores do serviço público como os usuários dos serviços públicos não têm direito adquirido à manutenção do regime de execução do serviço.

10.3.3 Princípio da igualdade do usuário

Quanto ao *princípio da igualdade do usuário*, em última análise, este determina que todos têm direito ao serviço público, desde que satisfeitas as condições legais para tanto, sem qualquer distinção de cunho pessoal.

10.3.4 Princípio da eficiência

O *princípio da eficiência* é imposição constitucional para todos os entes da Administração Pública, direta e indireta, nos termos do art. 37, *caput*, da CF.

De conseguinte, a observância do princípio da eficiência impõe ao Estado uma prestação de serviços com qualidade. Diogo de Figueiredo de Moreira Neto [2005:428] muito bem observa: "Uma vez atendida a *eficiência* como a melhor realização possível da prestação de serviços públicos, em termos de *plena satisfação dos administrados com os menores custos para o usuário*, ela se apresenta, simultaneamente, tanto como um atributo técnico da gestão de interesses como uma *exigência ética* a ser respeitada".

Assim é que a eficiência importa uma gama de condicionantes, devendo ser aferida na prestação dos serviços públicos, exigindo, portanto, rígido controle.

10.3.5 Princípio da modicidade das tarifas

Para melhor entendimento do princípio em foco, temos que lembrar que o Estado houve por bem publicizar determinadas atividades, em razão de sua relevância para o interesse coletivo. Logo, não pode o Estado, com vistas à prestação do serviço, impor ao usuário um valor por demais oneroso.

Ao contrário, em razão do princípio em pauta, o serviço público deve ser a todos acessível, com preços e tarifas modicamente estabelecidos. Cabe, por pertinente que é, trazer a observação de Leonardo Motta Espírito Santo e Maria de Lourdes de Mima Cançado, em obra coordenada por Carlos Pinto Coelho da Rocha [2004:145]: "Se por um lado os preços e tarifas devem ser módicos, por outro lado não podem deixar de ser razoáveis, de modo a proporcionar a justa remuneração dos serviços prestados, permitindo-se seu melhoramento e modernização".

Adotando essa compreensão, conveniente se faz assinalar que a *modicidade da tarifa* impõe ao Estado a adoção de um critério de razoabilidade, de modo que tenhamos um valor reduzido, capaz de suportar o custo dos serviços e, ainda, permitir sua atualização.

10.4 Classificação de serviços públicos

No que concerne à *classificação dos serviços públicos*, vários são os critérios possíveis. Maria Sylvia Zanella Di Pietro [2006:120-123], cotejando a doutrina, menciona que os serviços públicos são classificados em: *próprios e impróprios*; *administrativos ou industriais e sociais*; *"uti universi" ou "uti singuli"*; *originários ou congênitos e derivados ou adquiridos*; *exclusivos e não-exclusivos*.

Para nós, uma classificação somente é justificável quando imbuída de efeito prático. Em outras palavras, temos que uma classificação só se justifica em razão de sua prestabilidade. Logo, adotamos como critério de classificação o parâmetro da exclusividade ou não do serviço público, tendo em vista as delegações de serviço público que se tornaram correntes nos últimos tempos.

Exemplos de serviços públicos exclusivos são aqueles determinados na CF, inseridos no art. 21, X, XI e XII. Não-exclusivos, aqueles relativos a previdência social, assistência social e educação.

10.5 As formas de prestação do serviço público

Por tudo o que se disse até o presente momento, concluímos que a prestação do serviço público pode ocorrer diretamente pelo Estado ou, então, ser delegada a particulares. Entretanto, não podemos deixar de contextualizar a prestação do serviço público no momento em que vivemos.

No final do século XX, notadamente nos anos 90, muito se falou e ainda se fala da Reforma do Estado, impondo aos governantes a busca de novos instrumentos capazes de acompanhar o movimento de globalização. Imperiosa se tornou a busca de soluções que permitam ao Estado atingir o interesse coletivo relativo a educação, saúde, moradia – dentre outros.

A busca de novos instrumentos teve a *privatização* – considerada em seu sentido mais amplo possível – como uma das saídas procuradas pelo Estado para enxugar a máquina administrativa. Nesse panorama surgem, então, de forma significativa, os institutos da *autorização*, da *permissão* e da *concessão* como meios de delegar o serviço público ao particular. Isso sem falar da quebra de monopólios, permitindo-se, destarte, a competitividade, e das parcerias público-privadas, bem como da privatização propriamente dita, onde o Estado passa definitivamente o serviço para o particular.

A partir de agora, passemos a nos debruçar sobre a *delegação do serviço público ao particular*.

10.5.1 Concessão de serviço público

Antes de gizar o arcabouço jurídico da *concessão de serviço público*, impõe-se esboçarmos nosso conceito acerca da matéria.

No nosso sentir – e como já dito anteriormente –, trata-se a concessão de contrato administrativo em que o Poder Público delega ao particular a execução de um serviço público, sempre através de licitação, consoante expressa disposição do art. 175 da CF.

Destaca-se que a doutrina não é uniforme na conceituação de *concessão*, principalmente considerando que a espécie contratual pode abranger, além do serviço público, a realização de obra pública ou até a cessão de uso de bem público, como esclarece Maria Sylvia Zanella Di Pietro [2005:275]: "(...) pode-se definir concessão como o contrato administrativo pelo qual a Administração confere ao particular a execução remunerada de serviço público ou de obra pública, ou lhe cede o uso de bem público, para que o explore por sua conta e risco, pelo prazo e nas condições regulamentares e contratuais".

Interessante também é a concepção de Celso Antônio Bandeira de Mello, que concebe o aspecto contratual da concessão, tão-somente, no que se refere ao equilíbrio econômico-financeiro do ajuste. Para o autor, a relação que rege a execução do serviço público é de caráter unilateral. No dizer: do Autor: "Concessão de serviço público é o instituto através do qual o Estado atribui o *exercício* de um serviço público a alguém que aceita prestá-lo em nome próprio, por sua conta e risco, nas condições fixadas e alteráveis unilateralmente pelo Poder Público, mas sob garantia contratual de um equilíbrio econômico-financeiro, remunerando-se *pela própria exploração do serviço*, em geral e basicamente mediante tarifas cobradas diretamente dos usuários do serviço" [Bandeira de Mello 2007:686].

Para nós, temos, em princípio, que os elementos preponderantes para a conceituação da concessão de serviços públicos residem na natureza jurídica da concessão e no procedimento para a outorga do serviço. A partir daí, outros elementos devem ser agregados: o exercício do serviço, que, consoante a doutrina corrente, deve ser executado por conta e risco do contratado ou concessionário de serviço público.

Concessão é a delegação da execução de um serviço público ao particular, mediante licitação e por meio de instrumento contratual, que assume a incumbência de executá-lo em nome próprio, responsabilizando-se pelos riscos a ele inerentes, em troca da remuneração pela sua prestação, feita através de tarifa, obedecendo às regras definidas pelo Poder Executivo e ao regime próprio do direito público.

10.5.1.1 *Fundamentação legal da concessão*

A CF, no *caput* do art. 175, outorga ao Poder Público a prestação do serviço público, permitindo sua execução direta ou por meio de concessão e permissão, mediante legislação ordinária reguladora, para atender às especificações do parágrafo único, sobre o regime das empresas, o caráter especial de seu contrato e sua prorrogação, as condições de caducidade, fiscalização e rescisão da concessão ou permissão, bem como o direito dos usuários, a política tarifária e a obrigação de manutenção do serviço adequadamente.

O art. 21, XII, da CF, outorga competência à União Federal para explorar, diretamente ou mediante autorização, concessão ou permissão os serviços mencionados expressamente no dispositivo constitucional em exame. Assim, por força desses comandos constitucionais, foi editada a Lei 8.987/1995, que estabelece as normas gerais aplicáveis à própria União, Estados, Distrito Federal e Municípios, que poderão legislar sobre normas específicas para concessão de serviços públicos relativos aos seus respectivos âmbitos, nos termos do art. 1º, parágrafo único.

Já, a Lei 9.074, de 7.7.1995,[1] impede que União, Estados, Distrito Federal e Municípios outorguem concessão e permissão de serviço público sem lei que o autorize e fixe os termos contratuais, salvo em casos de saneamento básico e limpeza urbana e nos já referidos na Constituição Federal, na Constituição Estadual e nas Leis Orgânicas dos Municípios e do Distrito Federal.

10.5.1.2 *Características da concessão de serviços públicos*

Uma vez conceituado o instituto em questão e trazido à colação seu sustentáculo legal, passemos, pois a examiná-lo, de sorte a delinear suas principais características.

10.5.1.2.1 A titularidade do serviço público

Como já dissemos anteriormente, a concessão é a delegação da execução de um serviço público. Nesse passo, há necessidade de distinguir a *delegação do serviço público* da *titularidade ou competência de sua prestação.*

A *titularidade ou competência para prestação de serviço público* encontra-se definida pela Constituição Federal, que distribuiu tais atividades aos entes políticos federados, União, Estados, Distrito Federal e Municípios, de acordo com os interesses próprios de cada esfera administrativa, respeitando critérios de natureza, extensão e capacidade para executá-las de maneira vantajosa para Administração e para os administrados.

Daí que a concessão do serviço público pelo ente político não transfere sua titularidade ao concessionário, bem como preserva todos os direitos e prerrogativas inerentes a essa titularidade do serviço pú-

1. "Estabelece normas para outorga e prorrogações das concessões e permissões de serviços públicos e dá outras providências."

blico outorgada pela Constituição Federal, que incluem o poder de prestação, regulação e legislação. Sendo assim, a delegação do serviço público por meio de concessão não transfere a competência e a titularidade do serviço, mas apenas sua execução, que deixa de ser direta, passando a ser prestada indiretamente pelo Estado, por meio da concessionária, conforme explica Hely Lopes Meirelles [2007:387]: "Como o serviço, apesar de concedido, continua sendo *público*, o poder concedente – União, Estado-membro, Município – nunca se despoja do direito de explorá-lo direta ou indiretamente, por seus órgãos, suas autarquias e empresas estatais, desde que o interesse coletivo assim o exija. Nessas condições, permanece com o poder concedente a faculdade de, a qualquer tempo, no curso da concessão, retomar o serviço concedido, mediante indenização, ao concessionário, dos lucros cessantes e danos emergentes resultantes da encampação. As indenizações, em tal hipótese, serão as previstas no contrato, ou, se omitidas, as que foram apuradas amigável ou judicialmente".

Por fim, ressalta-se que a concessão do serviço público transfere única e exclusivamente o exercício da atividade pública, diversamente do que ocorre com as autarquias que recebem a titularidade legal para prestação do serviço público.

10.5.1.2.2 A natureza jurídica da concessão

Ainda que existam divergências doutrinárias com relação à *natureza jurídica da concessão*, estamos dentre aqueles que vêem na concessão uma relação de caráter bilateral. Assim, para nós, o contrato de concessão garante a relação jurídica existente entre a Administração Pública e concessionário, a segurança de atendimento do interesse de ambas as partes. Dentre os interesses assegurados no instrumento ressalta-se o equilíbrio trazido pelo respeito à equação econômico-financeira, por meio da remuneração extraída da própria exploração do serviço público.

Marcel Waline [1963:618], citado por Celso Antônio Bandeira de Mello [2007:626], conceitua *equação econômico-financeira* como "(...) a relação que foi estabelecida pelas próprias partes contratantes no momento da conclusão do contrato, entre um conjunto de direitos do contratante e um conjunto de encargos deste, que pareceram equivalentes, donde o nome de equação; desde então esta equivalência não mais pode ser alterada".

A remuneração do concessionário de serviço público se dá, em regra, por meio de tarifas cobradas dos usuários pela utilização do serviço público concedido. No entanto, há exceções a esta regra, como, por exemplo, a concessão de rádio e televisão, em que a remuneração não decorre diretamente dos usuários, bem como não há cobrança de tarifas; na concessão de rádio e televisão a remuneração ocorre por meio de divulgação de mensagens publicitárias cobradas dos anunciantes.

Salutar esclarecer que na concessão de serviço público a legislação reguladora não impõe qualquer impedimento para o Poder Público subsidiar parcialmente o concessionário, bem como não impede outras fontes de receita para complementação das remunerações do concessionário. É óbvio que esta permissão tem por objetivo o atendimento do interesse público geral, já que favorece a redução das tarifas cobradas da prestação do serviço público.

Com efeito, o contrato de concessão de serviço público é um instrumento formal; portanto, deve ser escrito e tem por finalidade estabelecer a delegação do poder concedente, definir o objeto da concessão, delimitar a área, forma e tempo da exploração do serviço público, bem como os direitos e deveres das partes e dos usuários.

Hely Lopes Meirelles [2007:393] ressalta a importância do contrato de concessão e chama a atenção para o desprezo do Poder Público quanto à sua elaboração: "Documento da maior relevância, o *contrato de concessão* não tem merecido dos Poderes Públicos a necessária atenção na sua feitura, ficando quase sempre entregue sua redação aos próprios pretendentes à concessão, que, assim, a amoldam às suas conveniências, sem atender ao interesse público e aos direitos dos usuários. As concessões vigentes são, em geral, e paradoxalmente, instrumentos em que o Poder Público e os usuários é que se submetem à vontade despótica das empresas, tais são as cláusulas a seu favor e a nenhuma reserva de direitos para o particular a que o serviço se destina. Já é tempo de os concedentes reagirem contra esta inversão de poderes, defendendo melhor o público e exigindo dos seus concessionários, na feitura dos contratos novos ou na fiscalização dos já existentes, a prestação eficiente e regular dos serviços que lhes são concedidos".

Então, as principais cláusulas do contrato de concessão são as que indiquem e delimitem o objeto, modo e forma da prestação do serviço, as que disponham sobre fiscalização, reversão, encampação, intervenção e aplicação de sanção (advertência, multa, intervenção) e outras.

10.5.1.2.3 Licitação

A outorga de concessão de serviço público será precedida de *licitação pública* na modalidade de concorrência, aplicando-se as regras estabelecidas na Lei 8.987/1995 (Lei de Concessões) e subsidiariamente a Lei 8.666/1993 (Lei de Licitações).

Válido ressaltar que a concessão de serviço público, devido a suas peculiaridades, respeitará, na licitação pública, critérios especiais de julgamento das propostas, nos termos do art. 15 da Lei federal das Concessões e Permissões: "(...) no julgamento da licitação será considerado um dos seguintes critérios: I – o menor valor da tarifa do serviço público a ser prestado; II – a maior oferta, nos casos de pagamento ao poder concedente pela outorga da concessão; III – a combinação, dois a dois, dos critérios referidos nos incisos I, II e VII; IV – melhor proposta técnica, com preço fixado no edital; V – melhor proposta em razão da combinação dos critérios de menor valor da tarifa do serviço público a ser prestado com o de melhor técnica; VI – melhor proposta em razão da combinação dos critérios de maior oferta pela outorga da concessão com o de melhor técnica; ou VII – melhor oferta de pagamento pela outorga após qualificação de propostas técnicas".

Anote-se, portanto, que, via de regra, a licitação deve realizar-se mediante concorrência e que, por força do art. 18-A, acrescentado pela Lei 11.196/2005, o edital poderá prever a inversão de fases de habilitação e julgamento.

10.5.1.2.4 Serviço adequado

O art. 6º, § 1º, da Lei de Concessões e Permissões diz que *serviço adequado* é aquele que satisfaz as condições de regularidade, continuidade, eficiência, segurança, atualidade, generalidade, cortesia na sua prestação e modicidade de tarifas. Odete Medauar [2006:377] explica o que significa a expressão "atualidade do serviço público": "*Atuali-*

dade significa modernidade das técnicas, do equipamento, das instalações e a sua conservação, a melhoria e expansão dos serviços".

Destaca-se que a Lei de Concessões e Permissões de serviço público estabelece índices para caracterizar o serviço público como adequado, impondo aos concessionários a execução do serviço em conformidade com as exigências legais. Os índices estabelecidos dizem respeito ao desempenho do serviço público; portanto, quando a Administração executa diretamente a atividade regulamentada, também deve atender aos índices de adequação do serviço público.

10.5.1.2.5 Fiscalização do serviço

A responsabilidade de *fiscalização* na concessão de serviço público pertence ao Poder Público concedente, que deve garantir que o serviço público seja prestado pelo concessionário com a devida qualidade, atendendo à coletividade em geral, sem interrupção, com regularidade, eficiência e com tarifas módicas, nos termos do art. 6º, § 1º, da Lei 8.987/1995.

Para que a Administração Pública garanta o atendimento dos requisitos legais pelo concessionário, a lei concedeu direitos amplos de fiscalização, que podem incidir sobre a administração da empresa concessionária, contabilidade, recursos técnicos, econômicos e financeiros, bem como o de investigar os lucros da empresa com o serviço público, justamente para fixar as tarifas adequadas como remuneração.

Hely Lopes Meirelles [2007:396] esclarece como será feita a fiscalização do Poder Público: "A fiscalização será feita por órgão técnico da Administração concedente ou por entidade com ela conveniada. Paralelamente, o regulamento do serviço deverá prever a constituição de comissão integrada por representantes do poder concedente, do concessionário e dos usuários, a fim de que colabore na fiscalização (...)".

10.5.1.2.6 Intervenção

O poder concedente, ao identificar que o concessionário não está executando o serviço público de maneira adequada, conforme estabelecem o contrato de concessão, os regulamentos e as exigências legais, pode intervir, para assegurar sua regularidade.

O *direito de intervenção* encontra-se tipificado na Lei de Concessões e Permissões de serviço público, mais precisamente em seu art. 32, com vistas a assegurar a adequação na prestação do serviço bem como o fiel cumprimento das normas contratuais, regulamentares e legais pertinentes. Esse mesmo dispositivo, em seu parágrafo único, determina que a intervenção se fará por decreto do poder concedente, que conterá a designação do interventor, o prazo da intervenção e os objetivos e limites da medida.

Conforme se depreende dos arts. 33 e ss. da Lei de Concessões e Permissões de serviço público, após declarada a intervenção, o Poder concedente terá o prazo de 30 dias para instaurar processo administrativo para demonstrar as causas que motivaram o ato de intervenção, apurando-se as responsabilidades.

O § 2º do art. 33 da Lei 8.987/1995 determina que o processo administrativo deve ser concluído no prazo máximo de 180 dias, sob pena invalidação. Finalizado o processo administrativo, o poder concedente pode extinguir a concessão, desde que comprove o descumprimento do concessionário em relação às suas responsabilidade; ou, em caso contrário, devolverá o serviço público à concessionária, com a devida prestação de contas realizada pelo interventor, que ficará responsável pelos atos praticados durante sua gestão.

10.5.1.2.7 Remuneração do concessionário

O concessionário de serviço público fica contratualmente autorizado a cobrar tarifas dos usuários. A tarifa corresponde ao chamado preço público, que configura a adequada remuneração do capital investido pela concessionária, permitindo, inclusive, que a empresa prestadora realize a extensão e o melhoramento do serviço. Citam-se as palavras de Hely Lopes Meirelles [2007:397]: "O serviço concedido deve ser *remunerado por tarifa* (preço público), e não por taxa (tributo). E a tarifa deve permitir a justa remuneração do capital, o melhoramento e a expansão do serviço, assegurando o equilíbrio econômico e financeiro do contrato. Daí por que impõe-se a revisão periódica das tarifas, de modo a adequá-las ao custo operacional e ao preço dos equipamentos necessários à manutenção e expansão do serviço, a fim de propiciar a justa remuneração do concessionário, na forma contratada (...)".

É válido salientar que o poder concedente tem a integral responsabilidade pela revisão das tarifas. Trata-se, portanto, de uma negociação, na qual o concessionário precisa demonstrar a necessidade de revisão por meio de documentos hábeis, como, por exemplo, a renda da empresa, as despesas do serviço etc.

10.5.1.2.8 Direitos do usuário

Os usuários têm direito ao acesso incondicionado ao serviço público, independentemente de ser prestado diretamente pelo Estado ou indiretamente pela concessionária de serviço público. A fruição do serviço público concedido não pode ser negada ao usuário, bem como o serviço público não pode ser interrompido, exceto nas situações previstas nas cláusulas regulamentares da concessão. Ressalta-se que o usuário tem direito subjetivo de ação judicial em caso de descumprimento das cláusulas regulamentares ou de interrupção desmotivada, podendo exigir o cumprimento da obrigação do concessionário.

Celso Antônio Bandeira de Mello [2007:727] esclarece os direitos dos usuários de serviços públicos fundamentado no art. 7º e incisos da Lei 8.987/1995: "Os usuários, atendidas as condições relativas à prestação do serviço e dentro das possibilidades normais dele, têm *direito* ao serviço e, inclusive, o de escolhê-lo dentre o de distintos prestadores, quando for o caso (art. 7º, III). O concessionário não lhes poderá negar ou interromper a prestação, salvo, é claro, nas hipóteses previstas nas próprias cláusulas regulamentares. Cumpridas pelo usuário as exigências estatuídas, o concessionário está constituído na obrigação de oferecer o serviço de modo contínuo e regular. Com efeito, sua prestação é instituída não apenas em benefício da coletividade concebida em abstrato, mas dos usuários, individualmente considerados, isto é, daqueles que arcarão com o pagamento das tarifas a fim de seres servidos".

Por fim, o art. 7º, II, da Lei de Concessões e Permissões de serviço público garante ao usuário do serviço público concedido obter informações tanto do poder concedente como da concessionária de serviço público. Além disso, o art. 30 da mencionada legislação concede ao usuário o poder de representação no sistema de fiscalização dos serviços concedidos.

10.5.1.2.9 Responsabilidade civil da concessionária

Para melhor entendermos a questão da *responsabilidade civil da concessionária*, temos que fazer algumas digressões acerca de sua natureza jurídica. Verifica-se, pois, que a concessionária é pessoa jurídica de direito privado, constituída por particulares, que, após sagrar-se vencedora de processo licitatório na modalidade de concorrência, passou a prestar um serviço público.

Assim, em última análise, a concessionária é pessoa jurídica de direito privado prestadora de serviços públicos, estando, portanto, no contexto do art. 37, § 6º, da CF, pelo quê responde objetivamente pelos danos causados a terceiros.

Claro está que a responsabilidade objetiva da concessionária somente restará efetivamente configurada se o dano experimentado pela vítima decorrer exclusivamente da prestação do serviço público.

10.5.1.2.10 Extinção da concessão

O art. 35 da Lei 8.987/1995 traz os casos de *extinção da concessão de serviço público*, a saber: advento do termo contratual, encampação, caducidade, rescisão, anulação, falência ou extinção da concessionária e falecimento ou incapacidade do titular, no caso de empresa individual.

Na hipótese de extinção da concessão, retornam ao poder concedente todos os bens reversíveis, direitos e privilégios transferidos ao concessionário, conforme previsto no edital e estabelecido no contrato. Nessa hipótese, ocorrerá ainda a imediata assunção do serviço pelo poder concedente, procedendo-se aos levantamentos, avaliações e liquidações necessários.

Note-se, por oportuno, que a assunção do serviço autoriza a ocupação das instalações e a utilização, pelo poder concedente, de todos os bens reversíveis.

Posto isso, passemos a examinar as principais formas de extinção da concessão.

a) Advento do termo contratual

Trata-se da extinção natural da concessão, em razão do prazo fixado no instrumento contratual. Configura a forma normal e comum de extinção da concessão, ou seja, com o término do acordo celebrado entre a Administração Pública e o particular concessionário de serviço público contratado. No momento que ocorre o término contratual com o advento dos termos, os bens pertencentes ao concessionário de serviço público passam a pertencer ao patrimônio do poder concedente. Esta transferência de bens recebe o nome de *reversão*.

b) Rescisão

A *rescisão contratual* pode ser judicial, consensual e unilateral.

A *rescisão judicial* pode ser requerida por qualquer das partes, pelo concessionário em caso de inadimplência do poder concedente e, tratando-se do inverso, a pedido do poder concedente. É válido ressaltar que o poder concedente não precisa utilizar-se, obrigatoriamente, da via judicial, pois tem direito de rescindir unilateralmente o contrato, mediante a instauração de procedimento próprio em sede administrativa.

A via judicial facilita a recomposição patrimonial das partes, tendo em vista que o capital da empresa concessionária deve ser restituído, não integralmente, mas pelo menos a parcela referente à parte não-amortizada do capital.

A *rescisão consensual* é aquela em que amigavelmente o poder concedente e o concessionário de serviço público resolvem antecipar a extinção da concessão. Nesse caso, a indenização ficará a cargo da negociação das partes.

A *rescisão unilateral* do poder concedente ocorre quando este, por ato próprio, resolve pôr fim antecipadamente ao contrato de concessão. Pode ocorrer por meio da *encampação*, ou *resgate*, e *caducidade*.

c) Encampação

Também chamada de *resgate*, é a rescisão unilateral do contrato de concessão de serviço público feita pelo poder concedente antes do término do prazo inicial fixado, por motivo de conveniência e oportunidade da Administração Pública. Em outras palavras, isso significa que o concessionário não deu causa à rescisão do contrato. A Administração realiza a extinção por razões administrativas ou políticas que justificam a assunção do serviço para sua prestação direta, ou até para substituí-lo por outro que melhor atenda ao interesse da coletividade – como, por exemplo, a substituição dos bondes por ônibus.

Considerando que o concessionário não deu causa ao ato extintivo, faz jus a indenização para restituir o investimento e lucros cessantes, tendo em vista a quebra da equação econômico-financeira contratual.

Há previsão expressa de indenização na Lei de Concessões de serviço público, no art. 37, mas o dispositivo só se refere às parcelas não-amortizadas ou depreciadas atinentes aos bens reversíveis. No entanto, é evidente que os danos sofridos pelo concessionário em relação ao desrespeito da equação econômico-financeira contratual devem ser alvo de indenização. Por isso, para se realizar a encampação, primeiro exige-se autorização legislativa, e depois indenização prévia, nos termos do citado dispositivo.

d) Caducidade

Também denominada *decadência*, é a modalidade de rescisão unilateral do contrato administrativo de concessão de serviço público realizada pelo poder concedente antes do prazo inicialmente fixado por motivo de inadimplência do concessionário, como bem explica Celso Antônio Bandeira de Mello [2007:730]: "*Caducidade* ou *decadência*, que é a modalidade de encerramento da concessão, por ato do concedente, antes da conclusão do prazo inicialmente fixado, em razão de inadimplência do concessionário; isto é, por motivo de fato comissivo ou omissivo, doloso ou culposo, imputável ao concessionário e caracterizável como violação grave de suas obrigações".

A declaração de caducidade pode ser aplicada em caso de inexecução total ou parcial do contrato, devendo ser precedida de verificação da inadimplência, mediante processo administrativo, em cumprimento aos princípios do contraditório e da ampla defesa, assegurando o direito de justificação ao concessionário, nos termos do art. 38, § 2º, da Lei 8.987/1995, bem como o processo somente será instaurado após a comunicação ao concessionário das falhas e transgressões, sendo-lhe concedido prazo para reparação.

Declarada a caducidade, confirmando a culpa do concessionário, o contrato de concessão estará extinto, sem necessidade de o poder concedente pagar indenização pelos lucros cessantes; mas, obviamente, terá que indenizar com relação à parcela não-amortizada do capital, representada pelos equipamentos necessários à prestação do serviço, e que reverterão ao concedente.

Ressalta-se que a apuração das perdas e danos será realizada no decurso do processo, oposto do que ocorre com a encampação, que exige indenização prévia. Do valor apurado serão descontadas as multas contratuais e os danos causados pelo concessionário.

e) Anulação

A *anulação do contrato* ocorre quando for identificado vício jurídico que venha a comprometer a legalidade do instrumento de concessão de serviço público. Caso em que o concessionário não terá, em regra, direito a indenização, salvo se comprovar que não tinha conhecimento ou envolvimento com a ilegalidade, representando sua boa-fé.

Se o serviço estiver em funcionamento, no momento da reversão dos bens, o concessionário terá direito à indenização pelas parcelas não-amortizadas.

f) Outras formas de extinção

Há extinção do contrato de concessão de serviço público quando a empresa concessionária sofre ação de *falência* e o juiz de direito julga procedente o pedido, decretando judicialmente a falência da concessionária. A falência demonstra sua insolvência, que geralmente é originada da incapacidade ou deficiência na administração da concessionária.

Por fim, há também a rescisão pela *extinção da empresa* ou *morte do concessionário*, se a empresa for firma individual.

10.5.1.2.11 Reversão

Reversão é a apropriação de todos os bens materiais e equipamentos da concessionária, pelo poder concedente, para a regular continuidade do serviço público. Releva salientar que nem todos os bens da concessionária serão alvo de reversão, mas somente aqueles que estiverem afetados ao serviço público, de modo a permitir que o Estado, ao término da concessão, possa, em obediência ao princípio da continuidade do serviço público, continuar a prestar o serviço para o administrado.

10.5.2 Permissão de serviço público

Além da concessão de serviço público, o Estado também pode utilizar-se do instituto da *permissão de serviço público* para prestar, de forma indireta, determinado serviço público, mediante licitação, nos termos do art. 175 da CF.

Infelizmente o legislador ordinário pouco prestigiou o instituto da permissão de serviços públicos. A Lei 8.987/1995 limita-se a mencionar a permissão de serviços públicos, sem, contudo, ofertar maiores diretrizes.

Em razão disso, o diploma legal em comento sofreu muitas críticas sobre o tratamento dado ao instituto, como se percebe no posicionamento de Celso Antônio Bandeira de Mello [2007:739]: "Em face disto, será necessário digredir um pouco sobre tal instituto, antes de examinar o tratamento grotesco, teratológico, que lhe dispensou a Lei 8.987".

De qualquer sorte, não podemos nos furtar de examinar o instituto em questão.

10.5.2.1 *Conceito tradicional*

A doutrina oferta diversos conceitos para a *permissão de serviços públicos*.

Celso Antônio Bandeira de Mello [2007:739] entende que: "Permissão de serviço público, segundo conceito tradicionalmente acolhido na doutrina, é o ato unilateral e precário, *intuitu personae*, através do qual o Poder Público transfere a alguém o desempenho de um serviço de sua alçada, proporcionando, à moda do que faz na concessão, a possibilidade de cobrança de tarifas dos usuários".

Com conceito muito próximo, Hely Lopes Meirelles [2007:404] ensina: "*Serviços permitidos* são todos aqueles em que a Administração estabelece os requisitos para sua prestação ao público e, por ato unilateral (termo de permissão), comete a execução aos particulares que demonstrarem capacidade para seu desempenho (...)".

A doutrina especializada atesta que os atributos da permissão de serviço público são as características de unilateralidade, discricionariedade e precariedade.

Nosso conceito também não está muito distante daqueles ofertados pela doutrina. Para nós a *permissão de serviço público* é ato administrativo unilateral, discricionário e precário pelo qual o Poder Público transfere a execução de um serviço público, mediante licitação, a alguém que demonstre capacidade para sua prestação, em nome próprio, segundo o regime jurídico de direito público.

A unilateralidade permite que o Poder Público, no momento de transferência da execução do serviço público a uma empresa privada ou, mesmo, a pessoa física, formule todas as regras e condições para prestação do serviço permitido, lembrando-se que a unilateralidade garante também a possibilidade de alteração das regras e condições da permissão sem o consentimento do permissionário. É justamente daí que decorre a discricionariedade do instituto, ou seja, na liberdade do Poder Público de decidir sobre a delegação da execução de determinado serviço público, a forma e condições de sua prestação, inclusive com possibilidade de realizar alterações, sem precisar de qualquer consentimento do permissionário.

Sendo a permissão de serviço público um ato administrativo precário, pode ser revogada a qualquer momento pela Administração, bastando, para tanto, a mera vontade do Poder Público. Ocorre que a prática vem desvirtuando o instituto da permissão de serviço público traçada historicamente. A Administração por vezes se utiliza da permissão para transferir a execução de serviços muito complexos, que exigiriam um pacto contratual, com garantias de indenização ao capital empregado, maior investimento e segurança para as partes envolvidas. Cita-se como exemplo o serviço de transporte coletivo.

10.5.2.2 *Permissão condicionada ou qualificada*

Para dar maior segurança nas permissões de serviço público, o Poder Público vem concedendo prazo determinado para as permissões, retirando, segundo alguns doutrinadores, um dos seus atributos nucleares: a precariedade.

Outros doutrinadores entendem que a colocação de prazo transforma a permissão em um contrato – como diz José Horácio Meirelles Teixeira [*RDP* 6/100 e 7/114] –, ou entendem que a imposição de prazo determinado caracteriza uma relação jurídica idêntica à concessão de serviço público. Nessa última concepção concordam. Celso Antônio Bandeira de Mello [2007:719] e Maria Sylvia Zanella Di Pietro [2007:281]. Outros, ainda, sustentam que se trata apenas de uma excepcionalidade da permissão – caso de Hely Lopes Meirelles [2007: 385] e Diogo de Figueiredo Moreira Neto [2005:448].

A doutrina que aceita a permissão de serviço público com prazo determinado diz que o instituto se divide em dois: a *permissão simples* e a *permissão condicionada* (Hely Lopes Meirelles) ou *permissão qualificada* (Cretella Jr. 1972:112-113), hipótese em que a revogação ou cassação da permissão, antes do prazo determinado, dará direito ao pleito de indenização apurando perdas e danos, bem como lucros cessantes.

De qualquer sorte, considerando que o Poder Público pode impor prazo determinado para o instituto, este se assemelha à concessão, descaracterizando-se como ato administrativo unilateral, afigurando-se como um verdadeiro contrato. Aliás, impende considerar que a Lei 8.987/1995 trata a permissão como um contrato de adesão, nos termos do art. 40.

No mais, a permissão assemelha-se à concessão no que diz respeito às características atinentes à titularidade do serviço e sua adequação, fiscalização, intervenção, remuneração, direitos do usuário, responsabilidade civil, anulação e reversão.

10.5.3 Autorização de serviço público

A *autorização de serviços públicos* não se encontra regulada pela Lei 8.987/1995. De qualquer modo, sua formalização ocorre mediante ato administrativo unilateral, discricionário e precário. Normalmente se utiliza a autorização para transferir a execução de serviços de fácil execução. Odete Medauar [2006:327] aponta a conservação de praças, jardins ou canteiros de avenidas, em troca de afixação de placa com o nome da empresa, como exemplo de autorização de serviços.

10.5.4 Parceria público-privada

A denominada *parceria público-privada*/PPP vem sendo utilizada nos mais diversos países de modo a viabilizar projetos de interesse para a coletividade. Na parceria público-privada vislumbra-se a possibilidade de retornos positivos para os parceiros público e privado.

No Brasil a parceria público-privada, instituída através da Lei 11.079, de 30.12.2004, criou novas modalidades de contrato administrativo de concessão: a *concessão patrocinada* e a *concessão administrativa* – no âmbito dos Poderes da União, dos Estados, do Distrito Federal e dos Municípios, aplicando-se, nos termos do parágrafo único do art. 1º, a todos os órgãos da Administração Pública direta, aos fundos especiais, às autarquias, às fundações públicas, às empresas públicas, às sociedades de economia mista e às demais entidades controladas direta ou indiretamente pela União, Estados, Distrito Federal e Municípios.

10.5.4.1 *Modalidades*

Como já dito anteriormente, as parcerias público-privadas não passam de espécie do gênero concessão, com distintas características. Passemos a examiná-las.

10.5.4.1.1 Concessão patrocinada

Do exame da Lei 11.079/2004, combinada com a Lei 8.987/1995, podemos inferir que a *concessão patrocinada* é contrato administrativo pelo qual o Poder Público outorga a um terceiro a execução do serviço público, precedido ou não de obra pública, para que seja executado em seu próprio nome, por sua conta e risco, assegurada a devida remuneração, decorrente da tarifa cobrada e acrescida de contraprestação pecuniária paga pelo Poder Público, e sob normas e controle do Estado.

Em princípio, podemos dizer que uma das grandes diferenças entre a concessão ordinária, regulada pela Lei 8.987/1995, e a concessão patrocinada encontra-se na possibilidade de o Poder Público efetuar contraprestação pecuniária ao concessionário independentemente da percepção de tarifa.

Com efeito, estamos a dizer que na modalidade patrocinada, definida na legislação em comento, o Poder Público faz a concessão de um serviço público, acompanhado ou não de obra pública, podendo, para tanto, patrocinar uma contribuição ou contraprestação pecuniária de até 70%, ou mais, se houver autorização legislativa, adicionando a esse montante o valor das tarifas cobradas do público.

A remuneração do parceiro na modalidade patrocinada é constituída pela somatória de uma parcela do parceiro público às receitas oriundas das tarifas pagas pelo usuário e das receitas alternativas, complementares ou acessórias ou decorrentes de projetos associados, comuns às concessões tradicionais, disciplinadas pela Lei 8.987/1995, que se aplica subsidiariamente em tudo que não contrariar a Lei 11.079.

O Poder Público não poderá, todavia, optar pela concessão na modalidade patrocinada caso se constate que as fontes de receitas definidas na Lei 8.987/1995 são suficientes para a execução do contrato, uma vez que aquela exige, para ser implementada, um grande esforço da Administração e pesadas garantias, a onerar o patrimônio público.

10.5.4.1.2 Concessão administrativa

Consoante determina o art. 2º, § 2º, da Lei 11.079/2004, a concessão administrativa é o contrato de prestação de serviços de que a Administração Pública seja a usuária direta ou indireta, ainda que envolva execução de obra ou fornecimento e instalação de bens.

Na modalidade administrativa o Poder Público empreita ou terceiriza a prestação de serviços, mesmo aqueles em relação aos quais não se admite a cobrança de tarifa ou aqueles em que o contrato envolva, também, execução de obra e fornecimento ou instalação de bens e equipamentos, e fica inteiramente responsável pela remuneração do parceiro público.

Destaca-se a modalidade administrativa pela possibilidade dada ao Poder Público de promover a concessão de quase todas as suas atividades, havendo as exceções, que são tratadas no inciso III do art. 4º da lei, que proíbe a delegação das funções de regulação, jurisdicional, poder de polícia e de outras atividades exclusivas do Estado; bem como aquelas que dependem de remuneração do usuário, que só podem ser concedidas na modalidade patrocinada.

Há que observar, ademais, que a parceria público-privada – concessão patrocinada e administrativa – aplica-se a contratos de valor igual ou superior a R$ 20.000.000,00, com prazo superior a 5 anos e não superior a 35 anos, já incluída eventual prorrogação.

Destacam-se, ainda, além das já mencionadas, algumas características comuns às duas modalidades de concessão de um serviço público sob a égide da Lei 11.079/2004: (1) as penalidades aplicáveis à Administração Pública e ao parceiro privado, em caso de inadimplemento contratual; (2) repartição dos riscos entre as partes, inclusive os referentes a caso fortuito, força maior, fato do príncipe e álea econômica extraordinária; (3) as formas de remuneração e de atualizações dos valores contratuais; (4) os mecanismos para a preservação da atualidade da prestação de serviços; (5) os fatos que caracterizem a inadimplência pecuniária do parceiro público, os modos e os prazos de regularização e, quando houver, a forma de acionamento da garantia; (6) os critérios objetivos de avaliação do desempenho do parceiro privado; (7) a prestação pelo parceiro privado das garantias de execução do contrato; (8) compartilhamento com a Administração Pública dos ganhos econômicos efetivos do parceiro privado; e (9) possibilidade de o parceiro público reter os pagamentos ao parceiro privado, para reparos de irregularidades eventualmente detectadas em vistorias.

10.5.5 Consórcios públicos

Até antes da edição da Lei 11.107/2005 os *consórcios* eram comumente definidos pela doutrina como ajustes celebrados entre entidades estatais da mesma espécie ou do mesmo nível hierárquico, de sorte a obter a consecução de objetivos comuns.

Temos para nós, todavia, que essa conceituação não mais prevalece. O art. 4º, § 1º, I, II e IV, do referido diploma legal prevê a formação de consórcios entre Municípios e Estado ou Estados; Distrito Federal e Municípios; Distrito Federal e Estados. Por fim, é bom que se diga que a União somente poderá participar de consórcios de que também façam parte todos os Estados em cujos territórios estejam situados os Municípios consorciados, nos termos do art. 1º, § 2º, do diploma legal em comento.

Quanto à sua natureza jurídica, temos a possibilidade de o consórcio se constituir com personalidade jurídica de direito público, no caso de associação pública, mediante a vigência das leis de ratificação do protocolo de intenções, e com personalidade jurídica de direito privado, mediante o atendimento dos requisitos da legislação civil, na forma do disposto no art. 6º, I e II, da Lei 11.107/2005.

Note-se que a legislação é bastante clara ao estabelecer que, no caso de o consórcio se constituir com personalidade jurídica de direito público, este deverá integrar a Administração Pública indireta de todos os entes consorciados – art. 6º, § 1º, da Lei 11.107/2005. Porém, ao se referir ao consórcio com personalidade jurídica de direito privado, silenciou a lei quanto à posição desse novo ente na estrutura organizacional da Administração Pública.

Ainda que a legislação seja de todo silente quanto à posição do consórcio constituído mediante personalidade jurídica de direito privado, somos do entendimento de que essa nova entidade também deverá integrar a Administração Pública indireta de todos os entes consorciados. Talvez até por um entendimento mais ortodoxo de nossa parte, não conseguimos conceber a criação de um novo ente por pessoas jurídicas políticas sem que este passe a integrar a Administração descentralizada. Para nós, é de todo inconcebível dizer que o consórcio com personalidade jurídica de direito privado estará no plexo da iniciativa privada.

Os objetivos dos consórcios públicos serão determinados pelos entes da Federação que se consorciarem, observados os limites constitucionais, e, para tanto, poderão: I – firmar convênios, contratos, acordos de qualquer natureza, receber auxílios, contribuições e subvenções sociais ou econômicas de outras entidades e órgãos do governo; II – nos termos do contrato de consórcio de direito público, promover desapropriações e instituir servidões nos termos de declaração de utilidade ou necessidade pública, ou interesse social, realizada pelo Poder Público; e III – ser contratados pela Administração direta ou indireta dos entes da Federação consorciados, dispensada a licitação.

Sobremais disso, os consórcios públicos poderão emitir documentos de cobrança e exercer atividades de arrecadação de tarifas e outros preços públicos pela prestação de serviços ou pelo uso ou outorga de uso de bens públicos por eles administrados ou, mediante autorização específica, pelo ente da Federação consorciado, além de outorgar concessão, permissão ou autorização de obras ou serviços públicos, mediante autorização prevista no contrato de consórcio público, que deverá indicar, de forma específica, o objeto da concessão, permissão ou autorização e as condições a que deverá atender, observada a legislação de normas gerais em vigor.

Quanto aos recursos orçamentários para a consecução de suas atividades, o art. 8º, *caput*, da Lei 11.107/2005 estabelece que os entes consorciados somente empregarão recursos no consórcio público mediante contrato de rateio. Anote-se, ainda, que o contrato de rateio será formalizado em cada exercício financeiro e seu prazo de vigência não será superior ao das dotações que o suportam, com exceção dos contratos que tenham por objeto exclusivamente projetos consistentes em programas e ações contemplados em Plano Plurianual ou a gestão associada de serviços públicos custeados por tarifas ou outros preços públicos, admitida a exclusão do consórcio público, após prévia suspensão, do ente consorciado que não consignar, em sua lei orçamentária ou em créditos adicionais, as dotações suficientes para suportar as despesas assumidas por meio de contrato de rateio.

Por fim, o consórcio, como não poderia deixar de ser, sujeita-se à fiscalização do Tribunal de Contas competente para a apreciação das contas do chefe do Executivo que o represente legalmente.

Bibliografia

BANDEIRA DE MELLO, Celso Antônio [2007]. *Curso de Direito Administrativo.* 24ª ed. São Paulo, Malheiros Editores.

COELHO DA ROCHA, Carlos Pinto [2004]. *Curso Prático de Direito Administrativo.* 2ª ed. Belo Horizonte, Del Rey.

DI PIETRO, Maria Sylvia Zanella [2005]. *Direito Administrativo.* 18ª ed. São Paulo, Atlas. [2006] 19ª ed.; [2007] 20ª ed.

ESPÍRITO SANTO, Leonardo Motta, e MIMA CANÇADO, Maria de Lourdes de [2004]. In: COELHO DA ROCHA, Carlos Pinto. *Curso Prático de Direito Administrativo.* 2ª ed. Belo Horizonte, Del Rey (p. 145).

GROTTI, Dinorá Musetti [2002]. In: SUNDFELD, Carlos Ari. *Direito Administrativo Econômico – Teoria dos Serviços Públicos e sua Transformação.* 1ª ed., 2ª tir. São Paulo, Malheiros Editores.

__________ [2003]. *O Serviço Público e a Constituição Brasileira de 1988.* São Paulo, Malheiros Editores.

MEDAUAR, Odete [2006]. *Direito Administrativo Moderno.* 10ª ed. São Paulo, Ed. RT.

MEIRELLES, Hely Lopes [2007]. *Direito Administrativo Brasileiro.* 33ª ed. (atualizada por Eurico de Andrade Azevedo, Délcio Balestero Aleixo e José Emmanuel Burle Filho). São Paulo, Malheiros Editores.

MIMA CANÇADO, Maria de Lourdes de, e ESPÍRITO SANTO, Leonardo Motta [2004]. In: COELHO DA ROCHA, Carlos Pinto. *Curso Prático de Direito Administrativo.* 2ª ed. Belo Horizonte, Del Rey.

MOREIRA NETO, Diogo de Figueiredo [2005]. *Curso de Direito Administrativo.* 14ª ed. Rio de Janeiro, Forense.

RIVERO, Jean [1981]. *Direito Administrativo.* Coimbra, Livraria Almedina.

TEIXEIRA, José Horácio Meirelles. "Permissão e concessão de serviço público". *RDP* 6/100 e 7/114.

WALINE, Marcel [1963]. *Droit Administratif.* 5ª ed. Paris, Sirey. *Apud*: BANDEIRA DE MELLO, Celso Antônio [2007].

Capítulo 11

BENS PÚBLICOS

NEYDE FALCO PIRES CORREA

11.1 Considerações gerais

O poder de soberania, próprio das nações politicamente organizadas, atinge os bens que se encontram no seu território; uns, pertencentes ao próprio Estado; alguns, a particulares, porém sujeitos às limitações a eles impostas pelo Estado, com base no interesse público; e outros, a ninguém (*res nullius*), cuja utilização depende de normas estatais. A isto se denomina *domínio público*.

Esta expressão, de acordo com a doutrina, é equívoca, podendo ser utilizada com diversos significados – como, por exemplo, "ora significa o poder que o Estado exerce sobre os bens próprios e alheios, ora designa a condição desses bens. A mesma expressão pode ainda ser tomada como o conjunto de bens destinados ao uso público (...), como pode designar o regime jurídico a que se subordina esse complexo de coisas afetadas de interesse público" [Meirelles 2007:517].

Domínio público em sentido amplo, para Hely Lopes Meirelles [2007:517], é o "poder de dominação ou de regulamentação que o Estado exerce sobre os bens do seu patrimônio (bens públicos), ou sobre os bens do patrimônio privado (bens particulares de interesse público), ou sobre as coisas inapropriáveis individualmente, mas de fruição geral da coletividade (*res nullius*)".

Celso Antônio Bandeira de Mello [2007:886] denomina *domínio público* o "conjunto de bens públicos", "que inclui tanto bens imóveis como móveis".

O domínio público pode exteriorizar-se em poderes de soberania estatal, como o denominado *domínio eminente*, relativo ao poder político do Estado sobre todos os bens existentes em seu território, e o *domínio jurídico* (domínio patrimonial), verdadeiro direito de propriedade, exercido sobre seus próprios bens, os chamados *bens públicos*, submetidos ao regime jurídico de direito público.

Tratando- se de soberania interna, o domínio eminente encontra seus limites no ordenamento político constitucional e alcança os bens das entidades públicas, as propriedades particulares e os bens inapropriáveis de interesse público, como, por exemplo, as águas.

Pelo domínio eminente o Estado garante a segurança e a defesa do território nacional.

11.2 Conceito de "bens públicos"

A conceituação de *bens públicos* é medida que se impõe.

De um lado, temos os conceitos atribuídos pela doutrina e, de outro, o preceituado pelo Código Civil em vigor.

Na doutrina não há unanimidade na atribuição de um conceito aos *bens públicos*.

De maneira clara expressa-se Odete Medauar [2002:291]: "'Bens públicos' é expressão que designa os bens pertencentes a entes estatais, para que sirvam de meios ao atendimento imediato e mediato do interesse público, e sobre os quais incidem normas especiais, diferentes das normas que regem os bens privados".

Segundo Hely Lopes Meirelles [2007:520]: "*Bens públicos*, em sentido amplo, são todas as coisas, corpóreas ou incorpóreas, imóveis, móveis e semoventes, créditos, direitos e ações, que pertençam, a qualquer título, às entidades estatais, autárquicas, fundacionais e empresas governamentais".

Para este autor os bens das empresas governamentais "são, também, *bens públicos com destinação especial e administração particular* das instituições a que foram transferidos para consecução dos fins estatutários" [Meirelles 2007:520].

Em relação aos bens das empresas estatais com personalidade jurídica de direito privado a doutrina diverge quanto à sua inclusão na categoria de bens públicos.

Sob outro aspecto, Celso Antônio Bandeira de Mello [2007:886], acolhendo as lições de Cirne Lima e levando em conta o regime jurídico ao qual o bem está submetido, denomina *bens públicos* "todos os bens que pertencem às *pessoas jurídicas de direito público*, isto é, União, Estados, Distrito Federal, Municípios, respectivas autarquias e fundações de direito público (...), bem como os que, embora não pertencentes a tais pessoas, estejam afetados à prestação de um serviço público".

Entende o ilustre Mestre que, se o bem particular estiver sendo usado para uma atividade pública, deve ser enquadrado na categoria de bem público; e, conseqüentemente, será regido pelo regime de direito público.

Ao considerar como bens públicos aqueles pertencentes às pessoas jurídicas de direito privado quando destinados à prestação de um serviço público, assume tal autor posição semelhante à da maioria da doutrina.

Edimur Ferreira de Faria [2001:391] também entende como *bens públicos* "os que, embora pertencentes a particulares, estejam afetados à prestação de serviços públicos ou a uma destinação pública. Exemplo: faixa de terra particular destinada a servidão administrativa".

O Código Civil atual, objeto da Lei 10.406/2002, em seu art. 98, trata da matéria da seguinte forma: "São públicos os bens do domínio nacional pertencentes às pessoas jurídicas de direito público interno; todos os outros são particulares, seja qual for a pessoa a que pertencerem".

O art. 41 do mesmo Código classifica como pessoas jurídicas de direito público interno as seguintes: "I – a União; II – os Estados, o Distrito Federal e os Territórios; III – os Municípios; IV – as autarquias, as associações públicas [*classificadas como tais pela Lei n. 11.107/2005*]; e V – as demais entidades de caráter público criadas por lei".

O parágrafo único desse mesmo artigo acrescenta: "Salvo disposição em contrário, as pessoas jurídicas de direito público, a que se tenha dado estrutura de direito privado, regem-se, no que couber, quanto ao seu funcionamento, pelas normas deste Código".

A posição do professor Celso Antônio Bandeira de Mello parece-nos a que melhor define o que se entende por *bens públicos*.

11.3 Os bens públicos no ordenamento brasileiro. Classificação dos bens públicos quanto à destinação

A primeira *classificação dos bens públicos*, constante do Código Civil de 1916, não seguiu a doutrina estrangeira, pois não acolheu a teoria da bipartição dos bens públicos, mas sim uma classificação tripartida, com a utilização de terminologia própria.

O art. 66 do supracitado Código, de acordo com o critério da destinação ou afetação, dividiu os bens públicos em: (1) bens de uso comum do povo; (2) bens de uso especial; e (3) bens dominicais ou dominiais.

Na mesma linha, o atual Código, em seu art. 99, classificou os bens públicos em: (1) *bens de uso comum do povo*, tais como rios, mares, estradas, ruas, praças, etc.; (2) *bens de uso especial*, tais como edifícios ou terrenos destinados a serviço ou estabelecimento da Administração Federal, Estadual, Territorial ou Municipal, inclusive os das autarquias (a terra dos silvícolas, os mercados, os veículos públicos e os museus); (3) *bens dominicais ou dominiais*, sem definição de sua destinação, que constituem o patrimônio das pessoas jurídicas de direito público, como objeto de direito pessoal, ou real, de cada uma dessas entidades. Dentre eles podemos citar as terras devolutas, os terrenos de marinha.

Os *bens de uso comum do povo* têm como finalidade precípua o uso coletivo do bem, de forma que todos os administrados possam dele usufruir.

Para a ilustre professora Lúcia Valle Figueiredo [2006:579], "são aqueles cuja finalidade é o desfrute do povo". É o caso, por exemplo, das praças públicas, que precisam estar disponíveis para todos os cidadãos delas usufruírem, não podendo, portanto, ser inteiramente cercadas, o que impediria o acesso aos usuários.

Os *bens de uso especial* têm destinação específica, como, por exemplo, os veículos oficiais, os mercados, os teatros e outros.

São os bens afetados a "serviço ou estabelecimento da administração federal, estadual, territorial ou municipal, inclusive os de suas autarquias" (art. 99, II, do CC em vigor).

Aqueles bens que não têm destinação específica são os chamados *bens dominiais* ou *dominicais*, e fazem parte do patrimônio das pessoas jurídicas de direito público, como objeto de direito pessoal, ou real, de cada uma dessas entidades (art. 99, III, do CC). Temos como exemplo as terras devolutas.

O parágrafo único do artigo acima mencionado dá margem a discussão doutrinária: "Parágrafo único. Não dispondo a lei em contrário, consideram-se dominicais os bens pertencentes às pessoas jurídicas de direito público a que se tenha dado estrutura de direito privado".

Para Celso Antônio Bandeira de Mello [2007:887] "Ora, não há, e nem pode haver, pessoa de direito público que tenha estrutura de direito privado, pois a estrutura destas entidades auxiliares é um dos principais elementos para sua categorização como de direito público ou de direito privado".

Para Maria Sylvia Zanella Di Pietro [2006:635], "este parágrafo permite-nos dizer que não interessa a destinação dos bens, sendo eles considerados públicos só por pertencerem a uma pessoa jurídica de direito público, qualquer que seja sua estrutura".

Apesar de o Código Civil apresentar classificação tripartida dos bens públicos, podemos dizer que eles são regidos apenas por dois regimes jurídicos, como passaremos a examinar.

11.4 Afetação e desafetação

"Afetar" é atribuir ao bem uma determinada destinação.

No direito positivo brasileiro apenas os bens de uso comum e os de uso especial são afetados a um destino público. Os de uso comum destinam-se à utilização de todos, sem quaisquer restrições. Os de uso especial têm destinação específica.

A afetação de bem de uso comum do povo pode decorrer de uma destinação natural – como, por exemplo, os mares, os rios, as ruas, as praças e as estradas – ou de uma lei, ou de um ato administrativo, por meio do qual se destina um bem especial ou dominial para um uso público.

A afetação de bem de uso especial depende de lei ou de ato administrativo.

Desafetação é o trespasse do bem de uma categoria para outra. Para se processar esta transferência, exige-se uma lei ou um ato administrativo do Poder Executivo, praticado na conformidade legal. Há autores que admitem a desafetação por um fato da Natureza.

Para que um bem de uso comum do povo seja desafetado, trespassando-o para a categoria de bem de uso especial ou dominial, é imprescindível a existência de lei específica para esse fim, ou ato administrativo, observando-se a legalidade.

A mesma exigência é aplicada ao transformar um bem de uso especial em dominial, como ocorre, por exemplo, na transferência dos serviços pertinentes a uma secretaria pública, que funciona em determinado prédio, para outro prédio. O prédio desocupado fica sem destinação; conseqüentemente, deixa de pertencer à categoria de bem de uso especial e passa à de bem de uso dominial. O bem onde vai funcionar o serviço passa a ser de uso especial.

A parte da doutrina que aceita desafetação por fato da natureza (desafetação tácita) cita como exemplos a ocorrência de um terremoto que destrói prédio onde funcionava uma repartição pública e um rio que seca, ficando seu leito disponível para eventual aproveitamento, passando o bem de uso comum para bem de uso dominial.

A outra parte argumenta a necessidade da expressa desafetação do bem, não bastando a desafetação tácita, acima exemplificada.

11.5 Regime jurídico dos bens públicos

Os bens públicos, no ordenamento brasileiro, são submetidos ao *regime jurídico de direito público*, com as seguintes características: *inalienabilidade*, *imprescritibilidade* e *impenhorabilidade*.

11.5.1 Inalienabilidade

A CF, em seu art. 100, deixa clara a característica da inalienabilidade dos bens públicos: "Art. 100. À exceção dos créditos de natureza alimentícia, os pagamentos devidos pela Fazenda Federal, Estadual ou Municipal, em virtude de sentença judiciária, far-se-ão exclusivamente na ordem cronológica de apresentação dos precatórios e à conta dos créditos respectivos, proibida a designação de casos ou de pessoas nas dotações orçamentárias e nos créditos adicionais abertos para este fim".

Para que se atenda a esta exigência constitucional, faz-se necessária "a inclusão, no orçamento das entidades de direito público, de verba necessária ao pagamento de seus débitos oriundos de sentenças transitadas em julgado, constantes de precatórios judiciários, apresentados até 1º de julho, fazendo-se o pagamento até o final do exercício seguinte, quando terão seus valores atualizados monetariamente" (art. 100, § 1º, da CF, com a redação dada pela Emenda 30/2000).

Em princípio, todos os bens públicos são inalienáveis. Porém, esta inalienabilidade não é absoluta, pois há a figura jurídica da desafetação do bem, ou seja, a retirada de sua destinação original.

No tocante à inalienabilidade, dispõe também o art. 100 do CC: "Os bens públicos de uso comum do povo e os de uso especial são inalienáveis, enquanto conservarem a sua qualificação, na forma que a lei determinar".

Ao serem considerados fora do comércio, por estarem afetados a um fim público, sua inalienabilidade é conseqüência lógica.

A redação do art. 67 do CC de 1916 permitia levantar-se uma dúvida quanto à alienabilidade dos bens dominiais. Esta dúvida foi espancada com o advento do Código atual, conforme disposições do seu art. 100.

Os bens públicos dominiais em princípio são alienáveis, devendo, porém, para alcançar tal finalidade, obedecer aos parâmetros da lei. É o que nos diz o art. 101 do CC em vigor.

Quanto aos bens públicos de uso comum do povo, para serem alienados deverão ser transferidos para outra categoria de bens, o que se processa através da desafetação.

Os requisitos para a alienação dos bens públicos dominiais estão previstos no art. 17, I, da Lei 8.666, de 21.6.1993. Esse artigo exige que a alienação de um bem público imóvel esteja subordinada à existência de interesse público, devidamente justificado, dependendo, ainda, de autorização legislativa, avaliação prévia e licitação, na modalidade de concorrência, salvo as exceções previstas em lei.

Quanto aos bens públicos móveis, são dispensadas a autorização legislativa e a concorrência, podendo ser substituída pelo leilão.

11.5.2 Imprescritibilidade

A *imprescritibilidade* dos bens públicos – ou seja, a impossibilidade de serem objeto de usucapião – vem sendo admitida desde épocas anteriores, conforme disposições do art. 200 do Decreto-lei 9.760, de 5.9.1946, que regulamenta os bens públicos imóveis na área federal.

Hoje a imprescritibilidade dos bens públicos faz parte da nossa Carta Magna, constante dos arts. 183, § 3º, e 191; bem como do Código Civil, no art. 102. Eventuais questionamentos foram solucionados pela Súmula 340 do STF,[1] que pacificou a questão.

A imprescritibilidade é estendida a todas as categorias de bens públicos, conforme demonstra a redação do § 3º do art. 183 e do parágrafo único do art. 191,[2] ambos da CF, assim como a do art. 102 do CC.[3]

Pela Constituição atual não mais é possível usucapião de imóvel público nas áreas urbanas e rurais. Esta mesma regra, prevista no *caput* do art. 191, é aplicada ao usucapião *pro labore*.

1. "*Súmula 340 STF:* Desde a vigência do Código Civil, os bens dominiais, como os demais bens públicos, não podem ser adquiridos por usucapião."

2. CF, arts. 183, § 3º, e 191, parágrafo único: "Os imóveis públicos não serão adquiridos por usucapião".

3. CC, art. 102: "Os bens públicos não estão sujeitos a usucapião".

11.5.3 Impenhorabilidade

Como já visto anteriormente, a *impenhorabilidade* dos bens públicos encontra-se prevista nas disposições do art. 100 da CF, cuja redação foi alterada pelas Emendas 30/2000 e 37/2002.

Não podendo os bens públicos ser penhorados, o particular que ganhar uma causa contra a Fazenda Pública deverá, nos termos do supracitado artigo, aguardar seu pagamento, o qual será feito por precatório.

Essa regra não se aplica aos pagamentos de obrigações de pequeno valor, assim definidos em lei (Emenda Constitucional 30/2000 e Lei 10.099/2000).

Neste diapasão, o art. 1.420 do CC dispõe que "(...) só os bens que se podem alienar poderão ser dados em penhor, anticrese ou hipoteca".

Se o direito de precedência do credor for desobedecido ou preterido, cabe o seqüestro da quantia necessária à satisfação do débito (§ 2º do art. 100 da CF).

Em decorrência da legislação acima citada, o STF tem dado à questão uma interpretação ampla, estendendo às empresas públicas e às sociedades de economia mista, desde que afetadas a uma atividade pública, a impenhorabilidade de seus bens.

Visando à elucidação, segue um fragmento de decisão proferida pelo STF no RE 220.906-DF: "Preceitua o art. 12 do Decreto-lei n. 509/1969: 'A ECT gozará de isenção de direitos de importação de materiais e equipamentos destinados aos seus serviços, dos privilégios concedidos à Fazenda Pública, quer em relação à imunidade tributária direta ou indireta, impenhorabilidade de seus bens, rendas e serviços, quer no concernente a foro, prazos e custas processuais'. (...). Ante o exposto, tenho como recepcionado o Decreto-lei n. 509/1969, que estendeu à Empresa Brasileira de Correios e Telégrafos os privilégios conferidos à Fazenda Pública, dentre eles o da impenhorabilidade de seus bens, rendas e serviços, devendo a execução fazer-se mediante precatório, sob pena de vulneração ao disposto no art. 100 da Constituição de 1988. Por conseguinte, conheço do recurso extraordinário e dou-lhe provimento".

11.6 Formas de aquisição e alienação de bens públicos

Segundo Hely Lopes Meirelles [2007:545], no direito positivo são encontradas três formas de aquisição de bens públicos: (1) por contratação, pelos instrumentos comuns do direito privado, sob a forma de compra, permuta, doação, dação em pagamento; (2) de forma compulsória, como na desapropriação ou adjudicação em execução de sentença; e (3) por força da lei, na destinação de áreas públicas nos loteamentos (art. 22 da Lei 6.766, de 19.12.1979) e na concessão de domínio de terras devolutas.

Na doutrina encontram-se, ainda, algumas formas de aquisição de bens, citando-se, dentre outras, a sucessão, havendo o recebimento de bens por falecimento de seu proprietário, na hipótese de inexistência de herdeiros (art. 1.820 do CC), caso em que a herança é declarada vacante; e o apossamento administrativo, também denominado *desapropriação indireta*, uma vez que a aquisição não tenha obedecido aos requisitos legais da desapropriação.

Alguns autores preferem simplificar as formas de aquisição, classificando-as em: (1) aquelas regidas pelo direito privado; e (2) as que são regidas pelo direito público.

A aquisição onerosa de bem imóvel depende de licitação, avaliação prévia e autorização legal. A licitação poderá ser dispensada nos casos previstos em lei (art. 24, X, da Lei 8.666/1993).

"A aquisição de bens móveis é mais simples, essencialmente só exige licitação e o respectivo processo de compra, após o quê, se for o caso, o correspondente registro patrimonial" [Gasparini 2000:817].

Nas duas hipóteses deverão estar presentes o interesse público e a obediência às disposições da Lei 8.666/1993.

O Estado pode também adquirir bens particulares por usucapião. As regras quanto ao direito de usucapir são as mesmas previstas para os particulares, ou seja, as previstas nos arts. 1.238 a 1.244 do CC. A sentença de usucapião deverá ser registrada no cartório imobiliário competente.

Outra forma de aquisição de bens é o confisco de bens de criminosos. A perda dos bens é disciplinada pelo art. 5º, XLV e XLVI, da CF e pelo art. 91, II, do CP, estendida aos sucessores, até o limite do patrimônio.

Àqueles que estejam usando sua propriedade para plantação de plantas psicotrópicas a Carta Magna, no art. 243, prevê a expropriação dela, sem qualquer indenização, distribuindo-a para colonos, a fim de plantarem plantas medicamentosas.

Nos loteamentos privados, uma vez aprovado o projeto pelos órgãos públicos competentes e registrado no Registro de Imóveis, as vias, as praças, os espaços livres e as áreas destinadas a equipamentos públicos passam a integrar o patrimônio público (Decreto-lei 271/1967).

A doação de bens por particulares poderá ser feita sem encargo ou com encargo.

11.6.1 Alienação de bens públicos

A questão já foi examinada no item relativo ao *regime jurídico dos bens públicos.*

Recordando o que foi tratado anteriormente, invoca-se a afirmação de que, em princípio, todos os bens públicos são inalienáveis, salvo os casos previstos em lei.

A alienação pode recair sobre os bens dominiais, móveis ou imóveis. No primeiro caso há necessidade de avaliação prévia e licitação. No segundo, dependerá, além do interesse público devidamente justificado, de autorização do Legislativo, de avaliação prévia e de concorrência (art. 17, I, da Lei 8.666/1993).

Quando o bem for proveniente de procedimento judicial ou de dação em pagamento a modalidade de licitação poderá ser leilão.

Em relação aos bens públicos de uso comum ou especial a inalienabilidade decorre de preceito legal; no caso, o art. 100 do CC. Para que eles possam ser alienados, precisam sofrer o processo da desafetação, passando à categoria de bens dominiais.

11.7 Classificação dos bens públicos quanto à sua natureza física

Essa classificação, segundo o ilustre professor Celso Antônio Bandeira de Mello [2007:890], pode ser vista da seguinte maneira: (1) *bens do domínio hídrico*, compreendendo: (1.1) as águas correntes;

(1.2) as águas dormentes; e (1.3) os potenciais de energia hidráulica; (2) *bens do domínio terrestre*, neles inseridos: (2.1) os do solo; e (2.2) os do subsolo.

Entre os bens do domínio hídrico temos as águas salgadas (mares) e as doces (rios, riachos, lagos, lagoas e açudes); algumas *correntes* (rios, mares e canais) e outras *dormentes* (lagos, lagoas e açudes).

A classificação das águas pode também ser encontrada no Código de Águas, no qual estão divididas em quatro categorias, a saber: (1) águas públicas; (2) águas comuns; (3) águas particulares; e (4) águas comuns de todos.

Elas podem ser enquadradas na categoria *bens de uso comum* ou *dominial* (art. 1º da Lei 9.617/1993).

Entre os bens do domínio terrestre temos as terras devolutas, os terrenos de marinha, os terrenos marginais, os terrenos acrescidos, as ilhas, os sítios arqueológicos e pré-históricos, os recursos minerais, inclusive os do subsolo (art. 20 da CF), as terras tradicionalmente ocupadas pelo índios (art. 231, § 1º, da CF), os bens subterrâneos, como as cavidades naturais subterrâneas e submarinas, caso dos recursos naturais da plataforma continental e da zona de exploração exclusiva.

11.8 Bens em espécie

11.8.1 Bens de domínio hídrico

Nos termos do art. 1º do Código de Águas, as águas públicas podem ser de uso comum ou dominical.

Classificam-se como bens de domínio hídrico, de uso comum do povo: (1) os *mares territoriais*, nos mesmos incluídos os golfos, as baías, as enseadas e portos, compreendidos na faixa de 12 milhas marítimas de largura, contadas a partir da linha do baixa-mar do litoral continental e insular do país (art. 1º da Lei 8. 617, de 4.1.1993); (2) as *águas correntes* (rios, riachos e reservatórios); e (3) as *águas dormentes* (lagos, lagoas e reservatórios), navegáveis e flutuáveis, bem como as correntes que dão origem a estas águas (art. 2º do Código de Águas) e as situadas em zonas assoladas periodicamente pelas secas, nos termos e de acordo com a legislação especial sobre a matéria (art. 5º do mesmo Código).

Os arts. 6º, 7º e 8º do Código de Águas definem as águas públicas dominiais, as águas comuns e as águas particulares.

Não são enquadrados como bens públicos os lagos e as lagoas situados e cercados por um só prédio particular, desde que não sejam alimentados por correntes públicas (§ 3º do art. 2º).

11.8.1.1 *Domínio das águas públicas*

As águas públicas que pertencem à União, conforme as disposições do art. 20 da CF, são: (1) as alocadas em terras federais; (2) as pertencentes a mais de um Estado; (3) as que sirvam de limite com outros países; (4) as que se estendam a territórios estrangeiros ou deles provenham; e (5) o mar territorial.

O art. 26, I, da CF elenca os bens pertencentes aos Estados. Quanto aos Municípios a legislação atual silencia. Os potenciais de energia hidráulica, por força do art. 20, VIII, são também bens públicos pertencentes à União.

11.8.2 Bens de domínio terrestre

Apenas alguns dos bens públicos serão examinados neste item, como, por exemplo, as terras devolutas (arts. 20, II; 26, IV; 18; 188, §§ 1º e 2º; e 225, § 5º, todos da CF), os terrenos de marinha, os terrenos reservados ou marginais, os terrenos acrescidos e as ilhas.

11.8.2.1 *Terras devolutas*

"Pode-se definir as terras devolutas como sendo as que, dada a origem pública da propriedade fundiária no Brasil, pertencem ao Estado – sem estarem aplicadas a qualquer uso público – porque nem foram trespassadas do Poder Público aos particulares, ou, se o foram, caíram em comisso, nem se integraram no domínio privado por algum título reconhecido como legítimo" [Bandeira de Mello 2007:893].

De acordo com os termos do art. 99, III, do CC, as terras devolutas são bens públicos dominiais não aplicados ao uso comum, nem ao uso especial.

Para melhor compreensão desta espécie de bem, faz-se necessário retroceder à história da propriedade rural, a qual pode ser dividida em quatro fases: as das sesmarias; a da posse; a que se inicia com a Lei de Terras (Lei 601, de 18.9.1850); e a da instauração da República.

O Brasil, descoberto por Portugal, teve suas terras integradas ao domínio da Coroa Portuguesa, passando as mesmas à categoria de bens públicos.

Para poder colonizar as terras descobertas, a Coroa dividiu-as em capitanias hereditárias, outorgando-as aos donatários, os quais poderiam cedê-las aos colonos, por meio de concessão de sesmarias e de cartas de datas, desde que se comprometessem a demarcá-las e cultivá-las, mediante o pagamento de um certo percentual sobre os frutos obtidos. Quem não medisse, demarcasse ou cultivasse a terra concedida não obtinha a confirmação da concessão, e sofria a pena de comisso.

Como esta divisão não atingiu o objetivo pretendido pela Coroa, pois grandes latifúndios foram formados, em 1822 foram suspensas as concessões, o que gerou uma desordenada ocupação das terras pelos colonos, os quais, por sua vez, procuravam fazer delas a sua moradia habitual, na ânsia de viver do produto do seu cultivo. Não havia legislação que disciplinasse essa ocupação.

Ao contrário das concessões, esta forma de ocupação trouxe benefícios ao país.

Em 1850, pretendendo regular juridicamente a situação fática irregular existente, foi promulgada pelo Governo Imperial a Lei 601, que legitimava as ocupações irregulares que apresentassem os requisitos de moradia habitual e de cultivo da terra, bem como revalidava as sesmarias não legalizadas. Estas também deveriam apresentar os mesmos requisitos das ocupações.

O diploma legal supracitado, em seu art. 3º, arrolava as terras devolutas, considerando como tais as terras vagas, abandonadas, não utilizadas, quer pelo Poder Público, quer por particulares. Etimologicamente, a palavra "devoluto" tem o significado de "devolvido", "vazio", "desocupado".

Posteriormente, o art. 5º do Decreto-lei 9.760/1946 definiu o que eram as terras devolutas.

Como conseqüência da aplicação dessa lei, surge o processo de discriminação de terras devolutas.

A quarta fase tem início com a Constituição de 1891, que reservou parte das terras devolutas à União. Dentre a fração federal estavam as indispensáveis à defesa das fronteiras, das fortificações, as destinadas às construções militares e às estradas de ferro federais, sendo as demais partes transferidas aos Estados.

Atualmente, o art. 20, II, da CF arrola as terras devolutas pertencentes à União, deixando as demais para o domínio dos Estados. Hoje pode-se dizer que há terras devolutas federais, estaduais e municipais. O Município, constitucionalmente, não consta como titular de terras devolutas.

O § 5º do art. 225 da Lei Magna trouxe uma inovação ao dispor que "são indisponíveis as terras devolutas ou arrecadadas pelos Estados, por ações discriminatórias, necessárias à proteção dos ecossistemas naturais".

11.8.2.2 *Terrenos de marinha*

Os *terrenos de marinha* surgiram com quatro finalidades de utilização: embarque e desembarque de coisa públicas ou particulares; defesa da cidade; obtenção de rendas; e extração de sal, esporadicamente.

"Terrenos de marinha são os banhados pelas águas do mar ou dos rios navegáveis, que vão até a distância de 15 braças craveiras (33 metros) para a parte da terra, contados desde o ponto que chega o preamar médio" (art. 13 do Código de Águas).

A CF, no art. 20, VII, inclui os terrenos de marinha, bens de uso dominial, dentre os bens de domínio da União.

O art. 1º do Decreto-lei 9.760 já os incluía entre os bens da União.

A utilização privativa desses terrenos pode ser obtida pelos regimes de aforamento ou enfiteuse.

Não se confunde terreno de marinha com praia, pois esta, sendo área coberta e descoberta periodicamente pelas águas, encontra seu limite na vegetação natural, conhecida como a "linha do jundu" [Gasparini 2006:877].

11.8.2.3 *Terrenos reservados e terrenos marginais*

O art. 14 do Código de Águas (Decreto federal 24.643, de 10.7.1934) dispõe: "Os terrenos reservados são os que, banhados pelas correntes navegáveis, fora do alcance das marés, vão até a distância de 15m (quinze metros) para a parte da terra contados desde o ponto médio das enchentes ordinárias".

O Decreto-lei 9.760/1946 define os *terrenos marginais* como sendo "os que, banhados pelas correntes navegáveis, fora do alcance das marés, vão até a distância de 15m (quinze metros) medidos horizontalmente para a parte da terra, contados desde a linha média das enchentes ordinárias".

Os *terrenos marginais ou reservados* são considerados bens públicos dominicais se não estiverem destinados ao uso comum ou, a qualquer título, não pertencerem ao domínio particular (art. 11 do Código de Águas).

Pertencem ainda à União os terrenos marginais aos rios navegáveis, situados nos territórios, e os localizados na faixa da fronteira (art. 1º, "b" e "c", do Decreto-lei 9.760/1946, combinado com o art. 20, I, primeira parte, da CF)

Esses terrenos são de propriedade da União se marginais aos "lagos, rios e quaisquer correntes de água em terrenos de seu domínio, ou que banhem mais de um Estado, sirvam de limites com outros países, ou se estendam a território estrangeiro ou dele provenham" (art. 20, III, da CF).

O art. 31 do Código de Águas atribui o domínio dos demais terrenos marginais aos Estados-membros, se não forem de domínio federal, municipal ou particular.

Os terrenos reservados não se confundem com os terrenos de marinha, pois estão fora do alcance das marés. Suas finalidades são: (1) proteger as águas e possibilitar a execução de obras e serviços públicos pela Administração; e (2) o aproveitamento de suas riquezas e seu melhor policiamento.

Durante muito tempo alguns autores sustentaram que estes bens não pertenciam ao domínio público e que o Poder Público apenas os utilizava como servidão pública. Após magistral trabalho do professor Oswaldo Aranha Bandeira de Mello a questão ficou definitivamente solucionada e expressa na Súmula 479 do STF,[4] a qual reconhece o caráter público desses bens.

11.8.2.4 *Terrenos acrescidos*

Os *terrenos acrescidos* são, de acordo com o art. 3º do Decreto-lei 9.760/1946, "os que se tiverem formado, natural ou artificialmente, para o lado do mar ou dos rios e lagos, em seguimento aos terrenos da marinha".

O art. 20, VII, da CF atribui seu domínio à União, e seguem a natureza dos terrenos de marinha ou dos terrenos reservados.

11.8.2.5 *Ilhas*

O inciso IV do art. 20 da CF, com a redação dada pela Emenda 46/2005, atribui à União o domínio das ilhas fluviais e lacustres nas zonas limítrofes com outros países; das praias marítimas; das ilhas oceânicas e das costeiras, excluídas destas as que contenham a sede de Municípios, exceto aquelas áreas afetadas ao serviço público e a unidade ambiental federal, e as referidas no art. 26, II.

O art. 26, II, atribui aos Estados federados as "áreas nas ilhas oceânicas e costeiras, que estiverem no seu domínio, excluídas aquelas sob domínio da União, Municípios ou terceiros".

Segundo Maria Sylvia Zanella Di Pietro [2006:687], "este dispositivo deixa implícita a possibilidade de algumas áreas, nessas ilhas, pertencerem a particulares".

As ilhas fluviais e lacustres pertencem ao Estado, com exceção das situadas em zonas limítrofes com outros países e das pertencentes à União.

Consoante estatui o art. 25 do Código de Águas, as ilhas públicas podem constituir-se em bens dominicais ou de uso comum do povo.

4. "*Súmula 479 STF:* As margens dos rios navegáveis são de domínio público, insuscetíveis de desapropriação, e por isso mesmo excluídas da indenização."

11.8.2.6 *Terras tradicionalmente ocupadas pelos índios*

A CF, em seu art. 20, XI, caracteriza as terras tradicionalmente ocupadas pelos índios como bens da União.

O art. 231, § 1º, define como "terras tradicionalmente ocupadas pelos índios as por eles habitadas em caráter permanente, as utilizadas para suas atividades produtivas, as imprescindíveis à preservação dos recursos ambientais necessários a seu bem-estar e as necessárias à sua reprodução física e cultural, segundo seus usos, costumes e tradições".

Eles têm a posse permanente das terras, delas retirando as riquezas do solo, dos rios, dos lagos, nelas existentes.

11.9 Utilização dos bens públicos

Os bens públicos previstos no art. 99 do CC em vigor podem ser utilizados pela pessoa jurídica que detém a titularidade, por outros entes públicos aos quais são cedidos ou, ainda, por particulares.

Saliente-se, contudo, que esta utilização depende do tipo de bem, se de uso comum do povo, se especial, ou se dominial.

11.9.1 Utilização de bens de uso comum

De acordo com sua destinação principal e normal, o bem de uso comum pode ser utilizado livremente por todos, indistintamente, de forma *igualitária* e *harmônica*, sem necessidade da expedição de qualquer ato administrativo – como, por exemplo, sentar-se em um banco de jardim, nadar na praia, caminhar por uma rua.

Alguns outros usos – como empinar "papagaio" em praça pública –, embora não se enquadrem no uso específico desse bem, também não necessitam de autorização do Poder Público. Denominam-se *destinações secundárias*.

Trata-se de uso livre, sem necessidade da expedição de um ato administrativo autorizando essa atividade.

O uso comum pode ser gratuito ou remunerado, dependendo de leis específicas para cada caso. Exemplo característico é a cobrança de pedágio em rodovias, onde a circulação de veículos é livre mas, de acordo com o estabelecido em lei, os usuários estão obrigados, legalmente, a pagar pelo uso.

Ao lado desse uso, ao bem de uso comum poderá ser atribuída uma destinação principal anormal, um uso específico, o qual necessita, para esta finalidade, da manifestação prévia da Administração (autorização ou permissão) ou, apenas, da ciência do Poder Público sobre a utilização que vai ser dada ao bem.

Nesses casos, apesar de estar de acordo com a destinação específica, o uso é *extraordinário*, e poderá causar sobrecarga do bem ou transtornos aos demais usuários. Como exemplo, a utilização de rodovias para transporte de equipamentos longos ou excessivamente pesados, obrigando, muitas vezes, à reserva de parte da rodovia para sua circulação.

O uso não é privativo, porém sujeito a consentimento do Poder Público.

Se a utilização pretendida for compatível com a destinação secundária, porém impedir a utilização de terceiros, há necessidade de prévio consentimento dos Poderes Públicos, de acordo com o art. 5º, XVI, da CF. Enquadram-se nessa hipótese os comícios, as passeatas reivindicatórias e outras espécies de reuniões.

Basta, nesses casos, uma simples comunicação aos Poderes Públicos, que, se não vislumbrarem impedimento, autorizarão o uso.

"*Autorização de uso de bem público* é o ato unilateral pelo qual a autoridade pública administrativa faculta o uso de bem público para utilização episódica de curta duração" [Bandeira de Mello 2007:900].

Outra hipótese de uso de bem público dentro de sua destinação secundária, compatível com a destinação principal, com a finalidade de bem servir à coletividade, encontra-se na utilização, com ocupação exclusiva, de parte do bem público. É o caso das bancas de jornal, das bancas em feiras-livres, das mesinhas em calçadas na frente de bares.

Nestes casos a utilização do bem depende da permissão de uso de bem público, expedida pela autoridade competente.

"*Permissão de uso de bem público* é o ato unilateral, precário e discricionário quanto à decisão de outorga, pelo qual se faculta a alguém o uso de um bem público" [Bandeira de Mello 2007:902].

Há, ainda, a possibilidade de utilizar o bem para uso comum anormal. Um exemplo é o fechamento de rua para comemoração das festas juninas. A autorização da Administração, embora temporária, é necessária.

11.9.2 Utilização de bens de uso especial

O uso específico destes bens permite que as pessoas possam utilizá-los de acordo com a prestação de serviços neles existente. Assim, uma escola, um teatro, um museu, são utilizados de acordo com as atividades neles imprimidas.

Há, porém, a possibilidade de se atribuir a eles um uso exclusivo. Nesse caso, obrigatório o processamento prévio de licitação e, posteriormente, a lavratura de termo de permissão de uso ou de concessão de uso. Exemplos desses casos são os boxes dos mercados.

11.9.3 Utilização de bens dominicais

A utilização desses bens, em caráter exclusivo, por particulares depende de diversos atos jurídicos: locação; arrendamento; comodato; permissão de uso; concessão de uso; concessão de direito real; concessão de uso especial para fins de moradia; enfiteuse ou aforamento; autorização de uso.

Concessão de uso é ato administrativo bilateral, de natureza contratual, pelo qual o Poder Público faculta o uso de bem público a particular, por tempo certo e determinado, de forma gratuita ou onerosa, consoante condições fixadas no instrumento de contrato.

O contrato de natureza administrativa tem todas as cláusulas relativas às prerrogativas da Administração Pública.

Bibliografia

BANDEIRA DE MELLO, Celso Antônio [2007]. *Curso de Direito Administrativo.* 24ª ed. São Paulo, Malheiros Editores.

DI PIETRO, Maria Sylvia Zanella [2006]. *Direito Administrativo.* 19ª ed. São Paulo, Atlas.

FARIA, Edimur Ferreira de [2001]. *Curso de Direito Administrativo Positivo*. 4ª ed. Belo Horizonte, Del Rey.

FIGUEIREDO, Lúcia Valle [2006]. *Curso de Direito Administrativo*. 8ª ed. São Paulo, Malheiros Editores.

GASPARINI, Diógenes [2006]. *Direito Administrativo*. 11ª ed. São Paulo, Saraiva.

MEDAUAR, Odete [2002]. *Direito Administrativo Moderno*. 6ª ed. São Paulo, Ed. RT.

MEIRELLES, Hely Lopes [2007]. *Direito Administrativo Brasileiro*. 33ª ed. São Paulo, Malheiros Editores.

MOREIRA NETO, Diogo de Figueiredo [2003]. *Curso de Direito Administrativo*. 13ª ed. Rio de Janeiro, Forense.

Capítulo 12

INTERVENÇÃO DO ESTADO NA PROPRIEDADE PRIVADA E NO DOMÍNIO ECONÔMICO

FULVIA HELENA GIOIA PAOLI

12.1 Intervenção

12.1.1 Conceito

A convivência em sociedade organizada requer a observância de limites, que podem decorrer de consenso comum, posteriormente positivado num sistema de normas, ou, advir, desde logo, da imposição pela força de minorias e não-legitimada, pelo menos, de início.

A verdadeira concepção de *Estado de Direito*, no entanto, não se conforma com a mera existência de um conjunto de normas, e menos ainda aquelas destinadas a determinados grupos ou classes sociais.

A busca pelo ideal de justiça é a finalidade de todo Estado de Direito, e sua realização pressupõe a implementação da igualdade e a garantia da segurança e estabilidade, ainda que condicionadas pelas variantes de tempo e lugar.

O Estado de Direito, que surgiu como reação ao poder arbitrário e ilimitado dos governantes, passa por um processo de evolução e caminha do liberalismo acentuado à concepção social e ao reconhecimento do intervencionismo limitado pelas finalidades consolidadas no sistema,[1] ou seja, o atingimento dos interesses coletivos, de forma justa e segura.

Assim, a partir do momento em que o liberalismo exacerbado, especialmente após a I Guerra Mundial, mostra-se instrumento polarizante de favoritismo ao desenvolvimento de algumas camadas da sociedade, aparecem os defensores das concepções socialista e intervencionista do Estado.

Não obstante, no Estado de Direito a admissibilidade da intervenção está limitada aos interesses e finalidades buscados pela sociedade, e sua legitimidade está condicionada à observância desses limites.

Historicamente, portanto, a intervenção do Estado pode ser identificada em diferentes graus. No liberalismo, dela não se cogitava. Na concepção coletivista de Estado, o controle era excessivo. E, mais recentemente, na concepção do Estado Social-Liberal, sua atuação é

1. Nesse sentido, Cármen Lúcia Antunes Rocha [1994:71]: "A organização do Estado que se pretenda rotular 'de Direito' tem que conhecer e conectar, então, o Direito adotado e aplicado naquele Estado. Assim, o Estado de Direito não é tão-somente o Estado no qual há um sistema jurídico aplicado, ou um Estado que 'tem' um Direito, mas o Estado no qual a idéia de Direito signifique a instrumentalização da busca concreta da justiça material para o povo que o forma e dele deve participar. Principalmente, há que se enfatizar: (a) que o Estado é de Direito e não apenas 'Estado de Lei'; (b) que o Estado de Direito, como expressão jurídica fundamental do sistema que adote este modelo, não é carente de características específicas; (c) que o Estado de Direito é Estado limitado em seus comportamentos pelo Direito posto à observância de todos, inclusive dos governantes; (d) que o Estado de Direito tem como centro e fim o ser humano e seus direitos fundamentais, que impõem um limite negativo de ação ao Estado".

exercida de forma iterativa com os particulares e encontra os limites previstos no ordenamento jurídico.[2]

Portanto, paralelamente à outorga de direitos e garantias individuais, bem como ao delineamento de determinadas atividades, imprescindíveis à organização social com vista ao atendimento dos interesses coletivos, o sistema jurídico disciplina a forma e os limites da atuação interventiva do Estado, especialmente relacionados ao exercício do direito individual à propriedade e ao desempenho na atividade econômica.

Nesse contexto deve ser entendido o estudo da intervenção do Estado no sistema jurídico brasileiro, que passamos a desenvolver.

12.1.2 Formas

A intervenção pode se dar de forma direta ou indireta. *Diretamente*, o Estado intervém e age como se fosse o particular. *Indiretamente*, a atuação do Estado limita-se ao planejamento, à imposição de regras ao exercício dos direitos particulares e à sua fiscalização.

Não se pode esquecer que, no Estado de Direito, toda e qualquer atuação estatal está submetida ao princípio da legalidade estrita – e, portanto, o delineamento de sua forma e limites deve ser extraído do diploma constitucional.

12.2 Intervenção na propriedade

12.2.1 Considerações preliminares

O direito individual à propriedade, consubstanciado pelos poderes de usar, gozar, dispor e fruir, é garantia inserta no art. 5º, XXII, da CF.

O exercício do direito à propriedade, entretanto, à luz do diploma constitucional, não é ilimitado, e está condicionado ao cumprimento

2. "(...) (1) o Estado Liberal consistia em uma tese onde era propugnada a inação estatal como ideal social; (2) o Estado Coletivista, que concebia toda a economia controlada pelo Estado e todos os movimentos econômicos por ele determinados, consistia em uma reação ao Estado Liberal, em uma sua antítese; e, (3) conseqüentemente, surgiu a síntese dos Estados Liberal e Coletivista, que seria um Estado de Iniciativa Dual, onde tanto o Estado como os agentes econômicos privados interagiriam no mercado" [Vidigal 1977:13].

de finalidade predeterminada, qual seja, o atendimento de uma função social (art. 5º, XXIII), direito de todos.

A aparente contraposição entre os dois dispositivos constitucionais é ultrapassada pela necessária interpretação sistêmica e contextualizada das normas constitucionais, especialmente as decorrentes do poder constituinte originário.

A convivência, com plena eficácia, das duas normas – a que garante o direito individual à propriedade e a que impõe o cumprimento de uma função social – encontra fundamento na estrutura do Estado Brasileiro, que, desenhado como uma República Democrática de Direito (art. 1º), sobrepõe o interesse público ao particular. Isto não significa, entretanto, o desrespeito ou o aniquilamento do direito individual. Ao contrário, a consideração da supremacia do interesse social dá consistência ao direito individual, que jamais estará dissociado inteiramente do grupo ao qual pertence e que, portanto, sempre será destinatário/beneficiário das ações voltadas ao atendimento do primeiro.

Celso Antônio Bandeira de Mello fornece preciosa lição sobre o assunto, que merece ser apreendida. Nas palavras do Mestre:

"Embora seja claro que pode haver um interesse público contraposto a *um dado* interesse individual, sem embargo, a toda evidência, não pode existir um interesse público que se choque com os interesses de cada um dos membros da sociedade. Esta simples e intuitiva percepção *basta para exibir a existência de uma relação íntima, indissolúvel, entre o chamado interesse público e os interesses ditos individuais*.

"É que, na verdade, o interesse público, o interesse do todo, do conjunto social, nada mais é que a *dimensão pública dos interesses individuais*, ou seja, dos interesses *de cada indivíduo enquanto partícipe da sociedade (entificada juridicamente no Estado)*, nisto se abrigando também o *depósito intertemporal destes mesmos interesses*, vale dizer, já agora, encarados eles em sua continuidade história, tendo em vista a sucessividade das gerações de seus nacionais" [C. A. Bandeira de Mello 2007a:57-58].

Neste cenário põe-se a intervenção do Estado, que será admitida dentro dos limites constitucionalmente impostos e necessários à preservação dos dois direitos: de um lado, o direito individual e, de outro, o direito coletivo.[3] Tais limites podem ser extraídos de diversas normas constitucionais, especialmente as insertas nos arts. 5º, XXII e XXIII, 170, II e III, 182 a 191 e 225, e atingem interesses relacionados à segurança, ao exercício profissional e de atividade econômica, ao patrimônio histórico, artístico, cultural e paisagístico, à saúde e à preservação do meio ambiente.

A consagração da finalidade social da propriedade não foi esquecida pelo legislador que alterou o Código Civil de 1916. O art. 1.228 da Lei 10.406/2002 (novo Código Civil) vincula expressamente o direito de propriedade ao cumprimento de sua função social.[4]

12.2.2 Competência

As formas e diferentes graus de atuação do Estado na intervenção da propriedade observam a outorga constitucional de competências, que as distribui entre os três entes federados, segundo os interesses envolvidos.[5]

Assim, as ações que envolvem interesses nacionais estão reservadas à competência da União, permanecendo com os Estados e Municípios aquelas referidas aos interesses regionais e locais, respectivamente, nos limites de seus territórios.

12.2.3 Formas

Há várias formas de intervenção do Estado na propriedade particular, que se diferenciam pelo pressuposto que as justifica, pela finali-

3. Nessa linha, destaque-se trecho do voto do Min. Celso de Mello na ADI/MC 2.213, *in verbis*: "O direito de propriedade não se reveste de caráter absoluto, eis que, sobre ele, pesa grave hipoteca social, a significar que, descumprida a função social que lhe é inerente (CF, art. 5º, XXIII), legitimar-se-á a intervenção estatal na esfera dominial privada, observados, contudo, para esse efeito, os limites, as formas e os procedimentos fixados na própria Constituição da República" (*DJU* 23.4.2004).

4. CC, art. 1.228:

"O proprietário tem a faculdade de usar, gozar e dispor da coisa, e o direito de reavê-la do poder de quem quer que injustamente a possua ou detenha.

"§ 1º. O direito de propriedade deve ser exercido em consonância com as suas finalidades econômicas e sociais e de modo a que sejam preservados, de conformidade com o estabelecido em lei especial, a flora, a fauna, as belezas naturais, o equilíbrio ecológico e o patrimônio histórico e artístico, bem como evitada a poluição do ar e das águas."

5. V. arts. 21-25 e 30 da CF.

dade buscada, pela intensidade e pelos efeitos produzidos sobre a propriedade particular. São elas: as *limitações administrativas*, a *ocupação temporária*, a *requisição administrativa*, a *servidão administrativa*, o *tombamento* e a *desapropriação*.

12.2.3.1 *Limitações administrativas*

As *limitações administrativas* decorrem de imposição legal de caráter geral e abstrato e têm como pressuposto o necessário regramento da utilização da propriedade, a fim de preservar o interesse público.[6]

A principal característica das limitações administrativas é a generalidade e abrangência, o que as distingue de outras restrições ao uso da propriedade, razão pela qual são veiculadas por normas de ordem pública. As normas de direito urbanístico inserem-se neste contexto. Vale dizer, somente a lei poderá veicular normas restritivas do amplo exercício do direito de propriedade,[7] quer seja no âmbito das cidades, quer seja no âmbito rural.[8]

Além disso, tais limitações, como se infere do próprio nome, não devem levar ao aniquilamento ou perda da propriedade. Por essa razão, o proprietário deve respeitá-las, em prol do interesse coletivo, mas não faz jus a qualquer indenização.

Alguns autores entendem que as limitações administrativas se caracterizam pela imposição de uma obrigação de não-fazer. Essa, entre-

6. Maria Sylvia Zanella Di Pietro [2004:128] conceitua: "As limitações podem, portanto, ser definidas como medidas de caráter geral, previstas em lei com fundamento no poder de polícia do Estado, gerando para os proprietários obrigações positivas ou negativas, com o fim de condicionar o exercício do direito de propriedade ao bem-estar social".

7. Nesse sentido, Lúcia Valle Figueiredo [2005:31], ao tratar das normas de direito urbanístico: "O direito urbanístico terá de encontrar seu respaldo no texto constitucional e suas normas deverão ser cumpridas pela Administração Pública, dentro de sua competência-dever de prosseguir seus cometimentos, aqueles para os quais as normas legais outorgarem-lhe competência. Portanto, deverá exercer integralmente sua função fiscalizadora. A intervenção administrativa na propriedade resulta da lei, à qual se curva a Administração. As limitações ou restrições administrativas vão resultar diretamente da lei, portanto, como já dissemos, a intervenção levada a cabo pela Administração é *sub legem*".

8. V. arts. 182-191 da CF, que tratam das políticas urbana, agrícola e fundiária, bem como o art. 225, que trata da preservação do meio ambiente, e que direcionam as normas infraconstitucionais que cuidam das limitações ao direito de propriedade.

tanto, não nos parece ser sua característica essencial, uma vez que também pela imposição de uma obrigação de fazer é possível falar em limitação administrativa ao exercício do direito de propriedade. São exemplos de limitações administrativas tanto as proibições de construção de um edifício até determinada altura em face de sua localização quanto as obrigações de instalação de equipamentos de combate a incêndio.

12.2.3.2 *Ocupação temporária*

A *ocupação temporária da propriedade privada* pelo Poder Público pode ocorrer com a finalidade de atender a interesse público, e desde que prevista por lei. Não se confunde com a limitação administrativa, uma vez que implica a utilização da propriedade particular pelo Poder Público.

Todavia, a utilização há de ser transitória, ou seja, somente deve perdurar enquanto perdure o interesse público que visa a atender, sem implicar a perda da propriedade.

O art. 5º, XXV, da CF[9] prevê ocupação temporária da propriedade particular desde que haja a iminência de perigo público, resguardado, expressamente, ao proprietário o direito a indenização, no caso da ocorrência de dano.

O Decreto-lei 3.365/1941, que regula a desapropriação por interesse público, prevê, no art. 36,[10] a possibilidade de ocupação temporária, pelo Poder Público expropriante, de propriedade particular com a finalidade de servir às necessidades da obra pública.

A Lei 8.666/1993 contém previsão semelhante no art. 58, V,[11] com a finalidade de dar continuidade ao contrato administrativo, especial-

9. CF, art. 5º, XXV: "no caso de iminente perigo público, a autoridade competente poderá usar de propriedade particular, assegurada ao proprietário indenização ulterior, se houver dano".

10. Decreto-lei 3.365/1941, art. 36: "É permitida a ocupação temporária, que será indenizada, a final, por ação própria, de terrenos não-edificados, vizinhos às obras e necessários à sua realização. O expropriante prestará caução, quando exigida".

11. Lei 8.666/1993, art. 58, V: "O regime jurídico dos contratos administrativos instituído por esta Lei confere à Administração, em relação a eles, a prerrogativa de: (...) V – nos casos de serviços essenciais, ocupar provisoriamente bens móveis, imóveis, pessoal e serviços vinculados ao objeto do contrato, na hipótese da necessidade de acautelar apuração administrativa de faltas contratuais pelo contratado, bem como na hipótese de rescisão do contrato administrativo; (...)".

mente dos serviços considerados essenciais, implementando o princípio da continuidade do serviço público. Ademais, visa a garantir a Administração Pública no caso de inadimplemento do contrato administrativo pelo contratado. Ainda, para sancionar o contratado faltoso, de forma a preservar direitos e garantias do interesse público e do serviço público, o art. 80, II, da Lei 8.666/1993[12] prevê a possibilidade de ocupação e utilização do local, instalações, equipamentos, material e pessoal objeto do contrato.

No caso de dano decorrente da ocupação temporária do bem particular pelo Poder Público está assegurado o direito a indenização nos limites do prejuízo causado.

12.2.3.3 *Requisição administrativa*

A *requisição administrativa* é, também, a utilização da propriedade particular pelo Estado, em caráter transitório e diante de situação emergencial, de guerra ou iminente perigo público.

O art. 22, III, da CF prevê a competência da União para legislar sobre requisição civil e militar em caso de iminente perigo e em tempo de guerra. O já citado inciso XXV do art. 5º também fundamenta a requisição administrativa.

A requisição pode recair sobre bens móveis ou imóveis e, em caso de dano, dá direito a indenização nos limites dos prejuízos sofridos.

12.2.3.4 *Servidão administrativa*

A servidão, enquanto instituto jurídico, está presente tanto no âmbito do direito civil quanto no âmbito do direito público, e a diferença fundamental está no regime jurídico aplicável a uma e outra.

Trata-se, em regra, de direito real de gozo sobre imóvel de propriedade alheia, que decorre da utilidade do imóvel de terceiro (serviente) ao imóvel dominante.

12. Lei 8.666/1993, art. 80, II: "A rescisão de que trata o inciso I do artigo anterior acarreta as seguintes conseqüências, sem prejuízo das sanções previstas nesta Lei: (...) II – ocupação e utilização do local, instalações, equipamentos, material e pessoal empregados na execução do contrato, necessários à sua continuidade, na forma do inciso V do art. 58 desta Lei; (...)".

A *servidão administrativa* tem por peculiaridade o pressuposto da existência de interesse público que justifica sua instituição, tendo em vista a supremacia do interesse público sobre o particular, e deve ser instituída com base em lei. Pode, ainda, resultar de acordo precedido de ato declaratório de utilidade pública[13] ou de decisão judicial, hipóteses em que a servidão deve ser objeto de registro no Cartório de Registro de Imóveis, com a finalidade de se tornar de conhecimento público e, portanto, oponível *erga omnes*.

Resulta numa limitação à propriedade particular – a afetação da coisa serviente ao interesse público emergente da coisa dominante – e, em regra, não dá direito a indenização, salvo ocorrência de prejuízo reconhecido por decisão judicial.

As principais características da servidão administrativa – o que não difere da servidão civil – são a indivisibilidade, a perpetuidade e o uso moderado.

Portanto, a extinção da servidão somente ocorre pelo desaparecimento do interesse público que a fundamentou (desafetação), pela perda ou transformação da coisa gravada ou sua incorporação ao patrimônio público.

12.2.3.5 *Tombamento*

Trata-se de intervenção na propriedade privada com a finalidade de preservar o patrimônio histórico, artístico, cultural, turístico e paisagístico.

A Constituição de 1988 retrata a preocupação do legislador com a tutela e proteção do patrimônio nacional, em sentido amplo, e do meio ambiente, visando a resguardá-los para as futuras gerações. Já, na outorga de competências, legislativa e material, impôs à União, Estados, Distrito Federal e Municípios[14] este dever. Mais adiante, ao disciplinar

13. Neste caso assemelha-se ao procedimento de desapropriação e tem fundamento no disposto no art. 40 do Decreto-lei 3.365/1941 que determina: "O expropriante poderá constituir servidões, mediante indenização na forma desta Lei".

14. CF, art. 23, III: "É competência comum da União, dos Estados, do Distrito Federal e dos Municípios: (...) III – proteger os documentos, as obras e outros bens de valor histórico, artístico e cultural, os monumentos, as paisagens naturais notáveis e os sítios arqueológicos; (...)".

a cultura (art. 216), expressamente determina que o Poder Público deverá promover a proteção do patrimônio cultural, com a colaboração da comunidade (art. 216, § 1º), bem como que os documentos e sítios detentores de reminiscências históricas dos antigos quilombos ficam "tombados" (art. 216, § 5º). Adicionalmente, fornece instrumentos de controle da atuação do Poder Público quando prevê a ação popular e a ação civil pública como meios de tutela do patrimônio público, histórico e cultural (art. 5º, LXXIII, e art. 129, III).

O tombamento implica a restrição parcial do uso do bem, móvel ou imóvel, material ou imaterial, privado ou público, tendo em vista o interesse público de mantê-lo em determinadas condições.

O procedimento de tombamento tem fundamento no Decreto-lei 25/1937, cujo art. 1º determina a extensão de seu objeto:

"Art. 1º. Constituiu o patrimônio histórico e artístico nacional o conjunto dos bens móveis e imóveis existentes no país e cuja conservação seja de interesse público, quer por sua vinculação a fatos memoráveis da história do Brasil, quer por seu excepcional valor arqueológico ou etnográfico, bibliográfico ou artístico.

"§ 1º. Os bens a que se refere o presente artigo só serão considerados parte integrante do patrimônio histórico e artístico brasileiro depois de inscritos separada ou agrupadamente num dos quatro livros do Tombo, de que trata o art. 4º desta Lei.

"§ 2º. Equiparam-se aos bens a que se refere o presente artigo e são também sujeitos a tombamento os monumentos naturais, bem como os sítios e paisagens que importe conservar e proteger pela feição notável com que tenham sido dotados pela Natureza ou agenciados pela indústria humana."

O procedimento de tombamento de bem particular pode se iniciar por requerimento do proprietário (voluntário) ou por iniciativa do Poder Público (compulsório) e se encerra com a inscrição num dos qua-

CF, art. 24, VII: "Compete à União, aos Estados e ao Distrito Federal legislar concorrentemente sobre: (...) VII – proteção ao patrimônio histórico, cultural, artístico, turístico e paisagístico; (...)".

CF, art. 30, IX: "Compete aos Municípios: (...) IX – promover a proteção do patrimônio histórico-cultural local, observada a legislação e a ação fiscalizadora federal e estadual".

tro "Livros do Tombo", de acordo com a natureza[15] e com a respectiva transcrição no Registro de Imóveis.

Quando compulsório, o procedimento de tombamento implicará a notificação do proprietário para anuir ou apresentar impugnação, no prazo de 15 dias, a contar de seu recebimento. Se anuir, o procedimento transforma-se em voluntário, com a conseqüente inscrição no Livro do Tombo. Se o proprietário impugnar, deverá o órgão requerente do tombamento apresentar suas razões, após o quê os autos serão remetidos ao Instituto do Patrimônio Histórico e Artístico Nacional/IPHAN, que deverá proferir decisão no prazo de 60 dias. Se a decisão for favorável ao tombamento, haverá a inscrição no Livro do Tombo; se desfavorável, haverá o arquivamento do processo.

O tombamento impõe ao particular a observância de determinadas obrigações – de fazer, de não-fazer e/ou de suportar –, quais sejam: conservar o bem às suas expensas ou comunicar à autoridade competente caso não tenha como fazê-lo; não destruir, demolir ou alterar a coisa tombada sem prévia autorização do IPHAN; e se sujeitar à fiscalização do órgão competente.

O bem particular tombado, em princípio, não é inalienável, mas a intenção de alienação deverá respeitar o direito de preferência da União, Estados e Municípios, nesta ordem. Registre-se, ainda, que o bem público tombado é inalienável.

Finalmente, o tombamento não representa perda da propriedade e não gera direito a indenização.

12.2.3.6 *Desapropriação*

A *desapropriação*, como forma de intervenção do Estado na propriedade privada, à luz do atual ordenamento constitucional, pode

15. Decreto-lei 25/1937, art. 4º: " O Serviço do Patrimônio Histórico e Artístico Nacional possuirá quatro Livros do Tombo, nos quais serão inscritas as obras a que se refere o art. 1º desta Lei, a saber: 1) no Livro do Tombo Arqueológico, Etnográfico e Paisagístico, as coisas pertencentes às categorias de arte arqueológica, etnográfica, ameríndia e popular, e bem assim as mencionadas no § 2º do citado art. 1º; 2) no Livro do Tombo Histórico, as coisas de interesse histórico e as obras de arte histórica; 3) no Livro do Tombo das Belas Artes, as coisas de arte erudita, nacional ou estrangeira; 4) no Livro do Tombo das Artes Aplicadas, as obras que se incluírem na categoria das artes aplicadas, nacionais ou estrangeiras".

ocorrer: (1) para atender a necessidade ou utilidade pública ou interesse social (art. 5º, XXIV); (2) para assegurar o cumprimento da função social da propriedade urbana e rural (art. 5º, XXIII, art. 182, § 4º, III, e art. 184); (3) para sancionar a utilização da propriedade para fins ilícitos (art. 243).

Nos dois primeiros casos a intervenção se justifica pela preponderância do interesse público sobre o particular, bem como pela necessária compatibilização entre a garantia individual do direito de propriedade e a função social que deve cumprir, que independe da vontade de seu proprietário, por se tratar de norma de direito público cogente.

12.2.3.6.1 Desapropriação por necessidade ou utilidade pública ou interesse social

A *desapropriação por utilidade pública ou interesse social* implica, necessariamente, o dever de indenização, prévia, justa e em dinheiro, conforme expressamente requer o dispositivo constitucional. Trata-se da supressão da propriedade e sua imediata substituição por valor correspondente em moeda.

Os procedimentos de desapropriação para atender a necessidade ou utilidade pública ou interesse social estão previstos no Decreto-lei 3.365/1941 e na Lei 4.132/1962, respectivamente.

O art. 5º do Decreto-lei 3.365/1941 enumera as hipóteses de utilidade pública; o art. 2º da Lei 4.132/1962, as de interesse social.

O procedimento de desapropriação se iniciará por decreto do representante do Poder Executivo ou pelo Poder Legislativo que "declare de utilidade pública" determinada área da propriedade particular, observados os seguintes requisitos: (1) identificação da área a ser expropriada; (2) identificação do proprietário (sujeito passivo da desapropriação); (3) explicitação das razões de interesse público que justificam a desapropriação; (4) o fundamento legal em que se funda a desapropriação; (5) a destinação específica a ser dada ao bem.

A declaração de utilidade pública produz os seguintes efeitos: (1) submete o bem à força expropriatória do Poder Público; (2) fixa o estado do bem para fins de avaliação; (3) faculta ao Poder Público a entrada na propriedade, a fim de efetuar levantamento de área e outras medidas, sem, entretanto, implicar posse; (4) marca o início do prazo de caducidade da declaração.

No caso da desapropriação por necessidade e utilidade pública o prazo de caducidade – ou seja, o prazo para que o Poder Público efetive a desapropriação – é de cinco anos (art. 10 do Decreto-lei 3.365/1941), enquanto na desapropriação por interesse social o prazo é de dois anos (art. 3º da Lei 4.132/1962).

Havendo acordo quanto ao valor da indenização, executa-se a desapropriação mediante lavratura de escritura e respectiva transcrição no Cartório de Registro de Imóveis.

Não havendo acordo, instaura-se a fase judicial, por iniciativa do Poder Público, observado o procedimento estabelecido no Decreto-lei 3.365/1941, no qual só podem ser discutidos o valor da indenização ou eventuais vícios no procedimento expropriatório.

A petição inicial do processo de desapropriação deverá ser instruída com o decreto expropriatório, a planta e a descrição do bem e a identificação do valor ofertado. O juiz despachará a inicial, determinando a citação do réu,[16] e designará perito judicial para avaliação do bem, sendo facultada às partes a indicação de assistente técnico.

Se houver urgência, o Poder Público expropriante poderá, mediante o depósito de quantia arbitrada pelo juiz, requerer a imissão provisória na posse, o que poderá ser deferido pelo juiz, pelo prazo improrrogável de 120 dias. O § 1º do art. 15 do Decreto-lei 3.365/1941, prevê, ainda, a possibilidade de ser efetivada a imissão provisória na posse, independentemente de citação do réu, desde que mediante depósito: "a) do preço oferecido, se este for superior a 20 (vinte) vezes o valor locativo, caso o imóvel esteja sujeito ao imposto predial; b) da quantia correspondente a 20 (vinte) vezes o valor locativo, estando o imóvel sujeito ao imposto predial e sendo menor o preço oferecido; c) do va-

16. Se o réu não for encontrado, o oficial poderá marcar hora certa para citação, no prazo de 48 horas, independentemente de nova diligência ou despacho (art. 16, parágrafo único, do Decreto-lei 3.365/1941). Se a ação for proposta fora do domicílio ou residência do réu, a citação será por carta precatória (art. 17 do Decreto-lei 3.365/1941). Se o réu for desconhecido ou estiver em local incerto, não-sabido ou inacessível, bem como se estiver no Estrangeiro, conforme certificada por dois oficiais do juízo, será feita a citação por edital (art. 18 do Decreto-lei 3.365/1941).

lor cadastral do imóvel, para fins de lançamento do imposto territorial, urbano ou rural, caso o referido valor tenha sido atualizado no ano fiscal imediatamente anterior; d) não tendo havido a atualização a que se refere o inciso 'c', o juiz fixará, independentemente de avaliação, a importância do depósito, tendo em vista a época em que houver sido fixado originariamente o valor cadastral e a valorização ou desvalorização posterior do imóvel".

O processo seguirá o rito ordinário. Se o réu, ao contestar, concordar com o valor ofertado, o juiz homologará o acordo. Caso discorde, somente sobre o montante da indenização ou eventuais vícios do processo poderá versar a contestação. Após, haverá apresentação do laudo pericial e esclarecimentos, seguindo-se audiência de instrução e julgamento.

A sentença fixará o valor da indenização, que, se ultrapassar o montante depositado, em caso de imissão provisória na posse, sujeitará ao pagamento de juros compensatórios de 6% ao ano sobre a diferença, a contar da data da posse provisória.

O valor da indenização abrangerá as benfeitorias necessárias feitas após o decreto de desapropriação e as úteis, se autorizadas. Incidirá correção monetária, com base nos índices oficiais, após o decurso do prazo de um ano a partir da avaliação. Ademais, caso o valor da indenização, fixado na sentença, ultrapasse o valor oferecido pelo Poder Público expropriante, o juiz o condenará ao pagamento dos honorários de advogado, fixando-os entre 0,5% e 5%. As custas judiciais serão pagas pelo réu, se houve acordo e aceitação do preço ofertado; caso contrário, pelo vencido ou proporcionalmente, na forma da lei processual.

A sentença está sujeita ao duplo grau de jurisdição se condenar o Poder Público em quantia superior ao dobro ofertado e ao recurso de apelação, que será recebida (a) no efeito meramente devolutivo, se interposta pelo expropriado (réu); (b) em ambos os efeitos, se interposta pelo expropriante (autor).

Os bens objeto de desapropriação com fundamento em necessidade ou interesse público e interesse social não poderão ser objeto de ação reivindicatória.

12.2.3.6.2 Desapropriação por descumprimento da função social da propriedade urbana

A política urbana delineada pela Constituição (arts. 182 e 183) deve ser executada pelo Município, nos termos das normas gerais fixadas na Lei 10.257/2001 (Estatuto da Cidade), que servirão de norte para a ordenação do desenvolvimento das funções sociais da cidade.

A propriedade urbana cumprirá sua função social (art. 182, § 2º) quando atender às exigências fundamentais de ordenação da cidade expressas no Plano Diretor, instrumento básico da política urbana e obrigatório para as cidades com mais de 20 mil habitantes (art. 182, § 1º).

O descumprimento da função social da propriedade urbana implica, sucessivamente, a aplicação, ao proprietário, das seguintes sanções: (1) parcelamento ou edificação compulsórios; (2) imposto sobre a propriedade predial e territorial urbana progressivo no tempo; (3) desapropriação com pagamento mediante títulos da dívida pública com prazo de resgate de até 10 anos (art. 182, § 4º).

Assim, a desapropriação por descumprimento da função social da propriedade urbana é procedimento de competência do Município, cujas diretrizes gerais são delineadas no Estatuto da Cidade (art. 8º) e cujo rito segue o estabelecido no Decreto-lei 3.365/1941.

A área objeto da desapropriação deve estar inserida no Plano Diretor e o proprietário deve ser notificado para efetivar o parcelamento, edificação ou utilização compulsórios, nos termos da lei. O descumprimento da notificação sujeita o proprietário ao pagamento do imposto sobre a propriedade territorial urbana/IPTU progressivo no tempo, pelo prazo máximo de cinco anos.

Findo esse prazo, caberá a desapropriação com pagamento de títulos da dívida pública, nos termos da previsão constitucional, ou seja, resgatáveis no prazo de até 10 anos, em prestações anuais, iguais e sucessivas, que não tenham poder liberatório para pagamento de tributos (§ 3º do art. 8º da Lei 10.257/2001).

O valor da indenização será o valor da base de cálculo do IPTU, descontado, se for o caso, o valor correspondente às obras realizadas pelo Poder Público na área onde se localiza o imóvel, após a notificação do proprietário para parcelamento, utilização ou edificação compulsórios.

Para assegurar o valor real da indenização, a lei prevê o acréscimo de juros de 6% ao ano.

12.2.3.6.3 Desapropriação por descumprimento da função social da propriedade rural (reforma agrária)

Da mesma forma que a propriedade urbana, a rural deve cumprir sua função social – o que somente ocorre, à luz do diploma constitucional (art. 186), quando a atende aos seguintes requisitos: (1) aproveitamento racional e adequado; (2) utilização adequada dos recursos naturais disponíveis e preservação do meio ambiente; (3) observância das disposições que regulam as relações de trabalho; (4) exploração que favoreça o bem-estar dos proprietários e dos trabalhadores.

O descumprimento da função social da propriedade rural dá ensejo à desapropriação por interesse social, de competência da União Federal e mediante o pagamento de prévia e justa indenização em títulos da dívida agrária, resgatáveis no prazo de até 20 anos.

A Lei Complementar 76/1993, com as alterações introduzidas pela Lei Complementar 88/1996, estabelece o procedimento da desapropriação para fins de reforma agrária, que é de rito sumário e contraditório especial, de competência da Justiça Federal, aplicando-se-lhe, supletivamente, os dispositivos do Decreto-lei 3.365/1941.

O Ministério Público Federal intervirá, obrigatoriamente, no processo de desapropriação para reforma agrária, em todas as instâncias, e se manifestará, sempre, após as partes e antes de cada decisão a ser proferida pelo juiz.

A desapropriação de propriedade rural inicia-se, também, com o decreto que declara o imóvel de interesse social para fins de reforma agrária, e dentro do prazo de dois anos, a contar de sua publicação, deverá ser proposta a ação específica (prazo de caducidade).

A inicial deverá indicar o valor ofertado e ser instruída com o decreto expropriatório e dados identificadores do imóvel, bem como com o comprovante de lançamento dos Títulos da Dívida Agrária/TDAs correspondente ao valor ofertado para pagamento da terra nua e comprovante de depósito, em dinheiro, em banco oficial, do valor correspondente ao pagamento das benfeitorias necessárias e úteis.

O juiz despachará a inicial e determinará: (1) a imediata imissão do autor na posse do imóvel; (2) a citação do réu; (3) a expedição de mandado ordenando a averbação do ajuizamento da ação no registro do imóvel expropriando, para dar conhecimento a terceiros (art. 6º da Lei Complementar 76/1993).

Para efetivar a imissão na posse é possível a requisição de força policial, se for o caso.

No prazo de 10 dias a contar da citação, e sem implicar interrupção ou suspensão do curso da ação, o juiz poderá designar audiência de conciliação, na qual deverão estar presentes as partes e o Ministério Público, a fim de fixar a prévia e justa indenização. Havendo conciliação, será lavrado o respectivo termo, que servirá de título hábil para o registro imobiliário em nome do Poder Público expropriante.

Uma vez citado e não havendo conciliação, o réu poderá contestar, no prazo de 15 dias, alegando matéria de seu interesse na defesa, salvo em relação ao interesse social declarado.

O juiz poderá designar produção de prova pericial, facultando às partes a indicação de assistentes técnicos. A prova pericial não poderá exceder o prazo de 60 dias, a contar da data do compromisso do perito. Após, se houver acordo, o juiz o homologará. Caso contrário, designará audiência de instrução e julgamento, no prazo máximo de 15 dias, a contar da conclusão da perícia.

A sentença poderá ser proferida na audiência ou no prazo máximo de 30 dias. O valor da indenização corresponderá ao valor apurado na data da perícia ou ao consignado pelo juiz, corrigido monetariamente até a data do pagamento, e deverá individualizar o montante correspondente à terra nua e às benfeitorias, necessárias e úteis. O Poder Público expropriante deverá depositar o valor da indenização, à ordem do juízo, e em dinheiro, para as benfeitorias necessárias e úteis. O valor das custas e honorários advocatícios será pago pelo vencido.

A sentença está sujeita ao duplo grau de jurisdição se condenar o Poder Público em quantia superior a 50% do valor ofertado e ao recurso de apelação, que será recebido: (1) no efeito meramente devolutivo, se interposta pelo expropriado (réu); (2) em ambos os efeitos, se interposta pelo expropriante (autor).

Se houver reforma da sentença, com aumento do valor da indenização, o Poder Público expropriante será intimado para depositar a diferença, no prazo de 15 dias.

Transitado em julgado o processo, o expropriado será intimado para levantar o depósito e será expedido, a favor do expropriante, mandado para registro da transferência do domínio no Cartório de Registro de Imóveis.

Os imóveis rurais desapropriados também não poderão ser objeto de ação reivindicatória.

12.2.3.6.4 Desapropriação-confisco ou expropriação

A expropriação de terras utilizadas para cultura ilegal de plantas psicotrópicas, em qualquer região do país, tem fundamento no art. 243 da CF, que impõe sejam destinadas ao assentamento de colonos e para cultivo de produtos alimentícios e medicamentos, sem que o proprietário faça jus a indenização.

A Lei 8.257/1991, que disciplina o procedimento da desapropriação-confisco, com previsão de aplicação subsidiária do Código de Processo Civil, estabelece que a autorização para a cultura de plantas psicotrópicas[17] deverá ser concedida pelo Ministério da Saúde, para atender a finalidade exclusivamente terapêutica e científica.

Ajuizada a ação expropriatória, o juiz determinará a citação dos expropriados, no prazo de 5 dias, e nomeará perito. O prazo para contestação é de 10 dias, e poderá haver determinação de imissão liminar, da União, na posse do imóvel. Após apresentação da contestação, o juiz designará audiência de instrução e julgamento, facultando às partes a indicação de até 5 testemunhas. A lei veda o adiamento da audiência, ressalvado o caso de força maior, devidamente justificado, hipótese na qual será marcada para, no máximo, 3 dias subseqüentes.

A sentença será prolatada após cinco dias da audiência de instrução e estará sujeita a apelação.

17. Lei 8.257/1991, art. 2º: "Para efeito desta Lei, plantas psicotrópicas são aquelas que permitem a obtenção de substância entorpecente proscrita, plantas estas elencadas no rol emitido pelo órgão sanitário competente do Ministério da Saúde".

O trânsito em julgado da sentença expropriatória implica a incorporação do imóvel ao patrimônio da União, atribuindo-se-lhe a destinação prevista constitucionalmente. Se nos 120 dias subseqüentes a destinação não for viabilizada, o imóvel permanecerá incorporado ao patrimônio da União, sob reserva.

A expropriação-confisco prevalece sobre quaisquer outros direitos reais de garantia e não admite embargos de terceiro fundados em dívida hipotecária, anticrética ou pignoratícia.

Finalmente, prevê a lei que o não-cumprimento dos prazos nela previstos sujeita o funcionário público responsável ou o perito judicial a multa diária, a ser fixada pelo juiz.

12.2.3.6.5 Desapropriação indireta

As formas de desapropriação até aqui estudadas, como vimos, encontram fundamento na Constituição e devem se pautar pelos procedimentos legalmente estabelecidos.

Todavia, a posse de imóvel particular pela Administração Pública sem observância do procedimento legal dá ao titular o direito de tomar todas as medidas de defesa, inclusive por meio das ações possessórias.

Em caso de desídia do proprietário, entretanto, após atribuída destinação pública ao imóvel, somente lhe restará o direito a indenização, cujo montante, se não houver acordo, poderá ser objeto de processo judicial, sob o rito ordinário, nos termos do Decreto-lei 3.365/1941.

12.2.3.6.6 Efeitos da desapropriação

A desapropriação é forma originária de aquisição da propriedade, ou seja, sua transferência para o patrimônio público não depende de quaisquer condições do título havido pelo proprietário.

A desapropriação implica: (1) transferência do domínio ao Poder Público, independentemente da identificação ou localização do proprietário;[18] (2) impossibilidade de reivindicação do imóvel (art. 35 do

18. Todavia, a falta de localização do proprietário que, citado por edital, não comparece ao processo de desapropriação não implica aplicação dos efeitos da revelia. O valor da indenização deverá respeitar o critério estabelecido constitucionalmen-

Decreto-lei 3.365/1941); (3) extinção de todos os ônus ou direitos que recaiam sobre o bem expropriado, que se sub-rogam no preço (art. 31 do Decreto-lei 3.365/1941); (4) dever do Poder Público de dar ao bem destinação pública, fundamento da desapropriação,[19] sob pena de retrocessão.[20]

12.3 Intervenção no domínio econômico

12.3.1 Considerações preliminares

A *intervenção do Estado no domínio econômico* – que, como já vimos, decorre da contraposição aos limites de sua atuação à época do liberalismo[21] – deve ser estudada à luz dos princípios e objetivos fundamentais e dos princípios regentes da exploração da atividade econômica consagrados pela atual Constituição (arts. 1º, 3º e 170[22]). É da

te, ou seja, ser prévia e justa. Neste sentido a Súmula 118 do antigo TFR, *in verbis*: "Na ação expropriatória, a revelia do expropriado não implica aceitação do valor da oferta e, por isso, não autoriza a dispensa de avaliação".

19. A destinação deve ser para atendimento a finalidade pública, ainda que não seja a mesma que fundamentou a desapropriação. Nesse sentido firmou-se a jurisprudência.

20. O art. 519 do CC dispõe: "Se a coisa expropriada para fins de necessidade ou utilidade pública, ou por interesse social, não tiver o destino para que se desapropriou, ou não for utilizada em obras ou serviços públicos, caberá ao expropriado direito de preferência, pelo preço atual da coisa".

21. Fernando Facury Scaff [1990:38] afirma: "Seguindo este raciocínio, admitimos que o conceito de 'intervenção do Estado no domínio econômico' e o de 'não-intervenção do Estado no domínio econômico' têm a mesma matriz, ou seja, os aspectos econômicos são estruturalmente dominantes sobre os aspectos políticos e através de normas jurídicas dirigem o Estado para que atue da maneira que mais interessar àqueles: intervindo ou não intervindo. Logo, temos que o Estado contemporâneo somente pode ser considerado como intervencionista no domínio econômico se contraposto ao Estado Liberal, em que a intervenção também ocorreu, apenas que no 'ponto zero'".

22. CF, art. 1º: "A República Federativa do Brasil, formada pela união indissolúvel dos Estados, Municípios e do Distrito Federal, constitui-se em Estado Democrático de Direito e tem como fundamentos: I – a soberania; II – a cidadania; III – a dignidade da pessoa humana; IV – os valores sociais do trabalho e da livre iniciativa; V – o pluralismo político."

CF, art. 3º: "Constituem objetivos fundamentais da República Federativa do Brasil: I – construir uma sociedade livre, justa e solidária; II – garantir o desenvolvimento nacional; III – erradicar a pobreza e a marginalização e reduzir as desigualdades sociais e regionais; IV – promover o bem de todos, sem preconceitos de origem, raça, sexo, cor, idade e quaisquer outras formas de discriminação."

leitura e interpretação conjugada dos referidos dispositivos que se poderá extrair o tratamento dispensado à exploração da atividade econômica.

Nunca é demasiado lembrar que a Constituição Federal, veículo introdutor de normas estruturantes do Estado constituído, quando nasce de forma legítima, consagra valores e ideais priorizados pela coletividade a que se direciona, por meio da imposição de princípios e regras regentes do exercício de todas as funções em que se distribui o exercício do poder estatal.

A atual Constituição brasileira consagrou um determinado modelo de sistema econômico, positivado pelas normas insertas não somente no Título VII, especificamente dirigido a disciplinar a "Ordem Econômica e Financeira", mas também por outras, disseminadas em outros capítulos, que, aliás, não se dissociam dos princípios fundantes do Estado, delineados no Título I.

Dessa forma, o conhecimento do modelo requer a análise e interpretação sistemática do conjunto de preceitos constitucionais, o que afasta as conclusões apressadas oriundas de verificação tópica, segmentada e não-contextualizada, segundo a estrutura preestabelecida do Estado. Trata-se de um modelo econômico cuja implementação deve respeitar os princípios da República Federativa e do Estado Democrático de Direito e visar à consecução de seus objetivos.[23]

CF, art. 170:

"A ordem econômica, fundada na valorização do trabalho humano e na livre iniciativa, tem por fim assegurar a todos existência digna, conforme os ditames da justiça social, observados os seguintes princípios: I – soberania nacional; II – propriedade privada; III – função social da propriedade; IV – livre concorrência; V – defesa do consumidor; VI – defesa do meio ambiente, inclusive mediante tratamento diferenciado conforme o impacto ambiental dos produtos e serviços e de seus processos de elaboração e prestação; VII – redução das desigualdades regionais e sociais; VIII – busca do pleno emprego; IX – tratamento favorecido para as empresas de pequeno porte constituídas sob as leis brasileiras e que tenham sua sede e administração no país.

"Parágrafo único. É assegurado a todos o livre exercício de qualquer atividade econômica, independentemente de autorização de órgãos públicos, salvo nos casos previstos em lei."

23. Lafayette Josué Petter [2005:130-131] traz importantes considerações acerca do tema, que merecem ser reproduzidas: "O Estado Democrático de Direito, tal qual se acha consubstanciado na Constituição brasileira de 1988, reclama uma hermenêutica com especificidades próprias, pois o texto constitucional, mais que uma normatização positiva de direitos, liberdades e garantias que configuram este tipo de

Assim, ao estabelecer que a ordem econômica está *fundada na valorização do trabalho humano e na livre iniciativa e tem por fim assegurar a todos existência digna, conforme os ditames da justiça social* (art. 170, *caput)*, o legislador está direcionando a atividade econômica ao cumprimento dos objetivos fundamentais do Estado delineados no art. 3º, como *a garantia do desenvolvimento nacional, a erradicação da pobreza e da marginalização, a redução das desigualdades sociais e regionais e a promoção do bem de todos*, em consonância com os fundamentos estabelecidos no art. 1º, quais sejam: *soberania, cidadania, dignidade da pessoa humana, valores sociais do trabalho e da livre iniciativa.*

Reportando-se ao estudo conjugado dos mesmos dispositivos constitucionais citados, Celso Antônio Bandeira de Mello leciona [2007a:772-773]: "Tão forte é a preocupação constitucional com alguns destes bens jurídicos, que os mencionou em diferentes qualidades ou funções, conferindo-lhes, dessarte, uma acentuada ênfase. Assim, o empenho em relação à realização da justiça social fez com que comparecesse tanto como princípio da ordem econômica (art. 170) quanto da ordem social (art. 193). O compromisso com a melhoria das condições sociais da população e sua harmonização em todo o país levou a apresentar a erradicação da pobreza e a redução das desigualdades sociais e regionais quer como objetivo fundamental da República (art. 3º, III), quer como um dos princípios da ordem econômica (no inciso VII do art. 170). A soberania nacional é mencionada como um dos fundamentos da República (art. 1º, I) e como princípio da ordem econômica (inciso I do art. 170). A livre iniciativa e os valores sociais do trabalho são referidos como fundamentos da República (art. 1º, IV) e especificamente da ordem econômica (art. 170), sendo que a este último foi atribuída primazia na ordem social. E a função social da propriedade é referida nos princípios da ordem econômica (inciso

regime político, exige uma interpretação inspirada em seus princípios fundantes". E, mais adiante: "Assim, o intérprete jurídico deve fazer as vezes de catalisador dos melhores princípios e valores de uma sociedade num momento histórico, extraindo do Texto Maior toda a potencialidade que ali permanece latente, muito mais do que se diria, fazendo-lhe claro o sentido, mas sobretudo atualizando-o, quer dizer, outorgando-lhe a legitimidade que justifica a força cogente que possui, ou seja, ao longo e a cada momento da história em que estiver vigendo. Também é por isto que toda a concretização constitucional é dita aperfeiçoadora e criativa".

III do art. 170) e entre os direitos e deveres individuais e coletivos (art. 5º, XXIII)".

Essas, portanto, as premissas que devem nortear o intérprete no trabalho de identificação e implementação da ordem econômica, segundo pensamos.[24]

Nessa linha, a forma de exercício da atividade econômica deve ser extraída da conjugação dos já referidos dispositivos constitucionais, o que nos leva a concluir que: (1) o exercício da atividade econômica é direito de todos; (2) a forma de exercício da atividade econômica é livre e não depende de autorização dos órgãos públicos, ressalvados os limites estabelecidos em lei; (3) a lei, ao impor os limites para o exercício da atividade econômica, deve respeitar os princípios estabelecidos na Constituição (art. 170, I-IX), obedecer aos pressupostos (valorização do trabalho humano e da livre iniciativa – *caput* do art. 170, c/c o art. 1º) e visualizar os objetivos e as finalidades buscadas (assegurar a existência digna e a justiça social – *caput* do art. 170, c/c o art. 3º).

Como se vê, a liberdade de iniciativa garantida aos particulares no exercício da atividade econômica encontra limites expressamente predeterminados e condiciona, conseqüentemente, a atuação do Estado no que se refere à intervenção na atividade econômica.

A atuação do Estado, sujeita ao princípio da legalidade em todas as suas formas também no que diz respeito à intervenção no domínio econômico, deve pautar-se estritamente nos permissivos constitucionais e observar os mesmos limites impostos aos particulares.

24. Na mesma direção, Lúcia Valle Figueiredo [2005:84]: "As balizas da intervenção serão, sempre e sempre, ditadas pela principiologia constitucional, pela declaração expressa dos fundamentos do Estado Democrático de Direito, dentre eles a *cidadania*, a *dignidade da pessoa humana*, os *valores sociais do trabalho e da livre iniciativa*. Não bastasse, fosse pouco, no art. 3º expressamente considerou a Constituição como objetivos fundamentais da República Federativa do Brasil a constituição de uma sociedade livre, justa e solidária; a erradicação da pobreza e da marginalização e a redução das desigualdades sociais. Qualquer interpretação sobre a devida ou indevida intervenção estatal deverá ser tirada a lume desses princípios e dos próprios fundamentos do Estado Democrático de Direito".

12.3.2 Formas de exercício da atividade econômica

A atividade econômica, sinteticamente, pode ser exercida por meio da exploração direta da produção ou comercialização de bens ou da comercialização de serviços.

Como vimos, aos particulares se reserva a liberdade de iniciativa condicionada à observância dos fundamentos e ao alcance das finalidades almejadas, conforme positivadas.

Ao Estado, entretanto, são impostos limites estreitos de atuação. Isto porque entendeu o legislador que a exploração direta de atividade econômica não é sua tarefa precípua. Incumbe ao Estado a prestação de serviços, especialmente aqueles considerados prioritários para os interesses públicos e decorrentes de suas necessidades básicas, valorizadas pelo diploma constitucional como direitos essenciais à existência digna, tais como moradia, saúde, educação, transporte, lazer etc. Ademais, impõe-se ao Estado o dever de normatização e fiscalização do exercício da atividade econômica, bem como a tarefa de planejamento com vistas à consecução dos objetivos fundamentais priorizados pelo legislador.

Inserem-se neste contexto, portanto, as *formas e limites da intervenção do Estado na atividade econômica*, que passamos a estudar.

12.3.3 Formas e limites da intervenção do Estado no domínio econômico

A CF disciplina as várias formas pelas quais o Estado poderá intervir no domínio econômico nos arts. 173 a 177, impondo-lhe os pressupostos e limites de atuação.

A intervenção do Estado pode se concretizar de formas diferentes. Algumas vezes se dá pela participação direta, outras pelo estabelecimento de diretrizes ou por estímulos ou incentivos de determinadas condutas.

Eros Roberto Grau classifica as formas de intervenção, separando-as em três modalidades: intervenção por absorção ou participação, intervenção por direção e intervenção por indução.

Reproduzimos as lições do autor:

"No primeiro caso, o Estado intervém *no* domínio econômico, isto é, no campo da *atividade econômica em sentido estrito*. Desenvolve ação, então, como agente (sujeito) econômico.

"Intervirá, então, por *absorção ou participação*.

"Quando o faz por *absorção*, o Estado assume integralmente o controle dos meios de produção e/ou troca em determinado setor da *atividade econômica em sentido estrito*; atua em *regime de monopólio*.

"Quando o faz por *participação*, o Estado assume o controle de parcela dos meios de produção e/ou troca em determinado setor da *atividade econômica em sentido estrito*; atua em *regime de competição* com empresas privadas que permanecem a exercitar suas atividades nesse mesmo setor.

"No segundo e no terceiro casos, o Estado intervirá *sobre* o domínio econômico, isto, sobre o campo da *atividade econômica em sentido estrito*. Desenvolve ação, então, como regulador dessa atividade.

"Intervirá no caso, por *direção* ou por *indução*.

"Quando o faz por *direção*, o Estado exerce pressão sobre a economia, estabelecendo mecanismos e normas de comportamento compulsório para os sujeitos da *atividade econômica em sentido estrito*.

"Quando o faz, por *indução*, o Estado manipula os instrumentos de intervenção em consonância e na conformidade das leis que regem o funcionamento dos mercados" [Grau 2007:148-149].

À luz do texto constitucional, é possível identificar quatro formas pelas quais pode o Estado intervir na atividade econômica, atuando ora por participação direta, ora por indução, ora por direção. São elas: (1) exploração da atividade econômica de produção e comercialização de bens; (2) prestação de serviços; (3) normatização e regulação da atividade econômica; (4) regime de monopólio.

12.3.3.1 *A atuação do Estado na exploração da atividade econômica*

No campo da *exploração direta da atividade econômica*, a atuação (ou intervenção) do Estado[25] é bastante restrita e somente pode

25. Ressalva-se a posição de Eros Roberto Grau [2007:94], para quem a exploração da atividade econômica é forma de intervenção do Estado, enquanto a prestação

ocorrer se presentes os pressupostos constitucionalmente exigidos – quais sejam: imperativos da segurança nacional ou relevante interesse coletivo, nos termos da lei (art. 173[26]). Vale dizer: a exploração da atividade econômica pelo Estado é suplementar à atuação econômica exercida pelos particulares e somente se põe em situações de extrema importância para preservação de interesses coletivos.[27]

Assim, diante da presença dos pressupostos constitucionais, pode o Estado atuar diretamente na exploração da atividade econômica, e somente pode fazê-lo por meio das empresas públicas ou sociedades

de serviços públicos é forma de sua atuação, uma vez que esta é sua função precípua. Nas palavras do autor:

"(...). *Intervenção* indica, em sentido forte (isto é, na sua conotação mais vigorosa), no caso, atuação estatal em área de titularidade do setor privado; *atuação estatal*, simplesmente, ação do Estado tanto na área de titularidade própria quanto em área de titularidade do setor privado. Em outros termos, teremos que *intervenção* conota atuação estatal no campo da *atividade econômica em sentido estrito*; *atuação estatal*, ação do Estado no campo da *atividade econômica em sentido amplo*.

"Isto nos remete ao tema da distinção que aparta o campo dos *serviços públicos* do campo da *atividade econômica em sentido estrito*. (...)."

26. CF, art. 173:

"Ressalvados os casos previstos nesta Constituição, a exploração direta de atividade econômica pelo Estado só será permitida quando necessária aos imperativos da segurança nacional ou a relevante interesse coletivo, conforme definidos em lei.

"§ 1º. A lei estabelecerá o estatuto jurídico da empresa pública, da sociedade de economia mista e de suas subsidiárias que explorem atividade econômica de produção ou comercialização de bens ou de prestação de serviços, dispondo sobre: I – sua função social e formas de fiscalização pelo Estado e pela sociedade; II – a sujeição ao regime jurídico próprio das empresas privadas, inclusive quanto aos direitos e obrigações civis, comerciais, trabalhistas e tributários; III – licitação e contração de obras, serviços, compras e alienações, observados os princípios da administração pública; IV – a constituição e o funcionamento dos conselhos de administração e fiscal, com a participação de acionistas minoritários; V – os mandatos, a avaliação de desempenho e a responsabilidade dos administradores."

27. Nas palavras de Lúcia Valle Figueiredo [2006:126]:

"Inicialmente, devemos dizer que a opção do constituinte foi, como já era a do constituinte anterior, pela iniciativa privada. Isso se encontra no art. 170, IV, da atual Constituição, quando, ao descrever a ordem econômica, afirma-se como um dos princípios o da iniciativa privada.

"A par disso, o art. 173, às expressas, diz que, ressalvados os casos previstos na Constituição, a exploração direta da atividade econômica cabe à iniciativa privada e ao Estado tão-somente a implementação de empresas estatais, se e na medida da necessidade de defender a segurança nacional ou de relevante interesse coletivo, conforme definidos em lei."

de economia mista e respectivas subsidiárias, segundo o § 1º do art. 173 da CF.

Como se sabe, empresas públicas[28] e sociedades de economia mista[29] são entes da Administração Pública indireta,[30] ou seja, são pessoas jurídicas de direito privado, instituídas por lei para cumprimento de finalidades prévia e legalmente estabelecidas, por meio das quais o Estado exerce suas atividades, que podem ser a exploração da atividade econômica ou a prestação de serviços públicos.

Não se deve confundir *entes da Administração Pública indireta* com *atuação direta na atividade econômica.* Uma coisa é o instrumento de atuação do Estado na atividade econômica; outra é a forma pela qual atua. No primeiro caso trata-se das pessoas jurídicas constituídas especificamente para esta finalidade; no segundo, da própria atividade exercida.

Na exploração da atividade econômica atua o Estado, por meio daquelas pessoas jurídicas, em regime de livre concorrência com as empresas particulares e sujeitando-se aos demais princípios insculpidos no art. 170 da CF.

Todavia, é preciso salientar que a participação do Estado implica emprego de dinheiro e patrimônio públicos, de forma exclusiva (empresas públicas) ou preponderante (sociedades de economia mista), o que implica, necessariamente, a observância de regime jurídico específico.

28. Celso Antônio Bandeira de Mello [2007a:182] conceitua: "Deve-se entender que *empresa pública federal* é a pessoa jurídica criada por força de autorização legal como instrumento de ação do Estado, dotada de personalidade de direito privado, mas submetida a certas regras especiais decorrentes de ser coadjuvante da ação governamental, constituída sob quaisquer das formas admitidas em Direito e cujo *capital* seja formado *unicamente por recursos de pessoas de direito público interno ou de pessoas de suas Administrações indiretas, com predominância acionária residente na esfera federal*". O conceito estende-se às demais empresas públicas estaduais ou municipais.

29. Cf. Celso Antônio Bandeira de Mello [2007a:186-187]: "*Sociedade de economia mista federal* há de ser entendida como a pessoa jurídica cuja criação é autorizada por lei, como um instrumento de ação do Estado, dotada de personalidade de direito privado, mas submetida a certas regras especiais decorrentes de sua natureza auxiliar da atuação governamental, constituída sob a forma de sociedade anônima, cujas ações com direito a voto pertençam em sua maioria à União ou entidade de sua Administração indireta, sobre remanescente acionário de *propriedade particular*". O conceito estende-se às demais empresas públicas estaduais ou municipais.

30. V. conceito legal (art. 5º do Decreto-lei 200/1967).

Assim, muito embora o exercício da atividade econômica seja efetivado por pessoas jurídicas de direito privado, sujeitas ao regime jurídico de direito privado (art. 173, § 1º, II), não se pode negar a aplicabilidade dos princípios norteadores da Administração Pública, por se caracterizarem como meros instrumentos do exercício de função administrativa.[31]

Isto significa que, ainda que voltada à exploração da atividade econômica, a atuação do Estado jamais estará dissociada de sua finalidade precípua – qual seja, o atendimento de interesse coletivo –, o que se evidencia pelos próprios pressupostos de sua atuação.

Essa a melhor interpretação a ser extraída do texto constitucional. Por essa razão, a lei que disciplinará o estatuto jurídico das pessoas por meio das quais o Estado exercerá a exploração da atividade e determinará as formas e limites de sua atuação não deverá distanciar-se desses objetivos, cuja atuação, ademais, estará sujeita ao controle e à fiscalização inerentes ao exercício de toda e qualquer atividade pública.

Ressalte-se, ainda, o disposto no inciso III do art. 173. A exigência de licitação e contratação de obras, serviços, compras e alienações não se contrapõe, como inicialmente poderia parecer, à atuação do Estado na atividade econômica em regime concorrencial, mas propicia a implementação dos princípios regentes da função administrativa, especialmente os da impessoalidade, moralidade e eficiência. É certo que em situações de necessidade emergencial a licitação pode ser dispensada ou, mesmo, ser inexigível. De qualquer modo, o simples fato de o Estado atuar na atividade econômica não é suficiente para justifi-

31. Neste ponto, mais uma vez precisas são as lições de Celso Antônio [2007a: 190-191], ao alertar: "O traço nuclear das empresas estatais, isto é, das empresas públicas e sociedades de economia mista, reside no fato de serem coadjuvantes de misteres estatais. Nada pode dissolver este signo insculpido em suas naturezas. Dita realidade jurídica representa o mais certeiro norte para a intelecção destas pessoas. Conseqüentemente, aí está o critério retor para interpretação dos princípios jurídicos que lhes são obrigatoriamente aplicáveis, pena de converter-se o *acidental* – suas personalidades de direito privado – em *essencial*, e o essencial – seu caráter de sujeitos auxiliares do Estado – em acidental". E, mais adiante [C. A. Bandeira de Mello 2007:193], conclui: "De resto, o próprio texto constitucional vigente (como, aliás, já acontecia no anterior) cuida de submeter empresas públicas e sociedades de economia mista a uma série de disposições que não vigoram para as demais pessoas de direito privado (e que nem fariam sentido algum em relação a elas), conforme adiante se verá".

car a inaplicabilidade da licitação – o que, aliás, violaria a norma constitucional referida.

12.3.3.2 *A atuação do Estado enquanto agente normativo e regulador da atividade econômica*

A disciplina dessa forma de atuação do Estado encontra assento no art. 174 do texto constitucional[32] e abarca todos os entes federados no âmbito de suas competências e limites territoriais.

Inicialmente, é bom salientar que não se confundem as expressões "regulação" e "normatização". A *atuação normativa* evidencia-se pela expedição de preceitos, gerais e abstratos, que estipulam obrigações de fazer e não-fazer voltadas ao exercício da atividade econômica, enquanto a *atuação reguladora* se dá pela interferência concreta ou via normatização no campo do domínio econômico.[33]

No exercício das atividades normativa e regulatória o Estado poderá exercer as funções de incentivo, fiscalização e planejamento, tudo na forma da lei – como, aliás, não poderia deixar de ser, uma vez que o princípio da legalidade é norteador da função administrativa (art. 37 da CF). Neste contexto, abriu-se o espaço para a criação das agências reguladoras,[34] entes públicos constituídos sob a natureza de autarquias e cuja finalidade é o exercício da atividade regulatória.[35]

32. CF, art. 174: "Como agente normativo e regulador da atividade econômica, o Estado exercerá, na forma da lei, as funções de fiscalização, incentivo e planejamento, sendo este determinante para o setor público e indicativo para o setor privado".

33. Sobre o conceito de *regulação*, Alexandre Santos Aragão [2002:24]: "A noção de regulação implica a integração de diversas funções: pressupõe que um quadro seja imposto às atividades econômicas, devendo respeitar um certo equilíbrio dos interesses das diversas forças sociais presentes. Esse quadro normativo é estabelecido por decisões gerais e abstratas, constantes geralmente de regulamentos, pela aplicação concreta das suas regras e pela composição dos conflitos que delas advêm, dando lugar, nestas duas últimas hipóteses, a decisões individuais. Há, portanto, três poderes inerentes à regulação: aquele de editar a regra, o de assegurar a sua aplicação e o de reprimir as infrações".

34. Sobre o assunto, v. capítulo específico.

35. Cf. Alexandre Santos Aragão [2002:275]: "(...) podemos conceituar as agências reguladoras independentes brasileiras como sendo as autarquias de regime especial, dotadas de considerável autonomia frente à Administração centralizada, incumbidas do exercício de funções regulatórias (cf. Capítulo I) e dirigidas por colegiado cujos membros são nomeados por prazo determinado pelo presidente da República, após prévia aprovação pelo Senado Federal, vedada a exoneração *ad nutum*".

Ressalte-se, ainda, que a regra em estudo determina, expressamente, que o planejamento é determinante para o Estado e indicativo para o setor privado.

A compreensão da extensão deste dispositivo é de sua importância para a extração de seus efeitos jurídicos. O Estado, ao delinear seu planejamento, no legítimo exercício do poder discricionário,[36] demonstra os caminhos pelos quais irá seguir, sinaliza as áreas da economia que serão priorizadas ou não, os interesses públicos a serem atendidos no período, estimula comportamentos e conclama a cooperação dos administrados a se engajarem em alguns. Conseqüentemente, vincula-se ao planejamento delineado. De outro lado, a função indicativa do planejamento estatal dá ao particular parâmetros para programação, planejamento e construção de suas atividades na área econômica. Isto implica a possibilidade de responsabilização pelo seu inadimplemento em hipótese da ocorrência de dano ao particular,[37] sem qualquer fundamento em interesse público predominante.

Sobre o assunto, Lúcia Valle Figueiredo, ao esclarecer as diferenças entre os planos indicativos, incitativos ou imperativos, ressalta que, mesmo que a alteração do planejamento não decorra de atos administrativos ilícitos, é possível resultar em responsabilidade estatal.[38]

36. Importante lembrar que *poder discricionário* não se confunde com *poder arbitrário*. Vale dizer: a análise da conveniência e oportunidade das medidas administrativas a serem tomadas, em determinado momento, pelo administrador público não se deve afastar da busca do atendimento do interesse público e sua supremacia sobre o interesse particular, inclusive dos próprios administradores, na estrita observância dos princípios regentes da função administrativa.

37. Neste sentido, as lições de J. J. G. Canotilho: "(...) Especialmente, importa enfrentar a questão de saber qual a tutela do particular afectado pela mudança de planos econômicos à sombra dos quais tinha feito prognósticos e criado situações econômicas irreversíveis". E, mais adiante: "(...) Estas promessas podem ser medidas de direcção, originadoras de um grau de confiança e boa-fé nos destinatários que os leve, ancorados na protecção administrativa, a arriscarem-se a negócios financeiramente ruinosos. Parece-nos seguro ser de exigir à Administração o exacto conhecimento das suas possibilidades a fim de evitar que, através de promessas não-mantidas, leve os particulares a compromissos e a riscos que eles não dominam, e que não correriam se não fossem as garantias dos entes públicos. Mas a demonstração da falta de cumprimento da promessa ou promessas será, talvez, elemento imprescindível ao desencadeamento do fenómeno indemnizatório" [Canotilho 1974:203 e 208].

38. Nas palavras da autora: "Planos indicativos são aqueles em que o governo, apenas, assinala em alguma direção, sem qualquer compromisso, sem pretender o engajamento da iniciativa privada. De outra parte, planos incitativos são aqueles

12.3.3.3 *A atuação do Estado na prestação de serviços públicos*

A *prestação de serviços públicos*[39] é tarefa precípua do Estado, mas pode ser por ele exercida diretamente ou com auxílio das empresas privadas, por meio de concessão ou permissão.

Os limites da atuação do Estado na prestação de serviços públicos devem ser extraídos do disposto no art. 175 da CF.[40] O regime jurídico aplicável é o conjunto de princípios e regras de direito público que norteiam todas as atividades do Estado.

De fato, a prestação de serviços públicos é dever do Estado; e, portanto, mesmo nas hipóteses em que exercida com a participação de particulares, incumbe-lhe o exercício de tarefa fiscalizatória.

A concessão ou a permissão de serviço público são formalizadas por contrato administrativo, como resultado de precedente licitação, no qual devem ser observados todos os princípios e regras regentes da Administração Pública e aqueles especificamente direcionadores do processo licitatório, tudo nos limites da lei.

Assim, no que diz respeito à prestação de serviços públicos o Estado atua ora por participação direta, ora na atividade de direção. Todavia, jamais se afastará inteiramente da atividade.

De seu turno, as empresas privadas prestadoras de serviço público, embora sujeitas ao regime jurídico privado, submetem-se às regras

em que o Governo não somente sinaliza, mas pretende, também, o engajamento da iniciativa privada, para lograr seus fins. Nesses planos há não, apenas, a indicação como, também, e, muitas vezes, promessas com várias medidas, quer por meio de incentivos, ou por qualquer outra forma, para que a iniciativa privada colabore. Nessas hipóteses, contam os administrados, que aos planos aderem, com a confiança, a boa-fé e a lealdade da administração. Portanto, se modificações houver, certamente, em casos concretos, existirão prejuízos. De seu turno, os planos imperativos falam por si próprios, ou seja, a própria palavra os define. Imperativo é o que deve ser observado. O problema será aferir, no caso concreto, a conduta estatal, a conduta do lesado, para verificação se há de se colocar alguma excludente, e o dano causado, e, também, se o ato foi lícito ou ilícito. Todavia, mesmo lícito, dependendo das circunstâncias, poderá haver responsabilidade estatal" [Figueiredo 1996:81-82].

39. Sobre o assunto, v. capítulo específico.

40. CF, art. 175: "Incumbe ao Poder Público, na forma da lei, diretamente ou sob regime de concessão ou permissão, sempre através de licitação, a prestação de serviços públicos".

especiais do contrato administrativo firmado, inclusive com responsabilidade pela inadequação dos serviços prestados ou eventuais danos causados aos usuários, ainda que, subsidiariamente, em relação a estes permaneça a responsabilidade estatal.

12.3.3.4 *A atuação do Estado em regime de monopólio*

As atividades submetidas ao *regime de monopólio* são exceções, expressa e exaustivamente estabelecidas pela Constituição (art. 177), ao regime da livre iniciativa reservada aos particulares.

O exame das atividades eleitas ao regime de monopólio retrata que seu fundamento está na importância da forma e manutenção das atividades para a segurança e cumprimento de finalidades públicas de caráter relevante.

Assim, constituem monopólio da União, nos termos do art. 177 do diploma constitucional: "I – a pesquisa e a lavra das jazidas de petróleo e gás natural e outros hidrocarbonetos fluídos; II – a refinação do petróleo nacional ou estrangeiro; III – a importação e exportação dos produtos e derivados básicos resultantes das atividades previstas nos incisos anteriores; IV – o transporte marítimo do petróleo bruto de origem nacional ou de derivados básicos de petróleo produzidos no país, bem assim o transporte, por meio de conduto, de petróleo bruto, seus derivados e gás natural de qualquer origem; V – a pesquisa, a lavra, o enriquecimento, o reprocessamento, a industrialização e o comércio de minérios e minerais nucleares e seus derivados".

Não obstante, é facultada a contratação de empresas estatais ou privadas para a realização das atividades arroladas como monopólio, exceto as referentes aos minérios e minerais nucleares e seus derivados (art. 177, § 1º).

12.4 Conclusão

Todas as formas de intervenção do Estado, portanto – seja na propriedade privada, seja no domínio econômico –, devem ser entendidas como exceção e somente se justificam em face do dever máximo de atender ao interesse coletivo e às finalidades públicas, bem como são admitidas desde que respeitados os limites constitucionais e legais estudados.

Bibliografia

ALESSI, Renato [1971]. *Principi di Diritto Ammnistrativo*. vols. I e II. Milão, Giuffrè Editore.

ATALIBA, Geraldo [2007]. *República e Constituição*. 2ª ed., 4ª tir. São Paulo, Malheiros Editores.

ARAGÃO, Alexandre Santos [2002]. *Agências Reguladoras e a Evolução do Direito Administrativo Econômico*. Rio de Janeiro, Forense.

BANDEIRA DE MELLO, Celso Antônio [2007a]. *Curso de Direito Administrativo*. 24ª ed. São Paulo, Malheiros Editores.

——— [2007b]. *Discricionariedade e Controle Jurisdicional*. 2ª ed., 8ª tir. São Paulo, Malheiros Editores.

BANDEIRA DE MELLO, Oswaldo Aranha [2007]. *Princípios Gerais de Direito Administrativo*. 3ª ed., vol. I ("Introdução"). São Paulo, Malheiros Editores.

BOBBIO, Norberto [1996]. *Teoria do Ordenamento Jurídico*. 7ª ed. Brasília, UnB.

CANOTILHO, J. J. Gomes [1974]. *Responsabilidade do Estado por Atos Lícitos*. Coimbra, Livraria Almedina.

——— [1982]. *Constituição Dirigente e Vinculação do Legislador*. Coimbra, Livraria Almedina.

——— [1993]. *Direito Constitucional*. 6ª ed. Coimbra, Livraria Almedina.

DANTAS, San Tiago [1953]. "Igualdade perante a lei e *due process of law*". In: *Problemas de Direito Positivo*. Rio de Janeiro, Forense.

DI PIETRO, Maria Sylvia Zanella [1991]. *Discricionariedade Administrativa na Constituição de 1988*. São Paulo, Atlas.

——— [1998]. *Direito Administrativo*. 9ª ed. São Paulo, Atlas.

——— [2004]. *Direito Administrativo*. 17ª ed. São Paulo, Atlas.

DINIZ, Maria Helena, FERRAZ JR., Tércio Sampaio, e GEORGAKILAS, Ritinha A. Stevenson [1989]. *Constituição de 1988 – Legitimidade, Vigência e Eficácia – Supremacia*. São Paulo, Atlas.

DROMI, José Roberto [1987]. *Manual de Derecho Administrativo*. vol. 1. Buenos Aires.

DUTRA, Pedro [2005]. *Livre Concorrência e Regulação de Mercados – Estudos e Pareceres*. Rio de Janeiro, Renovar.

ENGISH, Karl [1988]. *Introdução ao Pensamento Jurídico*. 6ª ed. Lisboa, Fundação Calouste Gulbenkian.

ENTERRÍA, Eduardo García de [1983]. *La Lucha Contra las Inmunidades del Poder*. Madri, Cuadernos Civitas.

———, e FERNÁNDEZ, Tomás Ramón [1991]. *Curso de Direito Administrativo*. São Paulo, Ed. RT.

FERNÁNDEZ, Tomás Ramón, e ENTERRÍA, Eduardo García de [1991]. *Curso de Direito Administrativo*. São Paulo, Ed. RT.

FERRAZ JR., Tércio Sampaio [1976]. *Conceito de Sistema no Direito*. São Paulo, Ed. RT.

_________, DINIZ, Maria Helena, e GEORGAKILAS, Ritinha A. Stevenson [1989]. *Constituição de 1988 – Legitimidade, Vigência e Eficácia – Supremacia*. São Paulo, Atlas.

FERREIRA FILHO, Manoel Gonçalves [1995]. *Curso de Direito Constitucional*. 22ª ed. São Paulo, Saraiva.

FIGUEIREDO, Lúcia Valle [1996]. "Planejamento, direito tributário e segurança jurídica". In: *Estudos de Direito Tributário*. São Paulo, Malheiros Editores (pp. 78-86).

_________ [2005]. *Disciplina Urbanística da Propriedade*. 2ª ed. São Paulo, Malheiros Editores.

_________ [2006]. *Curso de Direito Administrativo*. 8ª ed. São Paulo, Malheiros Editores.

GARRIDO FALLA, Fernando [1982]. *Tratado de Derecho Administrativo*. vol. 1. Madri, Cuadernos Civitas.

GASPARINI, Diógenes [1995]. *Direito Administrativo*. 4ª ed. São Paulo, Saraiva.

GEORGAKILAS, Ritinha A. Stevenson, DINIZ, Maria Helena, e FERRAZ JR., Tércio Sampaio [1989]. *Constituição de 1988 – Legitimidade, Vigência e Eficácia – Supremacia*. São Paulo, Atlas.

GIANNINI, Massimo Severo [1993]. *Diritto Ammnistrativo*. Milão, Giuffrè Editore.

GORDILLO, Agustín [1979]. *Tratado de Derecho Administrativo*. 3ª ed. Buenos Aires, Ediciones Macchi.

GRAU, Eros Roberto [2007]. *A Ordem econômica na Constituição de 1988*. 12ª ed. São Paulo, Malheiros Editores.

LARENZ, Karl [1993]. *Metodologia da Ciência do Direito*. 5ª ed., trad. de José Lamego. Lisboa, Fundação Calouste Gulbenkian.

MAXIMILIANO, Carlos [1993]. *Hermenêutica e Aplicação do Direito*. 13ª ed. Rio de Janeiro, Forense.

MEIRELLES, Hely Lopes [2007]. *Direito Administrativo Brasileiro*. 33ª ed. São Paulo, Malheiros Editores.

OLIVEIRA, Gesner, e RODAS, João Grandino [2004]. *Direito e Economia da Concorrência*. Rio de Janeiro, Renovar.

PETTER, Lafayete Josué [2005]. *Princípios Constitucionais da Ordem Econômica – O Significado e o Alcance do Art. 170 da Constituição Federal*. São Paulo, Ed. RT.

ROCHA, Cármen Lúcia Antunes [1994]. *Princípios Constitucionais da Administração Pública*. Belo Horizonte, Del Rey.

RODAS, João Grandino, e OLIVEIRA, Gesner [2004]. *Direito e Economia da Concorrência*. Rio de Janeiro, Renovar.

SCAFF, Fernando Facury [1990]. *Responsabilidade do Estado Intervencionista*. São Paulo, Saraiva.

SEABRA FAGUNDES, M. [1982]. *O Controle dos Atos Administrativos pelo Poder Judiciário*. São Paulo, Saraiva.

SIQUEIRA CASTRO, Carlos Roberto de [1989]. *O Devido Processo Legal e a Razoabilidade das Leis na Nova Constituição do Brasil*. Rio de Janeiro, Forense.

SILVA, José Afonso da [2006]. *Direito Urbanístico Brasileiro*. 4ª ed. São Paulo, Malheiros Editores.

__________ [2007]. *Curso de Direito Constitucional Positivo*. 29ª ed. São Paulo, Malheiros Editores.

VIDIGAL, Geraldo [1977]. *Teoria Geral do Direito Econômico*. São Paulo, Ed. RT.

Capítulo 13

RESPONSABILIDADE CIVIL DO ESTADO

SÔNIA YURIKO KANASHIRO TANAKA

13.1 Considerações gerais

O Estado, por exercer diversas atividades para a prestação dos serviços públicos, comumente pode causar prejuízos a terceiros, impondo, dessa forma, a respectiva e devida indenização. Essa responsabilidade pode ser, ou não, oriunda de relações contratuais, motivo pelo qual pode ser denominada, respectivamente, de *responsabilidade contratual* ou *extracontratual*.

Neste capítulo o estudo será relacionado à *responsabilidade extracontratual do Estado*, decorrente de atos ou omissões e, também, de atos jurisdicionais e legislativos.

13.2 Histórico da evolução das teorias doutrinárias

Inicialmente imperava a idéia da *irresponsabilidade do Estado* no tocante aos prejuízos ocasionados durante a prestação de seus serviços. Tal assertiva encontra-se baseada no fato de o Estado – que não era o *de Direito* –, atuar para o interesse público, ou seja, de todos, e, por essa razão, não poderia ser responsabilizado mesmo que ocasionasse prejuízo a um ou a alguns. Além do mais, o rei, o monarca ou o imperador, considerados absolutistas, eram assim ordenados por Deus e, por esse motivo, jamais poderiam causar algum dano, tendo em vista a infalibilidade real (para os franceses, *lê roi ne peut mal faire*; para os ingleses, *the king can no wrong*).

Dessa forma, assim previa o art. 99 da primeira Constituição do Brasil, de 25.3.1824: "A Pessoa do Imperador é inviolável, e Sagrada: Elle não está sujeito a responsabilidade alguma".

Nessa Constituição Imperial, embora isentasse a responsabilidade do Imperador, previa-se, contudo, a responsabilidade dos servidores, desde que se comprovasse a culpa ou o dolo. Comprove-se o alegado pela leitura do art. 179, XXIX: "Os Empregados Públicos são strictamente responsáveis pelos abusos, e omissões praticadas no exercício das suas funcções, e por não fazerem effectivamente responsáveis aos seus subalternos".

A teoria da irresponsabilidade, embora tenha prevalecido durante séculos, "logo começou a ser combatida, por evidente injustiça; se o Estado deve tutelar o Direito, não pode deixar de responder quando, por sua ação ou omissão, causar danos a terceiros, mesmo porque, sendo pessoa jurídica, é titular de direitos e obrigações" [Di Pietro 2006:619].

A etapa seguinte encontra-se na evolução da consagração jurídica dos direitos e das garantias fundamentais dos indivíduos perante o Estado e a submissão deste último ao Direito, resultando na existência do *Estado de Direito*, em lugar do Estado Monárquico.

Dessa forma, o Estado poderia executar suas atividades desde que respeitasse os direitos e as garantias fundamentais assegurados pelo ordenamento jurídico. Houve, nesse percurso, a evolução da irresponsabilidade do Estado para a adoção de sua responsabilidade, mas com a necessidade de a culpa ser comprovada (*responsabilidade subjetiva*).

Passou, entretanto, a haver a seguinte distinção: se o Estado estivesse exercendo *atos de gestão*, a indenização do prejuízo causado, desde que devidamente comprovado, deveria ser efetuada; porém, caso se tratasse de *atos de império*, estes jamais suscitariam indenização. Isso porque naqueles atos o Estado estaria atuando no mesmo nível dos particulares, e, como tal, estaria sujeito a eventuais indenizações. Contudo, nestes últimos atos o Estado estaria atuando com seu poder soberano, e, por essa razão, estaria em nível superior aos particulares, não cabendo, neste caso, qualquer verificação ou pleito.

Mesmo que esse entendimento tenha subsistido durante algum tempo, ele trouxe grande evolução, visto, ao menos, reconhecer a existência de alguma responsabilidade do Estado, embora adstrita à comprovação de ser um ato de gestão bem como da culpa ou do dolo do autor do dano. Surge, então, a *teoria da responsabilidade subjetiva.*

Segundo Diógenes Gasparini [2004:872]: "O estágio da responsabilidade com culpa civil do Estado, também chamada de responsabilidade subjetiva do Estado, instaura-se sob a influência do liberalismo, que assemelhava, para fins de indenização, o Estado ao particular. Por esse artifício o Estado torna-se responsável e, como tal, obrigado a indenizar sempre que seus agentes houvessem agido com culpa ou dolo. O fulcro, então, da obrigação de indenizar era a culpa ou dolo do agente, que levava à culpa ou dolo ao Estado. É a teoria da culpa civil. Essa culpa ou dolo do agente público era a condicionante da responsabilidade patrimonial do Estado. Sem ela inocorria a obrigação de indenizar do Estado. O Estado e o particular eram, assim, tratados de forma igual. Ambos, em termos de responsabilidade patrimonial, respondiam conforme o direito privado, isto é, se houvessem se comportado com culpa ou dolo. Caso contrário, não respondiam".

Mas, ainda que diante dessa evolução, dificilmente o indivíduo prejudicado conseguia obter do Estado a devida indenização dos prejuízos por ele causados, em razão do grande ônus que assistia à vítima para realizar a necessária comprovação.

Na etapa seguinte houve o início da responsabilização do Estado por omissão, pelo mau funcionamento ou não-funcionamento dos serviços públicos (*faute du service*), surgindo a *teoria da culpa administrativa.* Por essa teoria, bastava ao indivíduo prejudicado comprovar a ausência ou a má prestação dos serviços públicos para que fosse devida a indenização. Desse modo, o ônus da comprovação da inexistência de dolo ou culpa foi transferido ao Estado para que fosse afastada a indenização, sendo a culpa presumida.

Essa teoria teve, ao mesmo tempo, o repúdio da teoria dos atos de gestão e de império, baseado no fato de ser inadmissível a outorga de uma dupla personalidade ao Estado, ora atuando no mesmo nível dos particulares, ora em nível superior, posto se tratar de uma mesma pessoa, dotada de soberania, a qual é irrenunciável, não podendo, assim, despir-se dela, como se tencionava sustentar nessa teoria.

Não obstante, essa teoria ainda acarretava muito ônus à vítima, que necessitava comprovar a *falta do serviço* para a obtenção da respectiva indenização.

Finalmente, na última etapa surge a *teoria do risco administrativo*, fundamentada no fato de o Estado, no desempenho de suas atividades, ter grande probabilidade de causar danos a particulares, embora realize atividades para o interesse de todos. Entretanto, se todos se beneficiam, todos também devem cooperar na indenização dos prejuízos causados a alguém ou a alguns. Aplica-se, neste caso, o *princípio da solidariedade social*, segundo o qual só é legítimo o ônus suportado por todos em favor de todos, sem exceções.

Segundo Celso Antônio Bandeira de Mello [2007:976]: "O reconhecimento da responsabilidade do Estado, à margem de qualquer texto legislativo e segundo princípios de direito público, como se sabe, teve por marco relevante o famoso aresto *Blanco*, do Tribunal de Conflitos, proferiu em 1º de fevereiro de 1873. Ainda que nele se fixasse que a responsabilidade do Estado 'não é nem geral nem absoluta' e que se regula por regras especiais, desempenhou a importante função de reconhecê-la como um princípio aplicável mesmo à falta de lei".

Pela *teoria do risco administrativo*, a responsabilidade do Estado passa a ser objetiva, ou seja, independente da comprovação de dolo ou culpa ou do mau funcionamento ou não-funcionamento do serviço público, por parte do particular prejudicado. Há, neste caso, a inversão do ônus da prova, isto é, o Estado é que tem a obrigação de comprovar que ele não foi o responsável pelo dano causado à vítima. A responsabilidade subsistirá, desde que haja apenas a comprovação da relação de causa e efeito (nexo causal) entre a conduta do Estado e os danos sofridos.

Nas lições de Odete Medauar [2007:367]: "Deixa-se de lado, para fins de ressarcimento do dano, o questionamento do dolo ou culpa do agente, o questionamento da licitude ou ilicitude da conduta, o questionamento do bom ou mau funcionamento da Administração. Demonstrado o nexo de causalidade, o Estado deve ressarcir".

O fundamento da responsabilidade do Estado – ou seja, a razão que dá ensejo à reparação do dano pelo Estado –, segundo Celso Antônio Bandeira de Mello [2007:981], se biparte:

"a) No caso de comportamentos *ilícitos* comissivos ou omissivos, jurídicos ou materiais, o dever de reparar o dano é a *contrapartida do princípio da legalidade*. Porém, no caso de comportamentos ilícitos *comissivos*, o dever de reparar já é, além disso, imposto também pelo *princípio da igualdade*.

"b) No caso de comportamentos *lícitos*, assim como na hipótese de danos *ligados a situação criada pelo Poder Público* – mesmo que não seja o Estado o próprio autor do ato danoso –, entendemos que o fundamento da responsabilidade estatal é garantir uma equânime repartição dos ônus provenientes de atos ou efeitos lesivos, evitando que alguns suportem prejuízos ocorridos por ocasião ou por causa de atividades desempenhadas no interesse de todos. De conseguinte, seu fundamento é o princípio da igualdade, noção básica do Estado de Direito."

13.3 Causas excludentes da responsabilidade objetiva

Inicialmente, a *teoria do risco* desdobrou-se na *teoria do risco administrativo* e na *teoria do risco integral*. Nesta última o Estado sempre deveria ser responsabilizado pelos danos sofridos por terceiros, inclusive nos casos de *força maior*, *caso fortuito* ou *culpa da vítima*, mesmo na ausência de comprovação do nexo causal entre o dano e alguma atividade do Estado.

Segundo a maioria dos doutrinadores do direito administrativo, consideram-se *caso fortuito* os eventos relacionados à Natureza – como, por exemplo, vendavais, enchentes, tufões, furacões, dentre outros.

Edimur Ferreira de Faria [2004:442] ensina que "os danos materiais e econômicos provocados por tais acontecimentos naturais não acarretam ao Estado a obrigação de indenizar os prejuízos sofridos. Esta é a regra. Podem, entretanto, ocorrer hipótese de responsabilização do Estado pela culpa subjetiva, quando se verificar que o fato danoso se repetiu com certa regularidade e periodicidade, tornando-se previsível, e a Administração Pública se omitir, deixando de tomar medidas eficazes para evitar não o fato, mas os danos dele decorrentes".

Força maior relaciona-se aos eventos humanos – tais como greve, guerra, insurreição etc.

Na *culpa da vítima* o dano é atribuído, total ou parcialmente, à própria vítima, ensejando a total ou parcial exclusão da responsabilidade do Estado. Assim, por exemplo, se determinada rua estiver devidamente sinalizada quanto ao aviso de um buraco e a vítima, embriagada, atingir o mesmo, ultrapassando barreiras de sinalização, não ensejará responsabilidade alguma por parte da Administração Pública.

Os adeptos da teoria do risco integral foram levados a admitir a isenção da responsabilidade do Estado nos referidos casos, visto reconhecerem tratar-se de fatos que, realmente, não comprovam o nexo de causalidade entre a conduta do Estado e o dano, único requisito necessário para a caracterização da responsabilidade objetiva, não sendo o Estado um segurador universal, responsabilizando-se por todo e qualquer dano que os administrados venham a sofrer.

Dessa forma, em razão da inexistência de outras diferenças substanciais, subsiste, atualmente, somente a teoria do risco administrativo, excluindo-se ou reduzindo-se a responsabilidade do Estado nos casos de *caso fortuito*, *força maior* ou *culpa da vítima*.

Nesse sentido, encontra-se prevista na atual CF, consoante seu art. 37, § 6º, a atribuição da responsabilidade objetiva à Administração pelos danos que seus agentes causarem a terceiros, não se responsabilizando a Administração por atos predatórios de terceiros ou por eventos da Natureza.

13.4 Responsabilidade objetiva na legislação brasileira

A teoria da culpa administrativa foi introduzida no ordenamento jurídico brasileiro desde 1916, pelo art. 15 do CC, que dispunha: "As pessoas jurídicas de direito público são civilmente responsáveis por atos dos seus representantes que nessa qualidade causem danos a terceiros, procedendo de modo contrário ao Direito ou faltando a dever prescrito por lei, salvo o direito regressivo contra os causadores do dano".

Trata-se de redação muito semelhante à existente atualmente em nossa Constituição Federal.

Não obstante, a doutrina interpretou esse dispositivo legal de acordo com a teoria da responsabilidade subjetiva, em razão da expressão "procedendo de modo contrário ao Direito ou faltando a dever prescrito por lei", a qual ensejava a comprovação da irresponsabilidade do Estado, por parte da vítima.

Dessa forma, a teoria da responsabilidade subjetiva subsistiu até o advento Constituição de 1946, quando se consagrou a teoria objetiva, expressamente, no seu art. 194, *in verbis*:

"As pessoas jurídicas de direito público interno são civilmente responsáveis pelos danos que os seus funcionários, nessa qualidade, causem a terceiros.

"Parágrafo único. Caber-lhes-á ação regressiva contra os funcionários causadores do dano, quando tiver havido culpa destes."

Pode-se, portanto, mesmo na redação da Carta de 1946, verificar sua semelhança com a prevista no Código Civil, anteriormente mencionada, que, infelizmente, teve interpretação distinta.

A teoria do risco administrativo permaneceu em nosso ordenamento jurídico, sendo prevista no art. 105 da CF de 1967 e sua Emenda Constitucional de 1969, *in verbis*:

"Art. 105. As pessoas jurídicas de direito público respondem pelos danos que seus funcionários, nessa qualidade, causem a terceiros.

"Parágrafo único. Caberá ação regressiva contra o funcionário responsável, nos casos de culpa ou dolo."

Atualmente encontra-se consagrada no art. 37, § 6º, da CF, abarcando todos os tipos de condutas lesivas ensejadoras da responsabilidade do Estado, as quais podem ser: (1) comissivas (comportamento positivo); (2) omissivas (comportamento negativo); (3) de ato ilícito (indenização em face do princípio da legalidade); e (4) de ato lícito (indenização em face dos princípios da igualdade e da solidariedade social).

13.4.1 Análise do art. 37, § 6º, da CF

A responsabilidade objetiva do Estado encontra sua previsão legal no § 6º do art. 37 da CF, que dispõe: "§ 6º. As pessoas jurídicas de direito público e as de direito privado prestadoras de serviços públicos responderão pelos danos que seus agentes, nessa qualidade, causarem a terceiros, assegurado o direito de regresso contra o responsável nos casos de dolo ou culpa".

Analisando-se o referido dispositivo legal, verifica-se que a responsabilidade objetiva é conferida às pessoas jurídicas de direito público e às de direito privado prestadoras de serviços públicos.

São pessoas de direito público: a União, os Estados, o Distrito Federal, os Municípios, as autarquias, bem como as fundações públicas assim consideradas.

No tocante às pessoas jurídicas de direito privado prestadoras de serviços públicos, consideram-se assim enquadradas tanto as empresas públicas, as sociedades de economia mista, as fundações públicas não consideradas de direito público como as concessionárias e permissionárias de serviço público.

Todas essas pessoas, de direito público ou privado, responderão pelos danos que seus agentes, nessa qualidade, causarem a terceiros.

Cabe salientar que a responsabilidade somente subsiste se os agentes estiverem no exercício de suas funções, em caráter permanente ou transitório, por substituição ou delegação, mas sempre realizando função pública.

Os mesários eleitorais, que são particulares sem vínculo empregatício, também respondem como agentes.

Dessa forma, se determinado agente, motorista de um órgão público, vier a causar dano a terceiro, a responsabilidade será da Administração Pública. Entretanto, se o mesmo agente estiver em férias e abalroar seu veículo particular, o órgão público a que o agente se vincula não terá qualquer responsabilidade no evento, resolvendo-se a questão no âmbito privado.

O dano ocasionado pelo agente pode ensejar tanto a ação civil de reparação patrimonial como a administrativa, visando à punição do agente; e criminal também, tratando-se de ato ilícito. Tais ações podem tramitar concomitantemente, havendo influência somente da condenação criminal e da absolvição, pela negativa da autoria ou do fato, que produz efeito também nos processos administrativo e civil, fazendo coisa julgada.

A absolvição por insuficiência de provas ou de culpa na esfera penal não produz efeito algum nas esferas administrativa e civil.

A última observação a ser efetuada ao dispositivo legal em comento refere-se ao direito de regresso, assegurado contra o responsável, nos casos de dolo ou culpa.

Trata-se de relação secundária assegurada aos diretamente responsáveis contra os seus agentes os quais, efetivamente, causaram os danos.

13.4.2 Direito de regresso

Como visto anteriormente, todo prejuízo causado pelos agentes da Administração Pública deverá ser indenizado, independentemente da comprovação de dolo ou culpa, bastando somente a comprovação da relação de causalidade entre o evento e o dano.

A fim de obter o ressarcimento da indenização, assegura-se à Administração Pública o direito de regresso contra o seu agente, que, no âmbito federal, é um direito real, garantido pelo art. 122, § 3º, da Lei 8.112/1990; obrigação, essa, estendida aos sucessores, até o limite do valor da herança recebida.

A ação regressiva refere-se a uma relação secundária, diversa da primeira, e que, por essa razão, depende da comprovação de dolo ou culpa do agente. Nesta hipótese, a responsabilidade é subjetiva.

Uma questão suscitada neste caso refere-se à necessidade, ou não, de ser efetuada a denunciação da lide; havendo divergência de opiniões, tanto entre os doutrinadores como em nossa jurisprudência.

Nos termos do art. 70 do CPC, "a denunciação da lide *é obrigatória*: (...) III – àquele que estiver obrigado, pela lei ou pelo contrato, a indenizar, em ação regressiva, o prejuízo do que perder a demanda" (grifo nosso).

O entendimento pacífico do STJ (REsp 606.224-RJ, 620.829-MG e 661.696-PR[1]) bem como da corrente doutrinária majoritária é no

1. "*Ementa:* (...) 2. A denunciação da lide só é obrigatória em relação ao denunciante, que, não denunciando, perderá o direito de regresso, mas não está obrigado o julgador a processá-la, se concluir que a tramitação de duas ações em uma só onerará em demasia uma das partes, ferindo os princípios da economia e da celeridade na prestação jurisdicional. 3. A denunciação da lide ao agente do Estado em ação fundada na responsabilidade prevista no art. 37, § 6º, da CF/1988 não é obrigatória, vez que

sentido de não ser devida a denunciação da lide, tendo em vista o direito de regresso se encontrar assegurado pela própria Constituição Federal. Tal entendimento visa a garantir a celeridade do processo perante a vítima, posto que a tramitação de duas ações (principal e regressiva) demandaria maior tempo para a efetiva indenização, e a ação regressiva necessitaria da análise de culpa ou dolo do agente responsável pelo dano, cuja necessidade inexiste na ação principal, fundada na teoria da responsabilidade objetiva.

Por esse pensamento, entendem que o magistrado não está obrigado, caso solicitada, a receber a denunciação à lide se concluir que a tramitação de duas ações em uma só onerará, em demasia, uma das partes, ferindo o princípio da economia processual.

Além do mais, o afastamento da denunciação à lide é sustentado também pela afirmação de que "a denunciação da lide só deve ser admitida quando o denunciado esteja obrigado, por força de lei ou do contrato, a garantir o resultada da demanda, caso o denunciante resulte vencido, *vedada a intromissão de* ***fundamento novo*** *não constante da ação originária*" (*RSTJ* 14/440, 58/319, 133/277, 142/346, 154/393).

No caso em questão há, evidentemente, a intromissão de fundamento novo na ação regressiva, posto tratar-se de responsabilidade subjetiva, a qual depende, portanto, da comprovação de dolo ou culpa, sendo certo que esses fatos inexistem na primeira relação, que trata da responsabilidade objetiva.

Evidentemente, a denunciação à lide acatada na ação da responsabilidade objetiva importará menor celeridade para a efetivação da indenização da vítima, já que existe a necessidade de, antes da única decisão a ser proferida, ser comprovada a existência do dolo ou culpa do agente responsável pelo dano.

Por outro lado, os adeptos do entendimento da obrigatoriedade da denunciação à lide sustentam que o diploma pertinente para dispor qual a maneira legal para se efetivar a ação regressiva é o Código de Processo Civil, o qual não faz distinções, impondo que todas as ações regressivas sejam realizadas através da denunciação à lide. Tal fato não

a primeira relação jurídica funda-se na culpa objetiva e a segunda na culpa subjetiva, fundamento novo não constante da lide originária. 4. Não perde o Estado o direito de regresso se não denuncia a lide ao seu preposto (precedentes jurisprudenciais)."

se confunde com o previsto pela Constituição Federal, porque esta garante o direito, e aquele, a forma de seu procedimento.

Se o Código de Processo Civil dispõe sobre a obrigatoriedade da denunciação à lide para assegurar a ação regressiva, não pode o magistrado indeferi-la, por se tratar de direito assegurado à Administração Pública.

Diferentemente, o fato de o direito de regresso da Administração Pública estar assegurado pela própria Constituição Federal, embora tal assertiva esteja correta, não induz à desnecessidade de ser realizada a denunciação à lide.

Além disso, não há, também, a faculdade da Administração de promover ou não a denunciação à lide, até em face do princípio da indisponibilidade, pelo qual o agente não poderá, jamais, dispor da coisa pública.

No tocante à introdução de fundamento novo, oportuna a análise do próprio instituto da denunciação da lide.

Nas lições de Cândido Rangel Dinamarco [2006:181], na denunciação à lide não há a formação de litisconsórcio, tendo em vista que o denunciado (agente) não integra a relação ao lado do réu, ou seja, da Administração Pública. O que ocorre é o ingresso do denunciado *ad coadjuvandum*, ou seja, na qualidade de assistente litisconsorcial, auxiliando o denunciante na busca da improcedência da ação.

Dessa forma, onde havia uma demanda, passam, agora, a existir duas ações: a inicial, entre a vítima e a Administração Pública, e a regressiva, entre a Administração Pública e o agente.

Por essa razão, "não só subjetivamente fica ampliada a relação processual, como ainda *o objeto do processo* se alarga" [Dinamarco 2006:182].

Não obstante, incorreto será afirmar que com a denunciação à lide se originam duas ações. Na realidade, "trata-se da mesma e única relação processual inicial, agora contendo mais de uma pretensão a ser dirimida" [Dinamarco 2006:182].

Subsome-se, assim, ser da própria natureza da denunciação à lide a inserção de fundamentos novos, os quais, certamente, poderão resultar em menor celeridade ao processo.

Contudo, "é preciso extrair do exercício da jurisdição pelos órgãos estatais todo o possível resultado útil, com o mínimo esforço e de despesas, sem duplicação de atividades e dispersão do tempo que seria utilizado para acudir a outras demandas. É preciso evitar que as mesmas questões jurídicas ou de fato recebam julgamentos diferentes, no julgamento de diversas relações jurídicas delas dependentes" [Dinamarco 2006:184].

Do contrário, "correria a parte o risco de perder a causa e depois, quando fosse em busca do regresso, ser-lhe dito que não se justificava aquela primeira derrota. Perderia dos dois lados, não estando o terceiro vinculado ao resultado do primeiro processo" [Dinamarco 2006:183].

Por tais razões, evidencia-se que não há motivos capazes de sustentar a possibilidade legal do afastamento da denunciação à lide, impondo à Administração Pública a obrigação de, posteriormente, propor ação regressiva.

Por outro lado, não há dúvida de que a denunciação à lide prejudicará a indenização a ser efetuada em benefício da vítima, ante a necessidade de aguardar toda a análise da existência de culpa, para ser proferida uma única decisão no processo.

Mas a concretização ou a efetivação da denunciação à lide enseja uma outra situação, pois, na prática, será muito difícil ao ente público sustentar a culpa, "sem confessar a *causalidade* entre a conduta do funcionário e o dano lamentado na demanda inicial; e essa confissão produzirá na certa a probabilidade suficiente para, nos termos do art. 273, antecipar a tutela em benefício do autor, sem necessidade e sem a menor conveniência de privar o réu da efetividade do regresso que a Constituição lhe assegura" [Dinamarco 2006:191].

Essa parece ser a solução presente em nosso ordenamento jurídico, capaz de assegurar a celeridade para a vítima bem como o direito de regresso para a Administração Pública (em consonância com a obrigatoriedade de ser efetuada a denunciação à lide, nos termos do art. 70 do CPC).

Cabe salientar, entretanto, que referida solução não se aplica nos casos em que a Administração Pública venha a se insurgir quanto a alguma causa excludente, como a força maior, o caso fortuito ou a culpa da vítima, posto que, nessas hipóteses, a denunciação à lide será efetuada sobretudo no sentido de ter, efetivamente, o agente como seu assistente. Aqui, primeiramente, deve ser feita uma análise sobre a existência de alguma dessas excludentes para, após, ser aplicada a solução supramencionada.

13.4.3 Distinções entre "usuários" e "terceiros"

Muitas discussões existem a respeito da existência, ou não, da responsabilidade objetiva das concessionárias de serviços públicos quando estas causam danos a terceiros não-usuários de seus serviços.

Útil, então, a verificação preliminar da distinção entre os "usuários" e os "terceiros não-usuários", para fins de apuração da responsabilidade das concessionárias de serviços públicos.

O STF vem se posicionando no sentido de a responsabilidade ser objetiva somente em relação aos usuários dos serviços da concessionária, não se estendendo a terceiros não-usuários (RE 262.651-SP).

Nesse sentido, cabe destacar, do voto do Exmo. Min. Relator, Carlos Velloso, a seguinte afirmação:

"(...) o usuário do serviço público que sofreu um dano, causado pelo prestador do serviço, não precisa comprovar a culpa deste. Ao prestador do serviço é que compete, para o fim de mitigar ou elidir a sua responsabilidade, provar que o usuário procedeu com culpa, culpa em sentido largo. É que, conforme lição de Romeu Bacellar, 'é o usuário detentor do direito subjetivo de receber um serviço público ideal'. A *ratio* do dispositivo constitucional que estamos interpretando parece-me mesmo esta: porque o "usuário é detentor do direito subjetivo de receber um serviço público ideal', não se deve exigir que, tendo sofrido dano em razão do serviço, tivesse de provar a culpa do prestador desse serviço.

"Fora daí, vale dizer, estender a não-usuários do serviço público prestado pela concessionário ou permissionário a responsabilidade objetiva – CF, art. 37, § 6º – seria ir além da *ratio legis*."

Relevante, ainda, apontar, do voto-confirmação do citado Relator, o seguinte trecho: "Neste caso, as despesas decorrentes da reparação do dano devem ser repartidas entre os que utilizam o serviço. Noutras palavras, a responsabilidade objetiva dá-se relativamente ao usuário do serviço, e não quanto a quem não está recebendo o serviço".

Entende o referido Min. Relator, em suma, que a responsabilidade objetiva da concessionária de serviço público subsiste tão-somente perante seus usuários, não devendo as despesas ser repartidas nas hipóteses em que os danos são ocasionados a terceiros não-usuários desses serviços.

O Min. Joaquim Barbosa, em seu voto-vista, posiciona-se em sentido contrário, declarando ser aplicável a responsabilidade objetiva das concessionárias de serviços públicos tanto perante usuários quanto terceiros, sustentando seu raciocínio da seguinte forma:

"(...) a responsabilidade objetiva do Estado repousa em dois fundamentos jurídicos irretocáveis.

"Primeiro, ao atuar e intervir nos mais diversos setores da vida social, a Administração submete os seus agentes e também o particular a inúmeros riscos (...). O risco administrativo, portanto, não raro decorre de uma atividade lícita e absolutamente regular da Administração, daí o caráter objetivo desse tipo de responsabilidade, que faz abstração de qualquer consideração a respeito de eventual culpa do agente causador do dano.

"O segundo fundamento jurídico da responsabilidade objetiva repousa no princípio da igualdade de todos os cidadãos perante os encargos públicos. Para alguns autores, em especial os franceses, esse segundo fundamento englobaria o primeiro, de sorte que a obrigação imposta ao Estado de indenizar o particular em caso de dano a ele causado resultaria, em essência, do fato de que não seria justo que alguém suportasse sozinho os ônus decorrentes de uma atividade exercida em benefício de toda a sociedade.

"(...). Em suma, Sr. Presidente, a responsabilidade do Estado traduz-se na singela idéia de que as atividades administrativas são levadas a efeito em benefício de todos. Se delas resultam danos a algumas pessoas, cabe à coletividade repará-los.

"Daí vem a indagação crucial que faço: quando o Estado, mediante contrato administrativo, transfere ao particular uma parcela das suas múltiplas atividades, ocorre uma transformação substancial na natureza dessas atividades? (...). Penso que não.

"(...). Penso, pois, que introduzir uma distinção adicional entre usuários e não-usuários do serviço significa um perigoso enfraquecimento do princípio da responsabilidade objetiva, cujo alcance o constituinte de 1988 quis o mais amplo possível.

"(...). Dessa forma, parece-me imprópria a indagação acerca dessa ou daquela qualidade intrínseca da vítima para se averiguar se no caso concreto está ou não está configurada hipótese de responsabilidade objetiva, já que esta decorre da natureza da atividade administrativa, a qual não se modifica em razão da simples transferência da prestação dos serviços públicos a empresas particulares concessionárias do serviço."

Posiciona-se esta autora no sentido de que o entendimento correto se encontra com o referido Min. Joaquim Barbosa.

De fato, a Constituição Federal de 1988 não efetua qualquer qualificação da vítima, exigindo, tão-somente, que o dano tenha sido ocasionado por pessoa jurídica de direito privado prestadora de serviço público, ou pelo próprio Poder Público.

Como se depreende dos ensinamentos constantes do voto-vista do Min. Joaquim Barbosa, o fundamento dessa responsabilidade, que é objetiva, repousa no princípio da igualdade, ou, melhor ainda, no princípio da solidariedade social, através do qual os danos sofridos por alguns, decorrentes da atuação estatal para o benefício de todos, sejam por todos compartilhados.

Não existe qualquer restrição quanto às vítimas que sofrem o dano. Tratando-se da prestação de serviço público, devida será a indenização do dano ocasionado pela prestadora.

No caso em questão, os serviços prestados pelas concessionárias, evidentemente, são públicos, tanto que a titularidade permanece com o Poder Público concedente.

Assim, se a concessionária, ao prestar seus serviços, ocasiona dano a alguém, devida será a indenização, independentemente de a vítima ser usuária ou terceiro não-usuário.

Na realidade, o cerne da questão situa-se no risco que a concessionária assumiria se sua responsabilidade fosse objetiva perante todos, inclusive terceiros.

Porém, quando da licitação da concessão e posterior contratação, o risco da prestação de serviços já está calculado e inserido nas propostas das licitantes, em função, sobretudo, da natureza desses serviços.

Caso os incidentes sejam freqüentes, caberá à concessionária averiguar as razões, sobretudo em face da sua responsabilidade *in vigilando* e *in eligendo* sobre seus prepostos.

Por outro lado, se muitos forem os incidentes, a ponto de a concessionária não suportar a continuidade da prestação de seus serviços, e não tiver condições de efetuar as indenizações dos danos por ela causados, não há dúvida de que os mesmos serão suportados pelo Poder Público concedente, o titular permanente desses serviços.

Não existem, portanto, razões para uma interpretação inconsentânea com a nossa Carta Magna, a justificar o afastamento da responsabilidade objetiva das concessionárias perante terceiros não-usuários, tendo em vista que elas dispõem de meios para dirimir os problemas decorrentes de seu contrato de concessão, juntamente, é claro, com o Poder Público contratante.

Ademais, quanto aos seus usuários, não haveria nem que se falar na aplicação da responsabilidade objetiva, prevista na Constituição Federal, posto que a indenização seria devida sobretudo em razão do contrato celebrado entre o usuário e a concessionária, o qual se formaliza no momento da aquisição do serviço. Neste caso aplicar-se-ia o Código de Defesa do Consumidor – Lei 8.078, de 11.9.1990 –, que preceitua o seguinte, em seu art. 14: "O fornecedor de serviços responde, independentemente da existência de culpa, pela reparação dos danos causados aos consumidores por defeitos relativos à prestação dos serviços, bem como por informações insuficientes ou inadequadas sobre sua fruição e riscos".

Em conformidade com o referido dispositivo legal, constata-se que o Código de Defesa do Consumidor adotou também a teoria da responsabilidade objetiva ao instituir que a reparação dos danos independe da existência de culpa.

Finalmente, tratando-se da prestação de serviços públicos pelo próprio poder público, jamais se efetuou qualquer distinção quanto às vítimas dos eventuais danos ocasionados.

Não há, portanto, qualquer fundamento legal a amparar a distinção entre os usuários e os terceiros não-usuários, para fins da aplicação da teoria objetiva, somente pelo fato de esses serviços serem prestados por concessionárias.

Do exposto, assiste razão ao entendimento do Sr. Min. Joaquim Barbosa, o qual, não obstante, foi voto vencido no acórdão supramencionado.

13.5 Responsabilidade civil do Estado decorrente de atos omissivos

A jurisprudência de nossos tribunais vem se posicionando no sentido de haver responsabilidade subjetiva nas hipóteses em que os danos forem decorrentes de conduta omissiva pelo Estado.

Segundo o entendimento que tem prevalecido, tanto no STJ quanto no STF, a responsabilidade do Estado por omissão é subjetiva, uma vez que a ilicitude no comportamento omissivo é aferida sob a hipótese de que o Estado deveria ter agido por imposição legal. Nesse caso, a comprovação de dolo ou culpa mostra-se necessária.

Trata-se de decisões que têm diversos tipos de situações, como, por exemplo, nos casos de morte de indivíduo provocada por acidente em buraco decorrente de erosão pluvial; de morte de detentos; de mortes decorrentes de epidemias não combatidas pelo Estado; ou, ainda, de ferimento de alunos nas escolas públicas, dentre outros.

Em todas essas hipóteses as decisões supramencionadas referem-se a comportamentos ilícitos, os quais ensejam a necessidade de comprovação da culpa, entendida esta em sentido largo, não sendo necessária sua individualização, em uma de suas vertentes – quais sejam, o dolo, a negligência, a imprudência ou a imperícia.

Nessa direção pode-se colacionar, como exemplo, um trecho da ementa do RE 135.542-MS, do STF: "(...). 5. Nas situações em que o dano somente foi possível em decorrência da omissão do Poder Público (o serviço não funcionou, funcionou mal ou tardiamente), deve ser aplicada a teoria da responsabilidade subjetiva. Se o Estado não agiu, não pode ser ele o autor do dano. Se não foi o autor, cabe responsabilizá-lo apenas na hipótese de estar obrigado a impedir o evento lesivo, sob pena de convertê-lo em 'segurador universal'".

Não obstante esse entendimento, o fato é que a Constituição Federal nada diz a respeito de a lesão ter que ser decorrente de comportamento comissivo ou omissivo, tampouco de haver a necessidade de ser ato ilícito.

Isso porque todo o entendimento se fundamenta na existência de um comportamento ilícito por parte do agente da Administração Pública. Entretanto, tal caracterização só terá relevância se a vítima tencionar a propositura de ação criminal.

Para a ação de indenização, baseada na teoria da responsabilidade objetiva, pouco importa se o comportamento foi ilícito ou não e, por conseqüência, se o agente agiu com ou sem culpa.

De toda forma, segundo o entendimento de nossos tribunais, não há necessidade de comprovação da culpa em sentido estrito, bastando a da culpa em sentido largo. Mas, ao final, essa exigência em nada difere da própria teoria objetiva, posto se exigir, tão-somente, a comprovação do nexo causal entre o descumprimento ou mau cumprimento de dever legal e o dano, restando ao Estado o dever de comprovar a ausência de sua culpa ou de seu dolo.

Assim, se competia, por dever legal, ao Estado executar algo, e este não o fez, não havendo a necessidade de ser comprovada a culpa em sentido estrito, é o próprio Estado quem deverá comprovar sua ausência de culpa.

Subentende-se, em conclusão, que mesmo em casos de omissão assistirá ao Estado a responsabilidade objetiva, não se aplicando a responsabilidade subjetiva, tampouco a teoria da culpa administrativa, ambas superadas pelo nosso ordenamento jurídico.

13.6 Responsabilidade civil do Estado decorrente de atos judiciais

O art. 37, § 6º, da CF, ao instituir a responsabilidade objetiva do Estado pelos danos causados por seus agentes a terceiros, adotou a teoria do risco administrativo de maneira genérica, ampla, sem estabelecer limitação ou restrição.

Não há dúvida, portanto, de que a teoria da responsabilidade objetiva do Estado também se aplica aos atos jurisdicionais que causarem danos a terceiros.

Segundo José Cretella Jr. [2005:357], "a *responsabilidade do Estado por atos judiciais* é assunto relevante no campo do Direito e tem sido bem tratado pelos tribunais brasileiros. É uma espécie do *gênero* responsabilidade do Estado por atos decorrentes do serviço público, porque o *ato judicial* é, antes de tudo, *ato público*, ato de pessoa que exerce o serviço público judiciário. O magistrado é equiparado, para esses efeitos, ao funcionário público".

A nossa jurisprudência, entretanto, vem se posicionando de maneira absolutamente oposta, ao pacificar, pelo STF, o entendimento de que o Estado não responde pelos prejuízos decorrentes de atos judiciais (RE 32.519-RS; RE 69.568-SP; RE 219.117-PR). Referido posicionamento está fundamentado em quatro razões, ora expostas.

A *primeira razão* encontra-se na necessidade de o magistrado ter absoluta liberdade para decidir, sem medo de suas decisões poderem ensejar responsabilidade ao Estado (se houver esse temor, nenhum juiz ousaria condenar alguém à prisão, se houvesse a possibilidade de essa decisão ser reformada). Há que prevalecer a independência irrestrita do Poder Judiciário.

O *segundo argumento* para afastar a responsabilidade objetiva dos atos judiciais reside na concepção de que o Poder Judiciário do Estado, na função de dizer o Direito, é o próprio Estado, não podendo, portanto, violar sua própria soberania.

A *terceira razão* resulta na distinção entre *agentes administrativos* e *agentes políticos*. Segundo o disposto no art. 37, § 6º, da CF, a expressão "agente" refere-se, tão-somente, aos agentes administrativos (servidores públicos), não abarcando os agentes políticos (parlamentares e magistrados).

O *último argumento* fundamenta-se no princípio da imutabilidade da coisa julgada. Em função da presunção de veracidade da coisa julgada, não há que se admitir sua invalidação, sendo certo que eventual indenização decorrente da responsabilidade do Estado violaria o referido princípio.

Entretanto, em que pese a todas essas argumentações, as mesmas não merecem prevalecer.

Primeiramente, no tocante à independência dos magistrados, não obstante o fato de ser necessária, não pode ela ser suscitada para eximir a responsabilidade de eventuais decisões tomadas erroneamente.

Aliás, a independência funcional existe – e assim deve ser – em todas as funções de poder do Estado, tanto no Executivo e no Legislativo como no Judiciário, sob pena de desconsiderar a teoria da separação de Poderes.

Tal fato, porém, não justifica a não-indenização, pelo Estado, dos danos causados pelo Poder Executivo, ainda que atuando nos termos da lei. Da mesma forma, não há razões para que esse fato seja a causa de exclusão da responsabilidade dos magistrados.

O reconhecimento da responsabilidade objetiva não significa, entretanto, retirar a independência dos magistrados; e tampouco consagrar a existência da aplicação da responsabilidade objetiva todas as vezes que uma decisão seja reformada.

Não há, portanto, que se responsabilizar o Estado nos casos em que o réu esteve preso preventivamente em processo no qual, a final, foi absolvido. Mas se a prisão preventiva tiver sido decretada em desconformidade com os requisitos legais, não há dúvidas de que a hipótese caracterizará responsabilização objetiva do Estado, o qual, após a devida indenização à vítima, deverá ingressar, regressivamente, contra o magistrado.

Em outras palavras, a reforma da sentença em segundo grau não implica, por si só, erro judiciário, visto essa reforma ter sido efetuada em razão da análise diferenciada das provas existentes nos autos, ou por qualquer outro motivo, não decorrente de erro judiciário.

A hipótese que enseja a aplicação da responsabilidade objetiva reside tão-somente nos casos em que haja *erro judiciário*, o qual se concretiza nas decisões tomadas em desconformidade com o ordenamento jurídico. Trata-se de hipótese de ocorrência provável, oriunda da falibilidade humana.

Ora, se para o Poder Executivo é possível antever erros, quando da execução de serviços ou obras devidamente autorizados nos termos da lei, para a satisfação do interesse público, de igual modo, para o Poder Judiciário também é possível que eventuais decisões sejam tomadas erroneamente.

O objetivo da teoria da responsabilidade objetiva é idêntico em ambos os casos – qual seja, o de amparar a hipossuficiência de alguns que foram prejudicados pelo Estado quando no exercício de benefícios a todos.

No tocante à soberania, é absolutamente incabível sua sustentação, posto ser pacífico o entendimento de que ela pertence ao Estado, significando a inexistência de qualquer outro ente que lhe seja superior. Ademais, tencionar atribuir soberania ao Judiciário em nada excluiria sua responsabilidade, pois, sob esse aspecto, não haveria também como rechaçar a soberania do Poder Executivo, cuja responsabilidade objetiva sempre lhe foi imputada.

Em terceiro lugar, excluir os agentes políticos da expressão "agentes", prevista na Constituição Federal, também não merece prevalecer, pois é impor uma restrição que a própria Constituição não prevê. Ao revés, empregou a expressão de forma genérica, justamente para abranger todos os que prestam serviços em nome do Estado – ou seja, tanto os administradores como os políticos.

Finalmente, quanto à imutabilidade da coisa julgada, também não deve ser mantida, visto essa não ser, em seu bojo, absoluta, em face da ação rescisória ou da revisão criminal.

No ordenamento pátrio há, ainda, a previsão da responsabilidade do Estado por erro judiciário de natureza criminal, nos termos do art. 630 do CPP, *in verbis*:

"Art. 630. O tribunal, se o interessado o requerer, poderá reconhecer o direito a uma justa indenização pelos prejuízos sofridos.

"§ 1º. Por essa indenização, que será liquidada no juízo cível, responderá a União, se a condenação tiver sido proferida pela Justiça do Distrito Federal ou de Território, ou o Estado, se o tiver sido pela respectiva Justiça.

"§ 2º. A indenização não será devida: a) se o erro ou a injustiça da condenação proceder de ato ou falta imputável ao próprio impetrante, como a confissão ou a ocultação de prova em seu poder; b) se a acusação houver sido meramente privada."

Ainda na esfera criminal, a CF prevê, em seu art. 5º, LXXV, que "o Estado indenizará o condenado por erro judiciário, assim como o que ficar preso além do tempo fixado na sentença".

Interessante notar que o referido dispositivo legal não ampara a hipótese mais freqüente, qual seja, a da vítima de prisão ilegal, aquela que é efetuada em desrespeito ao "princípio do devido processo legal"; nem a de prisão cautelar, em virtude da qual não se pode falar, ainda, em "condenado", propriamente dito.

Mas, embora tais conjecturas não estejam enquadradas no dispositivo legal supramencionado, não parece existir dúvida na aplicação da teoria da responsabilidade objetiva nos dois casos apontados.

Além dessas previsões legais, cabe também trazer à colação o art. 133 do CPC, que prevê a responsabilidade pessoal do juiz, que responderá por perdas e danos, quando: "I – no exercício de suas funções, proceder com dolo ou fraude; II – recusar, omitir ou retardar, sem justo motivo, providência que deva ordenar de ofício, ou a requerimento da parte".

Trata-se da responsabilidade subjetiva do juiz, que, para tanto, sempre necessitará da comprovação de dolo ou culpa.

Referida previsão legal comprova ainda mais a existência da responsabilidade objetiva do Estado por atos jurisdicionais. Isso porque as hipóteses que podem ensejar a aplicação dessa teoria são justamente aquelas decorrentes da falibilidade do magistrado.

Tencionar suprimir a responsabilidade objetiva é querer afirmar que os magistrados não erram – o que leva a supor que eles se coloquem em num nível superior ao do próprio Estado.

Obviamente, todos os respectivos agentes devem exercer seus atos em conformidade com a lei. Mas o que a teoria da responsabilidade objetiva reconhece é justamente a possibilidade de o Estado, no exercício de suas atividades, causar danos a terceiros, prevendo, pela adoção desse instrumento teórico, sua possível falibilidade, bem como a hipossuficiência das vítimas.

Assim, não existem também razões para a não-admissão da possibilidade de os magistrados incorrerem em erros nas suas decisões (*error in judicando*). Nesse caso, se essa decisão for a causa do dano, devida será a indenização pelo Estado, que poderá ajuizar ação regressiva contra a pessoa do magistrado, devendo-se, entretanto, nessa relação, comprovar a culpa ou o dolo, para a obtenção do respectivo ressarcimento.

Nesse sentido, pode-se notar o surgimento de um novo posicionamento do STF, baseado no julgamento do RE 228.977-2-SP, em que os Ministros da 2ª Turma, ao afastarem da autoridade judiciária a responsabilidade civil dos atos jurisdicionais, decidiram que a ação deveria ter sido ajuizada contra a Fazenda Estadual – responsável eventual pelos alegados danos causados pela autoridade judicial, ao exercer suas atribuições –, a qual, posteriormente, terá assegurado o direito de regresso contra o magistrado responsável, nas hipóteses de dolo ou culpa.

Dentre os doutrinadores, Lúcia Valle Figueiredo também se posiciona no sentido de não haver empecilhos para responsabilizar o Estado por atos praticados pelo Poder Judiciário. Diz referida autora: "Efetivamente, encarna o Judiciário também a figura do agente público, de alguém que diz o Direito em normas concretas e por conta do Estado. Se assim é, dentro de certas comportas, que o regime jurídico da função postula, há de ser também responsabilizado na hipótese de lesão" [2006:299].

13.7 Responsabilidade civil do Estado decorrente de atos legislativos

A *responsabilidade civil do Estado por atos legislativos* não tem encontrado guarida, invocando-se, em defesa da irresponsabilidade, os seguintes argumentos: (1) o Poder Legislativo, ao atuar na elaboração de suas leis, está no exercício de sua soberania; (2) os membros do Poder Legislativo são eleitos pelo povo, não podendo ser responsabilizados, portanto, pelos seus próprios eleitores; e (3) as normas editadas são gerais, abstratas, impessoais, em benefício de todos, e não de determinados indivíduos.

Referidos argumentos, no entanto, não merecem prevalecer.

Em relação à soberania, pela mesma razão pela qual não pode ser invocada para afastar a responsabilidade objetiva dos atos jurisdicionais, é incabível, pelo fato de ela pertencer ao Estado, significando a inexistência de qualquer ente superior. Outrossim, caso o Legislativo detivesse a soberania, o Executivo também a teria, e, ainda assim, este responderia objetivamente pelos danos causados por seus agentes.

No tocante ao fato de os membros serem eleitos pelo povo, trata-se de argumento insensato, posto esse fato não autorizar o Poder Legislativo a elaborar leis inconstitucionais.

Quanto ao argumento no sentido de as normas serem editadas em caráter geral, abstrato, impessoal e em benefício de todos, tais efeitos não asseguram que essas normas não possam ocasionar prejuízos.

Desse modo, se forem inconstitucionais e causarem prejuízos, o Estado deverá responder pelos respectivos danos.

Nesse sentido, Edimur Ferreira de Faria [2004:437] faz a seguinte advertência: "O simples fato de determinada lei ser declarada inconstitucional não gera direito a indenização; é necessário comprovar o dano efetivamente causado pela lei".

Nesse sentido, os tribunais vêm decidindo pela responsabilidade objetiva do Estado nos casos em que as leis editadas são posteriormente declaradas inconstitucionais, tendo em vista os efeitos *ex tunc* de tais decisões.

Por outro lado, é cediço que nem sempre as normas são editadas em caráter geral, podendo, muitas vezes, atingir determinadas pessoas e ter efeitos concretos. Nessa hipótese, causando prejuízos, cabível também será a aplicação da responsabilidade objetiva.

Tratando-se de leis editadas em desconformidade com nosso ordenamento jurídico, a regra a se observar deve ser a mesma para os atos normativos editados pela Administração Pública, aplicando-se a teoria da convalidação.

Nesse sentido, caso a norma detenha vícios irrelevantes, formais, ela deverá ser convalidada, ou seja, feita de maneira correta, mas com efeitos vigentes desde a sua edição, mesmo que naquela época estivesse viciada.

Se a norma detiver vícios graves, duas situações podem surgir, a saber: (1) casos em que o ato, mesmo nulo, tenha gerado situações estabilizadas pelo Direito. Nesse evento, essas situações deverão ser mantidas, mesmo que oriundas de atos eivados de nulidade absoluta; e (2) casos em que o ato não tenha gerado situações estabilizadas pelo Direito, mas tenha causado prejuízos a terceiros de boa-fé. Nessa hipótese não há como suprimir a responsabilidade do Estado, sendo devida a aplicação da teoria do risco administrativo – e, conseqüentemente, a respectiva indenização.

Bibliografia

BANDEIRA DE MELLO, Celso Antônio [2007]. *Curso de Direito Administrativo*. 24ª ed. São Paulo, Malheiros Editores.

CRETELLA JR., José [2005]. *Manual de Direito Administrativo.* 19ª ed. Rio de Janeiro, Forense.

DI PIETRO, Maria Sylvia Zanella [2006]. *Direito Administrativo.* 19ª ed. São Paulo, Atlas.

DINAMARCO, Cândido Rangel [2006]. *Intervenção de Terceiros.* 4ª ed. São Paulo, Malheiros Editores.

FARIA, Edimur Ferreira de [2004]. *Curso de Direito Administrativo Positivo.* 5ª ed. Belo Horizonte, Del Rey.

FIGUEIREDO, Lúcia Valle [2006]. *Curso de Direito Administrativo.* 8ª ed. São Paulo, Malheiros Editores.

GASPARINI, Diógenes [2004]. *Direito Administrativo.* 9ª ed. São Paulo, Saraiva.

MEDAUAR, Odete [2007]. *Direito Administrativo Moderno.* 11ª ed. São Paulo, Ed. RT.

MEIRELLES, Hely Lopes [2007]. *Direito Administrativo Brasileiro.* 33ª ed. São Paulo, Malheiros Editores.

Capítulo 14

CONTROLE DA ADMINISTRAÇÃO PÚBLICA

NEYDE FALCO PIRES CORREA

14.1 Considerações gerais

O vocábulo "controle", oriundo do vernáculo francês, foi introduzido no Direito Brasileiro, em 1941, pelo saudoso Min. Seabra Fagundes, em sua obra *O Controle dos Atos Administrativos pelo Poder Judiciário.*

"Controle, em tema de administração pública, é a faculdade de vigilância, orientação e correção que um Poder, órgão ou autoridade exerce sobre a conduta funcional de outro" [Meirelles 2007:665].

O controle por parte dos Poderes Legislativo e Judiciário, além do exercido pela Administração sobre seus próprios atos, nada mais é que a demonstração da transparência no exercício da função administrativa, não só dos órgãos do Poder Executivo, mas também dos Poderes Legislativo e Judiciário.

Nesse caso, dá-se à palavra "Administração" um conceito amplo, abrangendo as Administrações direta e indireta, assim como qualquer pessoa jurídica que esteja exercendo uma função administrativa.

Já dizia Montesquieu que "o poder necessita ser detido pelo próprio poder".

Desde que o agente público prolator do ato não abuse de sua autoridade, o controle pode ser exercido por qualquer pessoa.

A Lei 4.898, de 9.12.1965 – a qual "regula o direito de representação e o processo de responsabilidade administrativa, civil e penal, nos casos de abuso de autoridade" –, foi um dos primeiros instrumentos jurídicos com a finalidade de controlar os atos do Poder Executivo.

Posteriormente adveio a Lei 8.429, de 2.6.1992,[1] arrolando os casos em que o agente público, agindo com improbidade administrativa, ficará sujeito a penalidades diversas, dentre elas a de suspensão dos direitos políticos (prazo de 10 anos), multa, perda da função pública e ressarcimento integral do dano.

Prevê o art. 2º dessa lei que "agente público é aquele que exerce, ainda que transitoriamente ou sem remuneração, por eleição, nomeação designação, contratação ou qualquer outra forma de investidura ou vínculo, mandato, cargo, emprego ou função nas entidades arroladas no art. 1º".

Discrimina, ainda, em seu bojo, três categorias de improbidade administrativa: (1) por atos que importam enriquecimento ilícito (art. 9º); (2) por atos que causam prejuízo ao erário público (art. 10); e (3) por atos que atentam contra os princípios da Administração Pública (art. 11).

A finalidade do controle é fazer com que a Administração, no seu agir, faça-o de forma a obedecer a todos os princípios constitucionais, e em especial ao princípio da segurança jurídica.

Esse controle relativo aos atos da Administração Pública deverá ficar restrito aos aspectos da legalidade e da moralidade. Em relação ao mérito há divergência doutrinária.

Em relação à questão dos princípios constitucionais, traz à colação outros princípios o professor Juarez Freitas [2004:63-68], invo-

1. Esta lei regulamenta o § 4º do art. 37 da CF.

cando o princípio da unicidade da jurisdição e o princípio da ampla sindicabilidade dos atos, contratos e procedimentos administrativos.

No que diz respeito ao primeiro acima citado, é encontrado nas disposições do inciso XXXV do art. 5º da CF,[2] demonstrando que, em face da jurisdição única vigente no sistema constitucional brasileiro, a decisão administrativa não faz coisa julgada, sempre se podendo recorrer ao Poder Judiciário, sem exaurimento da via administrativa, se o cidadão for, por lei, lesado ou mesmo ameaçado em seu direito.

Quanto ao segundo nomeado, abrangendo um controle mais amplo dos atos da Administração, poderá ser exercido pelos próprios órgãos internos ou pelos outros Poderes (Legislativo, com auxílio do Tribunal de Contas, e Judiciário).

Parte da doutrina invoca, ainda, o controle social, com a participação da sociedade – como, por exemplo, o controle previsto no art. 48, parágrafo único, da Lei de Responsabilidade Fiscal e no art. 39 da Lei 8.666/1993, pelo qual se exige a realização de uma audiência pública antes da realização de obra de grande vulto.

Também a Emenda Constitucional 19/1998 incluiu na prestação dos serviços públicos a possibilidade de participação do usuário na Administração Pública (§ 3º do art. 37 da CF). Esta participação depende de lei a ser promulgada pelo Executivo.

14.2 As espécies de controle

As *espécies de controle* são consideradas de acordo com o critério utilizado para sua classificação. Pelo *critério do momento*, o controle pode ser prévio, concomitante ou posterior, a saber:

(1) *Controle prévio ou preventivo* (*a priori*) – trata-se de um controle preventivo, de forma a impedir que o ato seja editado sem a obediência das prescrições legais ou de forma contrária ao interesse público. Exemplo típico são as hipóteses em que os atos do Poder Executivo devam ser previamente autorizados pelo Congresso Nacional ou por uma de suas Casas Legislativas (art. 49 da CF).

2. CF, art. 5º, XXXV: "a lei não excluirá da apreciação do Poder Judiciário lesão ou ameaça a direito; (...)".

(2) *Controle concomitante ou sucessivo* – realiza-se *pari passu* com a atuação administrativa, como na hipótese do acompanhamento da execução orçamentária pelo sistema de auditoria, ou a fiscalização de um contrato administrativo em andamento.

(3) *Controle posterior ou corretivo* (*a posteriori*) – verifica-se após a prática do ato, de modo a lhe dar eficácia, corrigi-lo, extingui-lo ou, ainda, confirmá-lo. É o caso da convalidação, revogação ou invalidação dos atos administrativos e da homologação ou aprovação dos procedimentos administrativos.

Merece destaque a classificação do controle em *interno* e *externo*, de acordo com seu exercício por órgãos integrantes, ou não, da própria estrutura do ente controlado.

O *controle interno* é aquele realizado no âmbito da própria Administração, por órgão ou entidade legalmente competente para efetivá-lo.

Esse controle, previsto no art. 74 da CF, incide sobre aspectos administrativos, patrimoniais e financeiros, estendendo-se aos Poderes Legislativo, Executivo e Judiciário, os quais deverão manter, de forma integrada, um sistema de controle interno.

Oportuno lembrar que a incidência deste controle se dará quando o Poder Legislativo ou o Poder Judiciário estiverem no exercício de uma função administrativa.

Na esteira do posicionamento da Dra. Lúcia Valle Figueiredo [2006:358], pode-se dizer que o controle interno se apresenta através dos seguintes procedimentos: homologação, revogação, aprovação e invalidação.

Para alguns autores esse controle pode ser classificado como *controle administrativo*. Se esse controle, ao invés de voluntário, for provocado pelo administrado, passa a ser chamado de *controle com participação do administrado*.

Nessa categoria encontram-se o "direito de petição" (art. 5º, XXXIV, "a", da CF) e os "recursos administrativos" – sancionatórios, revisivos, anulatórios ou ampliativos de direito [Figueiredo 2006:361].

14.3 O controle administrativo

O *controle administrativo* é exercido pela própria Administração sobre seus órgãos, mediante mecanismos estabelecidos por lei.

O controle é decorrência natural do poder hierárquico, e deriva do poder-dever da autotutela que a Administração tem sobre seus próprios atos e agentes.

O STF reconheceu em duas súmulas o poder da Administração de rever seus atos. A Súmula 346 assim dispõe: "A Administração Pública pode declarar a nulidade de seus próprios atos". Por sua vez, a Súmula 473 prescreve: "A Administração pode anular os seus próprios atos, quando eivados de vícios que os tornem ilegais, porque deles não se originam direitos, ou revogá-los, por motivo de conveniência ou oportunidade, respeitados os direitos adquiridos e ressalvada, em todos os casos, a apreciação judicial".

Esse controle é normalmente exercido pelos órgãos superiores sobre os inferiores, subsumindo-se no denominado *controle hierárquico*. Paralelamente a este controle hierárquico, existem os recursos administrativos e o direito de petição.

Esse controle pode ser exercido *ex officio*, quando constatada a ilegalidade pela própria Administração, ou de forma provocada pelos administrados. De qualquer forma, vale salientar que o exercício do controle, notadamente no pertinente à anulação e à revogação, deve ser precedido de contraditório e ampla defesa, em face das expressas disposições do art. 5º, LIV e LV, da CF.

Pelo Decreto-lei 200/1967, dirigido à União, o controle administrativo é chamado de *supervisão ministerial* e se aplica às entidades da Administração indireta vinculadas a um Ministério (art. 19 e parágrafo do Decreto-lei 200/1967). Não se trata de subordinação das entidades governamentais à Administração direta, mas, sim, de um controle finalístico imposto pela lei (art. 26 do Decreto-lei 200/1967).

14.3.1 Direito de petição

O *direito de petição* vem explicitamente prescrito no art. 5º, XXXIV, "a", da CF, o qual estabelece que é a todos assegurado "o direito de petição aos Poderes Públicos em defesa de direitos ou contra ilegalidade ou abuso de poder".

Da mesma forma, o mesmo art. 5º, em seu inciso LV, prescreve que "aos litigantes, em processo judicial ou administrativo, e aos acusados em geral são assegurados o contraditório e ampla defesa, com os meios e recursos a ela inerentes".

Nesse sentido, o direito de petição é via administrativa à disposição de todos os administrados e agentes públicos contra ilegalidades ou abuso de poder. Na hipótese de omissão da Administração, pode o interessado valer-se da via mandamental, para corrigir a falta de resposta da Administração.

Faz-se mister salientar, ainda, que, em face do art. 5º, XXXIV, da CF, que garante o direito de petição independentemente do pagamento de taxas, não mais se justificam as exigências relativas à chamada "garantia de instância" para a interposição de recursos administrativos.

14.4 Modalidades de recursos administrativos

O direito de petição desdobra-se em inúmeras modalidades de recursos administrativos, distribuídos pelas diversas legislações esparsas, dentre os quais destacam-se: a *representação*; a *reclamação administrativa*; o *pedido de reconsideração*; os *recursos hierárquicos próprios* e o *impróprios*; e pedido de *revisão*.

Os recursos administrativos decorrem do próprio Estado de Direito, cabíveis em qualquer hipótese de lesão de direito por ato administrativo. Estão previstos na Lei 9.784/1999 contra decisões administrativas que atentem contra a legalidade e o mérito (art. 56).

14.4.1 Representação

Tem caráter de denúncia perante a Administração em face de irregularidades praticadas por seus agentes públicos. Tal hipótese vem elencada na Lei 4.898/1965, que prevê a representação dirigida à autoridade superior, a qual tenha competência para a aplicação de sanção, e, ainda, ao Ministério Público, para o início de processo crime. A representação aparece também no art. 74 da CF, estatuindo a hipótese de irregularidades ou ilegalidades perante o TCU. Outro respaldo é encontrado na CF no art. 5º, XXXIV, "a".

14.4.2 Reclamação administrativa

A *reclamação administrativa* vem prevista no Decreto 20.910/1932, que dispõe sobre prescrição, a favor da Administração, em sede administrativa ou judicial. O direito de reclamar é amplo e pode ser invocado por qualquer pessoa lesada ou ameaçada de lesão por ato ou fato administrativo. O exame do diploma legal sobredito revela que sua finalidade é regular tão-somente a questão da prescrição. Neste sentido, pode-se atribuir à reclamação administrativa um largo âmbito de abrangência, pela qual o particular ou o servidor público visam a obter o reconhecimento de um direito ou correção de ato que lhes causa lesão ou ameaça de lesão. A reclamação feita no prazo (fatal) suspende a prescrição, a partir do recebimento do requerimento.

14.4.3 Pedido de reconsideração

Na *reconsideração*, o interessado requer, mediante petição, o reexame do ato à própria autoridade que o proferiu. A doutrina e a jurisprudência têm entendido que para o reexame da matéria se faz necessária a incidência de um fato novo, ou a produção de prova que não poderia ter sido apresentada antes da decisão. O art. 1º da Lei 9.784/1999 dispõe sobre reconsideração da decisão recorrida pela autoridade que a proferiu.

14.4.4 Recurso hierárquico

Pretende o reexame da matéria pela autoridade superior à que proferiu o ato. Denomina-se *recurso hierárquico próprio* quando é dirigido à autoridade superior dentro do mesmo órgão em que o ato foi praticado; *impróprio*, quando é dirigido a autoridade superior de outro órgão não-integrante da mesma hierarquia da qual emanou o ato praticado.

Pode ter efeito suspensivo ou devolutivo ou simplesmente devolutivo, desde que constante de lei.

14.4.5 Pedido de revisão do processo

É o meio pelo qual o servidor público, quando punido pela Administração, postula pelo reexame da decisão, em face de novos fatos ou circunstâncias suscetíveis de justificar sua inocência ou diante da inadequação da penalidade aplicada, não podendo resultar em agravamento da sanção (art. 65, parágrafo único, da Lei 9.784/1999). Encontra-se também previsto na Lei federal 8.112/1990.

14.5 Controle legislativo

O *controle legislativo* ou *parlamentar*, enquadrado na categoria de controle externo, é exercido pelos órgãos legislativos (Congresso Nacional, Assembléia Legislativa e Câmara de Vereadores, ou por Comissões Parlamentares), com o auxílio dos Tribunais de Contas, abrangendo dois aspectos: o político e o orçamentário-financeiro.

A Constituição Federal de 1988 deu competência exclusiva ao Congresso Nacional para "sustar os atos normativos do Poder Executivo que exorbitem do poder regulamentar ou dos limites da delegação legislativa" (art. 49, V, regulamentado pela Lei 7.295/1984). A referida Lei foi recepcionada pela atual Constituição Federal. Trata-se de um controle parlamentar direto.

O controle exercido pelo Poder Legislativo não pode chegar à interferência no Poder Executivo, sob pena de ser considerado inconstitucional, por se dar a ingerência de um Poder sobre o outro, proibida pela Carta Magna. Deverá sempre atender às hipóteses previstas na Constituição Federal.

As Constituições estaduais e as legislações complementares deverão obedecer às modalidades de controle previstas na Constituição Federal, sob pena de ofensa ao princípio da separação dos Poderes.

14.5.1 Controle político

As hipóteses de *controle político* encontram-se inseridas nos arts. 49, 50, 52 e 58 da CF. Em linhas gerais, tratam de competências do Congresso Nacional, do Senado, da Câmara dos Deputados, na apuração de irregularidades cometidas pelo Executivo.

Por força de nossa Constituição, compete ao Legislativo a apreciação de matérias sob o aspecto da legalidade e do mérito, permitido, inclusive, o exame de cunho discricionário, avaliando-se a oportunidade e a conveniência, diante do interesse público.

Dentre as competências arroladas nos artigos supracitados, releva notar as seguintes: (1) sustação de atos e contratos do Executivo, por provocação ou por iniciativa própria, para controle da legalidade, prevista no art. 49, V, e no art. 71, § 1º; (2) convocação de ministros e requerimento de informações, recebimento de petições dos administrados e convocação de qualquer autoridade ou pessoa para depor (art. 50); (3) criação de comissões permanentes; para o exercício dessa tarefa fiscalizadora serão instituídas comissões permanentes, em função da matéria de sua competência, "com atribuições previstas nos respectivos requerimentos ou no ato de sua criação" (art. 58); (4) comissões parlamentares de inquérito para apurar irregularidades, criadas pela Câmara ou pelo Senado, com poderes de investigação próprios das autoridades judiciais, mediante exigências previstas na legislação pertinente, para a apuração de fato determinado e por prazo certo, com posterior encaminhamento ao Ministério Público, se for o caso (art. 58, § 3º, da CF). As comissões especiais ou parlamentares poderão ser também criadas em nível estadual ou municipal. Há que se lembrar das irregularidades apuradas em nível municipal relativas a fatos ocorridos no Município de São Paulo, como a "máfia dos ambulantes" e a explosão no Bairro de Pirituba, que culminaram com a responsabilização de vários agentes públicos; (5) há, ainda, no art. 49, I, XII, XIII, XVI e XVII, competências do Poder Legislativo para interferir nas atividades administrativas, com a finalidade de controlá-las; e (6) alguns poderes controladores, privativos do Senado (art. 52, III e IX); julgamento anual de contas do Executivo (art. 49, IX); suspensão e destituição (*impeachement*) de presidente ou ministros (arts. 85 e 86 da CF).

14.5.2 Controle financeiro

O *controle financeiro* – mais precisamente a *fiscalização contábil, financeira e orçamentária* – vem disciplinado nos arts. 70 a 75 da CF, e deve ser exercido pelo Congresso Nacional, com auxílio do TCU.

Essas normas também são aplicadas aos Tribunais de Contas dos Estados e dos Municípios (São Paulo, Rio de Janeiro e os Conselhos de Contas – art. 75).[3]

3. Há atualmente Tribunais de Contas em Municípios dos Estados do Pará, Ceará, Goiás e Bahia, que atuam em paralelo com os respectivos tribunais, cuja criação foi julgada constitucional pela ADI 154 do STF.

Compete ao Congresso Nacional, com o auxílio do TCU, o controle externo das Administrações direta e indireta, exercendo as fiscalizações contábil, financeira, orçamentária, patrimonial e operacional, quanto à legalidade, à legitimidade, à economicidade, à aplicação das subvenções e renúncia de receitas (arts. 70 e 71), examinando as contas prestadas; a admissão, a promoção, a exoneração, a demissão e a aposentadoria de servidores públicos, salvo os cargos comissionados ou funções de confiança; as licitações, os contratos administrativos e os convênios celebrados.

O art. 71, I, da CF, determina que cabem ao TCU a apreciação e a emissão de parecer prévio sobre as contas anuais apresentadas pelo chefe do Executivo.

As contas do Presidente referem-se a todas as despesas e arrecadações, bem como a todos os cronogramas físicos e financeiros de obras e programas, planos de aplicação de recursos financeiros e orçamentários, relativos à sua gestão anual, realizados no exercício financeiro (1º de janeiro a 31 de dezembro).

As contas deverão ser remetidas ao Tribunal de Contas pelo Executivo, que deverá apreciá-las em 60 dias, contados de seu recebimento. A Corte de Contas emitirá seu parecer prévio de modo a recomendar sua aprovação integral, parcial ou a rejeição total.

Após isso as contas serão encaminhadas ao Congresso Nacional para decisão final, podendo o parecer prévio, emitido pela Corte de Contas, ser ou não acatado.

Por sua vez, o art. 70, II, da CF prevê o controle das contas dos administradores pelo Tribunal de Contas (da Administração direta e indireta), prestadas pessoalmente pelos responsáveis pela aplicação do dinheiro e dos valores públicos, ou até mesmo por qualquer agente causador de prejuízo ao erário público.

Nesse caso, as contas serão encaminhadas diretamente ao Tribunal, para efeito de apreciação e julgamento. Durante o processo de julgamento é possível a realização de diligências, para que o responsável, no prazo determinado, possa corrigir eventuais falhas ou apresentar justificativas (art. 71, IX); e, caso não atendido o pedido, o ato controlado poderá ser sustado pelo Tribunal, com comunicação posterior ao Congresso. Na hipótese de contrato a sustação será executada diretamente pelo Congresso.

A rejeição das contas do chefe do Executivo pelo Congresso acarretará a inelegibilidade deste para as eleições dos cinco anos subseqüentes.

Nos termos do art. 74, § 2º, da CF, qualquer cidadão, partido político, associação ou sindicato é parte legítima para denunciar irregularidades ao Tribunal de Contas.

14.6 Controle judicial

Já foi dito anteriormente que o Brasil, ao contrário dos países europeus, adotou o sistema uno de jurisdição, sendo o único em condições de apreciar com força de coisa julgada a lesão ou a ameaça de direitos individuais e coletivos.

O *controle judicial*, juntamente com o princípio da legalidade, é considerado fundamento do Estado de Direito.

Com efeito, cabe ao Poder Judiciário apreciar, sob o aspecto da legalidade e da moralidade, os atos administrativos emanados da Administração Pública, em sentido amplo. Como *atos administrativos* devem ser entendidos todos aqueles de caráter unilateral ou bilateral, vinculados ou discricionários, ressalvadas as questões de mérito administrativo. No tocante ao exame do mérito do ato administrativo pelo Poder Judiciário, há atualmente divergência doutrinária.

Diz o art. 5º, XXXV, da CF que "a lei não excluirá da apreciação do Poder Judiciário lesão ou ameaça a direito".

O descumprimento da lei pela Administração Pública é o que também pode levar o cidadão a recorrer ao Poder Judiciário.

O texto constitucional é claro ao discriminar as hipóteses nas quais o cidadão poderá dirigir-se ao Poder Judiciário: "lesão ou ameaça a direito".

O princípio da legalidade protege e garante a sociedade contra abusos do agente público. A esse respeito expressa-se Celso Antônio Bandeira de Mello [2007:922]: "Dessarte, é imperioso reconhecer que existe direito à proteção judicial toda vez que (a) a ruptura da legalidade cause ao administrado um agravo pessoal do qual estaria livre se fosse mantida íntegra a ordem jurídica, ou (b) lhe seja subtraída uma vantagem a que acederia ou a que se propõe nos termos da lei a aceder e que pessoalmente desfrutaria ou faria jus a disputá-la se não houvesse ruptura da legalidade".

No direito administrativo há medidas judiciais relativas à correção da conduta administrativa, além das de direito privado (reintegração de posse, ações ordinárias de indenização e cautelares), quer sejam atos ou omissões de autoridade pública.

As medidas específicas, previstas na Constituição Federal de 1988, denominadas *remédios constitucionais*, são: o *"habeas corpus"*; o *mandado de segurança individual* ou *coletivo*; o *"habeas data"*; o *mandado de injunção*; a *ação civil pública*; a *ação popular*; e a *ação direta de inconstitucionalidade, por ação ou omissão.*

No tópico a seguir serão examinadas essas ações constitucionais à disposição dos administrados para exercerem seu direito de controlar atos da Administração.

14.6.1 Meios de controle

14.6.1.1 *"Habeas corpus"*

O *habeas corpus* é o mais antigo meio de contenção do poder. Sua origem remonta ao século XIII, mais precisamente 1215, com a edição da Carta Inglesa. Foi o primeiro remédio previsto para o controle jurisdicional de atos da Administração.

No Brasil apareceu no Código de Processo Criminal do Império, de 1832.

Tem por finalidade a proteção ao direito constitucional de locomoção. Encontra-se previsto no art. 5º, LXVIII, da CF, nos seguintes termos: "Conceder-se-á *habeas corpus* sempre que alguém sofrer ou se achar ameaçado de sofrer violência ou coação em sua liberdade de locomoção por ilegalidade ou abuso de poder".

A gratuidade é característica do *habeas corpus*, como meio de a todos assegurar sua acessibilidade, podendo ser impetrado por qualquer pessoa, brasileira ou estrangeira, em benefício próprio ou de terceiros, dispensada a participação de procurador.

São pressupostos do *habeas corpus*: a ilegalidade ou o abuso de poder por parte de autoridade pública ou particular; e a violência, a coação ou a ameaça à liberdade de locomoção.

Seu processo e seu procedimento, sem grandes formalidades, encontram-se nos arts. 647 a 667 do CPP (Decreto-lei 3.689, de 3.10.1941).

14.6.1.2 *"Habeas data"*

Trata-se de inovação no Direito Brasileiro. O art. 5º, LXXII, da CF de 1988 prevê o *habeas data* para assegurar o conhecimento de informações relativas à pessoa do impetrante constantes de registros ou bancos de dados de entidades governamentais ou de caráter público e, ainda, para retificação de dados, quando não se prefira fazê-lo por processo sigiloso, judicial ou administrativo.

Sua disciplina encontra-se na Lei 9.507, de 12.11.1997, que acrescentou, ainda, a hipótese de cabimento da medida para "anotação, nos assentamentos do interessado, de contestação ou explicação sobre dado verdadeiro mas justificável e que esteja sob pendência judicial ou amigável" (art. 7º, III).

Não há que se confundir, todavia, o direito à informação, protegido pelo *habeas data*, com aquele previsto no art. 5º, XXXIII, da CF, que trata de informações de interesse particular, coletivo ou geral, e que devem ser prestadas pela Administração Pública.

O *habeas data* protege direito de informação relativo à pessoa do impetrante, desde que conste de banco ou registro de dados.

Eis o entendimento de Edimur Ferreira de Faria [2001:558]: "A norma do inciso XXXIII do art. 5º, embora resguarde direito de informação de interesse pessoal ou de interesse coletivo, não se confunde com o preceito do inciso LXXII do mesmo artigo. Os dois dispositivos protegem objetos jurídicos diversos. Este cuida de registro pessoal do impetrante, aquele trata de outros registros que possam ser de interesse do postulante, mas que não precisam, necessariamente, se referir à sua pessoa".

Coloca-se nesse ponto uma questão controvertida: o *habeas data* deverá ser obrigatoriamente interposto após indeferimento de recurso administrativo?

Segundo decisão do extinto TFR, há necessidade da existência de prévio pedido administrativo, anterior à propositura da medida judicial. No mesmo sentido dispõem a Súmula 2 do STJ e o parágrafo único do art. 8º da Lei 9.507/1997.

14.6.1.2.1 O processo judicial do *habeas data*

O Judiciário tem entendido como condicionamento para a propositura do *habeas data* a negativa de pedido administrativo, de forma a legitimar o pleito judicial. É o que consta da Súmula 2 do STJ: "Não cabe *habeas data* se não houver recusa por parte da autoridade administrativa".

Em que pese ao entendimento preconizado por nossos Tribunais, não existe disposição constitucional a exigir tal condicionante.

No pólo ativo da ação deve figurar pessoa física, brasileira ou estrangeira, interessada em obter informações a seu respeito, constantes de registro ou banco de dados. O sujeito passivo é a entidade, governamental ou particular, detentora de registros ou banco de dados de caráter público.

Seu objeto é a informação propriamente dita ou a retificação de registro falso ou inadequado. Nada impede que se pleiteie, primeiramente, a informação e, sendo falsa, sua retificação ou anotação de esclarecimentos ou justificativas.

No que concerne ao processo propriamente dito, a Lei 9.507/1997 estabelece um rito sumariíssimo, em muito semelhante ao do mandado de segurança. O rito do processo compreende, numa primeira etapa, o despacho da inicial e a notificação à autoridade, para prestação de informações, no prazo de 10 dias.

Com ou sem informações, será ouvido o representante do Ministério Público, no prazo de cinco dias, com posterior conclusão, e decisão final proferida em cinco dias.

A execução da sentença se faz por comunicação à autoridade coatora, pelo Correio, com aviso de recebimento, ou por telegrama, radiograma ou telefonema, marcando-se data e horário para a apresentação das informações ou para a retificação de dados ou a anotação requerida.

Do indeferimento da inicial, assim como da decisão de mérito, cabe apelação.

A competência para julgamento desta medida consta dos arts. 102, I, "d", e II "a", 105, I, "b", 108, I, "c", 109, VIII, e 121, § 4º, V, da CF, expressamente prevista também no art. 20 da Lei 9.507/1997.

14.6.1.3 *Mandado de injunção*

O *mandado de injunção* é a medida judicial à disposição de todos para assegurar ao indivíduo, no caso concreto, o exercício de direitos, de liberdades constitucionais e de prerrogativas inerentes à nacionalidade, à soberania e à cidadania, mas condicionado a posterior edição de leis e regulamentos, nos termos do art. 5º, LXXI, da CF.

De todos os remédios constitucionais, o mandado de injunção é aquele que mais tem suscitado dúvidas e controvérsias, notadamente quanto ao seu alcance.

O mandado de injunção obriga a Administração inerte a expedir as regras necessárias, quando faltantes, para que o indivíduo possa exercer seu direito.

Para José Afonso da Silva [2007:450]: "O mandado de injunção tem, portanto, por finalidade realizar concretamente em favor do impetrante o direito, liberdade ou prerrogativa, sempre que a falta de norma regulamentadora torne inviável o seu exercício. Não visa a obter a regulamentação prevista na norma constitucional. Não é função do mandado de injunção pedir a expedição da norma regulamentadora, pois ele não é sucedâneo da ação de inconstitucionalidade por omissão (art. 103, § 2º). É equivocada, portanto, *data venia*, a tese daqueles que acham que o julgamento do mandado de injunção visa à expedição de norma regulamentadora do dispositivo constitucional dependente de regulamentação, dando a esse remédio o mesmo objeto da ação de inconstitucionalidade por omissão".

Semelhante, também, é o entendimento de Luiz Alberto David Araújo e Vidal Serrano Nunes Jr. [2006:191], segundo o qual "o mandado de injunção é um meio de controle difuso da inconstitucionalidade por omissão, pois, por meio dele, num caso concreto, qualquer um pode despertar a atuação do Poder Judiciário, para suprir a inércia do legislador infraconstitucional".

O mandado de injunção tem por objetivo solucionar um caso concreto. Portanto, deve o Judiciário determinar, de imediato, a aplicação do direito reclamado, pois caso contrário o mandado de injunção será medida de todo inócua e desprovida de efeito prático. Alerta-se, no entanto, a que tal entendimento não é pacífico.

Algumas ementas, transcritas em nota,[4] demonstram as posições do STF ao examinar a matéria, inclusive concedendo prazo para o Congresso Nacional.

Para Maria Sylvia Zanella Di Pietro [2006:670], acompanhando o entendimento de Ulderico Pires dos Santos, "o objetivo do mandado de injunção instituído no Direito Brasileiro, ainda que sirva ao mesmo propósito de proteção de liberdades públicas, tem alcance mais restrito", porque somente cabível em caso em que "a falta de norma regulamentadora torne inviável o exercício dos direitos e liberdades constitucionais e das prerrogativas inerente à nacionalidade, à soberania e à cidadania".

Logo, o conteúdo da decisão do mandado de injunção consiste em atribuir ao impetrante o direito constitucional que pleiteia em juízo, nos limites de seu objeto.

Quanto à competência, essa vem definida nos arts. 102, I, "q", e II, "a", e 105, I, "h", da CF. O exame dos dispositivos constitucionais

4. A seguir o entendimento de nossos tribunais: "*Ementa:* Mandado de injunção – Juros reais – Parágrafo 3º do art. 192 da Constituição. Esta Corte, ao julgar a ADI n. 4, entendeu, por maioria de votos, que o disposto no § 3º do art. 192 da CF não era auto-aplicável, razão por que necessitava de regulamentação. Passados mais de cinco anos da promulgação da Constituição sem que o Congresso Nacional haja regulamentado o referido dispositivo constitucional e sendo certo que a simples tramitação de projetos nesse sentido não é capaz de elidir a mora legislativa, não há dúvida de que esta, no caso, ocorre – Mandado de injunção deferido em parte, para que se comunique ao Poder Legislativo a mora em que se encontra, a fim de que adote as providências necessárias a suprir a omissão" (STF, ADI 3.223, rel. Min. Moreira Alves, j. 4.8.1944, *JUIS* 7). Temos ainda outro entendimento possível: "Mandado de injunção – Legitimidade ativa do requerente para impetrar mandado de injunção por falta de regulamentação do disposto no § 7º do art. 195 da CF – Ocorrência, no caso, em face do art. 59 do ADCT, de mora, por parte do Congresso, na regulamentação daquele preceito constitucional – Mandado de injunção conhecido, em parte deferido, para declarar-se o estado de mora em que se encontra o Congresso Nacional, a fim de que, no prazo de seis meses, adote ele as providências legislativa que se impõem para o cumprimento da obrigação de legislar decorrente do art. 195, § 7º, da Constituição, sob pena de, vencido esse prazo sem que essa obrigação se cumpra, passar o requerente a gozar da imunidade requerida" (STF, Pleno, rel. Min. Moreira Alves, *DJU* 27.3.1992, p. 3.800).

revela que o mandado de injunção deverá ser julgado pelos tribunais, nada restando para a primeira instância.

14.6.1.4 *Mandado de segurança individual*

Este instrumento jurídico foi previsto pela primeira vez na Constituição Federal de 1934, suprimido em 1937, e retornou em 1946.

O *mandado de segurança*, disposto no art. 5º, LXIX, da CF, de rito sumariíssimo ou especial, é remédio jurídico à disposição de qualquer pessoa para provocar o Judiciário a se pronunciar sobre ato praticado por agente público, ou por quem lhe faça as vezes, nas hipóteses de lesão ou ameaça de lesão a direito líquido e certo, não amparado por *habeas corpus* nem *habeas data*.

Esse meio de defesa do administrado foi regulamentado pela Lei 1.533, de 31.12.1951, alterada pela legislação posterior.

O *direito líquido e certo* – entendendo-se como o direito amparado em fatos que sejam líquidos, quanto à sua existência, e certos, quanto à sua extensão – é condição *sine qua non* para legitimar a via mandamental. Todavia, o entendimento preciso de *direito líquido e certo* é terreno fértil para discussões doutrinárias.

Anteriormente o conceito de *direito líquido e certo* cingia-se Àquilo que era certo e incontestável, levando a doutrina a afirmar que o mandado de segurança só era cabível quando a lei fosse suficientemente clara, caso em que dispensaria maiores esforços interpretativos.

Em tempos mais recentes já está pacificado o entendimento de que a certeza e a liquidez do direito dizem respeito aos fatos que devem estar suficientemente provados, tendo em vista a inexistência de dilação probatória na via mandamental.

Essa medida judicial visa a proteger o direito violado ou iminentemente ameaçado de violação, razão pela qual o art. 7º, II, da Lei 1.533/1951 prevê a concessão de segurança, suspendendo-se liminarmente o ato, caso resulte ineficaz a decisão final.

No que concerne à *lesão ou à ameaça de lesão*, dessume-se a possibilidade da propositura do mandado de segurança de forma preventiva, e não só repressiva.

Quanto ao requisito da *ilegalidade ou abuso de poder*, maiores dívidas não suscita. No capítulo relativo aos atos administrativos colocam-se como seus requisitos a competência, a finalidade, a forma, o motivo e o objeto (Lei 4.717/1965). O descumprimento de qualquer um desses requisitos compromete o ato administrativo, a ponto de torná-lo ilegal.

Exigem-se como requisitos para a propositura de mandado de segurança: (1) ato de autoridade; (2) ilegalidade ou abuso de poder; (3) lesão ou ameaça de lesão (o mandado de segurança pode ser repressivo ou preventivo); e (4) direito líquido e certo, não amparado por *habeas corpus* ou *habeas data*.

Para finalizar, deve-se entender por *autoridade coatora* o agente público indicado na lei como competente para a prática do ato administrativo e investido em uma parcela do Poder Público.

Abrange atos emanados do Estado, das pessoas que exercem função delegada, das entidades governamentais e de particulares que recebam delegação do Poder Público (nos limites da delegação).

O art. 1º da Lei 1.533/1951 define o que se entende por *autoridade*.

14.6.1.4.1 O processo do mandado de segurança

O mandado de segurança processa-se pelo rito sumariíssimo; e, portanto, pode ser resumido aos seguintes atos: despacho da inicial, com ou sem liminar; notificação à autoridade coatora, para apresentação das informações, no prazo de 10 dias. Prestadas ou não as informações solicitadas, será ouvido o Ministério Público, no prazo de 5 dias, e, posteriormente, o juiz ou tribunal proferirá sua decisão, no prazo de 5 dias.

O sujeito ativo é a pessoa física ou jurídica, titular de direito líquido e certo, que teve o seu direito ameaçado ou violado.

O sujeito passivo é a entidade coatora que praticou o ato, e não a pessoa jurídica de direito público ou privado, com atribuições estatais. Considera-se autoridade coatora aquela que estiver, por delegação, no exercício de uma função pública, como, por exemplo, um diretor de escola particular, um sindicato, um agente financeiro. As informações solicitadas pelo Judiciário deverão ser prestadas diretamente pela autoridade coatora, e não por seu procurador.

O objeto do mandado de segurança repressivo é a invalidação de ato ilegal.

O prazo para impetração do mandado de segurança é de 120 dias, contados da ciência, pelo interessado, do ato impugnado.

Dentre os recursos cabíveis encontram-se a apelação, de efeito suspensivo; o agravo regimental do despacho do presidente do tribunal (art. 13 da Lei 1.533/1951); os recursos ordinário e extraordinário ao STF (art. 102, II, "a", e III).

14.6.1.5 *Mandado de segurança coletivo*

Também se trata de uma inovação da Constituição Federal de 1988, ampliando-se, assim, as hipóteses de defesa dos administrados.

O art. 5º, LXX, da CF prevê o *mandado de segurança coletivo*, a ser impetrado por partido político, com representação no Congresso Nacional, por organização sindical, por entidade de classe ou associação legalmente constituída e em funcionamento há pelo menos um ano, em defesa dos interesses de seus membros ou associados.

O exame do dispositivo constitucional sobredito revela que o legislador magno não indicou os pressupostos para a ação mandamental em comento, limitando-se a indicar os entes legitimados para sua propositura. Forçoso é concluir que o mandado de segurança é gênero, do qual são espécies o individual e o coletivo. Dessa forma, os pressupostos exigidos para o mandado de segurança individual também são exigidos no mandado de segurança coletivo.

Deveras, as regras do remédio individual são aplicáveis ao mandado de segurança coletivo. Assim é que os aspectos de ilegalidade, abuso de poder e direito líquido e certo devem ser estendidos à via coletiva, atendidas as disposições do art. 5º, LXX, de nossa CF.

Fincados nesses pressupostos, examinaremos a legitimação ativa e o objeto da via mandamental coletiva.

Quanto à legitimidade ativa o dispositivo constitucional é bastante claro, não deixando quaisquer dúvidas.

O objeto requer maiores esforços interpretativos. Com efeito, a alínea "b" do dispositivo supracitado, ao estabelecer que a organização sindical, entidade de classe ou associação sindical pode impetrar mandado de segurança em defesa dos interesses de seus membros e associados, outra coisa não fez senão estatuir uma restrição.

Assim sendo, no pertinente à alínea "b" este remédio apenas poderá defender os interesses que guardem vínculo com os fins próprios da entidade. Examinando-se a alínea "a", conclui-se que os partidos políticos, livres da restrição constante da alínea "b", poderão agir em defesa de direitos que extrapolem os de seus membros e associados.

No mais, seguem-se as regras da via individual.

14.6.1.6 *Ação popular*

A expressão "ação popular", de origem romana, surge no Brasil com a promulgação da Lei 4.717, de 29.6.1965, mantendo-se em vigor até a presente data.

É considerada "popular" porque se atribui ao povo, ou a uma parcela dele, a possibilidade de pleitear, em juízo, interesse que não lhe pertence, mas sim à coletividade.

A ação popular é definida como ação civil à disposição de qualquer cidadão para invalidar atos praticados pelo Poder Público, ou entidade que dele participe, lesivos ao patrimônio público, ao meio ambiente, à moralidade administrativa ou ao patrimônio histórico e cultural, consoante os expressos termos do art. 5º, LXXIII, do nosso Texto Magno.

Duas características básicas estão apostas na ação popular: (1) sua titularidade cabe a qualquer cidadão; e (2) esse cidadão agirá em defesa de interesse público, e não de interesse individual.

Da leitura do precitado comando constitucional extrai-se que a ação popular se alicerça na lesividade ao patrimônio público, além de alçar a ofensa à moralidade administrativa como elemento suficiente para a propositura da ação. Seu objeto é a anulação do ato lesivo e a condenação dos responsáveis ao pagamento de perdas e danos ou, ainda, a restituição de bens ou valores aos cofres públicos.

Seu sujeito ativo é qualquer cidadão brasileiro, nato ou naturalizado, desde que seja eleitor, assim considerado aquele capaz de exercer seus direitos políticos – o direito de votar e o de ser votado. A Lei 4.717/1965 admite também a sucessão do cidadão pelo Ministério Público na hipótese de desistência da ação ou no caso de configuração da existência de motivo à absolvição da instância. (extinção do processo sem julgamento do mérito).

A titularidade na ação popular, nos termos do art. 1º, § 3º, da supracitada lei, é mais restrita.

O sujeito passivo encontra-se definido no art. 6º da Lei 4.717/1965, abrangendo as pessoas jurídicas, públicas ou privadas, das quais o Poder Público participe e de onde tenha emanado o ato administrativo; as autoridades, os funcionários ou os administradores que tenham autorizado, aprovado, ratificado ou praticado o ato atacado, bem como, os que, por omissão, contribuíram para a lesão e os beneficiários do ato, se houver.

A moralidade constitui-se em fundamento suficiente para a propositura de ação popular, nos termos do art. 37, *caput*, da CF.

Os objetos da ação popular são: (1) a anulação do ato lesivo; e (2) a condenação dos responsáveis ao pagamento de perdas e danos ou à restituição de bens e valores, conforme dispõe o art. 14, § 4º, da Lei 4.717/1965.

O Ministério Público, além de ter atuação obrigatória, como no caso de promoção da execução da sentença condenatória quando o autor não o fizer, poderá, também, agir facultativamente – como, por exemplo, ao recorrer de decisões contrárias ao autor.

14.6.1.6.1 O processo da ação popular

A ação popular obedece ao rito ordinário, observadas as disposições do art. 7º da Lei 4.717/1965.

O autor é isento das custas e do ônus da sucumbência (exceto se agir de má-fé, comprovada).

Essa ação tem dupla natureza, sendo, ao mesmo tempo, constitutiva e condenatória.

Por derradeiro, o prazo prescricional ocorre em cinco anos, nos termos do art. 21 do diploma legal que rege a matéria.

14.6.1.7 *Ação civil pública*

Em que pese ao fato de a *ação civil pública* não figurar entre as ações constantes do art. 5º da CF, não se constituindo em meio à disposição da sociedade em face de atos ilegais emanados da Administração Pública, justifica-se sua inclusão neste capítulo, em razão do seu objetivo de defesa de interesses gerais e coletivos.

A ação civil pública vem disciplinada na Lei 7.347/1985, posteriormente erigida ao nível constitucional, elencada como uma das atribuições do Ministério Público, nos termos do art. 129, III, da CF, para a proteção do patrimônio público e social, do meio ambiente e de outros interesses difusos e coletivos.

Mister se faz registrar que a Lei 7.347/1985 teve alguns dispositivos modificados e ampliados pela edição do Código do Consumidor.

Tem por pressuposto o dano ou a ameaça de dano a interesse difuso ou coletivo, abrangendo, especialmente, o meio ambiente, o direito do consumidor e o patrimônio histórico e cultural.

Nos termos do art. 129, § 1º, da CF e do art. 5º da Lei 7.347/1985, dessume-se que seus sujeitos ativos podem ser o Ministério Público, a União, os Estados, os Municípios, as autarquias, as empresas públicas, as fundações, as sociedades de economia mista, bem como as associações que estejam constituídas há pelo menos um ano e incluam entre suas finalidades a proteção do meio ambiente, do consumidor, do patrimônio estético, paisagístico ou de outros interesses difusos e gerais.

Por sua vez, o sujeito passivo é qualquer pessoa, física ou jurídica, pública ou privada, que cause dano ou ameaça de dano aos interesses difusos e gerais.

14.6.1.7.1 O processo da ação civil pública

A ação civil pública segue o rito ordinário, admitindo-se o procedimento sumário, nos termos do art. 275, I, do CPC.

Admite-se a propositura de ações principal e cautelar. A concessão de liminar, em qualquer caso, precedida ou não de justificativa prévia, fica sujeita a agravo de instrumento.

A sentença produz efeitos *erga omnes*, salvo se for julgada improcedente, por deficiência de provas.

14.6.1.8 *Ação direta de inconstitucionalidade*

Esta ação consta do art. 102, I, "a" (que atribui ao STF competência originária para processá-la e julgá-la), e do art. 103 (que estabelece a legitimidade para propô-la, regulando também outros aspectos), ambos da CF.

O objeto da ação é uma lei ou um ato normativo considerado inconstitucional. O § 2º do art. 103 trata da omissão em expedir providência normativa, também considerada inconstitucional.

O Judiciário determinará que a Administração, no prazo de 30 dias, adote as providências normativas pertinentes.

Regulamenta essa ação a Lei 9.868, de 10.11.1999. Nos termos das disposições constitucionais, vários são os agentes competentes para a propositura da ação direta de inconstitucionalidade, por ação ou omissão.

Bibliografia

ARAÚJO, Luiz Alberto David, e NUNES JR., Vidal Serrano [2006]. *Curso de Direito Constitucional.* 9ª ed. São Paulo, Saraiva.

BANDEIRA DE MELLO, Celso Antônio [2007]. *Curso de Direito Administrativo.* 24ª ed. São Paulo, Malheiros Editores.

DI PIETRO, Maria Sylvia Zanella [2006]. *Direito Administrativo.* 19ª ed. São Paulo, Atlas.

FARIA, Edimur Ferreira de [2001]. *Curso de Direito Administrativo Positivo.* 4ª ed. Belo Horizonte, Del Rey.

FIGUEIREDO, Lúcia Valle [2006]. *Curso de Direito Administrativo.* 8ª ed. São Paulo, Malheiros Editores.

FREITAS, Juarez [2004]. *O Controle dos Atos Administrativos e os Princípios Fundamentais.* 3ª ed. São Paulo, Malheiros Editores.

MEDAUAR, Odete [2005]. *Direito Administrativo Moderno.* 9ª ed. São Paulo, Ed. RT.

MEIRELLES, Hely Lopes [2007]. *Direito Administrativo Brasileiro.* 33ª ed. São Paulo, Malheiros Editores.

MILESKI, Hélio Saul [2003]. *O Controle da Gestão Pública*. São Paulo, Ed. RT.

NUNES JR., Vidal Serrano, e ARAÚJO, Luiz Alberto David [2006]. *Curso de Direito Constitucional*. 9ª ed. São Paulo, Saraiva.

SILVA, José Afonso da [2007]. *Curso de Direito Constitucional Positivo*. 29ª ed. São Paulo, Malheiros Editores.

* * *

GRÁFICA PAYM